dtv

CHRISTA HILS
Hansengelstr. 13
79801 Hohentengen
Tel.: 07742 / 4656

Den „englischen Patienten" aus Michael Ondaatjes Roman und dem wunderschönen, preisgekrönten Hollywoodfilm gab es wirklich. Es war der österreichisch-ungarische Flugpionier und Saharaforscher Ladislaus E. Almásy, den seine Beduinenfreunde ehrfürchtig Abu Ramla, Vater des Sandes, nannten. Almásy hat seine Abenteuer in diesem Buch selbst beschrieben – eine authentische Antwort auf Film und Roman zugleich. Es enthält Berichte über die erste Autofahrt auf der uralten Karawanenstraße zwischen Schwarzafrika und Ägypten, über Expeditionen in die verborgensten Winkel der Libyschen Wüste und die zwei sensationellsten Erfolge Almásys: die Entdeckung der „verschollenen" Oase Zarzura sowie der Felszeichnungen im Gilf Kebir und im Uwenat. „Almásy erzählt in der Ich-Form, stilsicher und mit Sinn für dramatische Höhepunkte von ... Strapazen, Naturgewalten, technischen Pannen, Hunger und Durst; vom Umgang mit den Einheimischen, Kolonisten und Politikern ... Lesend wird man zum Mit-Schwimmer, zum Expeditionsteilnehmer, fühlt sich als Gast beim Märchenerzähler, der mit der Karawane reist", schwärmt Birgit Weidinger in der *Süddeutschen Zeitung*.

Ladislaus (László) E. Almásy, geboren 1895 auf Schloß Bernstein im Burgenland, Pilot und Autopionier, wurde nach Testfahrten im Wüstengelände und geschäftlichen Aufenthalten in Ägypten zu einem der besten Kenner der östlichen Sahara. Als Offizier des mit Deutschland verbündeten Ungarn half er im Zweiten Weltkrieg dem deutschen Geheimdienst, Spione durch die Wüste nach Ägypten zu schleusen. Er starb 1951 in Salzburg an einer nicht ausgeheilten Amöbenruhr.

Ladislaus E. Almásy

Schwimmer in der Wüste

Auf der Suche nach der Oase Zarzura

Mit einem Vorwort von
Raoul Schrott und Michael Farin

Deutscher Taschenbuch Verlag

Im Text ungekürzte Ausgabe
Oktober 1998
Deutscher Taschenbuch Verlag GmbH & Co. KG,
München
© 1997 Haymon-Verlag, Innsbruck
Neuauflage des Werks *Unbekannte Sahara* von 1939
Ergänzende Kapitel aus der ungarischen Ausgabe von 1934
deutsch von Adrienne Kloss-Elthes
Ergänzendes englisches Geheimdokument
Operation Salam deutsch von Isolde Linhard
Bildnachweis in den „Editorischen Notizen" S. 29-33
Umschlagkonzept: Balk & Brumshagen
unter Verwendung eines Photos aus dem Band *Unbekannte Sahara*
Satz und Umbruch: Haymon-Verlag
Gesetzt aus der Adobe Garamond
Druck und Bindung. C.H. Beck'sche Buchdruckerei,
Nördlingen
Gedruckt auf säurefreiem, chlorfrei gebleichtem Papier
Printed in Germany · ISBN 3-423-12613-2

INHALT

SCHWIMMER IN DER WÜSTE.
  Vorwort von Raoul Schrott und Michael Farin 6

  Bibliographie 25
  Editorische Notizen 29

UNBEKANNTE SAHARA. Almásys Buch von 1939 35

  Karte von Almásys Reisen 36

  Die Straße der Vierzig Tage 37
  Allein in der Wüste 94
  Verflogen 120
  Kufra 132
  Zarzura 168
  El Waddan 224
  Regenfeld 236
  Durch die Große Sandsee 256
  Rückblick 283

ERGÄNZENDE KAPITEL aus der
  ungarischen Ausgabe (1934) 285

  „Ich liebe die Wüste..." 286
  Flüchtlinge 296
  Urzeitliche Felsbilder 309

OPERATION SALAM. Tagebuch des
  Geheimkommandos von 1942 337

  Vorbemerkung 338
  Vom englischen Geheimdienst erbeutete Papiere 340
  Almásys Aufzeichnungen 346

Schwimmer in der Wüste

Die Geschichten gehören einem, glaubt man, zumindest wenn man mit ihnen groß wird; sie wachsen mit den Jahren mit, sie erzählen sich weiter, verändern sich und entfernen sich mehr und mehr von ihrem Erzähler. Zumindest ging es mir mit Almásys *Unbekannter Sahara* so, die ich als Bub in die Hände bekam und über die Jahre mehrmals las; das Buch prägte sich so sehr ein, daß ich mir die Wüste lange nur im Schwarz-Weiß von Almásys Photographien vorstellen konnte: sie bildeten Landstriche ab, die etwas Unwirkliches hatten, gleichzeitig aber – und daran war die Brennweite vielleicht ebenso schuld wie der matte Druck der Photos – nahe wirkten: als wären sie ein Widerspruch zu der Weite, von der bei der Lektüre immer wieder die Rede war. Wie um sie zu füllen, suchte ich mir nach und nach die Bücher, die Almásys Geschichte ergänzten, Hansjoachim von der Eschs *Weenak*, Arnold Höllriegels *Zarzura,* Hans Rhoterts *Libysche Felsbilder* und schließlich die Artikel im Journal der Royal Geographical Society. Nichts aber war mir so im Gedächtnis geblieben wie die Geschichte von den Schwimmern in der Wüste und die gemalten Abbildungen der Felszeichnungen in dieser Höhle. Was sie unvergeßlich werden ließ, war der Umstand, daß sie reale Belege waren für eine Geschichte, die etwas Irreales, ja fast Mythisches an sich hatte: Schwimmer in der Wüste. Aber die Geschichten gehören einem, anders als man glaubt, doch nicht. Das merkte ich, als ich vor ein paar Jahren eine erste Reise in das Gilf Kebir plante und einem Freund ausführlich von diesem Gebiet und seiner Entdeckung erzählte: er hatte das alles schon so ähnlich einmal gehört, und auch der Name Almásys war ihm geläufig. Es wäre die Rede davon im *Englischen Patienten*, einem Roman von Michael Ondaatje.

Ein Meer ohne Wasser. Eine Höhle – nein, keine Höhle, eher ein Überhang, ein Schutz. Nur selten gelangen Menschen dorthin. Vier Meter breit, drei Meter tief, zwei Meter hoch. Und auf dem Felsen Zeichnungen von Menschen. Zeichnungen von schwimmenden Menschen in einem der trockensten Gebiete der Welt. Auf Fels gemalte Schwimmer vor einem kleinen Becken, eingeschnitten in das kleine Tal unterhalb des Gilf Kebir, wo zwischen 8 800 und 3 300 v. Chr. tatsächlich temporäre Seen mit beträchtlichen Wassertiefen existierten.

Die erste Reise dahin war nicht zustande gekommen, die Genehmigungen, in das militärische Sperrgebiet im Südwesten Ägyptens zu fahren, waren nicht zu erhalten gewesen. In diesem Jahr hatten wir uns auf der Fähre entschlossen, von Kufra in Libyen aus einen Abstecher die paar Kilometer jenseits der Grenze zum Gilf Kebir zu machen, ins Wadi Abd el Melik, zum Aqaba-Pass und ins Wadi Sora, zu den Schwimmern. All die über die Jahre gesammelten Detailkarten und Beschreibungen lagen zuhause im Regal; dennoch aber fanden wir die Höhle gleich beim ersten Versuch, sosehr waren mir die Konturen der Topographie im Gedächtnis präsent geblieben. Drei Wochen später zurück in Tunis, hingen dann bereits die Plakate für die Verfilmung des *Englischen Patienten*. Und es war eine gestohlene Geschichte, zum zweiten Mal.

Eine andere Geschichte, dreitausend Kilometer weiter und achttausend oder noch mehr Jahre später: Im Kino. Ein Pinsel fährt über poröses Papier. Ein Bild entsteht vor den Augen. Ein Schwimmer auf einer Leinwand, zwanzig Jahrhunderte nach Christus. Und nichts, was an dieser Geschichte wiederzuerkennen ist. Die Höhle wurde zur Tropfsteingrotte. Aus der Reise, die wir gerade hinter uns hatten, ein Ausflug von Champagner trinkenden Helden, samt Fönfrisur und Bügelfalte. Aus der Wüste eine pittoreske Kulisse in den Farben einer Packung Camel-Zigaretten; Sandstürme, die sich nachts vor der Scheinwerferbeleuchtung ankündigen, ein aus Pappe gestochener Himmel, der Sand naß und feucht wie Erde. Beduinen als Wunderheiler verkleidet und Kamele in einem Sonntagsstaat. Und Almásy als Figur einer Romanze. Soviele Geschichten, immer von einem neuen Punkt aus weitererzählt. Aber auch die Wahrheit ist nichts als nur eine weitere Geschichte.

Es gab ihn wirklich – den Wüstenforscher Ladislaus Eduard (László Ede) Almásy. Auch wenn der echte Almásy nicht so aussah wie Ralph Fiennes und ihn die Frauen auch nicht sonderlich interessierten. Geboren wurde er als Sohn eines Ungarn und einer Steirerin am 22. August 1895 auf Schloß Bernstein im damaligen Westungarn der Habsburgermonarchie, dem heutigen österreichischen Burgenland. Sein Vater György (1864-1933) war ein anerkannter Asienforscher, und László eiferte ihm bald nach. Sechs Sprachen beherrschte er fließend, ungarisch, deutsch, englisch, französisch, italienisch und arabisch.

Nach der Schulzeit in Graz und in Harrow galt Automobilen und Flugzeugen schon früh sein Interesse. Zum Ärger seiner Lehrer konstruierte er schon mit vierzehn ein Segelflugzeug, das er zusammen mit seinen Rippen zu Bruch flog; den Pilotenschein erwarb er mit siebzehn Jahren. Als Kampfflieger an der italienischen Front wurde er mit der Tapferkeitsmedaille ausgezeichnet. Ein Kriegskamerad: „Er war draufgängerisch, ohne unvorsichtig zu sein, und überaus geschickt." Aber nie besonders diplomatisch. 1921 etwa führte er den abgetretenen Kaiser Karl I. mit dem Auto nach Budapest, als dieser den Versuch unternahm, sich dort die Königskrone wieder aufsetzen zu lassen. Dafür wurde er zwar von diesem in den Grafenstand erhoben, in der Horthy-Ära jedoch eher geächtet. Das ungarische Parlament hat jedenfalls die Rangerhöhung des aus niederem Landadel stammenden Almásy nicht bestätigt.

Monarchist soll Almásy zeit seines Lebens geblieben sein. Wenn überhaupt irgendwelche politischen Ansichten belegbar sind, so dies und ein verschwommen-romantischer Konservativismus. Was ihn nicht hinderte, mit dem liberalen Linksintellektuellen Richard A. Bermann (Pseudonym Arnold Höll-

Der Ort Bernstein im österreichischen Burgenland mit dem gleichnamigen Schloß (heute ein Hotel im Besitz der Familie Berger-Almásy). Hier wurde Ladislaus Eduard (László Ede) Almásy am 22. August 1895 geboren.

Die Brüder János und László (rechts) mit ihrem Vater in k. k. Uniformen (um 1915).

Almásy, der Pionier moderner Motorfahrzeuge (oben vor der markierten Landepiste eines improvisierten Wüstenflugplatzes), mit dem uralten Verkehrsmittel der Wüste (aufgenommen im Sudan).

riegel), einem Journalisten und Literaten aus deutsch-jüdischen Kreisen Prags, befreundet zu sein.

Als zweitgeborener Sohn nahezu vermögenslos, verdingte sich Almásy zu Beginn der zwanziger Jahre als Werksfahrer für die Autofabrik Steyr in Graz. Mit Hinweis auf Ägypten als möglichen Absatzmarkt überzeugte er seinen Arbeitgeber, ihn dorthin zu entsenden und die Zustimmung zur Erprobung der Steyr-Fahrzeuge unter extremer Beanspruchung zu geben. Doch auch Banken, Zeitungen, Privatleute wußte er als Sponsoren seiner bald in die abgelegensten Gebiete Nordafrikas führenden Autofahrten zu gewinnen.

1926 organisierte er für Fürst Antal Esterházy eine Jagdexpedition in den Sudan. Und 1929 unternahm er zusammen mit Prinz Ferdinand von Liechtenstein eine Reise mit dem Auto von Mombasa nach Alexandria. Dabei mußten sie den Sumpfgürtel im südlichen Sudan durchqueren und befuhren erstmals mit einem Auto die berüchtigte Karawanenstraße Darb El Arbeʿin (*Straße der 40 Tage*), jene seit der Pharaonenzeit benützte Fernverbindung von Schwarzafrika zum Niltal, für das „zweibeinige Vieh" – wie man die Sklaven nannte – oft todbringende 2 000 Kilometer. Almásy und Prinz Liechtenstein wurden auf dieser Fahrt vom österreichischen Kameramann Rudi Mayer begleitet. Der Film wurde erst kürzlich uraufgeführt: die ganze Arroganz der Kolonialzeit offenbart sich in ihm. Nur Almásy wirkt seltsam kamerascheu, etwas verkniffen.

Auch Rückschläge ließen Almásy seine Abenteuerlust nicht aufgeben. Etwa 1931, als er beim Versuch, mit einem kleinen Motorflugzeug von Ungarn nach Ägypten zu fliegen, in Syrien abstürzte. Und für ausgefallene Unternehmungen war er auch noch in späteren Jahren immer zu haben, so umkreiste er 1937 mit einem Segelflugzeug die Cheopspyramide. Mit der Zeit aber wuchs auch sein Wissensdrang; aus dem Autodidakten und Amateur-Entdecker wurde ein ernstzunehmender Forscher.

Almásy konzentrierte sich auf die Wüstengebiete westlich

des Nil. Dieser östliche Teil der Sahara war damals kaum erforscht, weil kaum passierbar. Große Entfernungen und schwere Zugänglichkeit aber ließen sich durch kombinierte Auto-Flugzeug-Expeditionen überwinden. Und genau darin lag seine Stärke. Ob zusammen mit den Engländern Sir Robert Clayton – East Clayton, Robert Bagnold und Patrick Clayton, dem Deutschen Hansjoachim von der Esch oder mit seinem ägyptischen Förderer Prinz Kemal el Din (der in Wien zur Schule gegangen war) – die Wüste war immer noch eine offene Projektionsfläche für eigene Sehnsüchte, die kein Ziel als unerreichbar ansahen.

Und so machte er sich sogar auf die Suche nach Rohlfs Regenfeld oder der legendären, 520 v. Chr. verschollenen Armee des persischen Königs Kambyses. Herodot hat darüber berichtet. In pharaonischer Zeit sei sie von Oasis (Charga) aus durch das Große Sandmeer in Richtung Norden gezogen, um Ammon (die Oase Siwa) zu erobern. Auf der Mitte zwischen Oasis und Ammon habe sich, während sie gerade das Frühstück einnahmen, ein gewaltiger Sturm erhoben, der das ganze Heer (40 000 Soldaten) unter den aufgewühlten Sandmassen begrub.

Almásy war nur zum Teil erfolgreich. Er fand zwar vom Heer des Kambyses errichtete Alamate, riesige Wegmarkierungen aus Stein, das Heer aber oder wenigstens Überreste davon fand er nicht. Dafür aber Zarzura.

Almásy war ein Getriebener, unstet, doch immer mit einem Ziel vor Augen. Manchmal war dieses Ziel nur eine Geschichte, selten nur Phantasterei. Der Graf, wie er sich gerne nennen ließ, verstand wie kaum einer dieses Land und seine Menschen. Er sprach deren Sprache und wurde von ihnen akzeptiert. Ein Karawanenführer sagte einmal zu ihm: „Die Leute, die hier leben, arbeiten in den Pflanzungen, verzehren den Erlös ihrer Arbeit und sterben. Ein Leben ohne Wechsel, ohne Abenteuer. Wir Karawanenleute aber, wir kennen die alten Geschichten, die Geschichten, die so alt sind wie die Tempel dort drüben und noch älter ... Auch du kennst die Wüste, o Herr, ich habe dich im vorigen Jahr hinausfahren sehen und nach vielen Wochen zurückkommen ..."

Almásy muß die Geschichten wirklich geliebt haben, genug jedenfalls, um sich der Illusion hingeben zu können, ihre Orte gäbe es wirklich. Einer davon war die legendäre Oase Zarzura. Berichte darüber gab es genug, Hinweise, Beschreibungen, Märchen. In *Tausendundeine Nacht* beispielsweise ist von ihr als der „Messingstadt" die Rede:

„Nun ritten sie bis zur Zeit des Mittagsgebets weiter, da kamen sie in ein ebenes Land, flach wie das Meer, wenn es still und ruhig ist. Und wie sie dort ihres Weges dahinzogen, erblickten sie plötzlich ein Etwas, groß und hoch, und aus seiner Mitte schien Rauch zu den Wolken des Himmels aufzusteigen. Sie ritten schnurstracks darauf zu, da zeigte es sich, daß es ein hoher Bau war, mit festgefügten Säulen, mächtig und schauerlich, der einem sich türmenden Berge glich. Er war aus Quadern erbaut und hatte dräuende Zinnen und ein Tor aus chinesischem Eisen, das da glänzte und die Augen blendete und aller Blicke auf sich wendete, und bei dem der Verstand endete."

Die Messingstadt, für viele war das ein Hirngespinst. Almásy aber ließ sich nicht beirren. Er suchte nach weiteren Stellen, nach Belegen für die Existenz jener geheimnisumwobenen Oase, in den im Mittelalter gängigen „Handbüchern für Schatzgräber". Die folgende „Beschreibung einer Stadt und des Weges zu ihr" stammt aus dem *Kitab al Durr al Makmuz,* dem *Buch der vergrabenen Perlen*:

„Sie liegt östlich der Zitadelle Es-Suri. In ihr wirst du Dattelpalmen und Weinpflanzungen und fließende Quellen finden. Folge dem Wadi und steige in ihm bergan, bis du auf ein anderes Wadi triffst, das zwischen einem Hügelpaar nach Westen zieht. In ihm wirst du einen Pfad finden, folge ihm, und du wirst zu der Stadt Zarzura gelangen. Du wirst ihre Tore geschlossen finden. Sie ist eine Stadt weiß wie die Taube. Über dem Tor wirst du einen aus Stein gehauenen Vogel finden.

Strecke deine Hand zu seinem Schnabel aus und ergreife den Schlüssel und öffne und tritt ein in die Stadt. Du wirst große Schätze sehen und den König und die Königin, die im Schloß im Schlafe liegen. Nähere dich ihnen nicht, aber nimm von den Schätzen. Friede sei mit dir!"

Auch Berichte über Raubkarawanen wertete Almásy aus, die aus der Tiefe der Wüste kamen und die Oasen des Niltales überfielen, ohne daß sich deren Bewohner erklären konnten, wie sie die endlosen Strecken überbrücken konnten, ohne Wasser. Vielleicht wußten sie von verborgenen Wasserstellen. Ein Geheimwissen, über das nur jene schwarzen unheimlichen Männer verfügten, deren Sprache Herodot mit den schrillen Schreien der Fledermäuse verglich – die Tibbu, die aus dem Tibesti kamen.

Wüste ist immer extrem, die libysche Wüste aber ist es besonders. Sie erstreckt sich entlang der libysch-ägyptischen Grenze, von Kufra im Süden bis nach Siwa im Norden, vom Niltal bis zum westlichen Ufer der Großen Sandsee und ist eines der trockensten und entlegensten Gebiete der Erde. Man sagt, das letzte Mal habe es dort 1935 geregnet, die Luftfeuchtigkeit beträgt nur wenige Prozent. Aufgrund seiner klimatischen Bedingungen und geographischen Gegebenheiten war diese Wüstengegend früher nur äußerst schwer zugänglich.

Das Gilf Kebir etwa, zu deutsch „Große Klippe", „großer Abhang", ein Gebiet größer als Belgien, wurde erst in diesem Jahrhundert erforscht und kartographisch erfaßt. Es handelt sich dabei um ein Plateau, das im Norden und Osten in das Sandmeer übergeht und am Westrand sechs- bis siebenhundert Meter steil aufragt. Von Tälern durchfurcht und zerklüftet wie der Grand Canyon ist es ein Labyrinth von Zeugenbergen, die nach den verschiedensten Seiten hin abfallen. Hier hoffte Almásy, Zarzura zu finden. Bereits 1835 hatte der englische Forscher Wilkinson von einem Wadi berichtet: „Dort sind Palmen in reicher Menge, Quellen und einige Ruinen unbestimmten

Alters. Es wurde im Jahre 1826 von einem Beduinen bei der Suche nach einem verirrten Kamel entdeckt."

1932 machte sich die Clayton/Penderel/Almásy-Expedition mit Autos und Flugzeug auf die Suche nach diesem Wadi. Man erkundete die steilen Ränder des Gilf Kebir, fand einen Zugang zu den Tälern des Plateaus, stieß auf den einstmals von den Raubkarawanen benutzten Weg. Auch die „Oase Zarzura" wurde auf dieser Expedition aus der Luft gesichtet. Zum Leidwesen Almásys allerdings zuerst von seinen Expeditionskameraden Penderel, dem Piloten, und Sir Robert Clayton (dem „Clifton" im *Englischen Patienten*), während er in Kufra Wasser und Benzin holte. Aber schon zwei Tage später flog er selbst über das Tal.

Ein Jahr später, bei der genauen Erkundung, wird Almásy dort einen kleinen Vogel schießen, Zarzur genannt, eine handtellergroße Schwalbenart mit schwarz-weißem Gefieder, die der Oase Zarzura den Namen gab. Er wird Schilfhütten finden und auch noch einen Palmenstrunk, aber keine Bauten oder Reste einer Zivilisation, nur Spuren einer einstmals bewohnten Wüstenstelle für ein paar Weidetiere – das Tal der kleinen Vögel.

Bei dieser einstigen Oase handelt es sich um eine ausgedehnte Senke innerhalb des Plateaus des Gilf Kebir, die zu Zeiten, als die Sahara noch grün war, einmal ein Fluß gewesen sein muß. Vor achttausend oder noch mehr Jahren, als in dieser Gegend noch Giraffen, Elefanten, Krokodile etc. lebten. Der Eingang ist von außen kaum erkennbar. Und wer sich heute dem Westrand des Gilf Kebir nähert, glaubt, eine weiße Stadt zu sehen, die glänzt. Zwischen Klippen aus Sandstein, Granit und Gneis leuchten Einschübe von kalk- und gipsartigen Gesteinsschichten so hell wie die Klippen von Dover.

Drei Täler finden sich dort, das Wadi Abd el Melik, das Almásy als „Zarzura" identifiziert, das Wadi Hamra („rotes Tal"), und das Wadi Talh, wo es auch heute noch entlang des ehemaligen Flußlaufes zahllose vertrocknete Stämme von Talh-

Akazien und etwas Vegetation zu sehen gibt. Und nicht weit davon, genauer im Wadi Sora – dem „Bildtal", wie Almásy den Fundort taufte –, ist die Höhle der Schwimmer, das heißt das, was von ihr übrigblieb. Denn zwei Stunden stärkste Sonne jeden Tag lassen die Farben verblassen und die hauchdünne Gneisschicht abplatzen. Ein Wunder, daß diese Zeichnungen Tausende von Jahren überdauert haben.

Unterhalb des Gilf Kebir entdeckt Almásy im Bereich des fast 2 000 Meter hohen Uwenat und im Arkenu-Gebirge zusammen mit Sabr, seinem arabischen Begleiter, mehr als achthundert weitere prähistorische Felsbilder in Wohnhöhlen, vergleichbar mit den Kunstwerken von Altamira oder Lascaux. Das Alter dieser Zeichnungen schätzt man heute auf bis zu 15 000 Jahre. Der Afrikaforscher Leo Frobenius, den Almásy 1933 dorthin und ins Tal der Bilder führte, wertete diese Entdeckungen aus, schrieb sie sich dann jedoch auch selbst zu, was zu einigen Streitereien führte.

Die Zeit für Forschung und Abenteuer näherte sich aber ohnehin ihrem Ende. Und die Freundschaften. Sein ehemaliger Sponsor, der englische Baronet Sir Robert Clayton-East Clayton war bereits 1932 gestorben – nicht an der im Film kolportierten Bruchlandung, sondern an der Infektion durch eine Wüstenfliege im Gilf Kebir. Und seine Frau, die nie Almásys Geliebte war, starb ein Jahr darauf in der Nähe ihres Gutes in England bei einem mysteriösen Flugunfall – sie fiel aus dem Cockpit ihrer Maschine.

Almásy war zwischen 1936 und 1939 Fluglehrer in Ägypten. Es kursiert die Anekdote, Al Maza, der Name des internationalen Flugplatzes von Kairo, leite sich von seinem Namen her. Von da an allerdings wird sein Leben undurchschaubar. Er publizierte seinen Forschungsbericht *Récentes Explorations dans le Désert Libyque* und kehrte dann nach Budapest zurück. 1938/39 schrieb er die deutsche Fassung seiner 1934 in Ungarn herausgekommenen *Unbekannten Sahara*. Das Buch erschien – von

Flugschein Nr. 1 des Ägyptischen Fliegerclubs, ausgestellt am 1. März 1936 für „L.E. de Almásy"

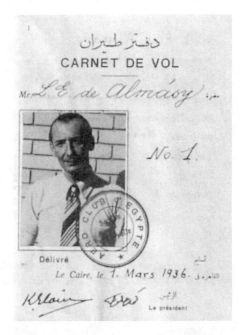

Unten: Almásy als ungarischer Honved-Offizier (aus seinem militärischen Flugtauglichkeitsschein).

Mit dem Auto durch die Libysche Wüste ... Vom Motorpionier und Abenteurer wurde Almásy zum Entdecker und Forscher.

seinem Kollegen Von der Esch lektoriert – bei Brockhaus in Leipzig.

Am Horizont aber hatte es lange schon zu grollen begonnen. 1931 hatte Italien die Oase Kufra erobert, um sich eine strategische Achse über Tripolis und Cyreneika Richtung Äthiopien zu schaffen. Großbritannien versuchte erneut, seinen Einflußbereich in Ägypten und Sudan zu stabilisieren. Frankreich sah sich als Herr über den Tschad und das Tibesti-Gebirge. Und der Zweite Weltkrieg tat ein übriges. Heute gehört der Berg Uwenat je zu einem Drittel zum Sudan, zu Ägypten und Libyen, ist umgeben von Minenfeldern aus dem Zweiten Weltkrieg und militärisches Sperrgebiet.

Spuren hat diese Zeit auch in der Höhle der Schwimmer hinterlassen. Eingeritzt dort finden sich die Namen von Almásys ehemaligen Forscherfreunden und späteren Gegnern, Offizieren und Soldaten der *Long Range Desert Group*, jener alliierten Patrouille, die das Hinterland Ägyptens vor einem Einmarsch der Achsenmächte beschützen sollte und Rommel in gezielten Aktionen in den Rücken fiel. Als Gegengewicht hatten die Italiener in Libyen die *Auto Compagnia Sahara* gegründet. Auf Drängen des Deutschen Afrikacorps wurde ihr 1940 ein Sonderkommando zugeteilt, an dessen Spitze man den vom verbündeten Ungarn ausgeliehenen Oberleutnant der Reserve László Almásy stellte, nachdem man ihn zum Hauptmann der Luftwaffe ernannt hatte. Und damit beginnt eine weitere Geschichte.

Bei seinem bekanntesten Einsatz, der geheimen *Operation Salam*, gelingt es Almásy im April/Juni 1942, zwei deutsche Agenten hinter die englischen Linien zu schmuggeln. Ausführlich beschrieben ist dies in Paul Carells Buch *Wüstenfüchse*. Es gibt im englischen Kriegsarchiv aber auch ein von Almásy verfaßtes „Fahrtenbuch" dieses Einsatzes, das die Engländer erbeutet und übersetzt haben. Und es gibt auch einen Zeugen von der anderen Seite, Almásys ehemaligen Kollegen W. B.

Kennedy Shaw. Er schreibt in seinem 1945 erstmals erschienenen Buch:

„Ich hatte Almásy zum letzten Mal in der Offiziersmesse des Westarabischen Corps in El Fasher im Sudan im März 1935 gesehen. Als er und ich zusammensaßen und über die Position der ‚verschollenen' Oase diskutierten, zeichnete Mike Mason eine Karikatur von Almásys scharfem, wachen Profil auf den Rücken eines Briefumschlags.

Alle Regierungen, die an der Libyschen Wüste interessiert waren – Briten, Ägypter, Italiener – fragten sich, ob Almásy ein Spion war, der für die andere Seite arbeitete. Die italienischen Behörden in Kufra waren schlampig, und als die Franzosen die Oase eroberten, fanden sie in den Archiven, die man unglaublicherweise nicht verbrannt hatte, genug Beweise, um Almásy in ein Lager zu stecken, wenn nicht an die Wand zu stellen. Trotzdem aber bezweifle ich, daß er wirklich ein von den Italienern bezahlter Agent war, jedenfalls trauten nicht einmal sie ihm; sie schafften es jedenfalls, ihm nach seiner Rückkehr von der Expedition 1933 nach Kairo, durch einen cleveren Trick – der in den Akten in Kufra dargelegt wird – eine Kopie seiner Karten und seinen Bericht zu stehlen.

Die Situation für Almásy aber wurde 1938 noch schlimmer, als er Hansjoachim von der Esch auf seinen Fahrten durch die Wüste zwischen Sollum und Alexandria mitnahm, wo sie besonderes Augenmerk auf die Zisternen mit Regenwasser richteten, die – mit Ausnahme der Brunnen in der Nähe des Meeres – die einzigen Wasserquellen in diesem brachen Land sind. Daß von der Esch ein deutscher Spion war, daran hatte niemand den geringsten Zweifel, obwohl man ihn als Neffe des von den Nazis ermordeten Generals von Schleicher wohl kaum als Freund dieses Regimes bezeichnen konnte.

Uns ärgerte es jedenfalls sehr, als wir im Frühling 1942 zur Kenntnis nehmen mußten, daß Almásy seinen britischen und ägyptischen Freunden den Rücken kehrte und sich auf Gedeih und Verderb mit den Hunnen einließ. Obwohl man ihm Gerechtigkeit widerfahren lassen muß: In den Jahren vor dem Krieg hatte er aus seiner Bewunderung für Dikaturen kein großes Federlesen gemacht. Im Winter und Frühling dieses Jahres bekamen wir kaum Informationen. Bekannt war nur, daß Almásy sich in Libyen aufhielt und dem Afrikacorps zugeteilt war, aber nicht genau, was er dort tat.

Eines frühen Morgens dann im Juni sah ein arabischer Wachposten auf dem Flugfeld von Charga, der immer noch beim Aufwachen war, ein Auto auf sich zukommen. Der Wagen hielt, ein Offizier lehnte sich aus dem Fenster und sprach ihn auf Arabisch an: Er wollte wissen, wo genau in der Oase die Straße nach Assiut begann. Der Araber zeigte sie ihm, und das Auto fuhr davon. Es war ein britisches Fabrikat, und zweifellos dachte der Wachtposten, daß der Offizier Engländer war. Diese verrückten Fremden fuhren ohnehin immerzu kreuz und quer durch die Wüste und manche sprachen arabisch. Er kehrte mit seinen Gedanken zum Frühstück zurück.

Den nächsten Morgen um etwa die gleiche Zeit fuhr dasselbe Auto wieder an ihm vorbei, zurück von Assiut, und verschwand in westlicher Richtung in der Wüste. ‚Nun', dachte der Wachtposten, ‚das ist etwas merkwürdig. Ich erzähl's wohl besser dem Mudir.' Er berichtete es ihm, und der Mudir verfaßte einen Report durch die üblichen Kanäle, bis er endlich jemanden in Kairo in die Hände fiel, der sich fragte, ob *wirklich* ein britisches Auto in Charga zu diesem Zeitpunkt gewesen war, und der sich die Mühe machte, es herauszufinden.

Dann geschahen noch mehr Sachen, und es sah bald so aus, als würde zwei und zwei vier ergeben. Zuerst waren da Hinweise von 'vertrauenswürdigen Quellen', daß Almásy aktiver werden könnte. Zum zweiten hatte ein S.D.F.-Offizier auf seinem Weg von Wadi Halfa nach Kufra in der Nähe des Wadi Sora auf der westlichen Seite des Gilf drei Autos passiert. Sie hatten ihm zugewinkt und er zurück. Später jedoch, als er dieses Treffen in Kufra erwähnte, kamen einige Zweifel auf, wer sie gewesen sein könnten, weil keine S.D.F.-Patrouille zu diesem Zeitpunkt und an diesem Ort unterwegs gewesen war. Drittens war da noch der Hund. Es war ein lästiger Köter, der die ganze Nacht hindurch kläffte, so daß die Nachbarn in diesem Vorort von Kairo sich beschwerten, zuerst bei seinem Herrchen, dann bei der Polizei. Die nahm sich der Sache an und war mit dem Identitätsnachweis der Hundehalter nicht ganz zufrieden. Sie holten weitere Erkundigungen ein, und, um es kurz zu machen, die Herren Reichert und Vollhardt [eigentlich John Eppler und Hans-Gerd Sandstede], deutsche Spione, fanden sich in einem Gefängnislager wieder. Dort wurden sie denn auch gesprächig, und zwar sehr.

Aber davon erfuhren wir, lange nachdem alles vorbei war. Das ‚Sonderkommando Almásy' hatte seine Basis im Frühjahr 1942 in Jalo und war ähnlich wie die L.R.D.G. in sechs kleinen Patrouillen organisiert. Im Juni hatte Almásy mit zwei oder drei Autos sich an Kufra vorbeigeschlichen, war durch den Gilf und quer durch die Wüste nach Charga gefahren und weiter nach Assiut, wo er Reichert und Vollhardt ablieferte. Während sie nach Kairo fuhren, kehrte Almásy sicher nach Jalo zurück. Obwohl Reichert und Vollhardt nichts erreichten, war das Ganze eine gute Leistung, 900 Meilen quer durch Feindesland, ein Beweis, wie gut sich Almásy auf die Wüste verstand. Die einzige Stelle, wo ein Auto nördlich vom Wadi Firaq den Gilf passieren kann, ist die Schlucht (El Aqaba), wo sich ein sandiges Tal, das an manchen Stellen nur wenige Meter breit ist, von der Ebene im Westen zum Plateau hinaufwindet. Clayton hatte es 1931 entdeckt, aber Almásy und Penderel waren die ersten, die den Paß ein Jahr später befuhren. Es zeugt sowohl vom Sachverstand wie von Almásys Charakter, daß er, stolz auf seine Entdeckungen, diese Route benützte, und sobald uns diese Nachricht erreichte, sandten wir von Kufra ein paar Leute aus, um das Nadelöhr zu verminen; später postierten wir dort auch eine Wache. Aber es war zu spät; frische Spuren zeigten, daß er nach Osten durchgebrochen und wieder zurückgekehrt war. Das war, denke ich, das Ende seiner Aktivitäten."

Die Spuren menschlicher Anwesenheit im Gilf Kebir sind auch heute noch rar – Pisten gibt es kaum, weil nur ein paar Geologen, nicht aber das Militär in sein labyrinthisches Gewirr vorstößt. Mit wenig Mühe entdeckten wir noch die Wagentrassen aus den 30er Jahren, erkennbar an ihrer Spurweite; die Vertiefungen im Sand halten sich lange, wie auch die ledrige Haut und die Hörner der wegen der seit Jahrzehnten anhaltenden Dürre verendeten Mufflonschafe, die Almásy gejagt hatte. Am Fuße des Gilf finden sich noch die rostigen Benzinkanister in den Depots der *Long Range Desert Group* und Reste von anderen Biwaks; Stefan Kröpelin fand sogar noch Gegenstände im Gelände, die Almásy liegengelassen hatte. Um den Paß aufzuspüren, ist ein Satellitennavigationsgerät vonnöten; dahinter aber öffnet sich eine Weite, die Almásy für eine ganze Luftlandeflotte geeignet erschienen war. Weder die unzähligen Tafelberge noch die Dünentäler dort tragen einen Namen; die Trockenheit begann schon zur Zeit Almásys, der bereits damals keine Wasserstelle mehr fand.

Auch wir waren über den Aqaba-Paß gefahren und wieder zurück. Ich bekam Shaws Bericht erst nachher in die Hände und erfuhr erst später, was es dort mit den Minen auf sich hatte: Almásy hatte sie bei seiner zweiten Fahrt entdeckt und beiseitegeräumt; die Information über ihren Standort hatte er, einer Anekdote zufolge, den Engländern über Kriegsgefangene in Kufra zugespielt, ein Zeichen ungetrübter Kameraderie, die auch noch spätere Briefwechsel mit seinen ehemaligen Kollegen belegen. Almásys Route waren wir weiter gefolgt, jedoch unfreiwillig; eine Patrouille des ägyptischen Militärs hatte uns ein paar Kilometer vor der Grenze (und den von Sand überwehten Minen) angehalten, unter Arrest genommen und zunächst nach Uwenat geführt. Die von Almásy entdeckten Felszeichnungen hielten die dort seit ein paar Wochen stationierten Soldaten für

Graffiti von Schmugglern, die sich damit die Zeit vertrieben, bis die Sonne tief genug stand, um ungesehen über die Grenze zu kommen.

Von hier aus wurden wir in Etappen wie die Spione damals nach Assiut gebracht und vor einen Untersuchungsrichter gestellt. Auf dem Weg dorthin sahen wir die letzte Spur von Almásys Tätigkeit. Er war auf seiner Hinfahrt auf ein Depot der L.R.D.G. gestoßen, hatte das meiste Benzin abgezapft und Sand in die Ölbehälter der Motoren geschüttet. Der Bedford steht noch aufgebockt im Sand, als hätte man die Reparatur gerade erst aufgegeben.

Was genau Almásys Rolle im Zweiten Weltkrieg war, wird vielleicht nie restlos geklärt werden. Sicher jedenfalls ist, daß er das Eiserne Kreuz verliehen bekam, jedoch nur zweiter Klasse, was ihn für den Rest seines Lebens geärgert haben soll. Nach Budapest zurückgekehrt, bekam er das Angebot, einen „Reiseroman" zu schreiben. Darauf publizierte er, politisch und ideologisch seltsam konturlos, in ungarischer Sprache sein Buch *Mit Rommels Armee in Libyen*. Politische Anspielungen enthält es angeblich keine einzige; und die geschilderten Wüstenabenteuer haben mit dem wirklichen Kriegsgeschehen kaum etwas zu tun; der Titel geht wohl auf den Verlag zurück. Was seine Beziehung zu Rommel betrifft, ließ unlängst Rommels Neffe in Rom verlauten, daß Almásy mit seinem Onkel eine intime Liaison gepflegt hätte.

Nach dem Krieg wurde er von den Sowjets inhaftiert, der Kollaboration mit den Deutschen angeklagt und vor ein „Volksgericht" gestellt, wobei der Titel seines Buches keine unwesentliche Rolle gespielt haben soll. Aber er hatte einflußreiche und untadelige Fürsprecher, von ungarischer und ägyptischer Seite. Aus dem Gefängnis wurde er „in einem jämmerlichen Gesundheitszustand entlassen, vollkommen abgemagert, die Zähne zum Teil verloren", wie es Almásys Bruder beschrieb. Die sowjetische Besatzung mißtraute ihm immer noch, und so setzte sich Almásy 1947 zu seinen Verwandten ins Burgenland ab und weiter – mit österreichischem Paß – über Wien und Rom nach Kairo, wo er wieder als Fluglehrer arbeitete. 1949 besorgte er in Paris ein leistungsfähiges Segelflugzeug, das er im Schleppflug nach Ägypten brachte. Im Jahr darauf war er neuerlich bemüht, eine Expedition auf den Spuren von Kambyses auf die Beine zu stellen. Erfolglos.

Sein Gesundheitszustand wurde schlechter, er litt an einer nicht ausgeheilten Amöbenruhr. So kam das Angebot zu spät, die Leitung des *Desert Institute Cairo* zu übernehmen. Todkrank kehrte er nach Österreich zurück, kam aber nur mehr bis Salzburg, wo er am 22. März 1951 starb und begraben wurde. Sein Grabstein wurde 1994 von ungarischen Fliegerkameraden erneuert. Auf ihm wird Almásy als „Pilot, Saharaforscher und Entdecker der Oase Zarzura" gewürdigt. Eine ungarische Briefmarke aus dem Jahr 1995 zeigt diesen letzten österreichisch-ungarischen Entdecker vor einigen der von ihm gefundenen Felsmalereien. Ein Gedenkstein auf Burg Bernstein, wo Almásy zur Welt kam, nennt ihn mit dem Ehrentitel seiner Beduinenfreunde: „Abu Ramla", Vater des Sandes.

RAOUL SCHROTT / MICHAEL FARIN

BIBLIOGRAPHIE

Bücher und Artikel von L.E. Almásy:

Suhanó Szárnyak [Vorbeischwebende Flügel], Budapest, ohne Jahr
Autóval Szudánba [Mit dem Auto in den Sudan], Budapest, ohne Jahr (1928)
By motor car from Wadi Halfa to Cairo, in: *Sudan notes and records*, XIII/2, London 1930 (in dieser Zeitschrift auch „Reports" im September 1935 und Jänner 1936, außerdem Beiträge im *Geographical Magazine* vom März und Juni 1934)
Az ismeretlen Szahara [Unbekannte Sahara], Budapest, o. J. (1934)

Récentes explorations dans le Désert Libyque (1932-1936), Kairo 1936
Levegöben... homokon...[In der Luft ... im Sand...], Budapest, o.J.(1937)
Unbekannte Sahara. Mit Flugzeug und Auto in der Libyschen Wüste, Leipzig 1939
Die Straße der vierzig Tage, Leipzig 1943
Rommel seregénél Libyában [Mit Rommels Armee in Libyen], Budapest, ohne Jahr (1943)

Bücher von Almásys Reisebegleitern:

Hansjoachim von der Esch, *Weenak - die Karawane ruft*, Leipzig 1941
Arnold Höllriegel [= Richard A. Bermann], *Zarzura. Die Oase der kleinen Vögel*, Zürich 1938. – Spannender Reisebericht des damals sehr bekannten Journalisten und Literaten (1883–1939), in dem Almásy und seine Leistung im Mittelpunkt stehen. Zahlreiche Photos von Hans Casparius. – Bermann war es auch, der 1934 (zusammen mit H.S. Penderel) anstelle Almásys vor der Londoner Geographischen Gesellschaft über die Ergebnisse der Expedition berichtet (abgedruckt unter dem Titel *Historic Problems of the Libyan Desert. A Paper Read with the Preceding [Penderel] at the Evening Meeting of the Society on 8 January 1934* im *Geographical Journal*, Juni 1934, S. 450-463). – Über Bermann und sein Werk (u.a. über sein Tagebuch dieser Forschungsreise) siehe auch: *Richard A. Bermann alias Arnold Höllriegel. Österreicher - Demokrat - Weltbürger*. München 1995

Literatur zu Almásys Leben und zum Vergleich mit Roman und Film:

Wilhelm Brenner, *Ein Wüstenforscher aus dem Burgenland*, in: *Burgenländische Heimatblätter*, 1995, 57. Jahrgang, Heft 1
Michael Farin/Raoul Schrott, *Schwimmer in der Wüste*, in: *Süddeutsche Zeitung* Nr. 84, 12./13.4.1997
József Kasza, *A homok atyja [Der Vater des Sandes]*, Budapest 1995
Julia Kospach, *Jenseits von Afrika*, in: *profil* Nr. 12, 17. 3. 1997
Stefan Kröpelin, *Die Wüste des Englischen Patienten*, in: *Die Zeit* Nr. 17, 18. 4. 1997
G.W. Murray, *Ladislaus Almásy* (Nachruf), in: *Geographical Journal*, 117. Jg., London, Juni 1951, S. 253-254
Franz Seubert, *L.E.Almásy*, in: *Die Nachhut*, 7. Jg. (1973), H 25/26, S. 43-46

Steven Tötösy de Zepetnek, *The English Patient: Truth Is Stranger than Fiction*, in: *Essays on Canadian Writing: Michael Ondaatje Issue*, Ontario 1994

Hans Weis, *Die Feldforschungen von Graf Ladislaus Eduard Almásy (1929-1942) in der östlichen Sahara*, in: *Mitteilungen der Österreichischen Geographischen Gesellschaft*, 132. Jg. (1990), S. 249-256

Von Jean Howard und Zsolt Török sind umfangreichere Biographien in Vorbereitung.

Sonstige Literatur:

Werner Brockdorff, *Geheimkommandos des Zweiten Weltkriegs*, Wels 1967

Gert Buchheit, *Spionage in zwei Weltkriegen. Schachspiel mit Menschen*, Landshut 1975

Paul Carell, *Die Wüstenfüchse. Mit Rommel in Afrika*, Hamburg 1958 (mehrere Neuauflagen in verschiedenen Ausgaben)

Carlo R. Pecchi / Fabio degli Esposti, *I Tedeschi sul Nilo*, in: *Storia militare* N. 30 - Anno IV, März 1996

A.W. Sansom, *I spied spies*, London 1965

Leonard Mosley, *A cat and mice*, London 1958

W.B.Kennedy Shaw, *Long Range Desert Group*, London 1945 (unveränderter Nachdruck London 1989)

Leo Frobenius, *Der Ur-Nil entdeckt. Die Ergebnisse der neuesten Frobenius-Expedition und die Vor-Pharaonische Saharakultur*, in: *Berliner Illustrierte Zeitung* 43/7/1934

Stefan Kröpelin, *Untersuchungen zum Sedimentationsmilieu von Playas im Gilf Kebir*, in: *Africa Praehistorica* 2. (Zu den Forschungen von Stefan Kröpelin siehe auch Anmerkung auf Seite 336)

Rudolf Kuper, *Ägypten am Rande des Sahel. Ausgrabungen in der Abu-Ballas-Region*, in: *Archäologie in der Wüste* (= Sonderheft der Zeitschrift *Archäologie in Deutschland*), 1989. (Zu den Forschungen von Rudolf Kuper und des Heinrich-Barth-Instituts in Köln siehe auch Anmerkung auf Seite 336)

J. Léonard (Hrsg.): *Expédition scientifique Belge dans le Désert de Libye/Jebel Uweinat 1968-69* (= Africa Tervur 15/1969/4)

Giancarlo Negro, *Il Great Sand Sea e la sua Esplorazione*, in: *Sahara* Nr. 4, 1991

Hans Rhotert, *Libysche Felsbilder,* Darmstadt 1952
Hans Rhotert, *Die Erforschung der Wüste,* in: *Sahara. 10.000 Jahre zwischen Weide und Wüste,* Köln 1978
Peter Simons, *Der Osten der Sahara. Die Nil-Wüste,* in: Heinrich Schiffers (Hrsg.), *Die Sahara und ihre Randgebiete,* 3. Bd., München 1971

Romane, in denen Almásy eine Hauptrolle spielt:

John W. Eppler, *Rommel ruft Kairo. Aus dem Tagebuch eines Spions,* Gütersloh 1959. - Romanhafter „Tatsachenbericht" eines der nach Ägypten eingeschleusten Spione.
John W. Eppler, *Geheimagent im Zweiten Weltkrieg. Zwischen Berlin, Kabul und Kairo,* Preußisch Oldendorf 1974
Hans von Steffens, *Salaam. Geheimkommando zum Nil 1942,* Neckargemünd 1960. – Auch dieses Buch wurde von einem der „Beteiligten" geschrieben. Es schildert recht spannend die Hintergründe der „Operation Salam".

Michael Ondaatje, *The English Patient,* Toronto/New York 1992 (deutsch: *Der Englische Patient,* Hanser-Verlag, München 1993, als dtv-Taschenbuch 1997). Verfilmt von Antony Minghella 1996 und mit zahlreichen Oscars ausgezeichnet. – Im Roman steht die dem wirklichen Almásy nachempfundene Figur nicht so sehr im Mittelpunkt wie im Film. Als Quelle für sein Wissen über den Wüstenforscher Almásy nennt der kanadische Autor in seiner „Danksagung" Bermanns *Historical Problems of the Libyan Desert* (1934) und Bagnolds Besprechung von Almásys 1936 erschienenem Forschungsbericht (unter dem Titel *The last of the Zerzura legend* im *Geographical Journal,* Heft 1 von 1937). Anthony Minghella verwendet im Film außerdem Szenen, die uns Bermann in seinem *Zarzura*-Buch überliefert. Dies kann am besten in der gedruckten Ausgabe des englischen Drehbuchs (A. Minghella: *The English Patient. A Screenplay,* Hyperion-Miramax Books, New York 1996) nachgelesen werden.

Editorische Notizen

Ladislaus Almásy hatte über seine Forschungsreisen schon verschiedene Artikel und Berichte in mehreren Sprachen (ungarisch, englisch, französisch und deutsch) publiziert, als 1934 als Veröffentlichung der Ungarischen Geographischen Gesellschaft im Budapester Verlag Franklin sein Buch *Az ismeretlen Szahara (Unbekannte Sahara)* erschien. Als er 1938 vom Leipziger Brockhaus-Verlag den Auftrag erhielt, das Buch auch dem deutschen Publikum zugänglich zu machen, stand ihm offenbar sein Reisegefährte Hansjoachim von der Esch als eine Art Lektor zur Seite.

Daß Almásy das Manuskript nicht übersetzen ließ, sondern auf deutsch noch einmal selbst geschrieben hat, ist überliefert und läßt sich durch einen Vergleich der beiden Fassungen leicht erhärten. So unterscheidet sich der Text der einzelnen Kapitel – wie Frau Adrienne Kloss-Elthes im Auftrag des Ludwig Boltzmann Instituts für Gesellschafts- und Kulturgeschichte in Salzburg festgestellt hat – manchmal mehr, manchmal weniger, wie es eben ist, wenn man dasselbe noch einmal erzählt, und das Jahre später. Es wurden aber auch Almásys Einführung und zwei ganze Kapitel der ungarischen Ausgabe weggelassen. Dafür könnten Platzgründe ausschlaggebend gewesen sein, da gleichzeitig drei neue Kapitel eingefügt wurden, die Reiseerlebnisse aus der Zeit nach 1934 zum Inhalt haben. (Diese lagen übrigens damals auf ungarisch schon in Buchform vor.) Ob die Streichung des Kapitels über die Tragödie der vor den Italienern geflohenen Bewohner von Kufra auch mit einer eventuellen Rücksichtnahme auf das mit Deutschland inzwischen verbündete Italien Mussolinis zu tun hat, ist fraglich. Man kann es vermuten, da es sicher kein Ruhmesblatt in der italienischen Kolonialgeschichte ist, Hunderte Menschen hilflos in der Wüste herumirren und verdursten zu lassen, doch betont Almásy andererseits bereits 1934, daß dafür nicht die Italiener verantwortlich zu machen seien, daß die Flucht nicht notwendig gewesen wäre und daß die in der Oase verbliebenen Menschen unter der Besatzung nicht zu leiden gehabt hätten.

Jedenfalls schien es uns von Interesse, diesen von Almásy in der ungarischen Ausgabe wiedergegebenen Bericht eines Augenzeugen erstmals auch in deutscher Sprache abzudrucken. Auch das weggelassene Kapitel über die Auffindung und Deutung der einzelnen urzeitlichen Felszeichnungen und Malereien haben wir in dieses Buch aufgenommen. Ebenso Almásys Einführung zur ungarischen Erstausgabe, da sie viel Autobiographisches enthält und einen Einblick in Beweggründe und Mentalität dieses Forschungsreisenden erlaubt. Dagegen haben wir Von der Eschs Geleitwort zur deutschen Ausgabe weggelassen, weil es außer dem Hinweis auf seine Ergänzungen zu Almásys Text, die in erster Linie die Übersetzung arabischer Quellen zum Zarzura-Problem betreffen und ohnehin in Anmerkungen gekennzeichnet sind, nichts Wesentliches enthält. Im übrigen ist die Bezeichnung „Bearbeiter" für Hansjoachim von der Esch – als solcher scheint er in der Titelei der deutschen Ausgabe auf – wohl einigermaßen übertrieben. Wie sie zustandekam, ist heute nicht mehr nachvollziehbar, wie man auch nur vermuten, aber nicht belegen kann, ob und wie weit kleine, aber nicht unwesentliche Änderungen im Text eventuell auf ihn zurückgehen, zum Beispiel manche wertende Beifügung, etwa wenn aus der wertfreien Bezeichnung „Mischrasse" in der deutschen Ausgabe eine „tieferstehende Mischrasse" wird.

Die Anmerkungen in diesem Buch sind zum größten Teil aus der deutschen Ausgabe übernommen. Wenn „Der Verfasser" dabeisteht, gab es sie auch schon in der ungarischen Fassung und wurden vom Lektor übernommen. Von der Esch hat seine zumeist erläuternden oder auf Quellen hinweisenden Anmerkungen mit dem Zusatz „Der Bearbeiter" versehen, was hier weggelassen ist. *Neue* Anmerkungen in der vorliegenden Ausgabe sind *kursiv* gesetzt.

Die Schreibweise der geographischen und anderer, vor allem arabischer Namen wurde durchwegs aus Almásys Buch *Unbekannte Sahara* von 1939 übernommen, stammt also – vor allem in ihren Abweichungen von der heute (z. T. auch damals) üblichen Praxis – vom „Lektor" Hansjoachim von der Esch. Der Einheitlichkeit zuliebe wurde diese Schreibweise auch in den anderen Teilen des Buches angewendet und zwar nicht nur dort, wo es sich um Almásys deutsche oder aus dem Ungarischen bzw. Englischen übersetzte Texte handelt, sondern auch bei den Bildunterschriften und in der Einleitung von Schrott/Farin. Dies ist schon deshalb gerechtfertigt, weil es auch heute keine einheitliche Regelung gibt und Karten bzw. Atlanten diesbezüglich voneinander abweichen (z. B. damals Uwenat und Uweinat, heute neben diesen Schreibungen vor allem auch Auenat). Eine Ausnahme machten wir bei der Bezeichnung „Gilf Kebir", das Esch in der *Unbekannten Sahara* zu „Gilf Kibir" machte, während Almásy in der ungarischen Ausgabe die damals wie heute allein übliche Schreibung „Kebir" verwendete. In diesem Fall haben wir die Schreibweise der Brockhaus-Ausgabe nicht übernommen.

Während der Arbeit an diesem Buch erreichte uns eine Reihe interessanter Informationen. Unter anderem erhielt Michael Farin Kenntnis von einem Dokument aus dem englischen Kriegsarchiv, das den (übersetzten) Text eines von Almásy geschriebenen und in den Besitz der Engländer gekommenen Tagebuchs über das „Unternehmen Salam" enthält, bei dem der inzwischen im Dienst der deutschen Abwehr stehende Wüstenexperte aus Ungarn zwei Agenten im Rücken der Engländer nach Ägypten schmuggelte. Da gerade Almásys Tätigkeit während des Krieges – nicht zuletzt durch Roman und Film *Der englische Patient* – viel diskutiert wird, waren wir sehr erfreut, dieses Geheimdokument hier abdrucken zu können. (Das ungarische Buch *Mit Rommels Armee in Afrika* bietet übrigens – anders als der Titel vermuten läßt – keinerlei Informationen über seine Einsätze, was andererseits verständlich ist, es erschien ja noch während des Krieges.) Michael Rolke machte uns auch darauf aufmerksam, daß es zur Operation Salam eine bemerkenswerte Photoserie gibt, die vor einem Jahr in der italienischen Zeitschrift *Storia militare* veröffentlicht wurde. Herausgeber und Redaktion haben uns die erstmalige Publizierung dieser Bilder im deutschsprachigen Raum freundlicherweise gestattet. Woher sie stammen, geht aus dem begleitenden Artikel der Zeitschrift (siehe Bibliographie) nicht hervor, und wir konnten es auch nicht in Erfahrung bringen.

Das übrige Bildmaterial in diesem Buch stellt eine Auswahl aus Almásys Büchern dar, ergänzt durch Photos aus den Büchern von Richard A. Bermann (alias Arnold Höllriegel) und Hansjoachim von der Esch (siehe Bibliographie). Die Aufnahmen machten Almásy selbst, von der Esch und Hans Casparius, Bermanns Freund und Teilnehmer der Expedition von 1933. Sie sind nicht mehr in jedem Fall einem der Photographen zuzuordnen. In der Brockhaus-Ausgabe von *Unbekannte Sahara* sind wohl die Aufnahmen des „Bearbeiters" Von der Esch gekennzeichnet, nicht jedoch die Bilder von Casparius. Er war Jude! Almásy hat ihn auch im Text beider Ausgaben nicht erwähnt, was wohl mit einer persönlichen Antipathie zu tun hat.

Die Originale der abgebildeten Aquarelle mit Kopien einiger Felsmalereien im Gilf Kebir und Uwenat befinden sich wie die dazugehörigen Skizzenbücher und die abgebildeten Photos und Dokumente zur Biographie im Besitz von Almásys Nichte, Frau Maria della Pace Kuefstein-Almásy auf Burg Bernstein im Burgenland. Ihr wie auch der nächsten Generation, dem Ehepaar Berger-Almásy, gebührt für die Übertragung der Rechte an Almásys Werk und für die Unterstützung bei den Vorbereitungen zu dieser Neuauflage der *Unbekannten Sahara* ein besonderer Dank.

Zu bedanken hat sich der Verlag vor allem auch bei seinem Autor und Wüstenexperten Raoul Schrott, von dem nicht zuletzt die Anregung zu diesem Buch kam, und bei Michael Farin, der zusammen mit ihm ein Hörspiel über Zarzura gestaltete. Er half mit wertvollen Tips und Informationen und vermittelte die Kenntnis des englischen Geheimdokuments sowie der Photos dazu. Dr. Eugene Sensenig von der Forschungsgemeinschaft Boltzmann-Institut/Steinocher-Fonds in Salzburg und Frau Adrienne Kloss-Elthes haben ebenso zur Vertiefung des Wissens über Almásy, seine Forschungen und sein publizistisches Schaffen beigetragen wie Professor Steven Tötösy de Zepetnek in Toronto, Rudolf Kuper und Stefan Kröpelin in Köln, Michael Rolke in Willstätt sowie Zsolt Török in Budapest, dessen Almásy-Biografie 1998 in Ungarn erscheint.

Ihnen allen ist es zu danken, daß dieses Buch mehr werden konnte als der bloße Neudruck eines längst vergriffenen und vergessenen Werks, das allerdings an sich schon ein neuerliches Kennenlernen verdient.

Innsbruck, im August 1997

Michael Forcher, Haymon-Verlag

Zur Zweiten Auflage

Das Erscheinen dieses Buches hat zahlreiche Personen veranlaßt, sich mit einschlägigen Informationen an die Verfasser des Vorwortes oder an den Verlag zu wenden. Auch auf neue Literatur sind wir inzwischen gestoßen. Wesentliche neue Erkenntnisse, die größere Änderungen des bestehenden Textes notwendig gemacht hätten, ergaben sich daraus jedoch nicht. Lediglich das Literaturverzeichnis wurde erweitert, einige Anmerkungen wurden ergänzt oder neue hinzugefügt.

Bemerkenswert, daß sich beide ehemaligen Spione, die Almásy

nach Ägypten einschleuste, John W. Eppler und Hans Gerd Sandstede, meldeten und Michael Farin als wichtige Zeitzeugen für Interviews zur Verfügung standen. Vieles an Almásys Einsätzen auf dem nordafrikanischen Kriegsschauplatz bleibt aber weiter ziemlich undurchsichtig.

Andreas H. Stuhlmann, Autor einer Dissertation über Richard A. Bermann, glaubt, in dessen Tagebuch die Lösung für das Rätsel gefunden zu haben, warum Almásy den Photographen Hans Casparius in seinen Büchern nicht erwähnt: Laut Bermanns Notizen hatte Almásy eine andere Auffassung von der Art, wie seine Forschungsreise im Bild festzuhalten sei, als der hauptsächlich als Theater- und Filmphotograph tätige Casparius und soll ihn auch sonst nicht gemocht haben.

Von Andreas H. Stuhlmann wurden wir auch darauf aufmerksam gemacht, daß sich der gesamte, viele Tausende von Negativen und Abzügen zählende photographische Nachlaß von Casparius im Archiv der Stiftung Preußischer Kulturbesitz in Berlin befindet. Erst eine akribische Sichtung dieses Materials würde in *allen* Fällen die Autorschaft der in Bermann-Höllriegels *Zarzura*-Buch und in Almásys Büchern abgedruckten Photos klären können, zumal sich im Familienbesitz der Almásy-Nachkommen auch Originalphotos ohne Photographenvermerk befinden und so als von Almásys gemacht gelten können, die in *Zarzura* Casparius zugeschrieben werden (darunter Bilder, die Casparius gar nicht gemacht haben *kann*). Die Kameraden der Wüste nahmen es offenbar nicht so genau. Deshalb bleibt auch der Hinweis auf die nicht völlig geklärte Urheberschaft des Bildmaterials gültig.

Zu Almásys letzter Lebenszeit erfuhren wir von József Kasza aus Budapest, dessen kleine Biographie Almásy vor allem als Flugpionier beschreibt, daß dieser schon vor dem Frühjahr 1951 einmal als Patient im Salzburger Krankenhaus weilte, und der aus Graz stammende Schriftsteller Ernst Pichler erinnerte sich, daß er in jungen Jahren, wahrscheinlich 1949, mit Almásy angeregte Plauderstunden in diversen Grazer Kaffeehäusern verbracht hatte. Almásy erzählte ihm damals, er sei auf Urlaub in der Heimat, wage es aber nicht, nach Bernstein im sowjetisch besetzten Burgenland zu fahren.

„Eine weitere Geschichte…", würde Raoul Schrott sagen.

Innsbruck, im Oktober 1997

Michael Forcher

Unbekannte Sahara

Almásys Buch von 1939

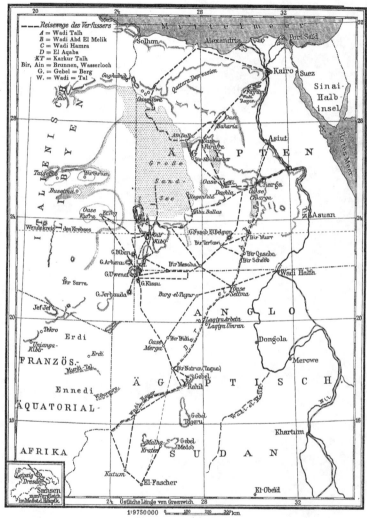

Übersichtskarte der Libyschen Wüste

Die Strasse der Vierzig Tage

Im Zeitalter der Dampfschiffe und Eisenbahnen hat der Karawanenverkehr zwischen Ägypten und dem Sudan aufgehört. Die Entfernung zwischen den beiden Hauptstädten Kairo und Khartum kann heute bequem in fünftägiger Reise zurückgelegt werden. In vierundzwanzig Stunden durcheilt der Schnellzug das fruchtbare Niltal bis zum Stauwerk von Assuan, um dort seine Fahrgäste und Waren dem Nildampfer zu übergeben.

Die zweitägige Schiffsreise durch Obernubien bis Wadi Halfa, der Grenzstadt des Sudans, wird jeder Reisende als ein Erlebnis von seltener Schönheit empfinden. Dann geht es mit dem „Sonnenschein-Expreß" der Sudanbahn quer durch die Wüste, auf der Strecke, die Kitcheners Armee vor dreißig Jahren auf dem tückischen Sand der nubischen Hochebene gebaut hat, um den Sudan vom Joch des Mahdismus zu befreien. Ständig wird an der Verbesserung dieser Verbindung gearbeitet. Von Jahr zu Jahr wurde die Linie der Wüstenbahn verlegt, aber noch immer ist es nicht ganz gelungen, dem haltlosen Sandboden zu entgehen und den eisernen Weg modernen Verkehrs auf festen, felsigen Untergrund zu betten.

Dem Schiff und der Eisenbahn ist nun auch das Flugzeug zu Hilfe geeilt, und in kaum vierundzwanzig Stunden kann der Passagier der Imperial Airways heute von der Küste des Mittelmeeres nach Khartum gelangen. Vergessen sind die Tage, in denen schwerbeladene Kamelkarawanen mühsam ihre Spuren durch das Sandmeer zogen, die Tage, in denen noch die Falkenaugen schweigsamer Führer in die flimmernde Unendlichkeit spähten, um in einer aufgerichteten Steinplatte oder einem halbverwehten Kamelskelett das Wegzeichen zu erkennen, das die Karawane nach tagelanger beschwerlicher Wanderung zur nächsten Wasserstelle führen sollte.

Der Zeitraum einer einzigen Generation hat genügt, um die

uralten Verkehrswege in Vergessenheit geraten zu lassen. Von den Männern, die die ehemaligen Wüstenstraßen des Sudans als Kabire (Karawanenführer) begangen haben, lebt kaum noch einer, und beinahe mythisch klingt heute der Name des ehrwürdigen Karawanenweges, der jahrhundertelang den Sudan mit Ägypten verbunden hat: Darb El Arbe'in, die Straße der Vierzig Tage.

Es war seit langem mein Wunsch gewesen, eine brauchbare Autoroute zwischen Ägypten und dem Sudan zu finden. Zunächst mag der Gedanke naheliegen, auf dem Wege nach Süden dem Lauf des Nils zu folgen. Ein Blick auf die Karte zeigt jedoch, daß die von Kairo das Niltal aufwärts führende Straße bereits in Edfu endet. Auch die Eisenbahnlinie führt, hart an den Felsen des östlichen Flußufers entlang, nur noch 100 Kilometer weiter bis Assuan. Auf der anschließenden, mehr als 300 Kilometer langen Strecke von Assuan nach Wadi Halfa besteht überhaupt keine Landverbindung. Ihr Bau würde angesichts der zerklüfteten Gebirge, die hier den Nil zu beiden Seiten einsäumen, überaus kostspielig werden, und so hat man sich bis heute mit dem Wasserweg begnügt.

Im Jahre 1926 hatte Major Court-Treatt den Versuch gemacht, mit seinen Kraftwagen dem Lauf des Flusses zu folgen. Ich traf die Expedition damals nach ihrem triumphierenden Einzug in Kairo, als ich eben im Begriff stand, mit einem gewöhnlichen Tourenwagen nach Khartum aufzubrechen. Die Beschreibung der Schwierigkeiten, die sich dem Major und seinen Gefährten in Obernubien entgegengestellt hatten, ließ mich erkennen, daß es zwecklos sein würde, mit meinem schweren Wagen die Durchfahrt zu versuchen. Ich beförderte daher mein Fahrzeug damals mit dem Nildampfer von Assiut nach Wadi Halfa.

Als ich drei Jahre später, mit dem Prinzen Ferdinand Liechtenstein von Mombassa kommend Khartum erreichte, erhob sich erneut die Frage, ob es möglich sein würde, die nördlich

Wadi Halfa liegende Teilstrecke auf dem Landwege zu bewältigen. Ich hatte in der Zwischenzeit Gelegenheit gehabt, vieles hinzuzulernen, und wußte, daß manche Sandfläche, in der ich auf meiner Erstlingsfahrt im Jahre 1926 bis an die Achsen versunken wäre, sich bei sachgemäßer Fahrtechnik als tragfähig erweisen würde. Ich faßte daher den Plan, in Wadi Halfa auf das Westufer des Nils überzusetzen, dann das Niltal zu verlassen und durch die Wüste zur Oase Selima zu fahren, um von dort aus zu versuchen, auf der Darb El Arbe'in nach Norden durchzukommen.

Allerdings waren, wie sich bald herausstellte, über die geographischen Verhältnisse der Wüstenstrecke nördlich Selima keine zuverlässigen Angaben zu erhalten, doch mußten meines Erachtens die Karawanen gute Gründe gehabt haben, diesen wasserlosen Weg zu wählen, anstatt in der Nähe des Flusses zu ziehen. Die topographische Aufnahme der Darb stammte aus dem Jahre 1782, und es war weder von offiziellen Stellen noch von Eingeborenen mit Sicherheit Näheres über die Beschaffenheit des Geländes zu erfahren. Überhaupt wurde meine Absicht, in die Wüste vorzudringen, um die legendäre Darb El Arbe'in zu suchen, in Khartum mit wenig Begeisterung aufgenommen. Die Behörden erklärten, daß die Wüstenstrecke für Kraftwagen bekanntermaßen unpassierbar sei, und verweigerten mir zunächst die Erlaubnis zu fahren.

Zum Glück zeigte sich die ägyptische Regierung zugänglicher. Man wußte dort von meinen früher durchgeführten Fahrten und zögerte nicht, mir die erbetene Einwilligung zu erteilen. Angesichts dieses Entgegenkommens der ägyptischen Seite ließen dann schließlich auch die Behörden in Khartum ihre Bedenken fallen und legten der Ausführung meines Planes keine weiteren Hindernisse in den Weg. Man bestand jedoch darauf, daß wir die Kosten einer etwaigen Hilfsexpedition vor der Abfahrt sicherstellten, wobei man uns klarmachte, daß zu unserer Auffindung in der Wüste ein Masseneinsatz von Flugzeugen, Militärkraftwagen und Kamelpatrouillen notwendig sein würde, wie denn überhaupt eine solche Rettungsaktion von vornherein als nahezu unvermeidlich angesehen wurde.

Meine Bemühungen, über die Gegend nördlich der Oase Selima irgendwelche zuverlässigen Angaben zu erhalten, waren auch weiterhin erfolglos geblieben. Trotz eingehender Nachforschungen, bei denen mich die Behörden der in Frage kommenden Distrikte bereitwilligst unterstützten, war es nicht gelungen, einen einzigen Kabir zu finden, der die Darb El Arbe'in zur Zeit des Karawanenverkehrs begangen hatte. Seit einem halben Jahrhundert war die alte Wüstenstraße nicht mehr benutzt worden, und man nahm allgemein an, daß ihre Spuren längst verschwunden seien. Günstiger lauten die Auskünfte über die Strecke Wadi Halfa – Selima. Sie war 1926 von einer Kraftwagenpatrouille befahren und mit Wegzeichen versehen worden. Doch warnte man uns vor der unbewohnten Oase Selima selbst, da sie häufig den räuberischen Guraans als Schlupfwinkel diene; erst vor kurzem sei dort ein Streiftrupp des Kamelreiterkorps aufgerieben worden.

So traten wir Ende Mai mit gemischten Gefühlen die Weiterreise von Khartum nach Norden an. Auf der Fahrt nach Wadi Halfa zeigte sich, daß unsere schwerbeladenen Wagen den Geländeschwierigkeiten der Nubischen Wüste durchaus gewachsen waren, und ich konnte meiner eigenen, drei Jahre alten Spur, die sich an vielen Stellen noch deutlich im Sand abzeichnete, beruhigt folgen. In Wadi Halfa erwarteten uns zwei eingeborene Führer, die nach Aussage des Distriktskommissars wenigstens den Weg bis zur Oase Selima kannten.

Am Abend des 2. Juni 1929 lagerten wir auf dem westlichen Nilufer gegenüber der Stadt Halfa neben dem ehemaligen Fort, das zur Zeit des Mahdi-Aufstandes zum Schutz gegen die Derwische errichtet worden war. Unter dem glitzernden Sternenhimmel der Tropennacht waren die Sorgen der Vorbereitungen schnell vergessen. Alle Ermahnungen der liebenswürdigen englischen Beamten konnten meine Freude, endlich am

Ausgangspunkt der geplanten Entdeckungsfahrt zu sein, nun nicht mehr trüben, und voll Zuversicht ließ ich, am Ufer des leise plätschernden Stromes liegend, meinen Blick auf der im Mondlicht scharf sich abzeichnenden Silhouette der Wüstenberge ruhen, bis mir die Augen zufielen.

Schon eine Stunde vor Sonnenaufgang weckte mich das Gespräch unserer eingeborenen Führer, die mit der Bereitung des Morgentees beschäftigt waren. In wenigen Minuten war das dampfende Gebräu getrunken, und während Eßgeschirr und Feldbetten auf den Wagen verstaut wurden, gaben wir den Motoren Zeit, in der kühlen Morgenluft warmzulaufen. Am östlichen Himmel über den zerklüfteten Zacken der nubischen Berge dämmerte der erste Schein des neuen Tages, und ein leichtes Orangerot spiegelte sich auf den trägen Fluten des fast lautlos dahingleitenden Nils.

Das Geräusch unserer Maschinen hatte den alten Fährmann geweckt, der mit seiner Familie in einer kleinen Lehmhütte nahe unserm Lagerplatz hauste. Schech Ahmed, der in seiner Jugend noch die Derwische vor Wadi Halfa gesehen hatte, war gleichzeitig auch Vorsteher des armseligen Dorfes, das hier am Nilufer ein winziges Stückchen urbaren Bodens der Wüste abzuringen versuchte. Fröstelnd in sein Leinwandhemd, die Ferda, und seinen langen baumwollenen Überwurf, den Gird, gehüllt, trat er langsam zu unsern Leuten. Das Gesicht gegen den purpurnen Streifen am Osthimmel gewendet, sprach die kleine Gruppe dann leise murmelnd das Gebet der Reisenden, die Sure Fatha aus dem Buche des Propheten:

„ ... Leite uns den rechten Pfad,
Den Pfad derer, denen Du gnädig bist,
Nicht derer, denen Du zürnst, und nicht der Irrenden."

Dann noch ein letztes Händeschütteln mit dem wackern Schech: „Insch'allah neschuf wischak becher – Allah gebe, daß wir dein Antlitz in Gesundheit wiedersehen", und mit summendem Motor setzen sich die Wagen in Bewegung.

Auf halber Höhe des steilen Bergrückens zu unserer Linken steht ein Wegzeichen aus eisernen Traversen, die Landmarke jener Kraftwagenpatrouille, die vor drei Jahren Selima erreicht hatte. Wir lassen die Wagen in dem harten Sand am Fuß des Abhangs auf höchste Geschwindigkeit anlaufen, wenden sodann das Steuer um einige Grade gegen den Hang, und brausend ziehen die Maschinen ihre schwere Last in schrägem Winkel über die sandige Berglehne empor. Ein letzter Blick noch auf den tief unter uns liegenden Nil, der jetzt die volle Pracht des Sonnenaufgangs widerspiegelt. Weit drüben auf dem andern Ufer liegen die schneeweißen Hauswürfel der Stadt Halfa, überdeckt von den dunklen Kronen der Palmen. Nur allzu schnell entschwindet das Panorama. Als der Wagen mit erleichtertem Brummen den Kamm des Hügels überschreitet, erweckt mich aus meinen Abschiedsgedanken an die letzte besiedelte Stätte ein leiser Zuruf des neben mir sitzenden Sudanesen: „El Atar – die Spur!"

Auf der dunkelrot schimmernden Sandfläche lassen sich deutlich die nur wenig verwehten Spuren der Kraftwagenpatrouille erkennen. Nichts leichter, als diesem zuverlässigsten aller Wegweiser zu folgen. Über lebhaft gewellten Grund fahren wir, stetig ansteigend, quer zur Richtung des Niltals nach Westen. Ringsum Geröllhalden und Sandhänge, dazwischen Felsen, die im Licht der Morgensonne purpurne Schatten werfen, nirgends eine Spur von Vegetation, eine Welt aus Sand und Stein.

Das Gelände bietet keine sonderlichen Schwierigkeiten. Willig ziehen die Fahrzeuge ihren Weg, und bald steigere ich unwillkürlich die Geschwindigkeit im Spiel mit den auftauchenden Wegzeichen, die seinerzeit in Abständen von einigen Kilometern aus aufgeschichteten Steinen und Felsstücken errichtet worden waren. Mein Führer, der alte Mohammed Osman Hasan, staunt über die Anzahl dieser „Alamat" und versichert mir, daß er Selima auch ohne ihre Hilfe finden würde, obwohl er nur ein einziges Mal, und zwar vor sechzehn Jahren, dort war.

Nach etwa fünfzig Kilometern wendet sich die Reihe der Wegzeichen in scharfem Bogen nach links und führt uns in einer langgestreckten Talmulde über harten Wüstenboden nach Südwesten. Wie so oft auf unserer langen Afrikafahrt bringt mein Freund seinen Wagen von Zeit zu Zeit an die Seite des meinigen und signalisiert mir die beruhigende Nachricht „Alles in Ordnung".

Es ist Tag geworden. Ein lauer Wind bläst von Norden, und die Kühlertemperatur der Motoren hält sich auf normaler Höhe. Stellenweise sind die Spuren unserer Vorgänger tief in den Boden eingegraben, in leichten Bogen weichen wir diesen Anzeichen loser Sandoberfläche aus.

Der Charakter der Wüste beginnt sich langsam zu ändern. Steile Felskuppen erheben sich vor uns, von denen einige auf ihrer Spitze aufgerichtete Steinplatten als Wegweiser tragen. Wir fahren jetzt an der rückwärtigen Seite der Uferberge entlang in nahezu südlicher Richtung. Liechtenstein hat es übernommen, hin und wieder durch Kompaßpeilungen den Verlauf unserer Route nachzuprüfen. Die steinernen Wegzeichen ersparen uns vorläufig allerdings die Notwendigkeit einer solchen Nachprüfung, doch soll die Fahrt nach Selima zugleich auch als Vorübung dienen.

Noch einmal lasse ich mir von Mohammed die Strecke beschreiben, so wie er sie in Erinnerung hat.

„Wir mußten die Kamele durch eine enge Schlucht hinabführen, an deren Ende das Serir, die offene Wüste*, begann. Nach zwei Tagen erreichten wir den Gebel Magdud, einen stei-

---

* Serîr bedeutet im ägyptischen Volksdialekt „Bett". Die ägyptisch-libyschen Wüstennomaden verwenden das Wort serîr außerdem zur Bezeichnung weiter Sandebenen, weil – wie sie uns erklärten – deren Oberfläche „flach und weich wie ein Bett" ist und an jeder beliebigen Stelle zu lagern gestattet. Das Wort serîr wird in der europäischen Literatur vielfach mit dem ähnlich klingenden Wort zarîr verwechselt, das eine andere Oberflächenform der Wüste bezeichnet, die hier nicht in Betracht kommt.

nernen Berg, durch den eine Höhle durch und durch geht. Ich kann dir nicht sagen, Herr, wann wir dort sein werden; dein Wagen ist schnell wie der Flug eines Vogels. Wenn es Allah gefällt, so werden wir vielleicht schon heute abend an jenem Berg lagern können."

Das Gelände verschlechtert sich zusehends. Immer dichter werdendes Geröll und scharfkantige Steinplatten bedecken die Sandfläche.

„Bei Allah", murmelt der Alte, „ich glaube, wir sind schon in der Nähe des Tals."

Zu unserer Rechten tauchen hellgelbe Sanddünen auf, von deren Kämmen der Wind nebelartige Sandwölkchen loslöst und über den Boden dahintreibt. Die Automobilspuren sind verschwunden, und mit erhöhter Aufmerksamkeit spähen wir nach den aufgeschichteten Steinhaufen aus. Eine leere Benzinkanne liegt im Sand, ihr Anblick wirkt auf uns alle beruhigend. In verlangsamter Fahrt winden wir uns weiter durch das Sandsteingeröll, bis wir unerwartet am Rand einer steil abfallenden Schlucht stehen. Unpassierbare Felsabstürze säumen die vor uns liegende Bruchstufe auf beiden Seiten ein, die Schlucht ist der einzige Weg nach unten. Wir verlassen die Wagen und suchen nach einer Stelle, wo die Abfahrt gewagt werden kann. Liechtenstein klettert über eine Geröllhalde hinab und winkt mir dann, ihm zu folgen. Behutsam lasse ich den Wagen über die felsige Kante des Abhangs kippen. Sekunden der Spannung, ein Rutschen und Stoßen, ein Poltern von nachrollendem Gestein, und das Ärgste ist überstanden. Auf lockerem Geröll bringe ich den Wagen zum Stehen. Mit Spannung verfolge ich, wie kurz darauf mein Freund sein Fahrzeug hart neben meiner Spur bergab steuert.

Eine steile Sandlehne trennt uns nun noch vom Boden der vor uns liegenden Senke. Der tiefe Flugsand sieht bedenklich aus, doch willig greifen die Räder an, und in einer Wolke goldig glänzenden Staubes sausen wir wie bei einer winterlichen Skiabfahrt ins Tal hinunter. Wenige Augenblicke später befinden wir uns wohlbehalten am Fuß der Bruchstufe vor einer weiten, ebenen Wüstenfläche. Ein Glück, daß wir die steile Schlucht nicht in umgekehrter Richtung zu überwinden hatten! Ob unsere schwerbeladenen Wagen dazu überhaupt imstande gewesen wären?

Die Wegzeichen führen weiter nach Südwesten. Vor uns liegt, so weit das Auge reicht, flaches Serir-Gelände. Die hartgewehte Oberfläche des Sandes ist jedoch von zahllosen schmalen Windfurchen so zerrissen, daß wir die ersten Kilometer sehr langsam fahren müssen, um unsere Wagenfedern nicht zu gefährden.

Es geht auf Mittag, und die Hitze beginnt sehr fühlbar zu werden. Metallteile der Wagen, die außerhalb des schützenden Leinwanddaches liegen, können nicht mehr mit bloßer Hand angefaßt werden. Draußen auf der Ebene läßt die flimmernde Luft seltsame Trugbilder entstehen. Felsblöcke und Hügel tauchen plötzlich auf, dort, wo man noch vor wenigen Sekunden endlose Sandfläche vermutet hatte. Auch umgekehrt treibt die Luftspiegelung ihr Spiel und läßt den fern am Horizont auftauchenden Berg nach wenigen hundert Metern Fahrt zu einem im Sande liegenden faustgroßen Stein zusammensinken.

Mit geöffnetem Auspuff knattern die Motoren ihr eintöniges Lied. Eine Hügelkette, die vor kurzem noch in der erhitzten Luft ihre Gestalt und Entfernung ständig zu verändern schien, nimmt nun feste Form an, und Mohammed weist mit erstauntem Ausruf nach vorn: „El Gebel El Magdud – der durchlöcherte Berg!"

Es dauert noch eine geraume Weile, bis sich der alleinstehende Felsen von den Konturen der hinter ihm liegenden Hügel abhebt, und beim Näherkommen erkenne ich auch in der oberen Hälfte der Felswand den hellen Fleck des durchschimmernden Himmels. Eine natürliche Höhle führt tatsächlich quer durch den Berg hindurch.

Am Fuße des Magdud halten wir Mittagsrast. Nun ist es gewiß, daß wir in wenigen Stunden die Oase Selima erreichen werden, von der uns nur noch 140 Kilometer guten, ebenen Geländes trennen. Unsere Sudanesen stöbern zwischen den Felsen umher, bis sie mit lauten Rufen unsern kaum begonnenen Aufstieg zur Höhle unterbrechen. Mit dem unerklärlichen Instinkt der Wüstensöhne haben sie unter den vielen Steinplatten auf der Nordseite des Berges gerade die aufgehoben, unter der unsere Vorgänger eine Anzahl Blechkannen als Wasserdepot hinterlassen hatten. Die Kannen sind unversehrt, aber leer. Das Wasser ist infolge des ungenügenden Verschlusses verdunstet.

Nach einer knappen Stunde brechen wir zur Weiterfahrt auf. An die Stelle der steinernen Wegzeichen sind sandgefüllte Benzinkannen getreten. Ein heftiger Nordwind hat sich aufgetan, in breiten Schleiern wandert der goldgelbe Sand über die weite Ebene. Unsichtbare Sandkörner treffen mit nadelscharfen Stichen Gesicht und Arme. Die Sudanesen haben sich in ihre langen Turbane eingemummt, während ich mit Schmerzen an die zurückgelassenen Seitenteile meines Wagenverdecks denke, die ich jetzt so gut als Schutzwände gebrauchen könnte.

Unaufhaltsam gleiten die wandernden Schleier an mir vorüber. Oft glaube ich, nicht mehr vorwärts, sondern seitwärts zu fahren oder auf einem riesigen Teppich aus losem Sand zu stehen, der unaufhaltsam unter mir zur Seite gezogen wird. Wenn nicht die immer wieder auftauchenden Wegzeichen eine feste Linie über diese ruhelose Fläche zögen, so hätte ich das Steuer wahrscheinlich schon längst nach Süden gewendet, um der Qual dieses Sandtreibens zu entgehen. Ein großer, einzelnstehender Felsen taucht neben uns auf, und für einige Minuten halten wir in seinem Windschatten. Dann geht es weiter, wir wollen ja heute noch nach Selima kommen.

Seit einiger Zeit bemerke ich mit wachsender Unruhe, daß meine Kühlwassertemperatur langsam steigt. Sollte der heiße Seitenwind die Kühlung doch zu stark beeinträchtigen? Wir fahren sehr schnell, oft 70-75 Stundenkilometer. Ob Liechtensteins Maschine auch so warm wird? Vielleicht fahren wir ständig bergauf?

Abgerissene Gedanken, ein besorgter Blick auf den Ölmanometer und dann ... ein merkliches Nachlassen der Motorkraft ... blitzschnell reiße ich das Steuerrad nach rechts gegen den Wind – umsonst! Ein leises metallisches Aufkreischen im Innern der Maschine macht allen Hoffnungen ein jähes Ende. Ich weiß es, noch ehe der Wagen zum Stillstand kommt, der Motor ist tot! Mit knirschenden Bremsen hält der andere Wagen neben mir. Liechtenstein springt heraus, der Ausdruck meines Gesichts läßt ihn nichts Gutes ahnen: „Was gibt's ...?"

Mit trockener Kehle gebe ich ihm Antwort: „Ich weiß nicht ..., der Motor ist festgelaufen."

Unablässig treibt der Wind die gelben Sandschleier über die Ebene. Schweigend nehme ich mein Werkzeug zur Hand und beginne, die Maschine zu untersuchen. Bange Minuten vergehen. Mit großen ernsten Augen starren die Sudanesen auf die leblose Masse von Metall. Ich fühle, wie sie, obwohl äußerlich unbewegt, doch jede meiner Bewegungen scharf beobachten. Sollte dies das Ende des einen unserer Tragtiere sein?

Bald habe ich erkannt, was geschehen ist. Ich hatte vor längerer Zeit das Drahtsieb der Ölpumpe beim Reinigen beschädigt, jedoch den feinen Riß nicht weiter beachtet. Nun war bei dem scharfen Seitenwind der Sand unter den Deckel des Ölfüllstutzens geraten und hatte durch das beschädigte Sieb hindurch den Weg zur Pumpe und schließlich zur Nockenwelle gefunden. Das rückwärtige Lager ist glühend heiß, die Welle sitzt fest, und ich weiß nur allzu gut, daß an eine Reparatur nicht zu denken ist.

Wir sind 180 Kilometer von Halfa entfernt, und unser Wasservorrat ist nicht sehr reichlich. Die großen Wassertanks sollten erst in Selima gefüllt werden, wenn die Wagen durch Benzinverbrauch leichter geworden wären.

Wir überlegen, was zu tun ist. Ich sehe nur eine Möglichkeit: den Motor ausbauen und ihn mit dem zweiten Wagen zur Reparatur nach Halfa bringen. Aber wird mein Freund mit diesem gewagten Plan einverstanden sein?

„Vor allen Dingen müssen wir Wasser haben", meint Liechtenstein nach kurzem Nachdenken. „Wie weit ist es noch zur Oase?"

„Etwa 50 Kilometer."

„Dann fahren wir beide jetzt gleich mit Mohammed weiter. Osman und Fadlallah lassen wir hier; gib jedem eine Wasserkanne und sage ihnen, sie sollen, falls wir länger als vierundzwanzig Stunden ausbleiben, zu Fuß unserer Spur folgen. Wenn wir von weiterem Pech verschont bleiben, können wir morgen mittag mit genügend Wasser wieder von Selima zurück sein und den Motor in Ruhe ausbauen."

Der Vorschlag hat Hand und Fuß. Die Frage des Trinkwassers ist im Augenblick wichtiger als alles andere. Schweigend setzen wir zu dritt die Reise fort. Der Wind hat nachgelassen, und unbeweglich liegt die eintönige Ebene im Schein der Nachmittagssonne vor uns. Liechtenstein sitzt am Steuer, und ich habe Zeit, das Weitere durchzudenken.

Eine zackige Silhouette taucht flimmernd am Horizont auf. Der Führer hinter uns ist unruhig geworden, nun beugt er sich vor und weist mit ausgestrecktem Arm in unsere Fahrtrichtung: „Selima!"

Rasch kommt die Hügelkette näher. Steine und Felsblöcke liegen im Sande, und mein Freund muß die Geschwindigkeit vermindern. Die wegweisenden Benzinkannen sind verschwunden, vielleicht wurden sie von durchziehenden Beduinen mitgenommen. Wir beschließen, nach Süden zu drehen, wo eine Lücke in dem Höhenzuge zu erkennen ist.

Plötzlich gleitet eine kaum sichtbare Linie unter dem Wagen durch. Ein feiner unregelmäßiger Streifen, der eigentlich nur durch seine etwas hellere Färbung für das Auge wahrnehmbar ist. Auch Mohammed hat ihn bemerkt und ist von seinem Sitze aufgeschnellt.

„Anhalten!" rufe ich Liechtenstein zu, „wir haben eine Spur gekreuzt!"

Es sind die Fährten von sechs Kamelen. Mohammed beugt

sich tief zum Boden hinab und bläst in den Sand, um das Alter der Fußabdrücke festzustellen.

„Drei bis vier Tage alt, Herr, unbeladene Tiere, die von weit her kamen."

Die Fährten verlaufen von Süden nach Norden. Vielleicht sind es friedliche Dongolaner, die nach Selima gezogen sind, um Salz zu holen. Oder sollte es ein Trupp der räuberischen Guraans sein, vor denen man uns in Khartum gewarnt hatte? Zweifellos wird die Karawane noch in Selima lagern, um die Kamele nach der langen Wanderung ausruhen zu lassen.

Mit geschlossener Auspuffklappe überqueren wir vorsichtig den tiefeingeschnittenen Bergsattel, auf den die Spuren zuführen. Dann geht es über einen sandigen Hang bergab, und nach einer scharfen Wendung gegen Norden liegt im Grund der Talmulde ein grüner Palmenhain vor uns. Der überaus reizvolle Anblick lebendigen Grüns inmitten der öden Wüstenberge läßt unser Herz jedoch keineswegs höher schlagen, denn im Schatten der Palmen sehen wir eine größere Anzahl Kamele weiden.

Kurze Beratung. Die Besitzer der Kamele haben sich offenbar versteckt, als sie unsern Kraftwagen kommen hörten. Von welchem Stamm mögen sie sein? Guraans, Dongolaner oder vielleicht gar Senussen aus Kufra?

Mohammed erklärt flüsternd, daß die Dongola-Araber so spät im Jahre nicht mehr in dieser Gegend wandern, und mahnt zu äußerster Vorsicht. Aber wir müssen morgen früh zurückfahren und brauchen Wasser!

Schließlich erkläre ich mich bereit, zur Oase hinunterzugehen, wenn Liechtenstein mich, hinter einem Felsen versteckt, mit seinem Fernrohrgewehr deckt. Mohammed bleibt ebenfalls zurück, er trägt die Uniform des Kamelreiterkorps und würde durch sein Erscheinen die Lage nur heikler gestalten. Mit einigem Herzklopfen mache ich mich auf den Weg. Bald habe ich den Beginn des Vegetationsstreifens erreicht. Weit und breit keine Menschenseele. Durch hohes stachliges Gras führt mich ein Pfad zu einer kleinen Lichtung, auf der Kamelsättel und viele Lagergeräte umherliegen. Wenige Schritte davon erblicke ich die Quelle der Oase, ein Spalt im Boden, zwei Meter lang und einen halben Meter breit, darin kristallklares Wasser.

Ich fühle, daß ich von irgendwoher unablässig mit lauernden Augen beobachtet werde, und beschließe daher, nicht zu trinken; denn wer in der Wüste nicht durstig ist, ist stets im Vorteil. Ich greife ins Wasser und spüle mir umständlich Hände und Arme ab, dann setze ich mich auf einen Kamelsattel und zünde mir eine Zigarette an. Auf der gegenüberliegenden Seite der Lichtung, hinter einem der Palmenstämme, bewegt sich etwas. Ich sehe für Augenblicke ein schwarzes bärtiges Gesicht, das sofort wieder verschwindet. Langsam stehe ich auf und gehe auf die Palme zu. Jetzt wird sich herausstellen, mit wem wir es zu tun haben.

Ein in der Nähe grasendes Kamel staunt mich an. Ich bemerke, daß sein Rücken einen schweren Satteldruck hat. Die Wunde ist eitrig und von Fliegen bedeckt. Ich trete an das Tier heran, verscheuche die Insekten und betaste die Umgebung der Druckstelle.

„Oh, du Sohn was immer für einer Mutter! Warum brennst du die Wunde deines Kamels nicht aus? Weißt du denn nicht, daß du durch deine Faulheit dein Tier verlieren wirst? Du nichtsnutzige Schande der Welt!"

Laut und zornig rufe ich diese Worte in Richtung des bewußten Palmenstamms.

„Komm her, zünde ein Feuer an und lege dein Messer hinein, anstatt zu schlafen!"

Eine fragwürdige Gestalt tritt zögernd hinter dem Baum hervor. Es ist ein wild aussehender, rabenschwarzer Mann, der in seiner schmutzigen Ferda und seinem zerzausten Turban durchaus keinen vertrauenerweckenden Eindruck macht. Mißtrauisch blickt er zu mir herüber. Das Stammeszeichen der Dongolaner ist ihm nicht in die Wangen geschnitten; sollte er ein Guraan sein? Ich setze mein Spiel fort:

„Was für Männer gehen so mit ihren Kamelen um? Oh, ihr unwissenden Tagediebe, die ihr nicht einmal zu grüßen gelernt habt!"

„Es-salam alekum, ya Sidi", tönt es endlich von drüben.

„Wa alekum es-salam", erwidere ich den religiösen Gruß, obgleich ich als Christ eigentlich gar kein Recht dazu habe, und – mit versöhnlicherer Stimme – setze ich sodann die lange Reihe der Begrüßungsformeln fort, welche die Wüstenhöflichkeit vorschreibt.

„Kif halak – wie steht dein Befinden?"

„El hamdu lellah – Gott sei gedankt. Und wie ist es um deine Gesundheit bestellt?"

„Durch die Gnade Allahs gut."

„Der Himmel erhalte dich gesund und stark."

„Er segne dein Kommen."

„In seinem Namen sei begrüßt."

So geht es in feierlicher Wechselrede wohl minutenlang weiter, bis wir uns schließlich als Abschluß der langen Zeremonie ausführlich die Hände schütteln. Die verdutzten Augen meines Gegenübers verraten, daß er über die unerwartete Wendung der Ereignisse nicht wenig erschrocken ist. Als ich in natürlichem Gesprächston meine Bemerkungen über den wunden Rücken des Kamels wieder aufnehme, verteidigt er sich lebhaft: nicht er, sondern Hammad sei der Besitzer des Tieres.

„So hole ihn her, daß ich mit ihm spreche!"

Nach lautem Rufen erscheint der Genannte. Auch seine Kleidung ist schmutzig und zerrissen. Außerdem trägt er ein Gewehr im Arm – also friedliche Hirten sind die Burschen auf keinen Fall. Es wiederholt sich dieselbe umständliche Begrüßung. Noch immer frage ich mich vergeblich, welchem Stamm die Leute angehören mögen. Guraans sind sie nicht, denn sie sprechen arabisch. Auch Kufra-Beduinen können sie dem Gesichtsschnitt nach nicht sein. Das Gewehr ist ein alter Remington aus der Zeit des Mahdi-Aufstandes.

Noch drei weitere Männer kommen aus ihren Verstecken

hinter den Palmen hervor. Der letzte von ihnen ist der Schech der Karawane, ein Krüppel von der Größe eines Kindes mit greisenhaften Zügen. Die fünf haben, wie ich feststelle, zusammen drei Gewehre; meine Lage ist also nicht gerade angenehm. Eine Zeitlang reden wir nun zunächst noch über Hammads Kamel, denn die strengen Formen beduinischer Sitte gestatten nicht, einander sogleich nach Zweck und Ziel der Reise zu befragen. Doch ich sehe meinen schwarzen Freunden an, wie schwer es ihnen fällt, ihre Neugierde zu bezähmen. Schließlich faßt sich der Schech ein Herz:

„Woher kommst du, Herr?" Seinem Gesicht sieht man die schlechte Absicht an.

„Von dort", antworte ich und schließe mit einer weiten Armbewegung den halben Horizont ein, „und wir sind viele."

„Und alle kommen hierher?" fragt er beunruhigt.

„Wenn ich nicht zurückkehre – ja."

Nun beginnt der Zwerg, mir eifrig plappernd auseinanderzusetzen, daß sie friedliche Menschen seien, die hierher kamen, um Salz zu holen.

„Allah ist mein Zeuge, Herr, soeben wollten wir den Rückweg in unsere Heimat antreten." Auch er zeigt in eine ungewisse Richtung gegen Süden.

Blitzartig kommt mir ein Gedanke: „Warte, o Schech, das Glück ist dir günstig!" Ich winke meinen Gefährten.

Liechtensteins Gestalt erscheint auf dem Felsen, hinter dem er sich verborgen gehalten hatte; das Gewehr in seinen Händen ist deutlich wahrnehmbar. Die fünf Rabenschwarzen sehen sich betreten an. Gleich darauf rattert das Automobil zur Quelle herunter.

Mein Freund und Mohammed steigen aus. Erneute Begrüßung im Chor.

Mohammed kommt an meine Seite und flüstert mir zu: „Kababisch-Beduinen, schlechte Menschen ..."

Nun setze ich zur längsten Rede an, die ich je auf arabisch gehalten habe:

„Oh, ihr Männer, die ihr ausgezogen seid, um euere Kamele mit Salz zu beladen, höret mich an! Allah hat eueren Fleiß belohnt, denn anstatt mit Salz werdet ihr mit Silber nach Hause zurückkehren. Seht ihr dort auf unserm Wagen die Kisten? Wenn ihr diese auf den Rücken euerer Kamele zwei Tagesmärsche weit nach Norden bringt, so bekommt ihr bei euerer Rückkehr hierher für jede einzelne von ihnen einen großen Silbertaler."

Die Augen der Leute leuchten auf, hastig zählen sie die Benzinkisten*.

„Als Unterpfand aber – wie es bei Verträgen stets Sitte ist – behalte ich euere Waffen, bis ihr wieder hier seid", und noch bevor sie recht begriffen haben, halten wir ihre alten Remingtons in unsern Händen.

Beim letzten Schein der untergehenden Sonne geht das Zusammentreiben und Beladen der Kamele vor sich. Die Kababisch wenden zwar zunächst ein, daß sie die Wüste gegen Norden zu nicht kennen, doch bald erklären sie zu meiner Freude, daß sie den Spuren der Darb El Arbe'in folgen wollen, die bis zum Beginn einer zwei Tagemärsche von Selima gelegenen Hochebene gut sichtbar seien.

Nach einer Stunde bricht die kleine Karawane auf, es sind elf Lastkamele und fünf Kamelkälber. Wir verfolgen sie, bis die Randberge der Oase sie unsern Blicken entziehen. Später fahre ich mit dem leeren Wagen auf die Anhöhe hinauf und sehe sie durchs Fernglas im hellen Mondlicht weit draußen auf der Ebene dahinwandern.

„Die kamen ganz sicher nicht wegen Salz", meint Mohammed. „Wahrscheinlich wollten sie ein Dorf am Nil überfallen, um Kamele zu rauben."

Am flackernden Lagerfeuer brodelt unser Abendessen, und voll Mitleid denken wir an unsere beiden Kameraden, die in

---

* Jede „Benzinkiste" enthält zwei zugelötete rechteckige Blechkanister von je 18 Liter Inhalt.

der offenen Wüste, dem Wind ausgesetzt, die Nacht verbringen müssen. Bevor wir uns schlafen legen, besprechen wir noch in allen Einzelheiten unsere Pläne für die folgenden Tage. Beim Morgengrauen soll Liechtenstein zu dem beschädigten Wagen zurückfahren, um dessen Ladung und die beiden Sudanesen hierher zu bringen. Unterdessen werde ich mich gründlich ausschlafen, um für die bevorstehende Fahrt nach Halfa Kräfte zu sammeln. Sollte ich aus irgendwelchen Gründen nicht nach Selima zurückkehren, so muß Liechtenstein die Kababisch-Araber zwingen, ihn auf einem Kamel nach Halfa zu bringen. Jetzt brauchen wir die Schwarzen nicht mehr zu fürchten, denn erstens habe ich ihre Waffen, und zweitens wird sie die Aussicht auf die versprochene Belohnung von Gewalttaten abhalten. Die bisher geleerten Benzinkannen werden wir zur Sicherheit mit Wasser füllen, damit ich auf dem Wege nach Halfa alle 15 Kilometer ein Wasserdepot errichten kann.

Todmüde begeben wir uns endlich zur Ruhe. Im silbernen Mondlicht rauschen kaum hörbar die Palmen, und Myriaden von Sternen strahlen auf die kleine grüne Insel im Herzen der Wüste herab, auf der drei Menschen ihre Sorgen und Pläne in tiefem Schlaf vergessen.

Am nächsten Morgen erwache ich erst, als Liechtenstein bereits wieder mit Osman und Fadlallah zurückkehrt. Schnell werden das Gepäck und der größere Teil der Lebensmittel im Schatten der Palmen verstaut, die Zwei-Gallonen-Kanister für die Wasserdepots werden auf dem Wagen untergebracht, und dann trete ich mit den drei Sudanesen die Rückfahrt an. Nach einer Stunde haben wir den verlassenen Wagen erreicht. Zunächst müssen wir aus Stangen und Zeltplanen einen Windschutz bauen, um das Innere des Motors nach Möglichkeit gegen den heranwehenden Sand zu schützen. Dann geht der Ausbau des Zylinderblocks ohne Schwierigkeit vonstatten, und gegen Mittag können wir unsere einsame Fahrt nach Osten fortsetzen.

Gebel El Barqa, der Felsen, hinter dem wir im Sandsturm

ausruhen – Gebel El Magdud, der durchlöcherte Berg – eine Landmarke nach der andern gleitet vorbei. Nach einigen Stunden empfinde ich die Eintönigkeit dieser Fahrt wie etwas längst Gewohntes, ein Dahingleiten ohne Anfang und vielleicht auch ohne Ende, zeitlos wie die Wüste selbst. Die kurzen Unterbrechungen beim Aussetzen der Wasserkannen folgen sich mit mechanischer Gleichförmigkeit in den festgesetzten Abständen, nur die Anzahl der jedesmal ins Bordbuch eingetragenen Kilometer nimmt stetig zu.

Endlich sind wir am Fuß des Gebirges angelangt. Mit leichtem Unbehagen steuere ich in das enge Wadi (Tal) hinein, durch das wir die Paßhöhe erreichen sollen. Ich steigere die Geschwindigkeit aufs äußerste, laut heult der Motor beim Umschalten auf. Unaufhaltsam fliegt der brave Wagen über den weichen Sandboden bergan. Nun beginnt die Geröllhalde. Ich reiße das Steuer von einer Seite zur andern, der zweite Gang ... der erste ... und mit höchster Tourenzahl arbeitet sich die Maschine den steinigen Hang hinauf. Knapp vor der letzten Stufe, wenige Meter vor dem Ende der Steigung, wühlen sich die Räder tief in den losen Untergrund, und der Wagen sitzt fest.

Vor einigen Jahren, auf meinen Erstlingsfahrten in der Wüste, hätte ich sicherlich noch einige Male den Versuch gemacht anzufahren. Jetzt weiß ich es besser: mit wenigen Handgriffen schnallen wir die vier Drahtgitter ab, die jeder unserer Wagen für solche Fälle mitführt. Sie sind zweckmäßiger als Bretter, denn ohne daß der Wagen vorher angehoben werden müßte, genügt es, die flachen Gitterstreifen von vorn unter die Räder zu stoßen. Ein ruckartiges Anfahren, und die beiden Hinterräder stehen auf den Enden der Drahtgeflechte. Nun wird das zweite Paar vorgelegt, und es steht mir eine feste Fahrbahn von 3 Meter Länge zur Verfügung. Sollte diese nicht genügen, um trotz blitzschnellen Starts dem Wagen genügend Beschleunigung zu verleihen, so muß eben geduldig von einem Gitterpaar auf das andere gefahren werden, wobei den Vorderrädern mit Brettern nachgeholfen werden kann.

Diesmal kommt es jedoch nicht soweit. Die Sudanesen schieben kräftig an, und beim ersten Anlauf gelingt es, den Wagen schräg über den Rand der Schlucht hinweg auf festen, ebenen Boden zu bringen. Rasch schleppen die Leute die zurückgelassenen Gitter herbei, und weiter geht es nach Osten.

Die Sonne steht noch über dem Horizont, als ich gegenüber Halfa bei der Hütte des alten Schechs aus dem Wagen steige. Die ganze Familie ist unten am Ufer in den Pflanzungen, nur der kleine zehnjährige Sohn des „Hauses" blickt mich mit seinen großen schwarzen Augen an.

„Du willst zur Stadt hinüber, Herr? Ich werde dich in der kleinen Feluka übersetzen."

„Kannst du das denn?"

„Die kleine Feluka gehört mir ganz allein, Vater fährt nur mit der großen", lautet die stolze Antwort.

Der kleine Kapitän läuft in die Hütte, um seine roten Pantöffelchen zu holen. Der Ankerplatz der Boote sei voller Nilflöhe, deren Stiche böse Entzündungen an den Zehen verursachen, erklärt er mir, und sein Vater erlaube daher nicht, daß er barfuß zum Wasser hinuntergehe.

Pfeilschnell treibt der starke Wind das winzige Segelboot über den Strom, und ich habe Gelegenheit, die Geschicklichkeit unseres kleinen Fährmanns zu bewundern. Mohammed, Fadlallah und der mürrische Osman halten sich ängstlich an ihren Sitzen fest, doch es würde keinem von ihnen einfallen, dem Kind bei der Handhabung des Segels und des Steuers behilflich zu sein; jedem das Seinige, wie Allah es gefügt hat.

Der Distriktskommissar von Halfa empfängt mich mit überlegenem Lächeln. Als er dann hört, daß sich Liechtenstein noch in Selima befinde, murmelt er etwas von Narren, denen eben nicht zu helfen sei.

Noch am gleichen Abend telegraphiere ich nach Kairo und Khartum, daß sich unsere Reise um fünf Tage verzögert habe, und beschließe dann, nach kurzer Besprechung mit dem Obermeister der Dampferwerft, die Reparatur in seiner, allerdings reichlich einfach ausgestatteten Werkstatt vorzunehmen.

Schon um 5 Uhr stehe ich am nächsten Morgen im Kreise interessiert zuschauender Sudanesen an der Werkbank. Die Nockenwelle des Motors hat sich im letzten der vier Lager vollkommen festgefressen; jeder Versuch, sie herauszuschlagen, würde nur den Bruch der Lagerkonsole zur Folge haben. Nach vieler Mühe gelingt es, die Welle mit Hilfe der Drehbank durchzudrehen und in das festgelaufene Lager Öl einzuführen. Doch fehlen mir nun jegliche Werkzeuge, um die Welle anzuheben. Da kommt mir ein rettender Gedanke. Osman muß mit dem kleinen Kapitän nochmals aufs andere Ufer hinüber und den hydraulischen Wagenheber holen. Mit Ketten gegen den Zylinderblock abgestützt, drückt der Heber mühelos die Welle aus dem Lager heraus. Nun stehe ich vor der schwierigen Aufgabe, die stark verriebenen Laufflächen wieder zu glätten. Eine Schleifmaschine ist begreiflicherweise in Halfa nicht vorhanden. Doch ich finde nach langer Suche wenigstens ein paar große Karborundum-Scheiben, die vor Jahren einmal zum Schleifen von Schiffszylindern verwendet werden sollten. Eine von diesen wird zersplittert und ein passendes Stück in die Drehbank gespannt. In stundenlanger Arbeit drehe ich dann behutsam zuerst die Lagerfläche und darauf die Welle wieder glatt.

Spät am Abend ist alles fertig, und ich lasse die einzelnen Teile gut eingefettet und sanddicht verpackt durch meine Sudanesen auf das andere Ufer schaffen. Osman muß erst lange gesucht werden und erscheint schließlich in stark schwankendem Zustand – ein höchst anstößiger Anblick für den strenggläubigen Mohammed. In den Basarvierteln der sudanesischen Städte wird das schlechte einheimische Gebräu, die Marisa, allenthalben zu billigen Preisen feilgehalten. In tiefer Nacht folge ich dann selbst auf das Westufer nach und lagere neben dem Wagen, um zeitig aufbrechen zu können.

Kurz nach Sonnenaufgang sind wir bereits wieder unterwegs. Die Strecke ist uns jetzt wohlbekannt, die gefürchtete Schlucht wird ohne nennenswerten Zeitverlust überwunden, und in flotter Fahrt lassen wir eins unserer Wasserdepots nach dem andern hinter uns.

Nach einigen Stunden sind wir bei dem Wrack unseres Wagens angekommen. Sitze, Trittbretter und auch die Zeltplane, die ich über das Kurbelgehäuse geschnürt hatte, sind zentimeterhoch mit Triebsand bedeckt, und wir müssen zunächst eine gründliche Reinigung der Maschine vornehmen. Ich habe aus Halfa Besen, Pinsel und eine große Flasche Petroleum mitgebracht, die wir nun gut gebrauchen können. Gegen Mittag ist der Zylinderblock wieder eingebaut, es fehlen nur noch die Ölleitungsanschlüsse und die Muttern der Stehbolzen. Doch der Mensch denkt...

Dort draußen auf der Sandebene nach anstrengender Fahrt und ermüdender Arbeit trifft mich in glühendem Sonnenbrand ein neuer Schicksalsschlag: Osman hat das Paket mit den Zubehörteilen in Halfa liegenlassen! Was soll ich tun? 50 Kilometer von mir entfernt wartet Prinz Liechtenstein auf meine Rückkehr. Soll ich zur Oase fahren und ihm mein Leid klagen? Sollen wir nach diesem neuerlichen Mißgeschick nun endlich die Waffen strecken und unsere Unglücksfahrt aufgeben? – Nein!

Ich wende mich wortlos ab, um nicht in Versuchung zu kommen, Osman, den pflichtvergessenen Trunkenbold, grün und blau zu prügeln, und ringe mich mit zusammengebissenen Zähnen zu der Erkenntnis durch, daß ein großer Teil der Schuld bei mir selbst liegt. Ich hätte mir vor der Abfahrt mit eigenen Augen noch einmal alle Pakete ansehen sollen. Ruhig gebe ich nach einer Weile den verschüchtert dastehenden Leuten meine Weisungen.

„Angefaßt! Die Zeltplane wieder über die Maschine schnüren! Werkzeuge zusammenpacken! Aufsitzen!"

Im Eilzugstempo knattert der Wagen entlang der nun bereits vierfachen Spur nach Halfa zurück. Um 5 Uhr nachmittags sind wir dort. Der Distriktskommissar starrt mich an wie einen Geist, dann bricht er in lautes Lachen aus: „Sie wollen die Libysche Wüste durchqueren?"

Ich fühle, daß ich mein Glück durch ein Opfer erkaufen muß. Das einzige, was ich bei mir trage, ist mein Zigarettenetui. Ich erkläre dem Beamten den alten ungarischen Aberglauben, der mir in meiner Fliegerzeit schon einmal geholfen hat, und dränge ihm die silberne Dose auf. Er ist höflich genug, sie nicht zurückzuweisen, besteht aber darauf, daß ich die seinige dafür annehme. Diese schlichte sudanesische Tabatiere hat mich seitdem auf allen meinen Expeditionen begleitet.

Es ist keine Zeit zu verlieren, denn spätestens morgen abend werde ich von meinem Freund zurückerwartet. Das vergessene Paket ist rasch gefunden. Osman wird kurzerhand entlassen und an seiner Stelle Abdullah, ein Chauffeur aus Wadi Halfa, angeworben. Dann werden unsere Lebensmittelvorräte noch um einige Pfund Käse und ein Dutzend Brote vermehrt, und um 9 Uhr abends trete ich zum dritten Male die Reise nach Westen an.

Das Fahren in der Nacht ist überaus schwierig. Im grellen Licht der Scheinwerfer erscheint die Sandfläche vollkommen einfarbig, und es ist daher unmöglich, harten und weichen Untergrund voneinander zu unterscheiden. Der alte Mohammed ist ein vorzüglicher Führer, keinen Augenblick wendet er seine Augen von den vor uns herlaufenden Wagenspuren, und Müdigkeit scheint es für ihn nicht zu geben.

Trotz des inzwischen aufgegangenen Vollmonds ist der Abstieg über den Gebirgspaß diesmal besonders unangenehm. Die Sandkruste ist durch das mehrmalige Befahren so zerfurcht, daß die Räder kaum noch einen Halt finden. Wir bleiben mehrere Male stecken, verlieren viel kostbare Zeit, und als wir endlich gegen 2 Uhr morgens unten auf dem flachen Serir sind, kann ich die Augen kaum mehr offenhalten; mehr als 500 Kilometer Wüstenfahrt an einem Tag geht denn doch über meine Kräfte. Abdullah übernimmt das Steuer, und ich mache es mir auf den Proviantsäcken hinten im Wagen bequem.

Die Sonne sendet eben ihre ersten Strahlen über den Horizont, als Mohammed mich weckt. In tiefem Rot glüht die unabsehbare Wüstenfläche, und wie ein schlafendes Tier steht der einsame Wagen vor uns. In der kühlen Morgenluft geht mir die Arbeit leicht von der Hand. Abdullah erweist sich als gute Hilfe, und während Mohammed etwas abseits in feierlichen Verbeugungen sein Morgengebet verrichtet, fügen wir Teil um Teil aneinander. Nach zwei Stunden drücke ich zaghaft auf den Anlasser, die Zündung setzt ein, und mit steigender Zuversicht lauschen wir dem gleichmäßigen Brummen des wieder lebendig gewordenen Motors.

Kaum eine Stunde später haben wir Selima erreicht. Unbeweglich steht Prinz Liechtenstein am Brunnen der Oase und starrt ohne Begrüßung an mir vorbei auf die Hügel hinaus. Erst als der zweite Wagen, von Abdullah gesteuert, zwischen den Felsen sichtbar wird, löst sich ein befreiender Aufschrei aus seiner Kehle. Die dreiundeinhalb Tage freiwilliger Gefangenschaft sind für ihn gewiß kein Vergnügen gewesen. Um seine Gedanken abzulenken, hat er jeden Fleck des kleinen Vegetationsstreifens erforscht und eine Kartenskizze der näheren Umgebung angefertigt. Viel ist in der Oase allerdings nicht zu sehen. Sie besteht aus annähernd 350 Dattelpalmen, die in verstreuten Gruppen am Fuß der etwa 100 Meter hohen Felshügel wachsen. Die Dongolaner sagen, daß man an verschiedenen Stellen nach Wasser graben könne, doch ist nur die eine Quelle in der Mitte des Vegetationsstreifens offen. Das Wasser ist klar und salzfrei, wohl das beste, das ich im Sudan kenne. Ringsumher bedecken Büschel von steifem Kamelgras auf eine Länge von 500 Metern den sandigen Boden. An den Rändern der bewachsenen Fläche stehen vereinzelte Gruppen unfruchtbarer Dumpalmen*.

---
* Hyphaene thebaica.

Auf einem Felsen südlich der eigentlichen Oase erhebt sich eine aus rohen Steinblöcken zusammengefügte turmartige Ruine. Niemand kennt ihren Ursprung, doch lassen die sechs kleinen Zellen im Innern auf einen koptischen Klosterbau schließen. Die Wände und auch einige Felsblöcke in der Nähe der Ruine sind über und über mit eingeritzten Schriftzeichen bedeckt. Größtenteils handelt es sich um sogenannte Wusum, eine Art beduinischer Runen, mit denen die verschiedenen Stämme ihre Kamele zeichnen, doch finden sich auch kufische Inschriften aus frühislamitischer Zeit darunter. Unsere Führer erklären mir mit geheimnisvollen Mienen, daß sich die Zeichen auf Wegrichtungen zu verborgenen Schätzen in der Wüste beziehen.

Am Fuß einer Flugsandhalde sind noch die Reste von Strohhütten zu erkennen. Während des Weltkrieges war hier eine Militärpatrouille untergebracht, um ein unbemerktes Vordringen der unruhig gewordenen Senussen gegen den Sudan zu verhindern. Der Kommandant der Patrouille, ein ägyptischer Offizier, soll nach einjährigem Aufenthalt in Selima irrsinnig geworden sein.

Ich erzähle Prinz Liechtenstein von Karl Neufeld, dem deutschen Kaufmann, dessen Karawane während des Mahdi-Aufstandes im Jahre 1887 hier von einem Trupp Derwische beschossen worden war.

„Da wird wohl diese Patronenhülse von jenem Feuerüberfall stammen", sagt Liechtenstein und zeigt mir eine alte Remingtonpatrone, die er zwischen dem Felsgeröll gefunden hat.

Auf den Hügeln nördlich der Oase hat er mehrere parallel laufende Fußpfade entdeckt, die in die Ebene hinunterführen – die Spuren der Darb El Arbe'in.

Während wir die Automobile beladen – dank des vorausgesandten Benzins können wir eine große Wasserreserve mitnehmen –, erscheinen auf der Anhöhe die Kababisch. Kurze Zeit später schüttelt uns der kleine Schech die Hände und meldet, daß er unsere Benzinkisten in einer Entfernung von zwei

Tagemärschen beim Grabe des Schechs Ambigol am Fuß eines großen Felsens abgeladen habe. Daß er bei seinem Aufbruch behauptet hatte, die nördliche Wüste nicht zu kennen, hat er scheinbar vergessen. Wer jener heilige Schech Ambigol war und wann er dort begraben wurde, ist allerdings nicht aus dem Kleinen herauszubringen. Der Lohn in klingendem Silber und einige Lebensmittel, die wir ihnen geben, lassen die Schwarzen schnell ihre Müdigkeit vergessen. Nun gebe ich ihnen auch ihre Waffen zurück, wofür sie mir unbedingt die Hände küssen wollen.

Mittags verlassen wir, begleitet von den Segenswünschen des Schechs und seiner Mannen, Selima. Zunächst müssen wir unsern Spuren einige Kilometer nach Südosten zurück folgen, dann können wir auf ebenem Gelände die Randgebirge umfahren und auf ihrer Nordseite die Darb El Arbe'in aufnehmen. Die alte Karawanenstraße ist vorerst noch deutlich sichtbar, und in rascher Fahrt geht es über leicht gewellten Boden weiter nach Norden. Nach anderthalb Stunden löst sich ein hoher, einzelnstehender Felsen vor uns aus den glitzernden Wasserflächen der Luftspiegelung. Noch bevor er in der flimmernden Luft feste Formen angenommen hat, erkennt Mohammed in ihm die Landmarke, die uns die Kababisch beschrieben haben:

„Turbit esch-Schech – das Grab des Schechs!"

Im Schatten des Felsens stehen unsere Benzinkisten. Von einem Grabe ist nichts zu sehen, doch trägt der Felsen zwei von Menschenhand aufgerichtete verwitterte Steinplatten – die ersten Wegzeichen der Darb. Liechtenstein, der den Felsen erklommen hat, peilt unsere Spur an und stellt einen Kurs von Nord 20° Ost fest, der von dem theoretischen Kurs unserer Landkarte beträchtlich abweicht. Rasch wird an Stelle des Benzindepots ein Wasserdepot errichtet, dann geht es weiter. Wir passieren mehrere langgestreckte Bodenwellen ohne Schwierigkeit, nur müssen wir darauf achten, in den weichen Wellentälern nicht unter eine Windgeschwindigkeit von 40 Stundenkilometern zu kommen. Bei langsamerer Fahrt würden die Wagen in den Flugsandanhäufungen bis zur Achse einbrechen.

Mohammed ist unbeirrbar. Sobald ich kaum merklich den Kurs ändere, winkt mich seine sehnige braune Hand sofort in die frühere Richtung zurück. Über eine Schutthalde klettern die Wagen bergauf, dann weist der Kabir mit blitzenden Augen in die breite, talartige Windfurche unter uns.

„Schuf, Afandim, ed-Darb – Sieh, Herr, die Straße!"

Ich halte unwillkürlich an. Dieser erste Anblick der uralten, schon zur Legende gewordenen Wüstenstraße ist überwältigend. Wie ein mächtiger Strom, dessen gegenüberliegendes Ufer die schroff abfallende Wand der Windfurche zu bilden scheint, liegt die Darb El Arbeʻin in scharfgezeichneten Wellenlinien vor uns. Hunderte von tief ausgetretenen Kamelpfaden ziehen nebeneinander her, als hätte eine Riesenhand mit ihren Fingern Streifen an Streifen in die hartgeblasene Sandfläche geharkt. Aber stärker noch als durch das endlose Band von Furchen wird der Blick durch die flimmernden weißen Flecke gefesselt, mit denen das erstarrte Strombett übersät ist: von der Sonne gebleichte Skelette! Zum größten Teil sind es klobige Kamelgebeine, manche noch als ganzes Gerippe erhalten, andere vom Winde zerstreut oder auseinandergefallen und wie zu anatomischen Studien auf dem rötlichen Sand ausgebreitet. Aber auch kleinere Knochenhaufen sind dazwischen, die neben den mächtigen Kamelgerippen wie Filigranwerk aussehen, eine Wirbelsäule mit Rippen, eine verkrampfte Hand, daneben ein hohläugiger Menschenschädel, der wie ein warnendes Memento im Pfade liegt.

Im Laufe von Jahrhunderten sind diese Wahrzeichen eins nach dem andern entstanden. Stellenweise liegen sie vereinzelt, dann wieder in dichten Gruppen zusammengedrängt, als hätte eine mystische Gesetzmäßigkeit den Rhythmus der letzten schwankenden Schritte geregelt und jedem der müden Wanderer die Stätte angewiesen, an der er sich zur ewigen Ruhe niederlegen sollte. Und doch hat der Anblick so vieler Opfer der Wüste nichts Grausiges, im Gegenteil, das Bewußtsein, inmitten des pfadlosen Sandmeeres auf einer von Lebewesen geschaffenen Verkehrsader zu sein, löst viel eher ein Gefühl der Beruhigung aus.

Wo die Darb über flugsandfreies Gelände zieht, ist sie bis zum heutigen Tage der verläßlichste Führer geblieben. Wir benutzen den Kompaß jetzt nur noch zur kartographischen Aufzeichnung unserer Route und lassen uns von den Furchen leiten. Die Straße führt über einen niedrigen Höhenzug, an dessen Südhang die unzähligen Spuren sich eng aneinanderdrängen, um die günstigste Übergangsstelle zu benutzen. Gleich darauf fließen sie auf der andern Seite wieder in unabsehbare Breite auseinander. Zu unserer Rechten werden vereinzelte kleine Flugsandhügel sichtbar; einer von ihnen trägt auf seiner dem Winde abgekehrten Seite einen Anflug dürrer Pflanzenbüschel. Die ersten spärlichen Terfa-Sträucher*, die die Nähe der Schebb-Oase anzeigen. Immer häufiger werden die bewachsenen Hügel, die Furchen sind verschwunden, nur hier und da ragt noch ein Skelett aus dem Sand hervor. In weitem Bogen weichen wir einer Reihe flacher Felskuppen aus; eine Bruchstufe zwingt uns, einige Kilometer nach Südwesten zu fahren, und schließlich erblicken wir am Ende eines nahezu nach Süden verlaufenden Tals einen Felskegel, auf dessen Spitze ein turmartiges Gebäude steht. Wir sind bei dem ehemaligen Grenzposten El Schebb, auf ägyptischem Boden.

Da tiefer Flugsand eine weitere Annäherung verwehrt, verlassen wir die Wagen und folgen zu Fuß Mohammed, der auf eine Düne östlich des Wachtturms zuschreitet. Man sinkt bis zum Knie in dem feinen rötlichen Sande ein und merkt nur an der erhöhten Anstrengung, daß man bergauf steigt. Auf dem Kamm der Düne angelangt, sehen wir in einer etwa 20 Meter tiefen Senke die winzige Oase unter uns liegen. Der ganze Vegetationsfleck besteht nur aus drei Dumpalmen und zwei,

---

*Tamarix gallica L.

allerdings ungewöhnlich großen Tamariskenbüschen. Seltsamerweise ist der Boden der Senke von Gazellenspuren durchzogen; sie laufen strahlenförmig von einem der Tamariskenbüsche aus, unter dem wir dann auch eine offensichtlich von Menschenhand ausgehobene Mulde finden. Unsere Sudanesen beginnen sofort den daraufgewehten Sand fortzuscharren; vermoderte Palmblätter und lehmiger Humus kommen zum Vorschein, und bereits nach wenigen Minuten zeigt sich Feuchtigkeit, die bald zu einem Wasserspiegel zusammenrinnt. Mohammed reinigt den Boden des seichten Brunnens so gut es geht mit Sand, und eine halbe Stunde später hat sich genügend Wasser angesammelt, um die leer gewordenen Benzinkannen zu füllen. Das Wasser ist leicht salzig und riecht nach Moder, wir nehmen es daher nur als zusätzliche Kühlwasserreserve mit.

Es ist 5 Uhr nachmittags, und wir beschließen, die verhältnismäßig kurze Strecke zur Oase Qasaba noch heute in Angriff zu nehmen. Eine Zeitlang geht es noch zwischen Tamariskenbüschen und Sanddünen nordwärts, dann verschwindet jegliche Spur von Pflanzenwuchs, und um uns ist wieder leblose Sand- und Steinwüste. Prinz Liechtenstein nimmt wiederholt Rückpeilungen auf das Fort El Schebb; nach der Karte, die allerdings Qasaba nur mit einem Fragezeichen angibt, haben wir einen Kurs von Nord 15° Ost zu steuern. Nach 20 Kilometern lenke ich gefühlsmäßig auf eine Bodensenke zu und erkenne zu meiner Freude wieder das Band der Darb, von der wir etwas westlich abgekommen waren.

Zu unserer Linken zieht sich eine Hügelkette mit steil abfallendem Rand in nördlicher Richtung hin. Wir befinden uns wieder auf ebenem Gelände, doch wird die Oberfläche allmählich weicher. Bald kann ich nicht mehr auf die Richtung achten, sondern muß meine ganze Aufmerksamkeit darauf richten, den Wagen mit eingeschaltetem zweiten Gang auf möglichst hoher Geschwindigkeit zu halten. Die Furchen der Darb haben aufgehört, hier und da taucht noch ein Kamelskelett für Augenblicke auf, dann setzt die kurze tropische Dämmerung ein.

Mühsam zwinge ich den Wagen durch den schweren Sand, oft muß ich in den ersten Gang zurückschalten, und nur dem Gegenwind und der untergegangenen Sonne ist es zu verdanken, daß die Kühlwassertemperatur unter dem Siedepunkt bleibt. Weit vor mir zeichnen sich gegen den Abendhimmel zwei Felskuppen ab, ich nehme die näher gelegene als Ziel. Die ständig zunehmende Angst vor dem Steckenbleiben läßt die Minuten endlos erscheinen. Ich wage nicht mehr, an die notdürftige Reparatur meines Motors zu denken, nur der eine Wille beseelt mich: das harte Geröll am Fuße jenes Berges zu erreichen. Endlich ist es geschafft, mit letzter Kraftanstrengung zieht die Maschine in weitem Bogen über die Schutthalde empor, bis ich auf halber Höhe wenden und – bergabwärts gerichtet – halten kann. Liechtenstein ist neben meiner Spur gefahren, und so sind wir für diesmal dem weichen Sand glücklich entronnen. Rasch erklimme ich den flachen Gipfel des Hügels und suche mit dem Glas den Horizont ab. Doch es ist bereits zu dunkel, um Einzelheiten im Gelände zu erkennen.

Wir haben seit Selima 190 Kilometer zurückgelegt und sollten nach der Karte in unmittelbarer Nähe der Oase Qasaba sein. Einstweilen muß ich aber offen zugeben, daß ich keine Ahnung habe, in welcher Himmelsrichtung wir zu Qasaba stehen. Auch darin liegt ein gewisser Reiz des Wüstenfahrens.

Während die Leute mit dem Holz einiger Benzinkisten ein Lagerfeuer entfachen, berechnen wir, jeder aus seinen Logbucheintragungen, die Position von Schebb. Unsere Resultate stimmen recht gut überein, ihr Mittelwert weicht jedoch von der Karte um 7 Kilometer nach Westen ab. Da die auf der Karte verzeichnete Position von Qasaba vermutlich mit dem gleichen Fehler behaftet ist, ist anzunehmen, daß wir westlich von Qasaba stehen.

Im Windschatten des Hügels lagern wir leidlich geschützt, trotzdem genügen unsere Wolldecken und Mäntel kaum, um uns zu erwärmen. Wir hatten während der Mittagsstunden im Schatten der Wagendächer 43° Celsius gemessen und empfinden jetzt naturgemäß die nächtliche Temperatur von 18° Celsius als grimme Kälte.

Bei Tagesanbruch besteige ich mit Liechtenstein zum zweitenmal die felsige Kuppe unseres Hügels, und diesmal erblicken wir in nordwestlicher Richtung eine Palmengruppe. Nach dem Frühstück nehmen wir zunächst eine gewissenhafte Kontrolle der Maschinen vor und fahren dann ohne weitere Schwierigkeiten zur Oase hinüber. Unsere Positionsbestimmung ergibt, daß Qasaba mit einem Irrtum von 7 bis 8 Kilometern zu weit östlich in die Karte eingetragen ist.

Die bewachsene Fläche der Oase ist nur etwa 200 Schritte lang und kaum 50 Schritte breit, sie trägt in ihrer Mitte eine Gruppe von Dattelpalmen, umgeben von üppigem Halfagras. An der Ostspitze stehen einige Dumpalmen, eine ist unterhalb der Gabelung des Stammes abgebrochen. Unmittelbar darunter führt eine frische Schakalspur zu einer Sandmulde, an deren tiefster Stelle eine kaum handgroße Wasserfläche sichtbar ist – die Trinkstelle, die sich der einsame Schakal ausgescharrt hat.

Mohammed betrachtet es als religiöse Pflicht, den Brunnen der ehemaligen Karawanenstraße wieder zu öffnen:

„Wer weiß, ob nicht einmal ein Mensch hierher kommt, der schon nicht mehr die Kraft zu dieser Arbeit hat."

Die Sudanesen gehen mit Feuereifer ans Werk, das Blut ihrer maurischen Ahnen meldet sich. In kurzer Zeit ist die Quelle freigelegt. Fünf-, sechsmal schöpfen sie das Wasser rund um die Brunnenöffnung aus, bis es klar und wohlschmeckend ist. Aber der arme Schakal, wie wird er jetzt zum Wasserspiegel hinunterkommen? Ich erkläre meinen Leuten, daß sie den Brunnen ausmauern müssen, weil Abu Husein, der Vater der Schlauheit*, sonst nicht daraus trinken könne. Mit Freude gehen sie auf meinen Gedanken ein, und eine halbe Stunde später führen bequeme Steinstufen zum Wasser hinab.

---

* Beides eigentlich Beinamen des Fuchses. *(In der ungarischen Ausgabe spricht Almásy auch von einem Fuchs, nicht von einem Schakal.)*

Meine gute Absicht hatte leider schlechte Folgen. Als ein Jahr später der englische Wüstenforscher R. A. Bagnold meinen Spuren folgend die Darb befuhr und zur Oase Qasaba kam, fand er dort in der Quelle einen ertrunkenen Schakal.

Unser nächstes Ziel ist die von Qasaba rund 90 Kilometer entfernt liegende Murr-Quelle, von der ich nur so viel weiß, daß Prinz Kemal El Din sie vor drei Jahren von Charga kommend aufsuchte, ebenso wie es eine andere Kraftwagenexpedition tat, die angeblich irgendwo in der westlichen Wüste einen Brunnen gegraben hatte. Weder in Khartum noch in Wadi Halfa hatte ich ausführliche Auskünfte über Bir Murr bekommen können, und so beschränken sich meine Kenntnisse auf das, was ich in der Reisebeschreibung des Prinzen gefunden hatte. Dort war lediglich erwähnt, daß Murr eine Felsenquelle ohne Vegetation sei, also keine Oase. Ganz im stillen hege ich die Hoffnung, früher oder später auf die Spuren der Raupenschlepper des Prinzen oder die frischeren der Automobilexpedition zu stoßen.

Nach meinen gestrigen Erfahrungen bin ich mir bewußt, daß meine Aufgabe nicht leicht ist. Zwischen Selima und Schech Ambigol, die 70 Kilometer voneinander entfernt liegen, war nach der ersten Viertelstunde keine Spur der Darb mehr zu sehen, ebenso erging es mir auf den letzten 30 Kilometern nach El Schebb. Ich muß also darauf gefaßt sein, daß es im Verlaufe der 240 Kilometer bis zur Südspitze von Charga noch verschiedene Wegstrecken geben wird, auf denen ich mich nicht von den Spuren der Karawanenstraße leiten lassen kann.

Nach meinen Berechnungen müssen wir Bir Murr auf einem Kurs von Nord 15° Ost ansteuern. Im ersten Augenblick bin ich versucht, die Aufrichtigkeit meiner Kompaßnadel anzuzweifeln, denn der errechnete Kurs führt geradeswegs auf den steilen Hang einer Schichtstufe zu. Doch dann gehe ich entschlossen die Steigung an, die Motoren heulen auf – ein großer gelber Felsen mit den Zügen eines grinsenden Gesichts fliegt vorbei – auf einem schmalen waagrechten Absatz in halber

Höhe ist es möglich, für den letzten und schwersten Teil des Anstiegs neuen Schwung zu nehmen – und nach einigen bangen Sekunden haben wir, ohne steckenzubleiben, den Steilhang überwunden. Vor uns breitet sich, so weit das Auge reicht, eine steinige Hochebene aus, auf der wir zu unserer freudigen Überraschung nach wenigen Kilometern die tief ausgetretenen Spuren der Darb wiederfinden.

Plötzlich kommt mir eine Erleuchtung. Seinerzeit zogen die Karawanen offenbar nicht zum Qasaba-Brunnen hinunter, sondern lagerten auf der Höhe und trieben die Kamele abgesattelt über die steile Schichtstufe zur Tränke. Deshalb führen die Spuren der Darb weit westlich an der Oase vorbei. In unabsehbarer Breite zieht sich die Karawanenstraße über die Hochebene hin. Gegen Westen, so weit ich mit dem Feldstecher sehen kann, Hunderte und aber Hunderte von parallellaufenden Furchen, dazwischen Tausende von weißen Knochen. Ich beschließe, das riesige Band im rechten Winkel zu durchqueren, um seine Breite festzustellen.

Wir nehmen Kurs nach Westen. Nach zwei Kilometern beginnen wir zu staunen – nach fünf zu zweifeln – und nach zehn können wir uns nicht länger der Befürchtung erwehren, daß dies überhaupt keine Karawanenstraße ist, sondern daß die vermeintlichen Spuren durch den Einfluß des Windes entstanden sind. Aber ein Zweifel ist nicht möglich, denn noch immer ist der Boden von Knochen bedeckt. Endlich, nach zwölf Kilometern, hören die Furchen auf, wir haben den westlichen Rand der Darb El Arbe'in erreicht und nehmen wieder unsern ursprünglichen Kurs – mit entsprechender Berichtigung – auf.

Gegen Mittag befinden wir uns nach meiner Schätzung etwa 20 Kilometer südlich Bir Murr. Der Untergrund ist hart und steinig, doch nirgends sind Spuren der Darb zu sehen. Die Sudanesen behaupten, daß wir bei der Überquerung einer längeren Sandstrecke nach links, also gegen Westen, vom Zuge der Karawanenstraße abgekommen seien, doch diesmal soll sich mein Fliegerinstinkt als zuverlässiger erweisen. Ich habe das

Gefühl, daß wir seit den letzten Kamelgerippen infolge des Nordwestwindes unwillkürlich gegen Osten abgewichen sind, und Liechtenstein schließt sich meiner Ansicht an. Wir wenden im rechten Winkel gegen Westen mit der Absicht, zehn Kilometer in dieser Richtung zu fahren, um die Darb zu suchen.

Das Gelände ist ziemlich uneben, und stellenweise bilden die vom Winde scharfgeschliffenen Sandsteinplatten gefährliche Hindernisse für unsere Bereifung. Nach etwa fünf Kilometer Fahrt ist das Unheil bereits geschehen, der linke hintere Reifen an Liechtensteins Wagen ist bis auf die Felge durchschnitten. Während das Rad gewechselt wird, besteige ich einen naheliegenden Felsen. Er besteht aus verwitterten blauen Buntsandsteinplatten, wie wir sie in gleicher Färbung bisher noch nicht gesehen haben. Vergebens suche ich den flimmernden Horizont ab, ein Wegzeichen ist nirgends zu finden. Als ich zum Wagen zurückkehren will, fällt mir die eigenartige Stellung der Steinplatte auf, an die ich mich gelehnt hatte – kein Zweifel, ein von Menschenhand aufgerichtetes Alam (Wegzeichen).

Wir umfahren die blauen Felsen und sind nach wenigen Minuten wieder auf den Spuren der Darb. Welch ungeheurer Verkehr muß sich hier auf der uralten Wüstenstraße einst abgewickelt haben! Schon in pharaonischer Zeit war diese Route bekannt, und bis in unser Jahrhundert hat sie den Karawanen trotz aller Schwierigkeiten und Entbehrungen als der zuverlässigste Verbindungsweg zwischen Ägypten und Zentralafrika gegolten.

Der Engländer William George Browne bereiste als erster – und bis heute einziger – Europäer im Jahre 1793 von Ägypten kommend die Darb El Arbe'in und kehrte drei Jahre später auf dem gleichen Weg von Darfur mit einer der großen Sklavenkarawanen zurück. Er berichtet, daß diese Karawane aus rund 500 Kamelen und 5 000 Sklaven bestand und, einschließlich der beförderten Waren, einen Wert von schätzungsweise 115 000 Pfund Sterling darstellte. Er erwähnt außerdem Karawanen von 2 000 Kamelen, die damals auf der Darb keine

Seltenheit gewesen zu sein scheinen. Unter den Handelsartikeln, die von den Karawanen nach Ägypten gebracht wurden, nennt Browne neben Sklaven und Kamelen Elfenbein, Rhinozeroshörner, Nilpferdzähne, Straußenfedern, Gummi, Gewürzmyrte, in Kuchen gepreßte Tamarinden, Papageien, Affen, Perlhühner und weißes Kupfer.*

Wir beschließen, dem östlichen Rand der Darb zu folgen, da Bir Murr nach unserer Karte etwas abseits vom Zuge der Straße im Osten liegen soll. Immer wieder gibt es Strecken, wo die Furchen von Sand überdeckt sind, doch tauchen nach wenigen Kilometern unsere verläßlichsten Wegzeichen, die Skelette, stets aufs neue wieder auf. Auf einige hundert Meter Abstand nebeneinander her fahrend, suchen wir voll Spannung nach

---

* W. G. Browne, *Travels in Africa, Egypt and Syria.* 2. Aufl. London 1806.

In der ungarischen Ausgabe steht an Stelle dieser kurzen historischen Bemerkung ein längerer Exkurs über die Geschichte dieses Karawanenweges seit der Pharaonenzeit und das grausame Los der über Tausende Kilometer mitgeschleppten Sklaven. U.a. heißt es wörtlich:
„Die im Mittel- und Südsudan niedergelassenen arabischen Sklavenhändler trieben hier jedes Jahr ihre lebende Ware zu dem berühmten Sklavenmarkt in Assiut. Die unglücklichen Neger legten diese schreckliche Wüstenstrecke zu Fuß zurück, nur die Kinder und jungen Mädchen durften auf Kamelrücken reisen, da sie am Markt die höchsten Preise erzielten...
Fast unvorstellbar sind Leid und Qual einer solchen Sklavenkarawane, wenn sie sich auf den mehrere hundert Kilometer langen Wüstenstrecken von Brunnen zu Brunnen, von Oase zu Oase vorwärts wälzte. Die stärksten Männer trieb man in dem ‚Scheba', einem an ihrem Hals befestigten doppelten Gabelholz, das je zwei Menschen zusammenband, um sie so in ihrer Bewegungsfreiheit einzuschränken, damit sie ihre grausamen Wärter nicht angreifen konnten. Wer sich die Füße wundgetreten hatte, schleppte sich weiter, solange er konnte. Wenn er zusammensackte und ihn nicht einmal mehr die ‚Kurbasch', die aus Nilpferdleder gefertigte Peitsche, zum Aufstehen bewegen konnte, wurde er einfach zurückgelassen. Die die Karawanen begleitenden Geier bereiteten dem Unglücklichen bald ein Ende.
Gordon Pascha, den Ägyptens Vizekönig Ismail Khedive von 1874 bis 1879 in den Sudan sandte, um mit dem Sklavenhandel Schluß zu machen, teilt in seinem Bericht mit, daß von den 80 000 bis 100 000 Sklaven, die von Dar Fur jährlich nach Norden verschleppt wurden, nur rund 7 000 bis 8 000 lebend in Assiut ankamen."

Ankunft in der Oase Charga

Linke Seite:
Unterwegs auf der „Straße der Vierzig Tage", dem einst wegen seiner Sklaventransporte berüchtigten Karawanenweg zwischen dem südlichen Sudan und Ägypten.

den Raupenspuren der Kemal-El-Din-Expedition. Mehrmals will es mir scheinen, als ob ich eine gerade Linie auf dem steinigen Boden sähe, doch jedesmal schüttelt Mohammed den Kopf. Langsam fahren wir gegen Norden weiter. Endlich erblicken wir im Grunde einer leichten Bodenwelle die Eindrücke der Raupenschlepper und dicht daneben auch die der Sechsradkraftwagen.

Die Wagenspuren sind erst ein Jahr alt und stellenweise ausgezeichnet erhalten. Sie kommen aus westlicher Richtung, kreuzen die Darb und führen in ein enges Tal gegen Osten, und von dort weiter in ein Seitental nach Süden. Wir folgen ihnen, bis sie in einem Kessel zwischen steilen Felswänden enden. Am Fuß der Südwand stehen vier steinerne Alamat, daneben flimmert etwas Glänzendes: leere Benzinkanister. Wir sind am Murr-Brunnen.

Die Quelle liegt in einem Felsspalt, auffallend ist das Fehlen jeglicher Vegetation. Das Wasser ist, wie schon der arabische Name „Murr" besagt, bitter. Zur Sicherheit füllen wir die leer gewordenen Kühlwasserkannen und hinterlassen außerdem, auf eine Kiste geschrieben, unsere Durchfahrtsdaten. Die Ausrechnung der Kompaßtraverse ergibt einen Kartenfehler von 14 Kilometern nach Osten.

Nach kurzem Imbiß geht die Fahrt weiter. Am Ausgang des Tales verlassen wir die Spuren der Sechsradwagen und folgen der Darb nach Norden. Nach wenigen Kilometern überschreitet das Band der Kamelpfade zwischen zwei spitzen konischen Felsen, auf kaum 100 Meter zusammengedrängt, einen Höhenzug. An der Schwelle dieses seltsamen Straßentores, dicht am Fuß des einen der beiden Felstürme, liegt ein Haufen grinsender Totenschädel, als hätte einst eine Torwache den Paß bis zum letzten Mann zu verteidigen versucht. Welche Tragödie mag sich hier, so nahe am Murr-Brunnen, abgespielt haben? Vielleicht ein Überfall, vielleicht aber auch ein mißglückter Fluchtversuch eines Häufleins jener Unglücklichen, die zu Tausenden entlang dieser Straße getrieben wurden.

„So viel Tage wie Ägypten lebt, so viel Menschen sind auf der Darb El Arbe'in gestorben", murmelt Mohammed neben mir.

An den nördlichen Abhang des Höhenzuges schließt sich ein Streifen unabsehbaren, sandigen Serirs an, und wir müssen uns wieder auf unsern Kompaß verlassen. Nach 65 Kilometern tauchen die Umrisse eines Hügels zu unserer Rechten auf, die halbkreisförmige Rundung des scharf gezackten Kamms läßt vermuten, daß es der auf der Karte verzeichnete Gebel Umm Scherscher, der „Sichelberg", ist.

Der Kompaßkurs von Umm Scherscher zur Südspitze der Oase Charga ist nach der Karte Nord 21° Ost. Vorerst geht es weiter über loses, welliges Serir, dann tauchen in der Ferne die gefürchteten Sanddünen auf, die der Oase im Süden vorgelagert sind. Eine halbe Stunde später sind wir inmitten dieser tückischsten Hindernisse des Wüstenreisenden. Die Dünen sind etwa 30 Meter hoch und bestehen aus rötlichgelbem, nahezu flüssigem Flugsand, wie man ihn in Sanduhren verwendet. Die dem Wind abgekehrte östliche Seite fällt steil ab, während der sogenannte Rücken der Düne in etwas flacherem Winkel leicht gewölbt bis zur Windkante ansteigt. Bei dem leisesten Windhauch rieselt der Sand über diese messerscharfe Kante auf die Leeseite hinab, die sich auf diese Weise allmählich von unten her neu aufbaut. Die ununterbrochene Wiederholung des gleichen Vorganges verursacht die berüchtigte Vorwärtsbewegung der Dünen, deren Geschwindigkeit je nach den örtlichen Verhältnissen verschieden ist. Es gibt in der Sahara Dünen, die seit Menschengedenken ihre Form und Lage nicht verändert haben, und solche, bei denen eine Wandergeschwindigkeit von nahezu hundert Metern im Jahr festgestellt werden konnte.

Die Dünen, zwischen denen wir uns befinden, stehen in parallelen, teilweise seitlich ineinanderfließenden Reihen auf hartem Untergrund. Einige der Reihen erstrecken sich in geschlossenen Ketten kilometerweit nach Norden, andere zeigen hier und da Unterbrechungen. Das Einhalten eines festen Kompaßkurses ist unmöglich geworden. Ich fahre auf gut Glück nach Nordosten weiter. Zuweilen gestattet nur ein ganz schmaler Streifen festen Bodens die Durchfahrt zwischen diesen unheimlichen erstarrten Wellen. Oft zwingt mich eine unerwartet auftauchende steile Flugsandwand zu blitzschnellem Einbiegen in ein Nebental. Nach einstündiger Fahrt sind wir zwar einige Kilometer in nordöstlicher Richtung vorwärts gekommen, aber noch immer will das Sandlabyrinth kein Ende nehmen. Vor uns fließen zwei Dünenketten ineinander, in scharfem Bogen wende ich nach rechts, zum hundertsten Mal geht es durch eine schmale Öffnung in das nächste Dünental, auch dieses endet nach wenigen hundert Metern, und schließlich rase ich im Kreise in einem Kessel herum, aus dem ich keine Ausfahrt mehr finde. Liechtenstein, der mir mit seinem Wagen ständig folgt, ist bei der letzten scharfen Wendung dem Fuß der Düne zu nahe gekommen und steckt im nächsten Augenblick bis an die Trittbretter im Sand.

Während die Leute mit unserm langen Flaschenzug den festgefahrenen Wagen an dem meinigen, den ich auf einem harten Bodenfleck zum Stehen gebracht habe, befestigen, besteige ich den Rand des Kessels. Das Gehen auf der steilen Lehne ist unglaublich schwer, stolpernd und gleitend arbeite ich mich in dem rieselnden Flugsand aufwärts.

Der Ausblick, der sich mir von oben bietet, erscheint zunächst trostlos. In unerbittlicher Einförmigkeit setzen sich die rotgelben Dünenketten nach Norden und Osten fort. Erst als ich den Horizont langsam und planmäßig mit dem Glase absuche, erkenne ich weit draußen im Osten einen feinen bläulichen Streifen – das sieht ganz anders aus als die gewellte gelbliche Silhouette eines Dünenzuges – das ist eine Felswand von bedeutender Höhe – sollte es der Rand der Charga-Depression sein...?

Gleich darauf mache ich noch eine andere Entdeckung, die für uns im Augenblick von größerer Wichtigkeit ist. Die hohe Böschung des Kessels, auf der ich stehe, hängt mit der benachbarten Düne nur durch eine schmale Wand zusammen. Auf der gegenüberliegenden Seite öffnet sich ein Wellental mit grauem, festem Untergrund, und dieses scheint nach vielen Windungen und Verästelungen in offenes Gelände auszulaufen. Ich präge mir mit größter Sorgfalt die Richtung dieser Fahrtrinne ein, dann stolpere und rutsche ich wieder auf den Boden des Kessels hinunter. Der eingesunkene Wagen ist ausgeschaufelt und durch den Flaschenzug mit dem meinigen verbunden, ich fahre an – ein Ruck, und Liechtenstein ist wieder frei.

Alles weitere hängt nun davon ab, ob es uns gelingen wird, die etwa fünf Meter hohe Sandbank zu durchbrechen. Ich habe mir genau gemerkt, daß ich entlang der Steillehne, die unsern Kessel auf der einen Seite absperrt, halten muß, um im rechten Winkel auf mein Ziel zu treffen. Sollte der Versuch mißlingen, so wird mein Freund mich mit Hilfe des Flaschenzuges wieder herausziehen können, andernfalls soll er nachfolgen. Ich fahre mehrere hundert Meter in das Tal, aus dem wir gekommen sind, zurück, wende und nehme Anlauf. Es ist ein verteufeltes Gefühl, im 70-Kilometer-Tempo gegen eine Wand anzurennen – ich glaube, ich schloß im letzten Augenblick die Augen – dann höre ich Mohammed neben mir gellend aufschreien, in mächtigem Satze bäumt sich die Maschine auf, und in einer wirbelnden Wolke hoch aufstäubenden Sandes fliegen wir durch das Hindernis hindurch. Nach wenigen Sekunden stehen wir auf hartem Boden und betrachten, beinahe zweifelnd, die tiefe Bresche, die wir in die Sandwand geschlagen haben.

Nun folgt für mich einer der spannendsten Augenblicke unserer Fahrt. Ich höre auf der gegenüberliegenden Seite das Aufheulen von Liechtensteins Motor. Dem flugzeugähnlichen Knattern nach muß er sich mit höchster Geschwindigkeit nähern, da – eine Fontäne goldig glänzenden Flugsandes, und wie ein Geschoß saust der Wagen durch die Bresche. Natürlich vergaß ich vor lauter Spannung zu filmen!

Wir folgen nun den Schlangenlinien der Dünenkorridore

nach Nordosten. Jedesmal, wenn sich zu unserer Rechten ein Seitental auftut, biege ich hinein, da ich von der Höhe aus nur im Osten freie Passagen gesehen hatte. Der Boden der Korridore ist steinhart und ohne jegliche Unebenheiten; doch nirgends zeigt sich eine Spur der Darb El Arbeʿin, nirgends ein einziges Kamelskelett, obwohl die Karawanenstraße seinerzeit doch irgendwo hier durch die Dünen geführt haben muß.

Mit wachsender Unruhe verfolge ich den Stand des Kilometerzählers. Meiner Schätzung nach sollten wir trotz unseres Zickzackkurses die südlichen Ausläufer der Oase Charga bereits erreicht haben. Oder wäre es möglich, daß wir an der Oase vorbeigefahren sind und nun, parallel zur Charga-Depression fahrend, unsern Brennstoff unnütz vergeuden?

Haben uns die Dünen gegen Osten abgelenkt, so besteht noch die Möglichkeit, nach etwa 150 Kilometern auf die Schmalspurbahn zu stoßen, die Charga mit dem Niltal verbindet. Sind wir jedoch nach Westen abgekommen, was nach der Felswand, die ich gesehen habe, wahrscheinlicher ist, so können wir im günstigsten Fall erst nach 300 Kilometern auf die Depression der Oase Dachla stoßen. Ob unser Brennstoff so weit reichen würde?

Kurz vor Sonnenuntergang taucht vor uns zwischen den Dünen ein Felsenberg auf. Ich brauche nicht mehr auf die Karte zu sehen, die wenigen dort verzeichneten Höhenzüge haben sich mir längst ins Gedächtnis eingeprägt. Dieser Berg muß einer der Abu-Bayan-Berge sein.

Mit der Abendröte kommt auch jene erlösende Viertelstunde, in welcher sich die Sicht in der Wüste für kurze Zeit fast bis ins Unbegrenzte steigert. Die flimmernde Luft ist zur Ruhe gekommen, die trügerischen Spiegelungen sind verschwunden, klar und deutlich zeichnen sich die Konturen auch der fernsten Gegenstände im Gelände ab. Jeder Wüstenreisende kennt diese Minuten unmittelbar nach dem Sonnenuntergange, wenn sich der Horizont ringsum zu heben scheint und weit entfernte Gebirgszüge sichtbar werden, um gleich darauf in Dunkelheit zu versinken – es ist der richtige Augenblick, nach Landmarken Ausschau zu halten.

Ich steigere die Geschwindigkeit, soweit es möglich ist, und nach einigen Windungen des Dünentals ist der Fuß des Berges erreicht. Wir haben keine Zeit zu verlieren, ohne lange Bedenken schalte ich den zweiten Gang ein und fahre die Schutthalde hinauf. Knapp unter der felsigen Kuppe halten wir an. Das Objektiv des Feldstechers frißt sich in den Horizont, mit brennenden Augen suche ich Stück für Stück der Umgebung ab – umsonst. Nur die hohe Felswand im Osten hat schärfere Umrisse angenommen, sonst ist nichts anderes zu erblicken als die starren Wellenlinien der Dünenzüge.

Doch ich will den Gedanken nicht aufkommen lassen, daß wir verirrt sind! Jener hohe Berg südwestlich von uns kann kein anderer sein als der Gebel Abu Bayan El Qibli, der südliche Abu Bayan; wir stehen jetzt auf dem mittleren der drei Berge, dem Gebel Abu Bayan El Wastani. Allerdings müßte ich dann in nordöstlicher Richtung auch den Abu Bayan El Bahari sehen, doch möglicherweise wird er durch die Dünen verdeckt. Eins erscheint mir jedenfalls so gut wie sicher: daß jene Felswand der Rand der Charga-Depression ist. Wir sind also nach Westen abgekommen und müssen gegen Nordosten weiterfahren.

Prinz Liechtenstein ist apathisch geworden. Er scheint sich nicht wohl zu befinden und folgt ohne Anteilnahme meinen topographischen Deutungsversuchen. Sein Vertrauen in mich, meinen prismatischen Peilkompaß und meine veraltete Landkarte ist aufs tiefste erschüttert. Er ist überzeugt, daß unsere Fahrt ein böses Ende nehmen wird. Ich lasse seine gereizten Bemerkungen schweigend über mich ergehen, präge mir noch einmal die Lage der Felswand ein und kehre zu meinem Wagen zurück. Bevor es ganz dunkel wird, will ich auf jeden Fall noch einen letzten Vorstoß nach Nordosten versuchen. In sausender Fahrt geht es über die Schutthalde wieder hinunter und hinein in das Gewirr der Dünenkorridore. Bald bin ich gezwungen, die Scheinwerfer einzuschalten, unruhig zuckt das grelle Strahlenbündel über die Sandkämme. Nach ungefähr einer Stunde scheint es mir, als ob die Dünen niedriger würden; breite Flugsandstreifen ziehen sich über den Boden hin und machen eine Weiterfahrt im Scheinwerferlicht unmöglich. Ich halte im Windschatten einer Düne an und lasse lagern.

Mein Freund ist mit den Nerven am Ende. Kaum haben wir die Wagen verlassen, als er mich mit einer Flut von Vorwürfen überschüttet. Ich kann ihm nichts anderes erwidern, als daß ich meinem Instinkt fest vertraue und daß wir nach meinem Dafürhalten trotz der ständigen Kurswechsel nicht wesentlich von der Hauptrichtung abgewichen sind.

„Du hättest unbedingt die Spuren der Automobilexpedition wieder auffinden müssen, bevor wir in die Dünen kamen. Die hatten zweifellos Kabire aus Charga mit sich, die den Weg genau kannten."

„Vergiß nicht", entgegne ich, „daß jene Expedition aus Charga kam und nach wenigen Tagen wieder dorthin zurückkehrte. Sie hatte vor allem ihre eigenen frischen Spuren als Führer, die heute auf dem weichen Serir nicht mehr zu sehen sind."

„Dann hätten wir eben vom Gebel Umm Scherscher ab Wegzeichen aufstellen und nach diesen genaue Kompaßpeilungen nehmen sollen."

„Und wie willst du die Reihe der Wegzeichen über die Dünen führen?"

„Zu Fuß natürlich. Und bei Gott, ich fahre morgen zurück und markiere den richtigen Kurs über die ganze Strecke."

„Dazu haben wir nicht mehr genügend Benzin und Wasser. Umkehren wäre Selbstmord!"

Ich übertrage nach den Angaben des Kilometerzählers die zurückgelegte Entfernung vom Murr-Brunnen auf die Karte. Die Zirkelspitze greift zunächst weit über das Südende der Oase hinaus. Doch wenn ich von den 80 Kilometern seit Umm Scherscher fünfzig Prozent Umwege abziehe, sieht das Ergebnis gleich viel tröstlicher aus. Wir können noch immer 10 bis 20 Kilometer vom Beginn des Vegetationsstreifens entfernt sein.

Die Charga-Depression selbst ist in der Karte recht genau eingezeichnet, die Höhenkurven der Randgebirge sind von 100 zu 100 Metern angegeben. Sicherlich wurde die topographische Aufnahme in der Oase besonders sorgfältig durchgeführt, da die Vermessungsbeamten dort unter leichteren Verhältnissen arbeiteten als draußen in der Wüste. Ich kann den Verlauf der hohen Felswand im hellen Mondlicht deutlich erkennen und vergleiche nun, mit dem Feldstecher genau beobachtend, die zackigen Konturen mit der Karte. Kein Zweifel, der scharfe Vorsprung genau östlich von uns ist auch in den Höhenkurven zum Ausdruck gebracht; der Berg, von dem wir kommen, ist also mit großer Wahrscheinlichkeit der mittlere Abu Bayan.

Liechtenstein hat inzwischen unsern Wasservorrat überprüft und festgestellt, daß wir noch 74 Liter mit uns führen. Er will die Rationen schon jetzt herabsetzen und hat die Kannen neben seinem Feldbett versammelt. Ich sehe die bestürzten Gesichter der Sudanesen, gehe zu Liechtenstein hinüber, der fröstelnd auf seinem Feldbett liegt, und hole etwas Wasser für das Abendessen. Er läßt mich wortlos gewähren und legt dann, mit einem bedeutungsvollen Blick auf die Sudanesen, sein Gewehr quer über die Wasserkannen. Sein abgespanntes Aussehen beunruhigt mich. Sollte er während seines Aufenthaltes in Selima das berüchtigte Oasenfieber bekommen haben? Zu allen meinen andern Sorgen kommt nun diese noch hinzu. Glücklicherweise schläft er nach der Mahlzeit ein.

Ich lege mich hinter meinem Wagen nieder, doch der Schlaf will nicht kommen. Ich lausche dem leisen Gespräch der Sudanesen am Lagerfeuer und höre, wie Mohammed mich gegen die beiden andern verteidigt.

„Laßt ihn nur machen", meint der Alte, „seine Bussole und die Landkarte, die er hat, werden ihm schon den Weg weisen. Hat er nicht Bir Murr mit seinem Papier vorausgesagt, und war nicht das Wasser dort tatsächlich bitter und die Quelle in einem Felsen?"

„Ich bin viel in der Wüste gereist, o Mohammed, doch niemals auf dem Papier", entgegnet mürrisch Fadlallah.

Nun mischt sich auch Abdullah in das Gespräch. „Wie wollt ihr wissen, wohin wir reisen? Er hat dem Prinzen ja selbst gesagt, daß er nicht weiß, wo wir sind. Ich habe es gesehen, der Prinz ist ärgerlich geworden und hat mit lauter Stimme gesprochen und das Wasser weggenommen."

„El Charga ist eine große Oase", wendet Mohammed ein, „ich habe Leute darüber sprechen hören, die aus dem Masr (Ägypten) kamen. Wir werden den Ort sicher finden."

„Insch'allah – so Allah will", murmeln die beiden andern...

Ich richte die Sucherlampe des Wagens auf mein Feldbett, um die Decken noch einmal zu ordnen. Plötzlich – eine Sekunde lang stockt mir das Herz – flimmert etwas Feines, Weißes durch den Lichtkegel, verschwindet, flattert wieder herbei und tanzt im Strahl des Scheinwerfers so zierlich und anmutig, wie der Herrgott nur je einen Schmetterling geschaffen hat. Leise rufe ich zu den Leuten hinüber: „Mohammed und ihr beiden andern, seht einmal her!"

Langsam kommen sie um den Wagen herum, einige Augenblicke schweigender Erwartung. Ich drehe den Scheinwerfer ein wenig hin und her – da! abermals ein weißes Aufleuchten – und dann wie aus einem Munde der dreifache Freudenruf: „El hamdu lellah – Allah sei Dank!"

Noch lange Zeit will sich die Aufregung nicht legen, und es sind umgewandelte Menschen, die sich, von neuer Zuversicht erfüllt, in der leuchtenden Wüstennacht endlich zur Ruhe begeben.

Schon vor dem Morgengrauen bin ich wieder auf den Beinen. Es beginnt eben erst zu dämmern, als ich die Sanddüne, neben der wir lagern, ersteige. Meine Gefährten schlafen noch in ihre Mäntel und Decken gehüllt, und die beiden Wagen erscheinen wie lagernde Kamele, jeder an den Streifen seiner eigenen Spur gefesselt. Wie einsam und hilflos wirkt die kleine Gruppe vom Kamm der Düne aus. Was haben diese Punkte hier in der Unendlichkeit zu suchen? Wie konnten Menschenkinder sich vermessen, in das Reich des Todes einzudringen und ihre scharfe Spur in die jungfräuliche Fläche zu zeichnen? In erhabener Unberührtheit liegt das Sandmeer vor mir, und stärker als je zuvor kann ich empfinden, mit welcher Ehrfurcht vor der Allmacht der Schöpfung ein solcher Anblick den Wüstenwanderer erfüllt. Es ist gewiß kein Zufall, daß die großen Religionsstifter, die der Menschheit die Lehre von dem Einen Gotte verkündet haben, ihr Wirken in der Wüste begannen.

Am östlichen Himmel schimmert der erste Schein des neuen Tages. Ein leichter Wind hat sich erhoben und eine seltsame Unruhe auf den Dünenkämmen hervorgerufen. Es ist noch zu dunkel, um Einzelheiten zu erkennen, doch wenn ich das Fernglas ganz ruhig auf einen der steilen Sandrücken gerichtet halte, sehe ich, wie sich ein feines Weben rastlos über die Böschungen zu Tale zieht – die ständige, kaum wahrnehmbare Wanderbewegung der Dünen. Der nördliche Horizont liegt noch in ungewissem Halbdunkel, und um meine Ungeduld zu bezähmen, zwinge ich mich zu einem folternden Spiel mit der Uhr: ich werde meinen Kopf in die Hände stützen und zu Boden blicken, bis fünf volle Minuten vergangen sind, dann erst werde ich nach Norden Ausschau halten.

– – Waren es tatsächlich nur fünf Minuten, oder ist in diesem Reiche der Unendlichkeit auch die Zeit ins Unendliche gesunken? Sobald der Uhrzeiger den fünften Teilstrich erreicht hat, blicke ich auf. In scharfgezackten Umrissen zeichnet sich die ferne Felswand jetzt gegen den glühenden Osthimmel ab. Langsam hebe ich das Glas und wende mich nach Norden. In einförmigem Gelb erstrecken sich die Dünenketten bis zum Horizont, und mitten darin, sich wundervoll scharf abhebend, liegt eine dunkle Gruppe ragender Palmenkronen!

„El Charga!"

Mein Ruf hat die Schläfer geweckt. Ich lasse mir kaum Zeit, eine Kompaßpeilung zu nehmen, und eile ins Lager hinunter. An ein Frühstück wird gar nicht gedacht. Unsere Habseligkeiten sind schnell verstaut, und nachdem sich die Motoren warm gelaufen haben, fahren wir los.

Bald erscheinen die ersten, kaum fußhohen Kameldornsträucher zwischen den Flugsandstreifen, die Dünen werden niedriger, und das Gelände beginnt sich zu senken. Zu unserer Rechten taucht hin und wieder die Spitze eines Felshügels zwischen den Sandkämmen auf – vermutlich der nördliche Abu Bayan –, dann werden in der Ferne Palmen sichtbar, und als mein Kilometermesser den vierundzwanzigsten Kilometer seit unserm Lagerplatz anzeigt, stehen wir am Rand einer grünen Saatfläche. Ein kleiner Bewässerungsgraben, den wir ohne Schwierigkeiten überqueren, bildet die schmale Grenze zwischen Wüste und Fruchtland. Behutsam fahren wir über den bebauten Boden, um das Werk, das Menschenhände hier geschaffen haben, nicht zu zerstören. Durch Palmenhaine geht es zu einigen ärmlichen Lehmhütten, vor denen wir anhalten. Erschrockene Gesichter blicken uns an – Gesichter von Fleisch und Blut, die so ganz anders aussehen als jene hohläugigen, die uns mit seelenlosem Grinsen den Weg durch die Wüste gewiesen haben.

Die Bewohner der Lehmhütten sind friedliche Oasenbauern. Schnell haben sie sich von dem Schrecken, den unser unvermutetes Erscheinen ihnen eingejagt hatte, erholt, und unter wortreichen Freundschaftsbeteuerungen schütteln sie uns der Reihe nach die Hände. Getreu der uralten Sitte, nach der glücklich an ihr Ziel gelangte Karawanenreisende ihren Tragtieren Dank sagen, treten unsere Sudanesen nun vor die Wagen hin und führen ihre Rechte zuerst streichelnd über die Rücken der Kühler und dann, wie beim Friedensgruße, an ihr Herz.

Die seit langem in Vergessenheit geratene Verbindungsstraße zwischen dem Sudan und Ägypten ist nun dem Autoverkehr erschlossen, die nördlich von Selima gelegene Teilstrecke der

Darb El Arbeʿin zum erstenmal seit dem Mahdi-Aufstande durchquert. Wir sind bei der kleinen Ortschaft Ain El Wah, dem „Auge der Oase", am südlichsten Punkte der Charga-Depression herausgekommen, genau an der Stelle, wo wir die Oase erreichen wollten, und nach Mohammeds Ansicht trotz der gestrigen Dünenfahrt „wie mit einem Faden dorthin gezogen".

Inzwischen haben sich die Frauen von Ain El Wah auf die in der ersten Aufregung versäumten Pflichten der Gastfreundschaft besonnen, sie bringen in irdenen Töpfen köstliche frische Ziegenmilch herbei. Ihre Männer können es kaum fassen, daß wir von Wadi Halfa kommen. Sie kennen diesen Ort dem Namen nach, wissen aber im übrigen nicht mehr von ihm, als daß er unvorstellbar weit weg irgendwo im Sudan liegt, wo die Menschen alle schwarz und wild sind.

„Die Straße? Die gibt es doch nicht mehr", sagt der alte Schech des Dörfchens. „Als ich ein Kind war, pflegte mein Vater auf die Darb El Arbeʿin hinauszuziehen, um den Karawanen Wasserschläuche entgegenzubringen. Heute sind die Spuren verschwunden, und der Sand hat alle Wegzeichen zugedeckt." Er erzählt uns, daß vor einem Jahr „ein anderer Inglisi" mit ebensolchen Wunderwagen hinausgefahren und nach einigen Tagen wieder zurückgekehrt sei; jene Karawane sei jedoch weiter östlich am Berghang entlang gezogen, wo die Dünen niedriger sind.

Für uns gilt es nun, den Hauptort der Oase, die Stadt El Charga, zu erreichen, um unsern Benzinvorrat zu ergänzen und mit der Außenwelt telegraphisch in Verbindung zu treten. Ein Knabe, den uns der Schech als Führer mitgibt, nimmt stolz neben Mohammed in meinem Wagen Platz, und sorglos rollen wir nach Norden weiter.

Die Oase El Charga, „die Äußere", ist die südlichste und größte der vier ägyptischen Oasen, die westlich des Niltals am Fuß des libyschen Wüstenplateaus liegen. Sie zieht sich in einer Länge von 170 Kilometern auf dem Grunde einer stellenweise nicht mehr als 15 Kilometer breiten Senke, der Charga-Depression, hin. Gegen Osten wird diese Senke durch eine Felswand von 400 Meter Höhe abgeschlossen, während sich von Westen her die Ausläufer der riesigen Abu-Moharrik-Düne von Jahr zu Jahr näher an die Oase heranschieben. Die Quellen und Ansiedlungen liegen in weiten Abständen über die ganze Länge der Senke verstreut. Zwischen den bebauten Bodenflächen müssen wir zuweilen viele Kilometer über öde Sandstrecken fahren, doch bietet die Orientierung keine Schwierigkeiten, da die Oasendörfer allenthalben durch ausgetretene Pfade miteinander verbunden sind.

Auf Ain El Wah, das nur aus einem halben Dutzend Hütten und einem kleinen Vegetationsflecken besteht, folgen die beiden etwas größeren Niederlassungen Meks Qibli und Meks Bahari und nach weiteren 10 Kilometern die stattliche Ortschaft Baris. Unser kleiner Führer bleibt hier zurück, denn von Baris führen deutlich sichtbare Autospuren nach El Charga. Wir fahren an vortrefflich erhaltenen ägyptischen und römischen Tempelbauten vorbei, der Weg führt streckenweise durch bebautes Land, dann wieder über breite Wüstenstriche mit verkümmerten Terfa-Büschen, bis wir schließlich gegen Mittag nach 110 Kilometer Fahrt die Stadt El Charga erreichen. Hier ist das Herz der Oase. Ein wahrer Wald von Dattelpalmen – das kostbarste Gut der Einwohner – nimmt uns in seinem Schatten auf.

Der größere Teil der Stadt besteht aus einem Gewirr von winkligen Gassen und Gäßchen, über die die oberen Stockwerke der dickwandigen Lehmhäuser zum Teil hinübergebaut sind. Der Vorteil dieser ungewöhnlichen Bauweise liegt auf der Hand: Sonne und Flugsand finden keinen Zutritt in die weitverzweigten dunklen Gänge, und die ganze Anlage läßt sich leicht gegen räuberische Überfälle verteidigen.

Unter der Führung eines Ortsansässigen treten wir – wie sich versteht, zu Fuß – unsern Weg durch das Labyrinth an. Die Häuser sind zumeist zweistöckig und denen der Dörfer im

Niltal ähnlich. In der Regel befindet sich auf dem flachen Dach eine mit Palmzweigen eingezäunte Terrasse, die vermutlich während der Nacht als Schlafraum dient. Niedrige, fest verschlossene Holztüren schließen die Wohnstätten nach außen ab und lassen alle Geheimnisse von Tausendundeiner Nacht im Innern dieser seltsamen Wüstenfestung vermuten.

Endlich haben wir uns zum Gouvernementshaus durchgearbeitet, das außerhalb der Stadt in einer Pflanzung steht. Der Gouverneur der Oase, ein ägyptischer Oberst, empfängt uns aufs herzlichste und beglückwünscht uns als erster zum Gelingen unserer Fahrt. Während er sich daranmacht, Telegramme nach Kairo und Khartum aufzusetzen, um unsere Ankunft in El Charga zu melden, bringen wir die Wagen außen um die Stadt herum vor seine Tür. Dann setzen wir uns mit ihm zusammen, um unsere Weiterfahrt ins Niltal zu beraten. Ein alter Kabir wird geholt, der uns aus der Oase heraus auf das Hochplateau geleiten soll; er ist derselbe, der im vergangenen Jahr die Kraftwagenexpedition auf ihrer Fahrt nach Süden geführt hat.

Die Überwindung des 400 Meter hohen Ostrandes der Charga-Depression ist ein Problem, das mir im Hinblick auf unsere doch recht mitgenommenen Wagen ernstliche Sorge bereitet. Es stehen drei Wege zur Erörterung. Der erste ist die Fortsetzung der Darb El Arbeʻin, die im Norden über einen steilen Paß aus der Oase hinausführt, um das Niltal bei Assiut zu erreichen. Nach Ansicht des Kabirs kommt dieser Weg für Kraftwagen nicht in Frage, da er selbst für Kamelkarawanen nur benutzbar sei, wenn die Tiere einzeln hinaufgeführt würden. Eine bessere Möglichkeit scheint mir die Linie der Schmalspurbahn zu bieten, doch erklärt der Gouverneur, daß das Profil der in tiefen Einschnitten durch die Felsen geführten Bergstrecke für unsere Wagen zu schmal sei. Außerdem gibt es noch den alten Karawanenweg, der unmittelbar gegen Osten zum Niltal führt und den auch die Autoexpedition im vorigen Jahre benutzt hatte. Allerdings konnten damals trotz der Mithilfe von mehreren Dutzend Eingeborenen nur zwei der besonders stark gebauten Sechsradwagen die Steigung ohne ernstliche Beschädigung bezwingen, bei dem dritten brach die Hinterachse.

Um möglichst wenig Zeit zu verlieren, beschließen wir, noch heute den Versuch zu machen, die Höhe des Plateaus auf der östlichen Paßstraße zu erreichen. Wir haben seit Wadi Halfa mehr als 1 000 Kilometer zurückgelegt und möchten nun auch die letzten 200 Kilometer, die uns noch vom Niltal trennen, bald hinter uns bringen.

Nachdem die Benzin- und Wassertanks wieder aufgefüllt sind, verabschieden wir uns von dem freundlichen Gouverneur, der unsertwegen während der letzten Tage durch zahlreiche Regierungstelegramme in erhebliche Unruhe versetzt worden war. Leider vergaß der Gute in seinem Diensteifer, uns zum Mittagessen einzuladen, doch das Regierungsrasthaus von El Charga, in dessen Gästebuch mancher bedeutende Ägyptologe die Küche des alten Omar rühmt, ersetzt uns diesen Verlust in vollem Maße.

Unser Kabir ist ein gebückter Einäugiger, der in seiner Vaterstadt El Charga großes Ansehen zu genießen scheint; mir kommt er allerdings nicht sonderlich aufgeweckt vor. Unter seiner Führung setzen wir uns gegen Osten in Marsch. Am Rande der Stadt kreuzen wir die Bahngleise, deren Spurweite nur 75 Zentimeter beträgt; es muß in der Tat eine Miniaturbahn sein. Der Einäugige führt uns durch Pflanzungen und vertrocknete Äcker über derart schauerliches Gelände, daß, ehe wir noch das Vegetationsgebiet verlassen haben, einer unserer ohnehin schon stark abgenutzten Reifen seitlich aufplatzt und ausgewechselt werden muß. Mir geht unablässig der Gedanke an die gebrochene Hinterachse des Sechsradwagens im Kopfe herum, und ich mache einen letzten Versuch, der Paßstraße zu entgehen.

„Sage mir, o Kabir, kann ich nicht einen Wagen der Eisenbahn auf dem Bahnhof sehen?"

„Nein, Herr, es geht nur ein Zug in der Woche, und der kommt erst morgen aus Farschut."

Ich bemühe mich vergebens, von dem Alten etwas über die Breite der Eisenbahnwagen zu erfahren; er kann durchaus nicht verstehen, worauf es mir ankommt. Schließlich frage ich ihn aus wie ein Kind.

„Bist du schon einmal mit der Bahn gefahren?"

„Ja, Herr, schon oft", erwidert er beinahe gekränkt.

„Wie sitzt du in dem Eisenbahnwagen, mit dem Gesicht nach dem Wabur (Lokomotive) oder nach der Seite?"

„Mit dem Gesicht nach dem Wabur, Herr."

„Wie viele Leute können auf deiner Bank neben dir sitzen?"

„Zwei und drei, und dazwischen kann man gehen."

Das läßt auf eine äußere Wagenbreite von mindestens 2 Metern schließen, die Einschnitte zwischen den Felsen können also nicht so schmal sein, daß unsere Automobile nicht hindurch könnten. Der Alte schwört außerdem, daß auf der ganzen Strecke keine einzige Brücke sei, und so mache ich Prinz Liechtenstein kurzerhand den Vorschlag, die Fahrt auf der Eisenbahnlinie zu versuchen.

Wir holpern zum Gleisübergang zurück und vertrauen uns dem schmalen Bahndamm an. Das Vorwärtskommen dort oben ist mit großen Schwierigkeiten verbunden, denn die Schwellen sind so kurz, daß unsere Räder zu beiden Seiten darüber hinausragen. Wir können uns daher an Stellen, wo der Damm aus losem Sand besteht, trotz aller Mühe nicht auf der Fahrbahn halten. Abwechselnd rutscht bald der eine, bald der andere seitlich über den Rand der Böschung ab, und jedesmal kostet es große Anstrengung, den Wagen wieder hinaufzubringen. Daß es damals keinen von uns beiden umgeworfen hat, erscheint mir heute fast wie ein Wunder.

Die Bahnlinie zieht sich zunächst durch Pflanzungen, später durch Wüstengelände über die Ebene zum Gebirge hin. Wir passieren ein Dorf, dessen Häuser ohne Türen und Fenster verlassen dastehen. Der Kabir erzählt, daß der Ort vor dreißig

Jahren geräumt werden mußte, weil unter seinen Bewohnern die Pest ausgebrochen war.

Nach 35 Kilometern ist der Fuß des Gebirges erreicht. Zum Glück ist der Bahndamm von hier ab aus Geröllsteinen aufgeschüttet und etwas breiter. Trotzdem beneide ich die Lokomotivführer nicht, die ihre Züge über diese abenteuerliche Gebirgsstrecke führen müssen. Mir jedenfalls vergeht während der nächsten Stunde verschiedentlich Hören und Sehen.

Über tiefe Schluchten führt der Bahndamm in kühner Steigung hinweg, und wir müssen – zu beiden Seiten eine steile Böschung von 30 Meter Höhe hinunterblickend – über die schmalen Rücken hinüberbalancieren. Mein Freund entwickelt Seiltänzereigenschaften, die mich in Erstaunen versetzen, er fährt mit beängstigender Geschwindigkeit – wie er sagt, um die Stabilität zu erhöhen – bergan. Ich selbst bin weniger schwindelfrei, und es stockt mir der Atem, sooft eins der Hinterräder nach der Seite abgleitet und der Wagen nur noch an der niedrigen Schiene hängt. Schließlich weigere ich mich, in dieser halsbrecherischen Weise weiterzufahren, und da es ohnehin dem Abend zugeht, bitte ich Liechtenstein, den Einbruch der Dunkelheit abzuwarten und dann die Fahrt bei Scheinwerferlicht fortzusetzen.

Das Mittel hilft. Die Abgründe sind bei Nacht nicht zu erkennen, denn die Scheinwerfer beleuchten nur die Fahrbahn, und ohne weiteren Aufenthalt legen wir die letzten Kilometer dieser wirklich tollen Strecke durch die Berge zurück.

Auf der Hochebene steht ein einsames Stationshaus, das nur vor den Tagen des Zugverkehrs zuweilen benutzt wird, wenn die Bahnarbeiter auf einer Draisine die Strecke abfahren. Auf den rund 200 Kilometern zwischen der Oase und dem Niltal gibt es zwei derartige Blockstellen, die eine liegt 50 Kilometer westlich von Farschut, die andere, bei der wir uns augenblicklich befinden, 70 Kilometer östlich von El Charga. Wir hätten diese Station, die den Namen „Kilo 145" trägt, über die ursprünglich ins Auge gefaßte Paßstrecke erreichen sollen, und der Gouverneur hatte uns gebeten, den dortigen Fernsprecher zu benutzen, um ihn von unserer Ankunft zu verständigen. Ich drehe die Kurbel des Läutewerks minutenlang, bis sich endlich eine verschlafene Stimme aus El Charga meldet, und spreche dann wohl zum erstenmal in meinem Leben arabisch durch ein Telephon:

„Hallo! Hier Kilo 145, melde dem Mudir (Gouverneur), daß wir angekommen sind und morgen früh ins Niltal hinunterfahren werden."

Die letze Nacht in der Wüste. Bitterkalt ist es hier oben auf der Hochfläche. Die Leute haben ein großes Feuer angezündet, und während unsere besten Konserven für die Abendmahlzeit zubereitet werden, fährt ratternd eine Draisine mit Bahnarbeitern vorbei, denn morgen mittag soll ja der Zug kommen. Wir werden dann schon im Niltal sein und auf gebahnter Straße nach Kairo fahren.

Zum letztenmal sehen wir heute die zahllosen Sterne so glänzend uns zu Häupten funkeln, wie sie nur in der Wüste funkeln können. Zu unsern Füßen liegt, von silbernem Mondlicht übergossen, das zerklüftete Felsmeer, und am Lagerfeuer werden noch einmal die uralten Sagen der Wüste wach. Der greise Kabir weiß viel zu erzählen. Von der fernen Kufra-Oase, die keines Ungläubigen Fuß betreten darf, und von den Senussen, die dort im Herzen der Libyschen Wüste als unumschränkte Herrscher leben. Er war bei der Entdeckung der verschollenen Oasen Uwenat und Arkenu durch den ägyptischen Forscher Ahmed Bey Hassanein dabei und hat die wilden Guraans, den Schrecken der südlichen Oasen, von Angesicht zu Angesicht gesehen. Seine Stimme sinkt zu leisem Flüstern, als er von den Schätzen spricht, die das Sandmeer bergen soll, und mit funkelnden Augen lauschen seine Zuhörer.

„Aus unserer Oase, aus Charga, ist vor vielen tausend Jahren ein Heer fremder Eroberer ausgezogen, um die Bewohner der Oase Siwa zu unterwerfen. Ihre Rüstungen waren aus Silber und ihre Helme aus Gold. Sie zwangen die Kabire von Charga, sie zu führen, doch jene Männer" – und bei diesen Worten reckt sich der Erzähler stolz empor – „kannten ihre Pflicht. Sie führten die Fremden hinaus in die Sanddünen, und nicht einer von dem ganzen Heer kehrte jemals wieder."

Gebannt folge ich der Erzählung des Alten, denn ich weiß, daß sie einen geschichtlichen Hintergrund hat. Herodot berichtet*, daß auf Befehl des Perserkönigs Kambyses, der 525-522 v. Chr. über Ägypten herrschte, ein Heer von 50 000 Kriegern von Charga aufgebrochen sei, um die Oase des Jupiter Ammon, das heutige Siwa, zu erobern. Ein Sandsturm habe diese Streitmacht kurz vor ihrem Ziel verschüttet. Die Erinnerung an jenes Ereignis hat sich, wie die Worte des Kabirs erkennen lassen, bis auf den heutigen Tag in der Überlieferung der Einwohner von Charga erhalten. Irgendwo inmitten der gewaltigen Dünenfelder im Süden von Siwa muß diese Perserarmee mit ihren Rüstungen und Waffen unter dem Sand verborgen liegen!

Leise und geheimnisvoll erzählt der Kabir nun von der verborgenen Märchenstadt Zarzura, die weit draußen in der unbekannten Wüste ihren Traum der Vergessenheit träumt. Zarzura! Der Name erweckt auch in mir das Verlangen, das aus den Augen des Erzählers leuchtet. Werde ich wohl jemals meine Wagen hinaussteuern dürfen in jenes unerforschte Gebiet, welches das kostbarste Geheimnis der Libyschen Wüste bergen soll? Auch dort sollen Gebirge und Sanddünen jegliches Vordringen verwehren, doch habe ich nicht gerade in diesen Tagen eine Strecke durchfahren, die ebenfalls für unüberwindbar galt?

Ich sehe in Gedanken die endlose Wüstenfläche vor mir, über die bisher noch niemand den Weg nach Zarzura gefunden hat... Ich sehe eine Linie sich über diese Fläche ziehen, schnurgerade wie der Strich entlang dem Winkelmesser auf der Karte, unbeirrbar und mathematisch genau wie die Zahlen, die Kompaß und Entfernungsmesser diktieren...

---
*Thalia 25-26.

Wird diese Linie einmal zur Radspur werden und wird sie dann wirklich nach Zarzura führen, der verschollenen Stadt, „die wie eine weiße Taube ist"? Wirklichkeit und Erträumtes vermischen sich in meinen Gedanken, und mich ergreift beim Abschied von dem Erlebnis unserer Wüstenfahrt jene Sehnsucht, die uns, die wir die Wüste kennen und lieben gelernt haben, trotz aller Mühen und Gefahren immer wieder zu neuen Forschungsreisen in die große Einsamkeit hinausfahren läßt.

Allein in der Wüste

Vier Tage werde ich hier am Mesaha-Brunnen allein lagern, viele hundert Kilometer von der nächsten menschlichen Ansiedlung entfernt. Ringsum, so weit das Auge reicht, umgibt mich gelbe, unabsehbare Sandebene, darüber wölbt sich tiefblauer, wolkenloser Himmel. Mein kleines grünes Zelt und, etwa zweihundert Schritt davon entfernt, die roh gezimmerte Brunnenhütte mit dem Holzgerüst der Seilwinde davor bilden meine Welt. Ich mußte das Zelt so weit vom Brunnen aufschlagen, da es in der Hütte Skorpione gibt, die wohl mit dem Bauholz hierhergebracht wurden.

Bir Mesaha, der „Brunnen des Vermessungsamtes", liegt inmitten der 400 Kilometer breiten und 700 Kilometer langen libyschen Sandplatte, die sich nahezu ohne irgendwelche Landmarken als riesige einförmige Ebene durch den südlichen Teil der Libyschen Wüste – vom 18. bis über den 24. nördlichen Breitengrad hinaus – erstreckt. Die ägyptische Regierung ließ den Brunnen im Jahre 1928 graben, um die von Dr. Ball, dem englischen Leiter des Vermessungsamtes in Kairo, aufgestellte Behauptung zu prüfen, daß überall unter der Sahara Wasser vorhanden sei. Dr. Ball hatte, ausgehend von den Grundwasserhöhen in den ihm bekannten libyschen Oasen, eine Karte der unterirdischen Wasserhorizonte entworfen, aus der für jeden Punkt der Libyschen Wüste zu ersehen war, in welcher Höhe über dem Meeresspiegel dort eine Grabung auf Wasser stoßen würde. Eine Oasenquelle kann naturgemäß nur an Stellen entstehen, wo der Wasserhorizont mit der Oberfläche des Geländes zusammenfällt. Liegt dagegen das Gelände, wie dies meist der Fall ist, höher, so muß um diesen Höhenunterschied hinuntergegraben werden, um auf den Grundwasserspiegel zu stoßen.

Die Ballsche Theorie erregte – vielleicht wegen ihrer fast genialen Einfachheit – in Fachkreisen großes Aufsehen. Das ägyptische Arbeitsministerium zögerte nicht, die erforderlichen Geldmittel zu ihrer Erprobung zur Verfügung zu stellen. Eine kleinere Versuchsgrabung in der Nähe der Oase Terfawi hatte eine gute Übereinstimmung mit der von Ball vorausberechneten Wassertiefe ergeben. Man entschloß sich daher, draußen auf der libyschen Sandplatte, weit entfernt von den Oasen, eine wesentlich größere Grabung durchzuführen, und entsandte zu diesem Zweck 1928 den Engländer Beadnell, einen der Veteranen der Wüstenforschung, mit einigen Eingeborenen in Fordautos in das Gebiet südwestlich von Bir Terfawi.

Beadnell suchte zunächst mit Hilfe von Aneroidbarometer und Theodolit eine Senke in dem für das Auge vollkommen eben erscheinenden Gelände auf und begann dann dort, an einer Stelle, wo der Sand den darunterliegenden nubischen Sandstein nur leicht bedeckte, seine Arbeit. Mit recht unzulänglichen Werkzeugen und einem um so größeren Aufwand von Sprengstoff wurde der Brunnenschacht durch das Felsgestein in die Tiefe getrieben. Nach den auf Grund der Ballschen Karte angestellten Berechnungen sollte das Grundwasser 70 Meter unter der Oberfläche des Geländes liegen. Tag um Tag wurden die Löcher für die Pulverladungen in den Fels gemeißelt, zwischendurch mußte nach jeder Sprengung das Geröll in den Eimer der Seilwinde geschaufelt und nach oben geschafft werden – eine mühselige Arbeit, zumal in dem kaum zwei Quadratmeter weiten Schacht jeweils nur ein einziger Mann arbeiten konnte.

Fünf Monate dauerte die Grabung des Mesaha-Brunnens. Wasser und Lebensmittel für die kleine Arbeitskolonie wurden in den Kraftwagen von Charga herangeholt. Der unermüdliche Beadnell fand außerdem noch Zeit, die unerforschte Umgebung seiner Arbeitsstätte nach allen Richtungen zu durchfahren und zu vermessen. Endlich, in einer Tiefe von 67 Metern, stieß man – am Weihnachtsabend des Jahres 1928 – auf Wasser, es war reichlich und nahezu frei von Salz. Dr. Balls Karte galt von nun an für unfehlbar.

Als Abschluß seines Werkes ließ Beadnell die Öffnung des Brunnenschachtes mit einem festgefügten Holzdeckel versehen, dessen Oberseite mit Blech beschlagen wurde, um dem treibenden Sand – der sich nur auf rauhen Flächen abzulagern pflegt – keinen Halt zu bieten. Wie viele Sandstürme mögen in den fünf Jahren, die seitdem vergangen sind, über das einsame Wasserloch hinweggefegt haben. Als wir gestern mit unsern vier Fordwagen hier ankamen, fanden wir fußhohe Flugsandanhäufungen an den Außenwänden und auch im Innern der kleinen Hütte neben dem Brunnen vor, aber jener blechbeschlagene Deckel hatte, wie wir zu unserer Freude feststellen konnten, allen Angriffen getrotzt: die treibenden Körner hatten ihn zwar blank geblasen, aber sie hatten sich nicht auf ihm festzusetzen vermocht, und der Schacht des Brunnens war vor Versandung bewahrt geblieben.

Jetzt soll uns Bir Mesaha für unsere Flugzeugexpedition in den südwestlichen Teil der Libyschen Wüste als Stützpunkt dienen. Vorgestern abend waren wir mit den Autos nach zweitägiger Fahrt, von der Oase Charga kommend, in dieser Gegend eingetroffen. Wir hatten die Nacht auf der offenen Sandebene zubringen müssen, da der Brunnen bei der hereinbrechenden Dunkelheit nicht mehr zu finden gewesen war. Am nächsten Morgen hatten wir dann mit einem der Wagen unsern Lagerplatz in großen Kreisen umfahren, bis wir den hohen hölzernen Wegweiser erblickten, den Beadnell auf einer leichten Bodenwelle in der Nähe des Brunnens errichtet hatte.

Kurz darauf war Bir Mesaha erreicht. Zwei unserer Wagen blieben hier zunächst zurück. Während ihre Ladung, bestehend aus 1000 Litern Benzin und mehreren Kisten mit Lebensmitteln, in der Brunnenhütte verstaut wurde, fuhr ich mit den beiden andern Wagen noch 90 Kilometer weiter nach Westen, um dort am Rand einer weithin sichtbaren Dünenkette ein gleiches Depot zu errichten. Als ich bei Sonnenuntergang nach Bir Mesaha zurückkehrte, hatten meine Gefährten – Sir Robert Clayton-East, Squadron-Leader H. G. Penderel, der Topograph

Patrick A. Clayton und vier Sudanesen – bereits auf einem Stück ebenen, tragfähigen Bodens neben dem Brunnen eine Landefläche für unser Flugzeug abgegrenzt.

Ein solcher Wüstenflugplatz, der nur für eine einmalige Benutzung bestimmt ist, wird ohne großen Arbeitsaufwand angelegt. Man umfährt die dafür in Aussicht genommene Fläche zunächst mehrere Male mit einem Auto, bis sich die Radspuren genügend tief im Sand abzeichnen. In die Mitte dieser äußeren Umgrenzung zeichnet man dann auf die gleiche Weise einen kleineren „Landungskreis", der dem Piloten beim Niedergehen als Zielpunkt zu dienen hat. Da der Abflug von Charga nur bei Windstille unternommen werden sollte, waren keine Vorkehrungen zur Sicherung der Bodenzeichen gegen Sandwinde erforderlich. Die Autos konnten daher schon heute morgen wieder die Rückfahrt nach Charga antreten, von wo sie dann zu dritt das Flugzeug – die „Motte" – auf seinem Fluge hierher als bewegliche Basis begleiten werden. Der vierte Wagen, den wir nur gemietet haben, wird in Charga seinem Eigentümer wieder zugestellt werden.

Einer von uns mußte jedoch hier beim Brunnen zurückbleiben, um dem Flugzeugführer die Lage von Bir Mesaha schon auf weite Entfernung durch Spiegelsignale anzuzeigen. Sir Robert und ich hatten vereinbart, die „Motte" über die einzelnen Teilstrecken abwechselnd zu fliegen, die Reihe ist diesmal an ihm. So werde ich nun die nächsten vier Tage allein in meinem einsamen Lager auf der schweigenden Sandebene zubringen – als freiwilliger Gefangener der Wüste, der ich bisher stets nur als Angreifer gegenübergestanden habe.

Lange blicke ich den schnurgeraden Radspuren nach, die sich wie mit dem Lineal gezogen auf nordöstlichem Kurs über die unabsehbare Sandfläche hinziehen. Es ist noch früh am Morgen, und wenn keine ganz besonderen Schwierigkeiten auftreten, so können meine Gefährten morgen abend in Charga sein. Sir Robert und Squadron-Leader Penderel, die das Flugzeug hierher fliegen sollen, werden dann den folgenden Tag über in der Oase bleiben, während Patrick Clayton und die sudanesischen Fahrer die Wagen, mit der zweiten Hälfte unserer Benzin- und Lebensmittelvorräte beladen, zum Gebel Nusab El Belgum fahren, wo wir auf halbem Weg zwischen Charga und Bir Mesaha einen Zwischenlandungsplatz angelegt haben. Am Morgen des vierten Tages werden sodann die beiden Piloten zu ihrem Flug hierher starten. Sie werden – so Allah will – nach kurzem Aufenthalt beim Nusab-El-Belgum-Hügel gegen Abend hier eintreffen. Das ist in großen Zügen der Plan, den wir uns nach sorgfältiger Erwägung aller Einzelheiten für die Überwindung der nahezu 500 Kilometer langen Strecke Charga-Bir Mesaha zurechtgelegt haben.

Langsam wende ich mich zum Brunnen zurück. Meine erste Sorge muß jetzt der Beschaffung von Trinkwasser gelten. Mit Schrecken sehe ich, daß die Sudanesen nach Auffüllung der Wasserbehälter für die Rückfahrt den großen Verschlußdeckel wieder auf die Öffnung des Schachtes gelegt haben. Man hat mir keinen Tropfen Wasser hier zurückgelassen, da ich ja den Brunnen in Reichweite habe. Werde ich aber imstande sein, die schwere, blechbeschlagene Holzplatte allein zu heben?

Unverzüglich gehe ich ans Werk. Zoll für Zoll wuchte ich den Deckel hoch, vorsichtig meine Körperstellung der wachsenden Hubhöhe anpassend, um nicht in den tiefen Schacht zu stürzen. Fast hätte ich im letzten Augenblick doch noch das Gleichgewicht verloren... sekundenlang sehe ich die gähnende Tiefe unter mir... noch einmal stemme ich mich mit aller Kraft gegen den vermaledeiten Deckel, bis er endlich nach hinten überkippt und polternd in den Sand fällt... Uff, das wäre beinahe übel ausgegangen! In der tiefen Stille, die mich umgibt, höre ich das Blut mit lauten Schlägen durch meine Adern pochen. Es dauert eine ganze Weile, bis ich mich daranmachen kann, den Schöpfeimer in den Brunnenschacht hinunterzulassen und mit Wasser gefüllt wieder heraufzuwinden.

Das Drehen der Seilwinde ist eine langwierige Arbeit und erfordert ziemlich viel Kraft. Endlich taucht der volle Eimer aus der Tiefe auf und pendelt am Drahtseil hin und her. Das Wasser ist kühl und klar, ich trinke ein paar Schlucke davon und gieße den Rest in eine der leeren Benzinkannen, die noch aus Beadnells Tagen rings um den Brunnen verstreut liegen. Dreimal lasse ich den Eimer hinuntergehen, dann habe ich genügend Wasser für die nächsten Tage. Die gefüllten Kannen bringe ich in der Hütte unter, wo sie vor der heißen Sonne geschützt sind.

Die morgendliche Gymnastik an der Winde hat mich hungrig gemacht, und es erscheint mir an der Zeit, eine der Lebensmittelkisten auf ihren Inhalt zu untersuchen. Allerlei gute Dinge kommen zum Vorschein: Tee, Fleischkonserven, getrocknete Datteln, Erbswurst, Makkaronipakete, Dörrobst, Kartoffeln, eine kleine Flasche Essig, dänische Büchsenbutter, Olivenöl, Pfeffer, Zucker, Salz... dann Kerzen für die Windlichter, Streichhölzer, Seife... und zuletzt ein Primuskocher mit allem Zubehör, sowie Teller, Bestecke, Becher, zwei Bratpfannen und ein Teekessel. Ich trage alles, was mir im Augenblick zusagt, in den Schatten meines Zeltes hinüber und setze den Primuskocher in Betrieb, um Tee zu machen.

Drüben beim Brunnen hat sich etwas bewegt... Ich bin nicht mehr allein! Zwei große graue Wüstenfalken teilen meine Einsamkeit, auf dem Gerüst der Seilrolle sitzen sie. Das Männchen ist etwas kleiner als das Weibchen und hat helleres Gefieder. Vielleicht sind sie von der kleinen, unbewohnten Oase Terfawi herübergeflogen, die 125 Kilometer nordöstlich von hier liegt. Jetzt bemerke ich auch, daß sie öfter hier sein müssen, denn das Balkengerüst ist mit weißen Spuren ihrer Losung bedeckt. Wovon mögen diese Tiere leben? Weder hier noch in Terfawi ist das Wasser für sie erreichbar. Der nächste offene Brunnen liegt volle 190 Kilometer weit entfernt im Osten, sollten sie von dort gekommen sein?

Ich fülle meine blecherne Waschschüssel mit Wasser, schneide Fleischstücke aus einer Bully-Beef-Konserve hinein und trage diese Atzung als Willkommensgruß zum Brunnen hin. Die Falken zeigen sich durch mein Erscheinen nicht sonderlich beunruhigt, gemächlich fliegen sie auf, um kaum fünfzig Schritt von mir entfernt wieder einzufallen. Jetzt spazieren sie bedächtig im Sand umher und äugen zu meiner Schüssel hinüber.

Mein Teewasser kocht. Rasch gieße ich es in die Kanne und setzte meine Bratpfanne mit Bully-Beef-Stücken auf den Primuskocher. Eine Messerspitze dänischer Butter, eine Prise Salz, das Ganze während des Bratens gehörig durcheinandergerührt, und nach wenigen Minuten ist mein Mahl zubereitet. Ich stelle den Kocher ab, sein pfeifendes Zischen verstummt, und aufs neue empfinde ich – fast wie eine plötzliche Lähmung meiner Gehörnerven – die Totenstille, die mich umgibt.

Während ich im Schatten des Zeltes mein reichlich verspätetes Frühstück verzehre, lasse ich noch einmal die Probleme an mir vorbeiziehen, zu deren Lösung meine vor wenigen Tagen begonnene Expedition beitragen soll.

Die Auffindung jener sagenumwobenen Stätte im Herzen der Libyschen Wüste, an der einst eine menschliche Ansiedlung bestanden haben soll, ist das Ziel, das mir vorschwebt. Zarzura, die verschollene „Oase der kleinen Vögel" weit draußen im unerforschten Sandmeer, wird seit dem achten nachchristlichen Jahrhundert immer wieder – wenn auch in mannigfacher Gestalt und unter verschiedenen Namen – von ägyptisch-arabischen Schriftstellern erwähnt. Das macht es wahrscheinlich, daß diese Oase in irgendeiner Form tatsächlich in grauer Vorzeit vorhanden und von Menschen bewohnt gewesen ist. Die Durcharbeitung und Sichtung der umfangreichen Literatur über Zarzura hatte Jahre hindurch einen großen Teil der Zeit, die mir zwischen meinen Expeditionen blieb, in Anspruch genommen. Das Ergebnis meiner Arbeit war zunächst kaum mehr als die Feststellung, daß sich das gleiche Thema – die Legende von der verschollenen Oase, der verfallenen Stadt, die märchenhafte Schätze birgt, des verwunschenen Sees inmitten der Wüste, an dessen Ufer Palmen wachsen und Vögel zwitschern – seit mehr als tausend Jahren bis auf unsere Zeit im wesentlichen unverändert erhalten hat. Die geographischen

Hinweise, die ich fand, waren dagegen so uneinheitlich, daß es mir erst nach vielem Kopfzerbrechen möglich gewesen ist, aus ihnen gewisse Schlüsse zu ziehen.

Die ältesten arabischen Handschriften, in denen die verschollene Oase erwähnt wird, sind teils in mystisch-religiösem Stil gehalten, der keine geographischen Anhaltspunkte erkennen läßt, teils erzählen sie in reiner Märchenform die herkömmliche Geschichte vom armen Beduinen, der auf der Suche nach seinem verirrten Kamel die verzauberte Stadt in der Wüste findet. Etwas gehaltvoller ist ein Bericht aus der Zeit des Statthalters Abd Al Aziz Ibn Marwan (um 700 n. Chr.). Auch hier ist es ein Kamelhirte, der durch Zufall die verlassene Wüstenstadt entdeckt. Die Glaubwürdigkeit des Mannes scheint außer Zweifel gestanden zu haben, denn der Statthalter sandte auf seine Angaben hin eine Abteilung von Kamelreitern aus, der es allerdings nicht gelang, die Stadt wiederzufinden. Aus der gleichen Zeit wird von einem Streifzug berichtet, den Musa Ibn Nusair* unternahm, um die „Äußere Oase" zu suchen, von deren Vorhan-

---

* Musa Ibn Nusair, vermutlich syrischer Herkunft, wurde im Jahre 698 oder 699 von Abd Al Aziz Ibn Marwan mit der Verwaltung Ifriqiyas (des ägyptischen Teils von Nordafrika) beauftragt. Er eroberte in den folgenden Jahren das übrige Nordafrika und Spanien. – Der hier erwähnte Bericht ist uns vom ägyptischen Geschichtsschreiber Al Maqrizi (1364-1442) überliefert, dieser hat ihn aber zweifellos von Al Awhadi, einem früheren arabischen Schriftsteller, übernommen. – Eine mit reichem märchenhaftem Beiwerk ausgeschmückte Darstellung des Zuges Musa Ibn Nusairs findet sich in der 566. – 578. Nacht der *Erzählungen aus Tausendundeiner Nacht*. Die dort erzählte *Geschichte von der Messingstadt* enthält eine Reihe bemerkenswerter Angaben: Musa Ibn Nusair kommt auf seinem Marsch durch die Wüste an einem Binnensee vorbei, der viele Tagereisen weit „im äußersten Westen" liegt und den Namen Karkar trägt. Am Gestade dieses Sees leben schwarze Menschen, die in Höhlen hausen und eine den Arabern unbekannte Sprache sprechen. Die Karkurs von Uwenat, in denen schwarzhäutige Tibbu an den ehemals reichlich fließenden Quellen in Höhlen lebten, entsprechen dieser Beschreibung vollkommen. Ferner: Auf dem Weg zum „Meere Karkar" befindet sich ein Wasserdepot von vielen tausend Krügen, das von Alexander dem Großen angelegt worden sein soll. (Abu Ballas?)

densein er gerüchtweise gehört hatte. Musa Ibn Nusair zog, so heißt es in dem Bericht, sieben Tage in östlicher und südlicher Richtung (von Siwa kommend) in der Wüste umher, bis er schließlich zu einer Stadt gelangte, die von einer Ringmauer umgeben war und Tore von Eisen besaß. Es war ihm unmöglich, die Tore zu öffnen; einige seiner Leute, die auf die Ringmauer gestiegen waren, stürzten ab und fanden den Tod. Musa gab daraufhin weitere Versuche, in die Stadt einzudringen, auf und trat den Rückmarsch an.

Vom Jahre 1000 n. Chr. ab treten dann geographische Angaben über die Lage der verschollenen Oase in größerer Häufigkeit auf. Der arabische Schriftsteller Al Bakri gibt 1067 Kunde von einer derartigen Oase, die südlich oder südwestlich von Dachla liegt und von Ragmah Ibn Qayid, vom Beduinenstamm der Bani Qorra, durch Zufall aufgefunden wird. Moqreb Ibn Madi, der Emir der Bani Qorra, ordnet im Jahre 420 nach der Hedschra (1029 n. Chr.) eine Ghazwa* an, um diese Oase zu erobern. Die ausgesandten Kamelreiter stoßen nach langem, beschwerlichem Marsche auf eine Ruine, die am Fuße eines Hügels, umgeben von einer verfallenen Ringmauer, liegt. Mangel an Wasser und Lebensmitteln macht eine weitere Suche unmöglich und zwingt den Streiftrupp zur Umkehr nach Charga.

In Charga hört Moqreb Ibn Madi, daß einem der dortigen Einwohner eine große Menge Datteln aus seiner Palmenpflanzung gestohlen worden sei. Der Bestohlene behauptet, auf dem Erdboden unter den Palmen Fußabdrücke von ungewöhnlicher Größe gefunden zu haben, die nicht von einem Araber herrühren könnten. Moqreb legt sich mit seinen Leuten auf die Lauer, und wirklich sieht er eines Nachts eine schwarze Gestalt zwischen den Palmen auftauchen, die sich anschickt, Datteln aufzulesen und zu verzehren. Sobald das dunkelhäuti-

---

* Das Wort ghazwa bedeutet im Arabischen „Kriegszug, Raubzug", das europäische Wort „Razzia" ist hieraus entstanden.

ge Wesen bemerkt, daß es beobachtet wird, entflieht es so schnell, daß Moqreb und seine Leute ihm nicht zu folgen vermögen. Die Untersuchung seiner Fußspur ergibt, daß es ein Mensch von riesenhaftem Körperwuchs ist. Moqreb gibt nun Befehl, an der Stelle, an der die Fußspuren durch die Umzäunung der Pflanzung hindurchgehen, eine Fallgrube anzulegen, die sorgfältig mit Gras bedeckt wird, und stellt während der folgenden Nächte einige Leute in der Nähe als Wache auf. Es dauert nicht lange, da kommt der schwarze Geselle, um sich Datteln zu holen; er stürzt in die Grube, Moqrebs Leute eilen herbei und überwältigen ihn „dank ihrer großen Zahl, sowie des harten Falls, den er getan hatte". Zum Erstaunen aller stellte sich heraus, daß der Gefangene eine Frau war; sie redete eine Sprache, die niemand kannte, und verstand keinen der vielen verschiedenen arabischen Dialekte, in denen Moqrebs Kriegsleute sowie die Bewohner von Charga sie anredeten. Moqreb überlegte mehrere Tage, was er mit ihr beginnen sollte; schließlich setzte er sie auf freien Fuß, ließ sie aber durch Kundschafter verfolgen, da er annahm, daß sie aus jener unbekannten Oase gekommen sei und dorthin wieder zurückkehren würde. Es gelang ihr jedoch, ihren Verfolgern zu entkommen.

Beachtenswert erscheint mir auch eine andere Erwähnung in den Schriften des Arabers Al Bakri: „... Es wird ferner berichtet, daß es dort" – südlich oder südwestlich von Charga und Dachla – „Wüstengebiete gibt, die als Inseln (von Pflanzenwuchs) bekannt sind und viele Dattelpalmen und Quellen enthalten. Sie sind von keinem menschlichen Wesen bewohnt, und das Gewisper der Ginn (Dämonen) ist in ihnen Tag und Nacht zu hören. Nur Räuber aus dem Sudan halten sich bisweilen auf ihren Ghazat (Raubzügen) dort auf, um eine günstige Gelegenheit zum Überfall auf die Moslems abzuwarten. Die Datteln häufen sich in ihnen viele Jahre lang an, weil niemand kommt, um sie zu ernten, außer wenn gerade große Dürre und Hungersnot herrscht."

Al Idrisi, ein arabischer Geograph, der um 1150 lebte, spricht von verlassenen Oasen im Innern der Libyschen Wüste westlich von Assuan. Er beruft sich hierbei auf Ibn Hauqal*, der berichtet, daß man noch zu seiner Zeit im Gebiet jener verlassenen Oasen auf Ziegen und Schafe gejagt habe, die infolge des Aussterbens der Oasenbewohner herrenlos geworden seien und wild in der Wüste lebten. Al Idrisis Beschreibung des südlichen Teils der Libyschen Wüste ist von größtem Interesse: es lebte dort ein mächtiger Stamm von Ungläubigen, die Taguin, deren Hauptstadt Tagua hieß; dieser Name deutet augenscheinlich auf die heute unbewohnte Oase Natrun hin, die auf alten Landkarten Tagua benannt ist.

Eine Handschrift aus dem 15. Jahrhundert, die *Geschichte der Oase Siwa*, deren Verfasser nicht bekannt ist**, enthält neben dem ersten Bericht über Raubzüge der Tibbu gegen die Oase Siwa eine Erwähnung „begrabener" Städte in der „Ard El Ghaffar", im Süden der libyschen Oasen, deren Auffindung nur das Werk eines Zufalls sein könne. Diese Städte dienten offenbar den Tibbu auf ihrem Wege von Zentralafrika nach Siwa als Stützpunkte, bis Allah – wie die Handschrift berichtet – auf die Gebete des Heiligen Sidi Sliman*** hin einen Sandsturm sandte, der die schwarzen Räuber in den Dünen steckenbleiben ließ und die Spuren ihres gewohnten Anmarschweges für immer auslöschte.

Ard El Ghaffar oder Ard El Kufara – das „Land der Un-

---

* Ein arabischer Geograph des 10. Jahrhunderts.

** Das Original der Handschrift ist verschollen. Sein letzter Besitzer, Schech Omar Musellîm, wußte jedoch einzelne Kapitel daraus auswendig, die er 1910 auf Veranlassung des Engländers E. V. B. Stanley dem in Siwa beamteten Arzte des ägyptischen Gesundheitsamtes diktierte. Stanley hat die auf diese Weise erhaltenen Angaben in seinem *Report on the Oasis of Siwa* (Egyptian Government, Department of Public Health, 1911) niedergelegt.

*** Schutzpatron der Oase Siwa, dessen Grab dort noch heute gezeigt wird.

gläubigen"* – ist auch bei späteren arabischen Schriftstellern erwähnt, deren Angaben über die Lage dieses Landstrichs zum Teil von denen der soeben angeführten Handschrift abweichen. In der 1749 erschienenen Landkarte des Franzosen Jean Baptiste Bourguignon d'Anville bezeichnet Ard El Ghaffar** ein im Westen der heutigen Oase Dachla liegendes Gebiet. Die Kenntnis, die man in Ägypten von dem Vorhandensein Kufras hatte, war bis in die späte Neuzeit nur mit einer recht unbestimmten geographischen Vorstellung verbunden. Erst der kühne Zug des deutschen Forschers Gerhard Rohlfs im Jahre 1879 ermöglichte genauere Feststellungen über die tatsächliche Lage dieser ausgedehnten Oasensiedlung im Innern der Libyschen Wüste. Es darf daher nach meinem Dafürhalten nicht wundernehmen, daß d'Anville das Gebiet von Ard El Ghaffar kurzerhand dorthin verlegte, wo zu seiner Zeit der erforschte Teil der Libyschen Wüste aufhörte***.

Die Aufzählung der älteren arabischen Berichte über Zarzura wäre unvollständig ohne die Erwähnung zum mindesten eines der zahlreichen „Handbücher für Schatzgräber", die sich namentlich im Mittelalter in Ägypten großer Beliebtheit erfreuten. Ich greife als Beispiel für diese Schriftgattung das *Kitab Al Durr Al Maknuz*, das Buch der vergrabenen Perlen, heraus,

---
* Den beiden arabischen Wortstämmen ghaffar und kafar ist die Grundbedeutung „bedecken" gemeinsam. Möglicherweise war hier ursprünglich an eine Bedeckung durch Wanderdünen gedacht, eine Vorstellung, die für die Umgebung der heutigen Oase Kufra = Kufara durchaus zutreffen würde. Unter den Bewohnern der ägyptischen Oasen ist jedoch die Erklärung des Namens Kufra als Ableitung von kâfir (pl. kuffâr) = „Ungläubiger" die allein gebräuchliche.

** Auf der Karte (Afrique 1:8 500 000) als „Giofar" auf 27 1/2° östlicher Länge (auf Greenwich umgerechnet) angegeben.

*** Erwähnenswert ist, daß d'Anville außerdem auf 24° nördlicher Breite und 18 1/2° östlicher Länge (auf Greenwich umgerechnet), also ungefähr in der Gegend des heutigen Kufra, „Gherma, die ehemalige Hauptstadt der Garamanten", in seiner Karte verzeichnet hat. Diese Angabe kann nur auf Gerüchten beruhen, die er in den Oasen gehört hatte.

dessen Angaben über Zarzura mir aus einer Reihe ähnlicher Schilderungen am lebhaftesten im Gedächtnis geblieben sind. Das Buch, das ein ungenannter Verfasser als Wegweiser zu verborgenen Schätzen – anscheinend für seinen Sohn – geschrieben hat, enthält den folgenden Absatz:

Beschreibung einer Stadt und des Weges zu ihr. Sie liegt östlich der Zitadelle Es-Suri*. In ihr wirst du Dattelpalmen und Weinpflanzungen und fließende Quellen finden. Folge dem Wadi (Tal) und steige in ihm bergan, bis du auf ein anderes Wadi triffst, das zwischen einem Hügelpaar nach Westen zieht. In ihm wirst du einen Pfad finden, folge ihm, und du wirst zu der Stadt Zarzura gelangen. Du wirst ihre Tore geschlossen finden. Sie ist eine Stadt weiß wie die Taube. Über dem Tor wirst du einen aus Stein gehauenen Vogel finden. Strecke deine Hand zu seinem Schnabel aus und ergreife den Schlüssel und öffne und tritt ein in die Stadt. Du wirst große Schätze vorfinden und den König und die Königin, die im Schloß im Schlaf liegen. Nähere dich ihnen nicht und nimm von den Schätzen. Friede sei mit dir!**

Wenn auch alle diese Berichte arabischer Verfasser für eine Bestimmung der geographischen Lage von Zarzura nur höchst unzureichende Anhaltspunkte bieten, so deuten sie doch, wie gesagt, mit bemerkenswerter Einheitlichkeit auf das Vorhandensein einer ehemals bewohnten, in geschichtlicher Zeit jedoch nicht mehr bekannten Oase dieses Namens hin.

Die erste aus der Feder eines Europäers stammende Erwähnung der Oase Zarzura tritt uns in dem 1835 erschienenen Werk *Topography of Thebes and General View of Egypt* des englischen Forschers I. G. Wilkinson entgegen. Ich habe mir Wilkinsons Angaben als wichtigste Unterlage für meine Suche

---

* Vielleicht die von einer Ringmauer umgebene Ruine von Deir El Qalamûn, westlich von Dachla?

** Das Original der in ägyptischem Vulgär-Dialekt abgefaßten Handschrift befand sich 1930 im Besitze von E. A. Johnson Pascha. Der 1907 vom Service des Antiquités d'Egypte mit französischer Übersetzung veröffentlichte Abdruck enthält verschiedene Ungenauigkeiten, die hier nach Johnson Paschas Mitteilungen richtiggestellt sind.

nach Zarzura wortgetreu aufgezeichnet und lasse sie in dieser Stunde stillen Nachsinnens hier in der Einsamkeit der schweigenden Wüstenfläche noch einmal auf mich wirken:

Etwa fünf oder sechs Tage westlich der Straße (von El Hayz*) nach Faráfreh liegt eine andere Oase, Wadee Zarzóora genannt, etwa von der Größe der Oase Parva, in ihr finden sich Palmen in reicher Menge, Quellen und einige Ruinen unbestimmten Alters. Sie wurde vor etwa neun Jahren (also etwa 1826) von einem Beduinen bei der Suche nach einem verirrten Kamel entdeckt, und auf Grund der Fährten von Menschen und Schafen, die er dort antraf, hält man sie für bewohnt. Gerbábo, ein anderer Wah (Oase), liegt sechs Tage jenseits von ihr gegen Westen und zwölf Tage von Augila; und Tazérbo, das noch weiter westlich liegt, bildet einen Teil der gleichen Oase. Man nimmt an, daß Wadee Zarzóora ebenfalls mit ihr in Verbindung steht. Die Bewohner sind Schwarze, und viele von ihnen sind zu verschiedenen Zeiten von den Moghrebinern als Sklaven weggeführt worden. Aber die „Täler der Schwarzen", eine Gruppe ähnlicher Oasen, liegen noch weiter westlich.

In Fußnoten fügt Wilkinson hinzu:

Man vermutet, daß die Schwarzen, die vor einigen Jahren Faráfreh überfielen und eine große Zahl der Bewohner entführten, aus dieser Oase stammten.

Nach einem andern Bericht liegt Zarzóora nur zwei oder drei Tage in genau westlicher Richtung von Dakhleh, dahinter liegt ein anderes Wadee; dann ein zweites, reich an Vieh; dann Gerbábo und Tazérbo; hinter diesen liegt Wadee Rebeeána ...

Die Bedeutung der Angaben Wilkinsons liegt in der Tatsache, daß sie zu einer Zeit niedergeschrieben wurden, als die Kufra-Oasen Kebabo, Taiserbo, Ribiana sowie auch die Oasengruppe westlich von Kufra der zivilisierten Welt noch nicht bekannt waren. Das Vorhandensein aller dieser Oasen in ihrer von Wilkinson beschriebenen Lage zueinander ist durch die Entdeckungen der letzten sechs Jahrzehnte bestätigt worden. Es erscheint mir daher nicht berechtigt, den Bericht des englischen Forschers hinsichtlich der Oase Zarzura als weniger glaubwür-

---

*** El Hez, im südlichsten Ausläufer der Oase Baharia.

dig zu bewerten. Allerdings darf nicht übersehen werden, daß die geographischen Angaben des Berichts, soweit sie sich auf die Lage der erwähnten Oasen zu der Oase Dachla beziehen, erhebliche Widersprüche aufweisen. Die Unfähigkeit aller Beduinen, Entfernungen und vor allem Himmelsrichtungen in bestimmter Form auszudrücken, ist jedem Wüstenreisenden bekannt. Die eingeborenen Gewährsleute Wilkinsons werden in dieser Hinsicht keine Ausnahme dargestellt haben. Es muß daher dem Einfühlungsvermögen des modernen Forschers überlassen werden, aus der Gegenüberstellung uneinheitlicher Aussagen Vermutungen über den tatsächlichen Sachverhalt abzuleiten.

Einen wertvollen Hinweis für die Bestimmung der geographischen Lage von Zarzura bietet, wie ich glaube, der Verlauf einer von Rohlfs* erwähnten alten Karawanenstraße westlich von Dachla. Sie zieht sich zunächst geradlinig in der Richtung auf Kufra hin, biegt dann aber auffallenderweise nach Süden ab. Rohlfs ist dieser Straße nicht gefolgt, es kann aber kaum ein Zweifel darüber bestehen, daß sie zu dem 1917 – also vierzig Jahre nach Rohlfs – entdeckten antiken Wasserdepot von Abu Ballas führte. Der Gedanke liegt nahe, daß es sich hier um die Straße handelt, auf der nach den Angaben der *Geschichte von Siwa* die schwarzen Räuber von Ard El Ghaffar aus gegen die ägyptischen Oasen vordrangen.

Wenn man nun auf der Landkarte die kürzeste Verbindungslinie von Dachla über Abu Ballas nach Kufra zieht, so macht man die interessante Wahrnehmung, daß Abu Ballas genau im ersten Drittel des gesamten Weges liegt. Wäre nur ein einziges Wasserdepot zwischen Dachla und Kufra notwendig gewesen, so würde es ohne Zweifel auf der Hälfte des Wegs errichtet worden sein. Es ist daher sehr wahrscheinlich, daß sich etwa in der Mitte zwischen Abu Ballas und Kufra entweder noch ein zwei-

---

* Im 5. Abschnitt seines Werks *Drei Monate in der Libyschen Wüste*, Kassel 1875.

tes künstliches Depot befand – oder aber eine Oase. Diese Mitte zwischen Abu Ballas und Kufra liegt im nordwestlichen Teil des bisher noch kaum erforschten Gilf Kebir, eines mächtigen Gebirgsmassivs im Herzen der Libyschen Wüste, über dessen Ausdehnung bis heute nur sehr lückenhafte Angaben vorliegen.

Der Gilf Kebir ist das Ziel meiner Expedition. Ich habe den Entschluß gefaßt, mit Kraftwagen und einem Flugzeug zur Suche nach der verschollenen Oase Zarzura aufzubrechen, obwohl die Anhaltspunkte, die ich habe, im wesentlichen nur auf legendenhaften Überlieferungen von Wüstennomaden beruhen. Die Entdeckung der verschollenen Oasen Arkenu und Uwenat, die dem ägyptischen Forscher Ahmed Bey Hassanein vor wenigen Jahren auf Grund ganz ähnlich gearteter Unterlagen gelungen ist, berechtigt jedoch zu der Annahme, daß auch die Angaben derselben Nomaden über Zarzura nicht nur auf Erfindung beruhen. Wie auch immer das Ergebnis meiner Suche nach Zarzura sich gestalten wird – ich glaube mir als Abschluß dieser Selbstprüfung sagen zu dürfen, daß ich nichts unterlassen habe, was nach menschlichem Ermessen zur fachgemäßen Vorbereitung meiner Expedition getan werden konnte. Der Erfolg steht bei Allah...

Fast scheint es, als habe die Wüste übernatürliche Kräfte aufgeboten, um ihr kostbares Geheimnis gegen mich zu verteidigen, dessen gesamte Arbeit seit mehr als einem Jahr der Vorbereitung dieser Expedition gegolten hat. Im Frühjahr 1931 hatte ich in England nach langen Versuchen ein Flugzeug vom Typ D. H. Gipsy Moth gekauft, das mir auf Grund seiner vorzüglichen Flugeigenschaften, seiner verhältnismäßig geringen Landegeschwindigkeit und seines leichten Gewichts zur Verwendung in unbekanntem Wüstengelände besonders geeignet erschien. Am 8. August desselben Jahres startete ich von Lympne, um über Kleinasien nach Ägypten zu fliegen. Nach Überquerung des Taurus und der Bucht von Alexandrette zwang mich ein Wirbelsturm in der Nähe von Antiochia zu einer Notlandung, bei der der Apparat so schwer beschädigt wurde, daß er zur Wiederinstandsetzung nach England zurückgesandt werden mußte. Schon glaubte ich, meine Fahrt in die Libysche Wüste um ein Jahr verschieben zu müssen, als mir ein gütiger Zufall zu Hilfe kam. Sir Robert Clayton-East, ein junger englischer Sportsmann, der soeben seine Ausbildung zum Flugzeugführer beendet hatte, hörte durch einen meiner Freunde von meiner geplanten Expedition und meinem Mißgeschick. Er suchte mich in Ungarn auf, bot mir, als ich ihm meine Pläne auseinandersetzte, seine Mitarbeit an und stellte mir den Kaufpreis einer zweiten „Motte" zur Verfügung. Dafür sollte mein nach England zurückgesandtes Flugzeug nach der Ausbesserung in seinen Besitz übergehen.

Das rauhe „Halt!", das jener syrische Wirbelsturm meiner Suche nach Zarzura entgegengestellt hatte, war damit um seine Wirkung gebracht. Doch gleich bei meiner Ankunft in Ägypten erhielt ich eine neue Hiobspost, die mich nicht nur mit schmerzlicher Sorge um das Leben eines von mir besonders hoch verehrten Menschen erfüllte, sondern auch aufs neue das Zustandekommen meiner geplanten Fahrt in Frage zu stellen drohte: Prinz Kemal El Din von Ägypten, mein hoher Lehrmeister und Förderer, war an den Folgen eines Unfalls schwer erkrankt, den er auf seiner letzten Expedition in der Libyschen Wüste erlitten hatte. Er hatte sich der Amputation eines Beines unterziehen müssen und lag lebensgefährlich danieder. Nur wer orientalische Verhältnisse kennt, kann ermessen, was es für mich bedeutete, während der letzten Vorbereitungen zum Aufbruch in die Wüste auf die Fürsprache meines einflußreichen Gönners verzichten zu müssen.

In endlosen Verhandlungen bemühte ich mich, in Kairo die ministerielle Erlaubnis zur Ausführung der beabsichtigten Unternehmung zu erwirken. An sich standen die ägyptischen Regierungskreise meinem Plan, mit einem Flugzeug in den „weißen Fleck" der Landkarte von Libyen vorzudringen, nicht ablehnend gegenüber. Einen behäbigen ägyptischen Regierungsbeamten, der in einem von Zigarettenrauch durchdufteten Amtszimmer bei zahllosen Tassen türkischen Kaffees seine Tage zu verbringen gewöhnt ist und die Wüste nur vom Hörensagen kennt, zur Ausfertigung eines „Laissez passer" für eine Flugzeugexpedition zu bewegen, ist jedoch eine Aufgabe, die viel, sehr viel Zeit in Anspruch nimmt. Eine Persönlichkeit wie Prinz Kemal El Din hätte mir in wenigen Minuten über dieses Hindernis hinwegzuhelfen vermocht, doch ihn hatte die Wüste aufs Krankenlager gestreckt.

Der Winter ging seinem Ende zu, und noch immer verhandelte ich ohne greifbares Ergebnis mit dem Ministerium. Irgend etwas mußte jetzt geschehen, wenn meine Expedition vor Beginn der heißen Jahreszeit überhaupt zustande kommen sollte. Ich wandte mich an das Oberkommando der britischen Luftstreitkräfte in Ägypten und an das mit englischen Oberbeamten besetzte Vermessungsamt der ägyptischen Regierung. Bei beiden wurden meine Pläne mit lebhaftem Interesse aufgenommen. Die Royal Air Force teilte mir den Squadron-Leader H. G. Penderel auf seinen eigenen Wunsch als Beobachter zu, während Dr. I. Ball, der Leiter des Vermessungsamtes, seinem erfahrenen Inspektor B. A. Clayton gestattete, sich meiner Expedition als Geodät anzuschließen. Die Bedenken der ägyptischen Staatsbehörde verwandelten sich nun in liebenswürdigste Bereitwilligkeit, und nach Beendigung der wenigen noch erforderlichen Vorbereitungen verließ ich mit meinen drei englischen Gefährten im März des Jahres 1932 die Hauptstadt Ägyptens.

Die Hitze hat nachgelassen, die Sonne steht im Südwesten, es geht dem Abend zu. Auch meine Falken scheinen ihre Nachmittagsrast zu ernstem Nachdenken benutzt zu haben. Regungslos sitzen sie auf dem Holzgerüst der Brunnenwinde und blinzeln in die tiefstehende Sonne. Ich beobachte sie vom Zelt aus mit dem Feldstecher. Nach einer Weile werden sie unruhig;

sie halten es offenbar für an der Zeit, den Rückflug anzutreten. Jetzt schlägt das Weibchen mit den Schwingen, und gehorsam streicht das Männchen ab. Rasch den Peilkompaß! In mäßiger Höhe fliegen sie dahin... Kurs 41°, also geradeswegs gegen Terfawi. In zwei Stunden können sie die 125 Kilometer bis dorthin zurückgelegt haben; so lange wird es noch dauern, bis die Dunkelheit hereinbricht.

Ich mache mich zu einem Rundgang in die Umgebung meines Lagerplatzes auf. Überall finde ich leere Benzinkanister im Sand liegen, die der Wind in all den Jahren seit der Brunnengrabung über die weite Ebene hin und her getrieben hat. Das Weißblech, aus dem sie bestehen, ist unter dem Einfluß der Sonne oxydiert; wie schwarze Basaltquadern sehen sie von weitem aus. Auf dem Rückweg zum Brunnen fällt mein Blick auf eine Reihe halbverwehter Steine, die aus dem Sand aufragt: ein Senussengrab. Als Kufra, die Oasengruppe der Senussen, im vorigen Jahre von den Italienern besetzt wurde, flohen ihre Bewohner nach Osten, in einen nie zuvor von ihnen betretenen Teil der Libyschen Wüste. Nur wenigen gelang es, nach wochenlangen Märschen durch das wasserärmste Gebiet der Erde das Niltal zu erreichen, die meisten starben an Erschöpfung.* Der letzte Brunnen auf dem Wege von Kufra liegt volle 300 Kilometer von Bir Mesaha entfernt! Welch furchtbare Qualen muß der Unglückliche, der unter diesen Steinen ruht, vor seinem Ende durchgemacht haben. Sein Grab liegt kaum hundert Schritte westlich vom Brunnen; gewiß hat man ihn an der Stelle eingescharrt, wo er nach langer, mühevoller Wanderung, sein Ziel vor Augen, tot zusammenbrach. Schweigend entferne ich den Flugsand, der das Grab des armen Beduinen völlig zu überdecken droht..., einer der Steine ist umgefallen, ich richte ihn wieder auf. Hier in der Wüste sind wir alle Brüder.

In der windstillen Nacht sitze ich noch lange vor meinem Zelt und blicke in die Sternenpracht des Wüstenhimmels. Ein

---

* *Dazu siehe auch Seiten 162 ff., 296 ff. und die Anmerkungen dazu!*

schallender Laut reißt mich jäh aus meinen Gedanken..., irgendwo weit draußen auf der Ebene hat es dumpf geknallt. Wie ist so etwas möglich, hier in dieser weltabgeschiedenen Einsamkeit...? Nach einigen Augenblicken ruhiger Überlegung erscheint mir meine anfängliche Verblüffung recht lächerlich. Die Ursache dieses nächtlichen Spuks ist nichts anders gewesen als eine leere Benzinkanne, die sich infolge der Abkühlung zusammengezogen hat. Morgen werde ich den Ruhestörer suchen und mit Sand füllen.

Da! Abermals ein Ton, ein leises Geräusch, hier neben mir im Zelte. Ein Skorpion? Nein, eine Springmaus* – ich bin also doch nicht ganz allein. Wie zierlich das kleine Tier herumschnuppert, immer im Schatten, ängstlich den Schein meines Windlichts vermeidend. Es ist etwas größer als unsere Feldmäuse, graugelb, mit einem dunklen Strich den Rücken entlang; der kahle Schwanz ist viel länger als das Tierchen selbst. Vermöge seiner langen, kräftigen Hinterbeine ist es imstande, meterlange Sprünge zu tun. Wenn ich mich bewege, schnellt es mit einem drolligen Satz in die Höhe, ohne jedoch dabei seinen Platz zu wechseln. Die großen kreisrunden Ohren und die schwarzen Kugelaugen verleihen dem niedlichen Nagetier einen spitzbübisch-neugierigen Ausdruck. Jetzt macht es sich an meinen Vorräten zu schaffen – wenn man doch eine von den schönen großen Kartoffeln nur fortrollen könnte!

Es ist mir unerklärlich, wovon diese Tiere sich ernähren. Sicherlich trinken sie niemals, denn sonst würde man sie nicht auf gänzlich vegetations- und wasserlosen Sandflächen antreffen. Die einzigen Lebewesen, die unter gleich ungünstigen Bedingungen fortkommen können, sind Skorpione und Schlangen. Vielleicht gibt es in der Wüste doch irgendwelche Insekten, von denen sich diese beiden niederen Tiergattungen zu ernähren vermögen, aber daß sie dann ihrerseits den Spring-

---

* Dipus aegyptiacus, von den Beduinen Jarbû genannt, woraus der europäische Name des Tieres, Jerboa oder Gerboa, entstanden ist.

mäusen als Nahrung dienen könnten, halte ich für ausgeschlossen.

Ich habe eine Dattel in den Lichtkreis gelegt, und nun nähert sich mein kleiner Besucher mit äußerster Vorsicht. Der verlockende Duft hat bald seine Scheu besiegt, rasch wird die Dattel zwischen Kinn und Vorderpfoten gepreßt. Dann geht es in großen Sprüngen zum Zelt hinaus, wahrscheinlich zu einem sichern Versteck irgendwo unter der Brunnenhütte, wo der seltene Leckerbissen in Ruhe verspeist werden kann. Eben will ich mein Licht auslöschen, als mein langgeschwänzter Freund noch einmal erscheint, „bitte um mehr!" Erst nach der dritten Dattel stellt er weitere Besuche ein.

Ich muß den Zelteingang schließen, da das strahlende Mondlicht beinahe Tageshelle verbreitet.

Gleichförmig gehen die Tage dahin. Ich habe alles für die Ankunft des Flugzeugs vorbereitet. Die vier Ecken des Landungsplatzes habe ich für alle Fälle noch zusätzlich mit Benzinkannen bezeichnet. In einem besonderen Kanister habe ich Tuchfetzen gesammelt, die in der Hütte zwischen allerlei Bauholz und Handwerksgeräten verstreut lagen. Sie sollen mir als Rauchsignal dienen, eine mit Benzin gefüllte Glasflasche steht zum Anzünden bereit.

Die Springmaus war bereits am zweiten Abend ganz vertraut, sie nimmt jetzt die dargebotenen Datteln aus meiner Hand. Nie mehr als drei Stück. Ich weiß nun auch, wo sie ihr Versteck hat: unter einem Steinhaufen neben dem Brunnenschacht. Bevor wir weiterziehen, werde ich eine Handvoll Datteln dort zurücklassen. Die Falken sind jedoch nicht wiedergekommen.

Es ist ein eigenartiges Leben, das ich hier in der Einsamkeit führe. Tagsüber schlafen, lesen, Tagebuch schreiben; nachmittags, wenn die größte Hitze vorüber ist, lange Spaziergänge auf der weiten Ebene, nur mit kurzer Hose angetan. Wundervoll die Sonnenaufgänge in ihrer Purpurpracht und die Abende mit dem smaragdgrünen Schimmer des scheidenden Tageslichts am

Oben: Allein in der Wüste. Dieses Bild hat Almásy während der in diesem Kapitel beschriebenen Tage des Wartens auf das Flugzeug mit dem Selbstauslöser aufgenommen.

Unten ein abendliches Stimmungsbild, aufgenommen während einer „normalen" Forschungsfahrt mit mehreren Autos.

Horizont. Wenn dann der letzte Widerschein der Sonne verschwunden ist, sieht die Gegend um mich her fast noch einsamer aus als am Tage; nichts als die flache, graugelbe Sandebene, auf der sich keine Spur von Leben regt. Und doch liegt in der Unbegrenztheit dieser eintönigen Fläche eine herbe Schönheit, deren Anblick ein einzigartiges Erlebnis ist.

Die Sonne ist schon längst aufgegangen, als ich am Morgen des vierten Tages erwache. Irgend etwas ist geschehen! Etwas Außergewöhnliches, Unfaßbares... ein Vibrieren liegt in der Luft, es ist, als liefe ein elektrischer Strom durch meinen Körper... Schallwellen? Erst geraume Zeit später vermag mein Gehör den ersten Laut zu vernehmen..., ein leises Surren, das bald zu hellem Knattern anwächst... Motorengeräusch... – das Flugzeug!

Schnell, schnell, das Fernglas, den Spiegel, die Streichhölzer! In wenigen Sekunden bin ich bei meiner vorbereiteten Rauchpfanne. Rasch die Benzinflasche entkorkt... Ach was, einfach den Hals abgeschlagen..., die Flasche über die Tuchfetzen ausgeleert und ein brennendes Streichholz hinein...

Da! Ganz niedrig über der blendenden Sandfläche glänzen die Silberflügel der „Motte" auf..., kaum mehr als 20 Meter über dem Boden kommt sie in rasender Fahrt daher, schnurgerade den Autospuren folgend.

Wie geht der Wind? Törichte Frage, es ist ja ganz windstill... Also kurz entschlossen mit dem Rücken zur Sonne die Landung einwinken... Sobald der Spiegel das Sonnenlicht neben mir am Boden gefaßt hat, drehe ich ihn behutsam nach oben, dem Flugzeug entgegen... immer wieder, von unten hinauf, wie wir es eingeübt haben.

Das Rauchsignal? Unsichtbar weiß steigt der Rauch auf...

Ist's möglich – sie haben mich nicht bemerkt! Das Zelt, die Brunnenhütte, den Landungskreis... sie ziehen darüber hinweg, an mir vorbei?

Ununterbrochen gebe ich mein Blinksignal... Jetzt endlich hat es sie erfaßt, der eine von ihnen winkt, sie haben mich gesehen... Um Gottes willen, sie werden doch nicht so dicht über dem Boden in die Kurve gehen! Die linke Tragfläche berührt ja beinahe den Sand... na, das ist noch einmal gut gegangen, jetzt steuern sie gerade auf mich zu... Mit ausgebreiteten Armen zeige ich die Landerichtung an... der Motor verstummt, die Räder setzen auf... hart, viel zu hart! Einige schwere Stöße und Sprünge, dann atme ich erleichtert auf, sie haben's geschafft.

Mein Einsiedlerleben in der Wüste ist zu Ende.

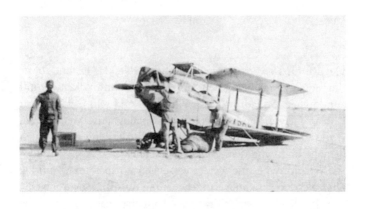

Die „Motte" einmal mit zusammengeklappten Flügeln und mit Sandsäcken am Boden „verankert", einmal startklar bei Bir Mesaha.

Linke Seite: Das Expeditionsflugzeug „Motte" folgt Autospuren im Sand, zu Almásys Zeiten eine der wenigen Orientierungshilfen bei Wüstenflügen. Darunter: Dünenlandschaft unterm Flugzeug. Aus dieser Perspektive bekommt die Bezeichnung „Große Sandsee" für einen Teil der Libyschen Wüste eine völlig neue Bedeutung.

VERFLOGEN

Der Motor ist verstummt, knirschend rollt das leichte Sportflugzeug in dem glitzernden Sand aus und kommt dicht vor mir zum Stehen. Squadron-Leader Penderel und sein Gefährte, Sir Robert Clayton-East, klettern schwerfällig aus ihren Sitzen. Beide sind vollkommen erschöpft und trotz schwarzer Brillen beinahe blind von dem grellen Sonnenlicht.

„Wir dürfen es nie wieder versuchen, so spät am Vormittag über dieser verfluchten Sandebene den Autospuren zu folgen", sagt Penderel ernst. „Kurz nach Sonnenaufgang, solange die Spuren noch Schatten warfen, ging es so einigermaßen, aber die letzten anderthalb Stunden waren eine Qual."

Wir binden die mitgeführten Schutzhüllen ordnungsgemäß über Motor und Propeller, dann führe ich meine beiden Kameraden in die Brunnenhütte, wo ein wohltuendes Halbdunkel herrscht.

„Willkommen in meiner Residenz Bir Mesaha! Gebt acht, daß euch die Skorpione nicht stechen!"

„Bier Mesaha", poltert Penderel los, „alberner Name ... Bier! als wäre man noch nicht durstig genug in diesem ausgedorrten Paradies!"

Sein Ingrimm wird jedoch bald besänftigt, denn ich habe eine Flasche Wein bereitgestellt, und von der Decke hängt eine Qirba (lederner Wassersack) mit kühlem Wasser herab, das ich während der Nacht aus dem Brunnen geholt habe. Das gibt ein herrliches Getränk.

„Um 5 Uhr heute morgen sind wir von Charga abgeflogen", berichtet der bärbeißige Squadron-Leader nach einer Weile. „Es war gar nicht so einfach, den verflixten ‚Belgischen Hügel' nach dem Kompaß zu finden. Zum Glück war Patrick Clayton mit seiner Autokolonne zur Stelle, um uns Spiegelsignale zu geben. Nach der Landung – 1/2 8 Uhr – haben wir nur schnell bei ihm gefrühstückt und getankt, dann gings gleich wieder weiter. Der zweite Teil der Strecke war schauderhaft. Als die Sonne höher stieg, mußten wir immer tiefer hinunter, um die Autospuren nicht zu verlieren. Die Sandfläche blendet unglaublich, ein paarmal war es einfach unmöglich, die Spuren zu erkennen, Gott sei Dank hat Robert seine Sache besser gemacht als ich. Allerdings, dein grünes Zelt, die Hütte und den Landungskreis hat auch er nicht bemerkt."

Sir Robert kann kaum aus den Augen schauen, er hat anderthalb Stunden lang – von Nusab El Belgum bis Bir Mesaha – mit äußerster Anspannung auf den flimmernden Sand hintergestarrt. Erst als er mein Blinksignal sah, wagte er aufzublicken.

„Ich glaube, noch mindestens 10 Meter über dem Boden zu sein", sagt er zu mir gewandt, „als die Räder plötzlich aufstießen. Durch die Luftspiegelung erscheint der Horizont gehoben. Man hat das Gefühl, ständig über einer weiten Bodensenke zu fliegen."

Ich habe selbst die gleiche Erfahrung gemacht und wäre bei meinen ersten Wüstenlandungen in der Mittagssonne auch beinahe in den Boden hineingeflogen. Später kam ich dann darauf, daß man am besten entlang einer Reihe aufrecht stehender Menschen landet, um auf diese Weise für die letzten Meter ein genaues Höhenmaß zu gewinnen. Bei einer Landung abseits von der Basis empfiehlt es sich, außer der Rauchbombe ein oder zwei Gegenstände abzuwerfen, deren Größe ein genaues Abschätzen der Höhe möglich macht. Im allgemeinen genügt hierzu der Tropenhelm oder die Fliegerhaube. Wenn allerdings die Blendwirkung des Sandes so stark ist, daß selbst eine Hütte nicht mehr zu erkennen ist, versagen alle diese Hilfsmittel. Vor einer Woche, als ich – vom Niltal kommend – meine „Motte" in Charga landete, erging es mir nicht viel besser als heute meinen beiden Kameraden.

„Jedenfalls weiß ich eins ganz bestimmt", stellt Sir Robert fest, „nämlich, daß ich von hier nicht weiterfliegen kann. Ich bin immer noch ganz blind."

„Versuche doch, dir einzubilden, daß es Schneeblindheit ist", brummt Penderel, „dann wird dir wenigstens kühler."

„Selbstverständlich werde ich jetzt wieder die Rolle des Piloten übernehmen", erkläre ich. „Wenn Patrick Clayton am Nachmittag mit seinen Wagen hier eintrifft, soll er gleich zum Benzindepot bei den Dünen weiterfahren. Ich werde mit Penderel seinen Spuren nachfliegen, und zwar noch heute abend. Ich habe das Depot selbst gelegt und kann es daher nicht verfehlen."

„Was?" braust Penderel auf. „Wie kann ein Pilot so etwas Dummes sagen! Nicht verfehlen! Alles kann man in einem Flugzeug verfehlen. Ich habe einmal in Tanganjika einen Berg verfehlt, der zwanzigmal höher war als deine kümmerliche Düne. Glaubst du vielleicht, daß ich mein Leben als Beobachter in eurem Liliputflugzeug beschließen will...?"

„Nur keine Aufregung, Herr Geschwaderkommandant", necke ich ihn. „Wir wissen ja alle, daß du nur in riesigen Viktoria-Maschinen der königlich britischen Luftwaffe zu fliegen gewohnt bist. Aber deshalb bleibt dir hier in der Wüste doch nichts anderes übrig, als dich mir und meiner kleinen ‚Motte' anzuvertrauen, wenn du dich nützlich machen willst. Ich habe wirklich lange genug in Bir Mesaha herumgelegen und möchte jetzt endlich weiter."

Um 2 Uhr kommen die Autos an. Die Sudanesen gehen sogleich an die Brunnenwinde, um alle Behälter aufzufüllen, denn wir werden erst in vier Tagen bei den Quellen von Uwenat wieder Wasser finden. Nach kurzem Imbiß – Brot, Käse und Ölsardinen – setzt dann die Wagenkolonne, mit Sir Robert als „blindem" Passagier ihre Reise fort; Kurs 250°, dem Dünendepot entgegen. Penderel und ich bleiben bei dem Flugzeug zurück, ich möchte erst um 5 Uhr starten, wenn die Sonne tiefer steht. Für die 90 Kilometer Flugstrecke bis zum Depot werden wir nicht mehr als 45 Minuten brauchen.

Im Schatten der Tragflächen legen wir uns zum Nachmittagsschlafe nieder. Leider zwingt mich die kurze Flügelspannweite der „Motte", in Hörweite des Schnarchkonzerts zu bleiben, das der wackere Squadron-Leader alsbald erschallen läßt.

Als wir kurz vor 5 Uhr erwachen, hat die Hitze kaum merkbar nachgelassen. Die Sicht ist dementsprechend: dicht am Boden hat sich ein „Schabura" gebildet, ein feiner Schleier von Staubdunst. Auf der Ebene rings um Bir Mesaha gaukeln noch immer Luftspiegelungen, in denen der Horizont verschwimmt. Alle Anzeichen deuten darauf hin, daß morgen noch ungünstigeres Flugwetter sein wird. Ich werfe Penderel einen fragenden Blick zu.

„Tu, was du für richtig hältst", knurrt er zurück, und schweigend gehen wir daran, das Flugzeug startklar zu machen. Ich klettere in den Pilotensitz und schnalle mich fest. Penderel wirft den Motor an und nimmt dann vor mir Platz. Eine kurze Verständigung durch das Telephon.

„Alles in Ordnung?"

„Alles in Ordnung!"

Ich gebe Gas, der Apparat rollt an. Es ist 5 Uhr 11 Minuten. Vorsicht! Die hart gewehte Oberflächenkruste des Sandes ist so dünn, daß die Räder jeden Augenblick einzubrechen drohen... nur ja nicht zu stark vordrücken, sonst steht der Apparat sofort kopf! Jetzt habe ich genügend Geschwindigkeit... ich nehme das Höhensteuer etwas zurück, und folgsam erhebt sich die „Motte" von der Sandfläche.

Wo ist die Brunnenhütte? Beim Start war sie doch links vor mir. Wo sind die Autospuren, der Landungskreis? Wir sind kaum 50 Meter hoch, und schon ist jede Bodenmarke wie hinweggezaubert. Ich mache unverzüglich „Kurve links" und kreise einmal... zweimal... über derselben Stelle – die Hütte bleibt verschwunden.

„Wo ist die Hütte?" rufe ich ins Telephon.

„Weiß ich's?" lautet die wenig tröstliche Antwort.

Nun setze ich zum dritten Kreis an... Es wäre doch beschämend, wenn ich mich schon beim Start verirrt hätte! Der Schweiß läuft mir in perlenden Rinnen über die schwarze

Fliegerbrille. Ich schaue mir die Augen nach der Hütte aus. Landen? durchzuckt mich ein Gedanke... Unsinn, vom Boden aus würden wir die Hütte niemals wiederfinden... Also weiter im Kreis herum... Endlich, als wir zum vierten oder fünften Male unsere Runde fliegen, erblicke ich Autospuren unter mir. Sie ziehen nach Südwesten: Claytons Kolonne. Allah sei gelobt! Ich halte mich links von den Spuren, um ihre Schatten deutlicher zu sehen.

„Was ist los?" brüllt Penderel. „Hast du die Spuren?"

„Ja, dort!"

Ich weise nach unten, um ihm die Richtung anzuzeigen... jetzt nickt er:

„O.K., Ziel erkannt."

Als breiter Strang ziehen sich die schnurgeraden Spuren über die gelbe Sandebene; die Wagen sind nebeneinander gefahren, um uns eine möglichst deutliche Fährte in den Sand zu zeichnen. Trotzdem ist es mir kaum möglich, die hauchdünnen Linien im Auge zu behalten. Die Rückstrahlung der Schabura läßt den darunterliegenden Boden nur undeutlich erkennen. Schon nach kurzer Zeit schmerzen mir die Augen. Ich fühle, daß sie unter der Brille zu tränen anfangen.

„Penderel, hast du die Spur?"

„Ja."

Vielleicht geht es ohne Brille besser. Ich schiebe die Gläser hoch, und im nächsten Augenblick verschwimmt alles in flimmerndem Gelb.

„Links! Mehr nach links!" schallt Penderels Kommandostimme durchs Telephon. „Menschenskind, du überfliegst ja die Spur!"

Jetzt habe ich sie wieder. Na, wenn das so weitergeht, werden wir ja noch allerlei erleben! Wie lange fliegen wir denn überhaupt schon? Ich möchte nach der Uhr sehen. Unmöglich. Ich darf den Boden unter mir jetzt nicht mehr aus den Augen lassen – darf nicht einmal nach vorn blicken, um zu sehen, ob die Dünen am Horizont auftauchen. Aber der Kompaß, der Tourenzähler? Immer neue Zweifel dringen auf mich ein. Wird etwa mein Motor zu heiß? Wie steht der Öldruckmesser? So schlimm habe ich mir den Flug denn doch nicht vorgestellt. Ich weiß ja nicht einmal, wie hoch ich eigentlich über dieser entsetzlichen Ebene bin. Schließlich halte ich die Ungewißheit nicht länger aus. Ich beschwöre Penderel, die Spur scharf im Auge zu behalten, und werfe einen raschen Blick auf meine Instrumente: Höhe 40 Meter, Öldruck normal, Geschwindigkeit 125 Stundenkilometer. Gut! Nur nicht zu lange hinsehen.

„Penderel, schnell! Wo ist die Spur?"

„Dort, links von uns!" Er deutet mit der Hand.

„Wo denn? Zeig noch einmal!"

„Dort! Nein... verdammt, jetzt sehe ich sie auch nicht mehr...!"

Die Spur ist endgültig weg. Jetzt nur nicht den Kopf verlieren! Umkehren und fluchen wäre zwecklos. Vor uns werden bereits die ersten Dünenkuppen verschwommen über der Schabura sichtbar. Unser Kurs stimmt, genau 250°. Ich steuere sofort 10° mehr nach Norden, um die gegenüberliegende Seite der Dünenkette an einer Stelle zu erreichen, die mit Sicherheit nördlich von unserm Depot liegt. Von dort werde ich am Rand der Dünen entlang so lange nach Süden weiterfliegen, bis ich das Depot unter mir habe. Die Kameraden werden sich schon rechtzeitig durch Blinksignale bemerkbar machen.

„Hallo, Penderel! Ich gehe auf 260° über die Dünen, das Depot ist nur von der Westseite her zu sehen."

„Ich habe dir's ja gesagt, daß ich einmal in Tanganjika..."

„Der Teufel soll dein Tanganjika holen!"

Ich bringe das Flugzeug auf 200 Meter Höhe... In erhabener Schönheit breitet sich alsbald das 10 Kilometer breite Dünenband unter uns aus. Mächtige Sandrücken, die sich eng aneinandergeschmiegt in langen Ketten von Norden nach Süden ziehen. Steile Kuppen, deren tiefschwarze Schlagschatten das leuchtende Orangerot der Osthänge unterbrechen. Hier und da ein einzelnstehender Barkan, eine kraterförmige Halbmonddüne, die sich von ihrer Mutterdüne abgetrennt hat. Ein Irrgarten von gewaltigen Ausmaßen, in dessen Inneres vor uns noch nie ein Mensch hat blicken dürfen.

Das „Gap" – ein enges, gewundenes Sandtal, durch das sich die Kraftwagen auf die Westseite hindurchgearbeitet haben – ist nicht zu sehen. Es muß südlich von uns liegen, da ich ja absichtlich gegen Norden vom Kurs abgewichen bin.

Jetzt sind wir am westlichen Rande der Dünen angelangt, ich nehme das Gas zurück, wende nach links und gehe tiefer. Alls ich vor vier Tagen mit den Wagen hier war, um das Depot zu errichten, stand nur ein einziger großer Barkan abseits von der Hauptkette, jetzt taucht eine ganze Anzahl halbmondförmiger Einzeldünen vor mir auf. Eine nach der andern gleitet unter mir hindurch... nirgends eine Spur vom Lager. Ein Blick auf die Borduhr: seit zwölf Minuten fliege ich bereits nach Süden. Schon viel zu lange. Also kehrt, und zurück nach Norden. Ich gehe noch tiefer hinunter, um ganz genau in jeden einzelnen Barkan hineinsehen zu können. Weitere acht Minuten verrinnen... Es ist umsonst. Wir haben das Depot verfehlt.

„Ich werde landen, die Sonne ist im Untergehen."

Diesmal kommt keine Antwort durch das Telephon zurück.

Unweit eines der Barkane werfe ich meine Rauchbombe ab... der Wind kommt aus Nordost. Ich umfliege die weiße Rauchfahne und setze zum Gleitflug an. Am Kamm des Barkans kann ich meine Höhe hinreichend genau abschätzen... mit pfeifenden Spanndrähten schwebt die „Motte" aus... berührt federleicht den Boden... und kommt nach 30, 40 Metern auf dem weichen Sand zum Stehen. Es ist genau 6 Uhr 15 Minuten. Wohl eine Minute lang verharren wir schweigend in unsern Sitzen. Wir haben beide eine Atempause nötig – es ist nicht ganz leicht, sich in den plötzlichen Wechsel der Lage hineinzufinden. Inmitten der unerforschten Libyschen Wüste sind wir mit einem kleinen Sportflugzeug notgelandet...

Wortlos schnallen wir uns los und steigen über die Tragflächen nach unten. Die Karte! An Hand meiner Kompaßkurse und Flugzeiten versuche ich, unsern Standort zu ermitteln, Penderel hilft mir dabei. Bis zu dem Augenblick, wo wir die Autospuren verloren, ist alles klar. Sollte uns der Wind dann über der Schabura wirklich so stark seitlich abgetrieben haben, daß wir die Dünen nicht, wie wir glaubten, nördlich, sondern südlich vom „Gap" überflogen haben?

„Penderel, was ist deine Ansicht?"

„Natürlich sind wir südlich vom Depot, sonst hätten wir es doch sehen müssen."

Er hat vermutlich recht. Auf jeden Fall können wir nicht mehr als 20 Kilometer von unsern Kameraden entfernt sein. So weit werden – hoffentlich! – die Raketensignale sichtbar sein, die wir für den Fall einer Notlandung vereinbart haben. Um 8 Uhr müssen wir die erste Leuchtrakete abfeuern, fünf Minuten später die zweite. Alle Uhren der Expedition wurden in Bir Mesaha verglichen. Die Kameraden werden Punkt 8 Uhr auf einem Dünenkamm stehen und Ausschau halten, und zwar zu viert mit dem Rücken gegeneinander, um nach jeder Himmelsrichtung beobachten zu können. Der Fünf-Minuten-Zwischenraum ist deshalb vorgesehen, weil eine einzelne Rakete leicht für eine Sternschnuppe gehalten werden könnte. Um der Wagenkolonne die Suche zu erleichtern, soll das Zeichen um Mitternacht und fünf Minuten nach Mitternacht wiederholt werden.

Wir haben für fünf Tage Wasser und Lebensmittel an Bord. Das Wasser ist in den Reserveluftschläuchen untergebracht, in denen es gegen die Folgen einer etwaigen Sturzlandung besser gesichert ist als in Blechkannen. Ich prüfe unsern Benzinvorrat: wir können äußerstenfalls noch 300 Kilometer zurücklegen. An einen Flug zurück zum Niltal oder zu einer der bewohnten Oasen ist also nicht zu denken.

„Wenn wir während der Nacht nicht gefunden werden, machen wir gleich morgen früh einen Aufklärungsflug nach Norden", schlage ich vor.

„Warte doch erst mal ab", meint mein Gefährte. „Wir müssen mit unserm Benzin sparen – bis es nicht mehr anders geht."

„Und dann?"

„Wart's ab, sag' ich..."

7 Uhr 30 Minuten! Ich nehme die geladene Leuchtpistole zu mir, stecke zur Sicherheit noch zwei weiße und zwei rote Patronen in die Tasche und steige dann mit Penderel auf den steilen Kamm des Barkans hinauf. Hinter den Dünen im Osten von uns ist strahlend der Mond aufgegangen... Verflixt! Damit haben wir nicht gerechnet. Werden unsere Leuchtraketen um 8 Uhr überhaupt sichtbar sein, wenn der Mond noch höher steht?

„Wart's ab", sagt Penderel.

Wir setzen uns in den Sand... und warten. Unter uns steht unsere brave „Motte". Ihre Flügel schimmern in der hellen Wüstennacht zu uns herauf. Zwei Menschen mit ihrem zerbrechlichen Maschinenvogel... allein weit draußen im leblosen Sandmeer...

Es ist Zeit. Ich erhebe die Leuchtpistole und blicke auf meine Armbanduhr. Auf die Sekunde genau feuere ich die erste Rakete ab. Leuchtend weiß steigt sie empor und zerknallt in einen Sternenregen. Nach fünf Minuten folgt eine rote. Nun bleibt uns nichts anderes mehr zu tun, als wiederum zu warten. Noch einmal besprechen wir in aller Ruhe unsere Lage. Wir ziehen für einen Augenblick den Plan, nach Bir Mesaha zurückzufliegen, in Erwägung, verwerfen ihn jedoch gleich darauf als undurchführbar. Die weite Ebene, über die wir gekommen sind, bietet nicht den geringsten Anhaltspunkt für eine Orientierung. Wir würden uns bei dem Versuch, den Brunnen zu finden, nur endgültig verirren.

Nein, Penderel hat recht: Wir müssen, so lange es irgend geht, hierbleiben und uns nicht von der Stelle rühren. Erst wenn unser Wasservorrat erschöpft ist, werden wir – als letzte Möglichkeit – einen Flug nach Norden unternehmen. Zum erstenmal kommt uns in vollem Umfang zum Bewußtsein, wie sehr ein Flugzeug in unbekanntem Wüstengelände jedem andern Fortbewegungsmittel unterlegen ist, weil es keine Fährten im Sand hinterläßt. Wenn nicht ein gütiges Geschick unsern Leuchtsignalen die erhoffte Wirkung verleiht, so werden wir hier – nicht mehr als 20 Kilometer von unserer beweglichen Basis entfernt – tagelang vergebens auf Hilfe warten, weil unsern Kameraden die wichtigste Handhabe für jede Suche nach Verirrten in der Wüste fehlt: Spuren.

Was werden Sir Robert und Patrick Clayton tun, wenn sie heute nacht keine von unsern Raketen sehen? Das ist die Frage, der sich jetzt unser nächtliches Zwiegespräch zuwendet. Einer von den beiden wird morgen früh mit zwei Wagen den ganzen Weg nach Bir Mesaha zurückfahren, um festzustellen, ob wir überhaupt von dort abgeflogen sind. Er wird dann, vom Brunnen ausgehend, zunächst die große Sandebene, darauf den Ostrand der Dünen und erst ganz zuletzt den Westrand, an dem wir uns befinden, absuchen. Wir müssen uns daher auf eine mehrtägige Wartezeit gefaßt machen – es sei denn, daß unsere Raketen in einer der folgenden Nächte doch gesehen werden. Wir werden die Signale allabendlich zu den gleichen Zeiten wiederholen, denn der andere von den beiden wird sicherlich mit fahrtbereitem Wagen beim Depot zurückbleiben.

„Bist du durstig?" fragt Penderel nach einer Weile.

„Nein... nicht besonders", antworte ich zögernd. „Warten wir lieber mit dem Trinken bis morgen."

„All right." Wir verstehen uns.

Eine Stunde vergeht. Die Hitze hat endlich nachgelassen, der Wind ist eingeschlafen, tiefe Stille herrscht ringsum...

Plötzlich ein Laut..., ein langgezogenes dumpfes Stöhnen, das sich dort drüben den Dünen entlang fortpflanzt... Gebannt lauschen wir in die helle Mondnacht hinaus... Der Ton schwillt an... jetzt klingt es wie ein klagendes Wimmern... Eine tiefe metallische Note mischt sich hinein, wird stärker, gewinnt die Oberhand... und zuletzt hallt die ganze Dünenkette wie vom Dröhnen eines weit entfernten riesenhaften Gongs wider: Die

Dünen singen! Nie habe ich etwas Seltsameres und Unheimlicheres gehört. Jetzt verstehe ich, weshalb die Beduinen mit abergläubischer Scheu von den Stimmen der „Ghule" sprechen, der bösen Geister, die in den Dünen leben. Selbst uns nüchtern denkenden Europäern fällt es schwer, diese äußerst selten auftretende Naturerscheinung als Folge der nächtlichen Abkühlung des Sandes zu betrachten und ihr gegenüber unsere Fassung zu bewahren. Minutenlang hält der dröhnende Gesang der Dünen an, dann verklingt er allmählich in den äußersten Ausläufern der Sandhänge, und wieder umgibt uns tiefes Schweigen.

Noch zwanzig Minuten bis Mitternacht. Ich mache meine Leuchtpistole schußbereit. Der Mond ist untergegangen, die Luft ist klar geworden. Bis zum Horizont hinunter sind die Sterne in ungetrübtem Glanze sichtbar. Ich habe fern im Norden ganz nah am Boden etwas aufblitzen sehen, wage aber nicht, meinen Gefährten darauf aufmerksam zu machen. Vielleicht war es eine Täuschung. Doch ich kann den Blick nicht mehr von jener Richtung wenden.

„Da!" Wir haben es gleichzeitig gerufen. Ein Scheinwerferlicht!

Und damit ist der Bann, der über uns lag, gebrochen. Vorbei die weltentrückte Einsamkeit unserer nächtlichen Wacht auf dem Dünenkamm. Vorbei der Zauber dieses unvergeßlichen Erlebnisses, ein aufblitzender Lichtstrahl hat uns in den Alltag zurückversetzt.

Ich eile stolpernd und rutschend zum Flugzeug hinunter und fülle die lange Hülse einer ausgeschossenen Leuchtpatrone mit Benzin. Dann zurück auf den hohen Barkan, so schnell ich vermag... die Hülse in den Sand gesteckt und angezündet. Die Lichter der Wagen verschwinden hinter einer Bodenwelle, huschen über die Steilwand eines Dünenhangs, tauchen wieder auf. Jetzt wird auch das Geräusch der Motoren hörbar.

Mit blutrotem Schein leuchtet unsere Fackel durch die Nacht. Wir warten auf der Höhe, bis die Wagen am Fuß unseres Barkans angekommen sind. Die Kameraden steigen aus und laufen zur „Motte", die wie ein verschüchterter Nachtfalter im grellen Scheinwerferlicht am Boden kauert. Besorgt betasten sie Fahrgestell, Tragflächenenden und Propeller.

„Hallo, wir sind auch noch da, nicht nur der alte Vogel!" rufe ich ihnen zu, während ich mit Penderel im knöcheltiefen Sand langsam nach unten steige.

„Das haben wir gemerkt", ruft Sir Robert zurück. „Gerade vor dem Abendessen muß eure verdammte Rakete aufsteigen."

Nun geht es ans Fragen und Erzählen. Sir Robert hat den Schein der ersten Rakete als undeutliches Flimmern am südlichen Horizont wahrgenommen. Dann haben sie alle gemeinsam beobachtet und unser rotes Signal deutlich erkannt. Patrick Clayton hat die Richtung mit dem Kompaß angepeilt und ist trotz vieler Umwege und Aufenthalte, zu denen er durch einzeln stehende Dünen und weichen Sand gezwungen war, ziemlich genau auf unsern Standort zugefahren. Für die letzten Kilometer hat ihm unsere Benzinfackel als Richtpunkt gedient. Wir sind in der Luftlinie etwa 18 Kilometer vom Depot entfernt, und zwar – wie wir vermutet hatten – in südlicher Richtung. Unsere Organisation hat die Probe bestanden. Die zu festgesetzten Zeiten abgefeuerten Raketen haben sich trotz des hellen Mondlichts als Notsignal bewährt. Die Zusammenarbeit zwischen Autos und Flugzeug ist mustergültig gewesen.

Morgen früh werde ich die „Motte" zum Depot hinüberfliegen, bis dahin bleibt sie mit Sandsäcken beschwert im Windschatten des Barkans stehen. Wir besteigen die Wagen, um der Spur folgend ins Lager zurückzufahren.

Die Benzinflamme meiner behelfsmäßigen Fackel brennt nun schon seit mehr als einer halben Stunde hoch oben auf dem Dünenkamm. Ich blicke noch mehrere Male zurück. Wie ein vom Himmel gefallener roter Stern sieht das einsame Licht von weitem aus. Eine Düne entzieht es schließlich meinen Blicken. Ganz im stillen freue ich mich, daß ich es nicht verlöschen gesehen habe.

KUFRA

Heulend braust der Sturm über unser Lager am Westrand des Gilf-Kebir-Massivs. Wir können nicht daran denken, das große Zelt aufzuschlagen, selbst das kleine fliegt uns beinahe davon, obwohl es durch eine hohe Felswand vor dem unmittelbaren Angriff des Windes geschützt ist. Besorgt blicke ich zum Flugzeug hinüber. Es steht mit zusammengeklappten Tragflächen und schwer mit Sandsäcken belastet in kurzer Entfernung von unserm Lager auf der Ebene. Für den Fall, daß der Sturm bei Einbruch der Dunkelheit noch heftiger werden sollte, muß die Sicherung der „Motte" unbedingt verstärkt werden.

Ich besteige einen Wagen und fahre ihn ganz nahe vor den Apparat.

„He, Manufli! Abu Fudeil! Bringt Stricke herbei – nein, nicht die kurzen Stücke... Wallahi (mein Gott!), wir haben doch lange Taue! – So, jetzt fahrt mit den beiden andern Wagen hier rechts und links von mir auf!"

Wir stellen die drei Wagen als Windschutz vor dem Flugzeug auf und verbinden ihre Hinterachsen durch starke Stricke mit dem Fahrgestell der „Motte". Nun noch einen Sandsack über die Schwanzkufe, ein Stück Zeug in den Lufttrichter des Saugrohres, die Propeller- und Motorschutzhüllen fester gezogen. Mehr können wir beim besten Willen nicht tun.

„Rabbena karim – unser Herrgott ist gnädig", sagt Abu Fudeil, „wenn es ihm gefällt, so steht morgen deine Taiyara (Flugmaschine) noch hier."

Ich trete in das kleine Zelt zu meinen Kameraden. Eng zusammengedrängt sitzen sie über das weiße Zeichenblatt gebeugt, auf dem die bis heute von uns zurückgelegte Route eingetragen ist. Ich fühle, daß uns alle der gleiche Gedanke bewegt, den keiner aussprechen will: Soll dies wirklich der Endpunkt unseres Vormarsches sein? Allabendlich haben wir gemeinsam unsere Pläne für den nächsten Tag besprochen.

Immer ist die Stimmung dabei zuversichtlich gewesen. Galt es doch bisher stets, am folgenden Morgen weiter vorzudringen, tiefer hinein in die unerforschte, von keines Europäers Fuß zuvor betretene Wüste, wo vielleicht der neue Tag die große Entdeckung bringen konnte, die Lösung des Geheimnisses der verschollenen Oase.

Heute nun haben wir, nach tagelanger Fahrt entlang dem Westabsturz des mächtigen Gilf-Kebir-Massivs, eine nördliche Breite von 23 1/2° erreicht. Bis hierher, bis zu diesem Punkt auf dem weißen Fleck der Landkarte, hatte ich das Vorrücken der Expedition geplant. Ein gestern unternommener Erkundungsflug hat ergeben, daß die 400 Meter hohe Steilwand des Gilfs sich gegen Norden allmählich in niedrigere Vorgebirge aufzulösen beginnt, ein Zeichen, daß wir das Ende des Massivs nahezu erreicht haben. Nach meiner unzählige Male durchdachten Ansicht muß die verschollene Oase, die wir suchen, im nordwestlichen Teil des Gilf Kebir – also östlich oder nordöstlich von unserm augenblicklichen Standort – liegen.

Heute nachmittag sind wir mit den Autos in ein zerklüftetes Quertal eingedrungen, das als erste Unterbrechung der Steilwand einige Kilometer weit in das Gebirge hineinführt. Die beiden dürren Salambüsche am Eingang des Tals, die frischen Wasserrisse auf der lehmigen Talsohle und schließlich die Felsritzungen aus vorgeschichtlicher Zeit, die Patrick Clayton im innersten Kessel der engen Schlucht entdeckt hatte – das alles sind Anzeichen dafür, daß die geologischen Vorbedingungen für das Vorhandensein einer Regenoase in diesem Teil des Gebirgsmassivs erfüllt sind.

Offenbar werden zuweilen Feuchtigkeitswolken, die der Wind aus der tropischen Regenzone nach Norden trägt, durch die hohen Ränder des Massivs aufgehalten und zur Entladung gezwungen. In früherer Zeit müssen die Regenfälle sehr ergiebig gewesen sein, denn die mit großer Sorgfalt ausgeführten Felsbilder deuten darauf hin, daß hier einst dauernde Ansiedlungen bestanden haben. Wenn auch die Weidegründe jener vorgeschichtlichen Menschen im Lauf der Jahrtausende zu ödem Wüstenland geworden sind, so haben wir doch auf unserer heutigen Fahrt durch jenes Felsental mit Sicherheit feststellen können, daß in diesem Teil des Gilfs noch in der jüngsten Zeit Niederschläge aufgetreten sind.

Müssen wir wirklich jetzt umkehren, mit dem Gefühl, das jeder Wüstenforscher kennt: Wärest du noch ein wenig weiter vorgedrungen, du hättest vielleicht das Ziel deiner Suche erreicht. Allerdings haben alle Flüge, die wir bisher nach Osten unternommen haben, immer nur dasselbe Bild gezeigt. Als mächtiger Tafelberg, dessen Fläche nach unsern Schätzungen etwa jener der Schweiz gleichkommt, steht der Gilf Kebir in der Libyschen Wüste. Nirgends ein Tal, das den nordwestlichen Teil der einförmigen Hochfläche unterbricht. Und doch müssen die Täler, von denen Wilkinson spricht, in der NW-Ecke des Massivs liegen – wenn sie überhaupt vorhanden sind.

Unsere Reserven an Benzin, Öl und Lebensmitteln würden uns gestatten, die Suche noch einige Tage länger auszudehnen, aber unser Wasservorrat geht seinem Ende zu! Wir haben noch für zwei Tage Wasser und müssen daher morgen früh die Rückfahrt nach der 300 Autokilometer südlich von uns gelegenen Quelle Ain Dua antreten. Von dort aus werden wir dann entlang der Linie unserer Depots nach Kairo heimkehren.

„Reicht unser Benzinvorrat nicht aus, um von Ain Dua wieder hierher zurückzukommen und dann noch einige Flüge zu machen?" fragt Sir Robert.

„Nein", antworte ich ihm, „selbst wenn wir nur mit zwei Wagen fahren würden."

„Berechne noch einmal genau die Entfernungen und den Benzinverbrauch", sagt Penderel.

Ich breite die kleine Karte der Libyschen Wüste, die wir aus Kairo mitgebracht haben, auf unserm Reißbrett aus, um die Position von Ain Dua, die ich schon längst auswendig weiß, zur Sicherheit noch einmal festzustellen. Da fällt mein Blick auf den westlichsten Teil des Kartenblatts, der für unsere Expedition eigentlich gar nicht von Interesse ist, und im nächsten Augenblick kommt mir ein rettender Gedanke:

„Kufra!"

Eine Weile herrscht Schweigen im Zelt, nur von draußen tönt das Pfeifen des Windes zu uns herein.

„Kufra ist von Osten her unzugänglich", sagt Patrick Clayton schließlich langsam und bestimmt.

„Weshalb?" frage ich zurück.

„Wegen der Großen Sandsee, die sich bekanntlich bis zur Kufra-Depression erstreckt", erwidert Clayton mit der würdevollen Überlegenheit eines Manns, der kraft seines Amtes als ägyptischer Regierungstopograph dergleichen Dinge eben weiß.

„Die Annahme, daß das gesamte Gebiet zwischen Abu Ballas und Kufra von den Dünen der Sandsee bedeckt sei, haben wir doch gerade in den letzten Tagen selbst widerlegt", entgegne ich, indem ich mit dem Bleistift auf die Karte deute. „Wir befinden uns hier in der Nähe des 25. Längengrades. Im Norden und Osten von uns liegt keine einzige Düne, sondern das Felsmassiv des Gilf Kebir. Wie jemand angesichts dieser Tatsache noch glauben kann, daß sich die Große Sandsee bis zur Kufra-Depression erstrecke, ist mir unverständlich. Kebabo, die östliche Oase der Kufra-Gruppe, liegt etwa 200 Kilometer von uns entfernt; ich schlage vor, daß wir morgen früh mit zwei Wagen aufbrechen, um dort Wasser zu holen."

„Gegen diesen Vorschlag muß ich ganz entschieden Einspruch erheben", erklärt Clayton. „Ich halte es nach wie vor für wahrscheinlich, daß der Zugang zur Kufra-Senke durch unüberquerbare Sanddünen versperrt ist. Ob es sich dabei nun um Ausläufer der Großen Sandsee oder um andere, selbständige Dünensysteme handelt, ist zunächst gleichgültig."

„Na und wenn schon…", ruft Sir Robert dazwischen. „Dann kehren wir eben auf halbem Weg wieder um und fahren nach Ain Dua."

Doch Patrick Clayton läßt sich nicht beirren.

„Bedenken Sie außerdem", fährt er fort, „daß Kufra erst im vorigen Jahr von den Italienern besetzt worden ist. Die ganze Oasengruppe gilt auch heute noch als Kriegsgebiet, das niemand ohne ausdrückliche Erlaubnis der italienischen Militärbehörden betreten darf."

Jetzt werden auch Sir Robert und Penderel schwankend. Meine drei Gefährten sind britische Untertanen, und es ist daher sicher richtig, daß sie unter den gegenwärtigen Verhältnissen die Grenze nicht überschreiten. Aber was kann denn schon geschehen, wenn ich allein mit den Sudanesen nach Kufra fahre, dem italienischen Kommandanten unsere Lage auseinandersetze und ihn im Namen unserer wissenschaftlichen Arbeit um Wasser bitte?

Clayton ist der Ansicht, daß man mich und meine Leute sofort verhaften und unsere Wagen beschlagnahmen werde.

„Aber Clayton, ich bitte Sie...! Ihre Begriffe von italienischer Höflichkeit sind wirklich mehr als sonderbar!"

Er beharrt auf seinem Standpunkt.

„Abstimmen!" rufen die beiden andern.

Ich gehe auf ihren Vorschlag ein, und es ergeben sich drei Ja-Stimmen gegen Claytons Nein. Ich werde also fahren.

Als ich am nächsten Morgen um 1/2 5 Uhr erwache, hat der Sturm nachgelassen, aber es ist bitter kalt. Fröstelnd krieche ich aus meinem Schlafsack und gehe zu den Wagen hinüber. Das Thermometer zeigt nur wenige Grade über Null. Es erscheint kaum glaublich, daß um diese Jahreszeit – heute ist der 27. April – noch eine solche Kälte in der Wüste auftreten kann. Die Sudanesen sind schon vor mir aufgestanden und haben sich neben ihrem Zelt ein kleines Feuer angemacht. Ali, der Koch, reicht mir einen Becher heißen Tee, den ich mit Freuden annehme.

„Seid ihr fertig, Abu Fudeil, Hasan Id und Manufli? Dann wollen wir uns auf den Weg machen."

„Bismillahi – im Namen Allahs!" antworten sie.

Die Motoren springen in der kalten Luft nicht gleich an,

und das Geräusch der Anlasser weckt Penderel. Er steckt den Kopf zur Zelttür heraus und nickt mir zu: „Good luck, old man!"

„Thanks! – und wenn der Wind weiter nachläßt, so macht heute oder morgen noch einen Flug nach Norden. Auf Wiedersehen!"

Von unseren Karten reicht nur das „Übersichtsblatt der Libyschen Wüste im Maßstab 1:4 000 000" bis Kufra. Danach soll ich nun 200 Kilometer weit über unbekanntes Gelände fahren! Nach Claytons astronomischer Ortsbestimmung liegt unser Lager auf 25° 8' Länge und 23° 32' Breite. Wir haben somit Kebabo unter einem Kompaßwinkel von 295° anzusteuern.

Die ersten 20 Kilometer unserer Fahrt bieten keine Schwierigkeiten. Dann aber zwingt uns ein Gewirr von niedrigen Felskuppen, weit nach Süden auszubiegen, bis wir schließlich auf einem Kurs von 225°, also nahezu rechtwinklig zu der geplanten Fahrtrichtung, eine Durchfahrt finden. Wenige Kilometer später das gleiche Bild. Wieder muß ich anhalten, mit dem Fernglas eine Durchfahrt suchen, die neue Richtung mit dem Kompaß anpeilen und die Änderung des Kurses sowie den Stand des Kilometerzählers in mein Logbuch eintragen. Im Zickzackkurs winden wir uns durch das zerrissene Gelände nach Westnordwest vorwärts. Mein Aneroidbarometer zeigt mir an, daß wir ständig steigen.

Nach zwei Stunden stehen wir unvermutet am Rand einer flachen, etwa 2 Kilometer breiten Senke, auf deren Boden die Winderosion eine förmliche Märchenstadt aus Kreide und Sandstein geschaffen hat. Der Anblick ist so überraschend, daß Abu Fudeil, der neben mir sitzt, unwillkürlich für einige Sekunden seine Augen mit der Hand bedeckt, als glaube er, ein Trugbild zu sehen. Wahrhaftig, dort unten scheinen dichte Gruppen von Palmen zu stehen, dazwischen konische Tukul-Hütten, wie sie die Eingeborenen im Sudan bauen, und schneeweiße Häuser und Türme. Wenn nicht die kühle Morgenluft eine besonders klare Sicht gestattete, so wäre die Täuschung vollkommen. Die „Palmen" sind hohe, vom Winde ausgenagte Sandsteinsäulen, auf denen Deckplatten aus härterem Gestein liegen. Zu Hunderten ragen sie vom Boden auf, vermischt mit rundgeschliffenen Kreidekegeln, Felswürfeln und durchlöcherten Bogen, die wie seltsam verzerrte Tore anmuten.

„Genenit esch-scheitan – der Garten des Teufels!" sage ich vor mich hin, während ich unsern augenblicklichen Standort in die Karte eintrage. Ich habe den Namen halb im Scherz geprägt, ohne zu bedenken, daß er auf meine Sudanesen als böses Omen wirken würde. Manufli hat meine Worte gehört und starrt mich mit schreckerfüllten Augen an.

„Es ist bestimmt besser, daß wir jetzt umkehren, o Herr", stammelt er. „Niemals werden wir Kufra erreichen, wenn wir durch den Garten des Teufels fahren müssen!"

„Sei beruhigt", erwidere ich ihm lächelnd, „wir werden in einem großen Bogen darum herumfahren."

Ich habe im Süden eine Durchfahrt erblickt, doch will es mir nicht gelingen, sie anzupeilen. Der höllische Besitzer des „Gartens" scheint meinen prismatischen Kompaß verhext zu haben. Ein magnetisches Feld – das hat mir in diesem abscheulichen Gelände gerade noch gefehlt! Offenbar ist das Gestein, auf dem wir stehen, eisenhaltig, eine Erscheinung, die allerdings in der Libyschen Wüste höchst ungewöhnlich ist. Aber vielleicht hat hier einmal ein Meteor eingeschlagen und diese Mulde hervorgerufen.

Wir errichten aus großen Steinen ein „Alam" (Wegzeichen), auf das ich später eine Rückpeilung vornehmen werde, um so meinen Kurs festzustellen. Holpernd geht es dann am Rand der Senke entlang nach Süden, bis wir nach 4 Kilometern in eine gegen Nordwesten ziehende Windfurche einbiegen können. Immer neue Felshügel stellen sich uns in den Weg. Ich skizziere ihre Umrisse bei jeder Kursänderung in meinem Logbuch, um auf dem Rückweg die Durchfahrtstellen wiederfinden zu können. Steinerne Alamat aufzustellen wäre zwecklos, sie würden auf größere Entfernung nicht von dem umherliegenden Felsgeröll zu unterscheiden sein. Da ich die Silhouette eines jeden Höhenzugs auch von der Ostseite her zeichnen muß – so wie wir sie von Kufra kommend sehen werden –, verlieren wir viel Zeit. Ich atme auf, als endlich gegen 11 Uhr im Westen ebenes Gelände sichtbar wird.

Doch meine Freude ist verfrüht. Die ermüdende Kreuzundquerfahrt durch die Hügellandschaft nimmt zwar nach einigen Kilometern ein Ende, aber vor uns auf der flimmernden Sandebene erblicken wir beim Näherkommen – Dünen! Das ist das Schlimmste, was kommen konnte. Sollte der Topograph doch recht gehabt haben? Ich steige auf einen der Felsblöcke, die rechts von uns liegen, und halte mit dem Fernglas Ausschau. Zum Glück stellt sich heraus, daß die Dünen nicht eine geschlossene Kette bilden, sondern in mehreren kurzen Reihen neben- und hintereinander liegen. Auch sind es zum größten Teil keine „Seifdünen"*, die wegen ihrer steilen Hänge überaus schwer zu überqueren sind, sondern gerundete „Walfischrücken"**.

Erleichterten Herzens setzen wir uns wieder in Bewegung. Die ersten Dünenreihen lassen sich ohne großen Zeitverlust umfahren. Dann aber liegt doch ein unabsehbar langer, ununterbrochener Zug von Walfischrücken vor uns, über den wir wohl oder übel hinüberfahren müssen. Ich nehme Kurs auf eine verhältnismäßig niedrig aussehende Stelle und steigere die Geschwindigkeit aufs äußerste. Mit knatternden Motoren sausen wir den hartgewehten Osthang hinauf. Nur jetzt nicht kopfscheu werden und bremsen – Walfischrücken können nur mit Vollgas überquert werden!

---

* Das arabische Wort „seif" bedeutet Schwert; unter Seifdünen verstehen die Beduinen eine bestimmte Dünenart mit scharfer Windkante.

** „Walfischrücken" ist eine Verdeutschung des Fachausdrucks „Whale-Back", der in der geologischen Literatur zur Bezeichnung einer andern Dünenart gebräuchlich ist.

Alle Konturen des grellgelben Sandes verschwinden in blendendem Flimmern, es ist unmöglich zu sehen, aus wieviel hintereinanderliegenden Wellen die Düne besteht. Nur das erleichterte Aufheulen des Motors kündet von Zeit zu Zeit an, daß es talwärts geht. Sekunden später fällt die Tourenzahl dann wieder ab, und ich muß blitzschnell in den zweiten Gang hinunterschalten, um nicht steckenzubleiben. Plötzlich hängt der Wagen schief... wir sind auf einen Querhang geraten und drohen umzukippen... mit scharfem Ruck reiße ich das Steuer nach rechts und jage die hohe Böschung hinab. Manufli, der den zweiten Wagen steuert, folgt neben meiner Spur. Kurz darauf haben wir die letzte Welle überwunden, und vor uns liegt wieder ebenes Serir. Kaum sechs Minuten hat die Fahrt über die Düne gedauert... uns allen ist sie erheblich länger vorgekommen.

Auf dem festen Serirboden geht es nun in rascher Fahrt nach Nordwesten weiter. Kurz vor 1/2 1 Uhr halte ich an und nehme eine Rückpeilung auf unsere Spur vor. Nach meiner Kompaßtraverse müßten wir jetzt den Rand der Kufra-Depression erreicht haben, doch, so weit ich mit dem Glas blicken kann, deutet nichts auf eine Änderung des Geländes hin. Allerdings ist es angesichts des kleinen Maßstabs meiner Karte sehr wohl möglich, daß ich trotz aller Sorgfalt 20 oder 30 Kilometer von meinem Kurs abgekommen bin. Wir haben einschließlich aller Umwege seit dem Lager 230 Kilometer zurückgelegt, eine Abweichung von einem halben Kompaßstrich würde auf diese Entfernung schon 22 1/2 Kilometer ausmachen.

Die Sudanesen unterhalten sich im Flüsterton miteinander, während ich meine Kompaßtraverse noch einmal überprüfe.

Jetzt tritt Manufli zu mir heran. „Wir sind seit mehr als sieben Stunden unterwegs, o Herr", sagt er, „und hätten längst Fährten von Menschen oder Tieren finden müssen, wenn wir in der Nähe der Oase wären. Doch sieh, bis zum Himmel ist nichts als Serir. Laß uns umkehren, solange wir noch genügend Benzin haben."

„Ya Rigal – o ihr Männer", erwidere ich, „hört, was ich euch sage! Wir werden jetzt noch 20 Kilometer in derselben Richtung weiterfahren. Sehen wir dann noch immer keine Fährten, so wissen wir, daß wir im Süden von Kufra sind, denn im Norden hätten wir die große Karawanenstraße nach Ialo kreuzen müssen. Chalas, arkab – Schluß der Debatte, aufsitzen!"

Die Fahrt geht weiter. 10, 15 Kilometer springen über den Kilometerzähler, doch keinerlei Spuren werden sichtbar. Plötzlich schreit Abu Fudeil neben mir auf: „U'af, u'af, Afandim – halt, halt, Herr!"

Ich muß mit aller Kraft bremsen, um nicht über einen felsigen Steilhang hinabzuschießen – tief unter uns breitet sich ein weites Tal, dessen jenseitige Begrenzung soeben noch mit dem fernen Horizont zu verschwimmen schien. Und mitten in diesem Tal liegen dunkle Flecke, an deren Farbe sich das Auge erst gewöhnen muß: ausgedehnte Gruppen von vielen tausend grünen Palmenkronen... Kufra!

Abu Fudeil, Manufli und Hasan Id wollen mir vor Freude fast die Hände zerdrücken. „El hamdu lellah!" und „kattar cherak!" („Gott sei Dank!" und „Dank sei dir!") rufen sie durcheinander und strecken die Arme aus gegen das herrliche grüne Tal, das dort vor uns liegt wie das Gelobte Land.

Es versetzt mich immer wieder in Erstaunen, mit welcher Hartnäckigkeit die Libysche Wüste jede ihrer wenigen Oasen bis zum allerletzten Augenblick vor den Augen des Eindringlings verborgen hält. Auch diesmal waren wir, wie schon oft zuvor, bis wenige Meter vor dem Steilrand der Depression in Ungewißheit, ob wir das Ziel unserer Fahrt finden würden.

Der Boden der Vegetationsfläche liegt etwa 70 Meter tiefer als das Serir, auf dem wir stehen. Ich suche die Umgebung mit dem Glas ab und erkenne bald, daß ich auf die Südspitze der Kufra-Senke gestoßen bin. Da ich meinen Kurs auf die Mitte des etwa 20 Kilometer langen Tales berechnet hatte, bin ich also tatsächlich nur 10 Kilometer gegen Süden abgekommen.

Vor mir liegt Kufra, die weltabgeschiedene Oase der Senussen, die zu sehen seit Jahren meine heimliche Sehnsucht gewesen ist. Noch vor wenigen Tagen konnte ich nicht ahnen, daß sich mein Wunsch so bald erfüllen würde. Nun ist er Wirklichkeit geworden, und der Anblick dieses grünen Gartens in der flimmernden Glut der libyschen Sonne erweckt in mir die Erinnerung an jenen Mann, der als erster Europäer seinen Fuß in dieses Tal gesetzt hat: Gerhard Rohlfs.

Welche Anstrengungen und Gefahren hat dieser kühne deutsche Wüstenforscher bestehen müssen, bis er am 1. August 1879 auf die nördlichste der Kufra-Oasen herabblicken konnte, so wie ich jetzt auf die Südspitze des langgestreckten Tals. Er wäre beinahe ein Opfer des fanatischen Christenhasses der Senussen geworden. Bei einem Überfall auf sein Lager wurde die gesamte Ausrüstung der Expedition zerschlagen und geraubt. Wie durch ein Wunder kam ein Abgesandter der Groß-Senussen gerade noch rechtzeitig, um Rohlfs und seine Gefährten vor dem Tode zu retten und ihnen freies Geleit für den Rückmarsch nach Bengasi zu sichern.

Siebzehn Jahre nach Rohlfs hat es der Marquis de Mores versucht, Kufra von Westen her zu erreichen. Er wurde jedoch von Tuareg überfallen und ermordet. Der Engländer Jennings Bramley, der im Jahre 1899 von Dachla ausgezogen war, um durch die Große Sandsee nach Kufra vorzudringen, sah sich nach zähem Kampf mit den Dünen gezwungen, seinen Plan aufzugeben und – ähnlich wie Rohlfs 1874 – gegen Norden nach Siwa abzubiegen. Nach ihm machte sein Landsmann Wilfred Blunt den Versuch, von Kairo über Siwa und Gaghabub in die unnahbare Oase der Senussen zu gelangen. Blunts Karawane wurde unweit von Siwa überfallen und zur Rückkehr gezwungen.

Auch Harding King ist es 1911 ebensowenig vergönnt gewesen, sich Kufra zu nähern, wie den schneidigen Patrouillenführern Partridge, Williams und Moor, die während des Weltkriegs waghalsige Ritte und Fahrten gegen die auf

türkischer Seite kämpfenden Senussen unternommen haben.*
Erst 1921 hat der ägyptische Forscher Ahmed Bey Hassanein, geschützt durch einen Geleitbrief des Groß-Senussen Sayed Idris, die Kufra-Oasen betreten können. In seiner Begleitung befand sich die englische Schriftstellerin Rosita Forbes, als Beduinenfrau verkleidet. Hassanein hat zwei Jahre später Kufra noch einmal besucht und von dort aus auf seinem Weitermarsch nach Süden die beiden verschollenen Oasen Arkenu und Uwenat entdeckt.

Wenige Monate später traf der Franzose Bruneau de Laborie, von Wadai kommend, unbewaffnet und ohne Geleitbrief als Dritter in Kufra ein. Die Echwan (Brüder) des Senussenordens ließen ihn unbehelligt nach Bengasi weiterziehen, erklärten aber, durch den „regen" Fremdenverkehr beunruhigt, daß sie von nun an unweigerlich jedem Andersgläubigen den Zutritt zu ihrem Paradies mit Waffengewalt verwehren würden. Diese Erklärung bedeutete in den Augen Italiens eine ernste Bedrohung des Karawanenverkehrs zwischen Wadai und der italienischen Kolonie Cyrenaika, zu deren Hinterland Kufra gehört.

Da alle Versuche scheiterten, den Groß-Senussen auf friedlichem Weg zur Aufgabe seines herausfordernden Verhaltens zu veranlassen**, sah sich die italienische Regierung gezwungen, die Oasengruppe zu besetzen. 1931 wurde das großangelegte militärische Unternehmen durchgeführt, unter dem Kommando des Generals Graziani, der sich später im abessinischen Kriege ebenfalls ausgezeichnet hat. Kufra wurde von drei Seiten angegriffen und nach einem kurzen, erbitterten Gefecht er-

---

In der ungarischen Ausgabe von 1934 erwähnt Almásy an dieser Stelle, daß man während des Krieges einen französischen Gefangenen nach Kufra verschleppt habe. Dieser sei der zweite Europäer gewesen, der Kufra gesehen habe.

**In der ungarischen Ausgabe wird ein 1922 geschlossenes Abkommen zwischen dem Emir der Senussen und Italien erwähnt, das Frieden und Sicherheit in der Region sichern sollte, jedoch nicht das von Italien gewünschte Ergebnis brachte. Von einem „herausfordernden Verhalten" des Groß-Senussen ist nicht die Rede, auch General Graziani wird nicht erwähnt.*

obert. Etwa fünfhundert der überlebenden Senussen versuchten, durch das Eingreifen der italienischen Flugzeuge erschreckt, in kopfloser Flucht nach Osten zu entkommen. Der Leidenszug dieser Flüchtlinge wird wohl für immer das größte Drama in der Geschichte der Libyschen Wüste bleiben. Eine große Anzahl von ihnen verdurstete nach wochenlangen Märschen bei dem Versuch, Ägypten zu erreichen.*

Seither ist Kufra ein Vorposten des italienischen Kolonialreichs. Doch waren in Kairo zur Zeit unseres Aufbruchs vorwiegend gegenteilige Gerüchte im Umlauf. Es hieß, die Senussen hätten alle Brunnen zerstört und dadurch die „Talyan" (Italiener) zum Rückzug nach Bengasi gezwungen. Andere wußten zu erzählen, daß die italienischen Besatzungstruppen nach einem blutigen Strafgericht die Oase freiwillig wieder geräumt hätten. Die Feste Et-Tag mit der Moschee und dem Heiligen Grabe sei dabei zerstört worden. Keine dieser Nachrichten stammte indes aus zuverlässiger Quelle.

So beschränken sich meine Kenntnisse über die geheimnisvolle Oase, die ich jetzt zu betreten im Begriff bin, auf das, was ich in den Schriften meiner beiden Vorgänger, Gerhard Rohlfs und Hassanein Bey, gelesen habe.

Noch einmal suche ich den Rand der Senke mit dem Glase ab. Manufli schlägt vor, nur bis zur nächsten Palmengruppe zu fahren und dort die Behälter möglichst unbemerkt an einem Brunnen zu füllen.

„Dann können wir mit dem Wasser schnell wieder zurückfahren, o Herr, bevor uns jemand sieht."

„Zayy il haramiya – wie die Diebe?" entgegne ich. „Nein, Manufli, das werden wir bestimmt nicht tun. Arkab!"

Ich habe im Süden unseres Halteplatzes eine Flugsandhalde gefunden, über die wir in die Senke hinunterfahren können. An ihrem Fuß ist der Sand allerdings sehr weich, und wir müssen

---

* *Das Kapitel über das grausame Schicksal der Flüchtlinge (siehe S. 296 ff.) wurde in die deutsche Fassung nicht übernommen.*

die Wagen gehörig laufen lassen, um nicht steckenzubleiben. Nach 7 Kilometern ist die erste Palmengruppe erreicht. Wir halten an und gehen zu Fuß in den dichten, schattigen Hain. Die ersten Lebewesen, die wir sehen, sind einige Ziegen, die zwischen den Stämmen ihre Mittagsrast halten. Ihr Hüter, offenbar ein Kind, scheint bei unserer Annäherung Reißaus genommen zu haben. Seine Fußspur ist auf dem losen Sandboden deutlich sichtbar, sie führt uns zu einem aus Palmzweigen geflochtenen Zaun, der eine Izba (Gehöft) umschließt. Vor der niedrigen Wohnhütte steht ein schwarzhäutiger Eingeborener, dessen breites, bartloses Gesicht ausgesprochen negroide Züge zeigt. Als er unser ansichtig wird, hebt er den rechten Arm in die Höhe: „Il saluto Romano!" Kufra ist also allen anderslautenden Gerüchten zum Trotz in italienischer Hand.

Meine Sudanesen bestürmen den Schwarzen mit Fragen nach Wasser, nach dem Namen der Siedlung, nach einer Straße. Doch schon nach wenigen Sätzen stockt das Gespräch.

„Sekka, sekka? Ich weiß nicht... ich verstehe nicht", murmelt er.

Da fällt mir ein, daß bei manchen Beduinenstämmen eine „Straße" nicht Sekka, sondern Tariq genannt wird, und alsbald erhellt sich sein Gesicht.

„Et-triq? Taban, qrib mn ha – Die Straße? Gewiß, die ist ganz in der Nähe."

Der seltsame Dialekt, den der Mann spricht, wirkt auf meine drei Getreuen so belustigend, daß es ernster Ermahnungen meinerseits bedarf, um eine einigermaßen zusammenhängende Unterhaltung zustande zu bringen.

Unser neuer Freund ist gern bereit, uns auf den Weg zu der Ortschaft Gauf („Bauch") – er spricht den Namen wie Dschf aus – zu führen, die, wie ich aus Rohlfs Beschreibung weiß, am Fuß der Feste Tag („Krone") liegt. „Dschf" sei nur zwei Stunden weit entfernt, sagt er, und dies hier sei die Oase Zurq. Wir befinden uns also an dem Ort, wo Rohlfs seinerzeit während des Überfalls auf sein Lager Zuflucht gefunden hatte.

Erosionsfigur auf dem Weg nach Kufra

Blick auf Kufra von Et-Tag aus

Fototermin mit italienischen Offizieren vor dem Heiligtum der Senussen in Kufra

Der Schwarze legt nun an Stelle des Lendentuchs, mit dem er bei unserm Empfang „bekleidet" war, ein Paar weiter blauer Hosen und ein weißes Obergewand an sowie eine weiße Kufiya (Kopfschal), die er mit einem leuchtend roten Aqal (Stirnband) befestigt. Nun sieht er wirklich malerisch aus.

„O weh, o weh, ihr habt euch verirrt!" meint er, als er die Kraftwagen erblickt, die ihn an sich nicht sonderlich in Erstaunen versetzen. „Nicht hier hättet ihr fahren sollen, hier ist der Sand schlecht."

Ich zeige ihm die Spuren unserer Wagen und erkläre ihm, daß wir von Osten, von Ägypten gekommen sind.

„La, la – nein, nein", wehrt er ab. „Das ist unmöglich, dort ist ja alles nur Sand."

Kopfschüttelnd setzt er sich neben mich in den Wagen, und wir holpern über Grasbüschel und kurzwellige Sandverwehungen unter seiner Führung nach Nordnordwesten. Bald taucht in der Ferne eine Gruppe weißer Steinhütten auf, dahinter ein ausgedehnter Palmenwald und hinter diesem, auf dem Kamm der hohen Felswand, die das jenseitige Steilufer der Senke bildet, eine niedrige schneeweiße Burg mit vier Ecktürmen.

„Et-Tag?" frage ich unsern Führer, und er nickt zustimmend.

Wir sind auf einen breiten „Track" gekommen, der aus zahlreichen Kamel- und Automobilspuren besteht. Ich entlohne den Schwarzen mit zwei ägyptischen Silber-„Nusriyals" (Zehn-Piaster-Stücken) und habe im nächsten Augenblick Gelegenheit, einen Freudenausbruch zu beobachten, wie ihn ein Geldgeschenk nur bei einem Menschen hervorrufen kann, der den Wert des Geldes zwar kennt, aber selbst noch niemals eine Münze besessen hat.

„Bacht, bacht! – Glück, Glück!" jubelt unser Freund und tanzt mit den Münzen in der Hand im Kreis umher. Er beißt darauf, drückt sie an seine Brust und Stirn und küßt sie, dabei stößt er helle Freudentriller aus. Geld scheint in Kufra hochgeschätzt zu werden.

Die Ortschaft mit den weißen Steinhütten ist Gauf. Wir lassen sie links von uns liegen und fahren an dem verkrusteten Ufer eines halb ausgetrockneten Salzsees entlang auf Et-Tag zu. In scharfer Steigung führt der letzte Teil des Wegs den Steilhang hinauf. Die ehemalige Hochburg der Senussen ist zu einem italienischen Fort umgebaut worden. Die vier niedrigen runden Ecktürme scheinen neu zu sein, sie sind mit langen, schmalen Maschinengewehrschießscharten ausgestattet, die wie listige Augen auf uns herunterblicken. Am Fuß der blendendweißen Ringmauer zieht sich ein breites Band Stacheldraht entlang. Doch hat offenbar der Vorrat nicht für alle vier Außenwände ausgereicht, vielleicht sind aber auch die Befestigungsarbeiten noch nicht ganz abgeschlossen; jedenfalls hört das Drahthindernis an der westlichen Seite des Forts, auf die uns jetzt die Staße führt, unvermittelt auf. Der Fahrweg mündet hier in ein großes eisernes Schiebetor, das weit offen steht. Davor sitzen, im Schatten eines Sonnendachs, farbenprächtig uniformierte schwarze Kolonialsoldaten. Einige eingeborene Frauen haben auf kleinen Eseln Früchte zum Verkauf gebracht, unsere Ankunft hat jedoch die Geschäfte unterbrochen. Alles starrt nun wortlos auf uns und unsere Autos, als wir langsam in den Innenhof einbiegen. Nach einer Weile erscheint ein italienischer Unteroffizier und tritt mit strammem Gruß zu mir heran.

„Vuol indicarmi dov'é il commandante?" (Wo ist der Kommandant?)

„Chi devo annunziare?" (Wen soll ich melden?)

„Una spedizione venuta dal Egitto..." (Eine Expedition aus Ägypten.)

Wenige Minuten später stehe ich in einem sauberen, weiß getünchten Raum vor dem Gouverneur der Oasengruppe, einem sonnengebräunten stattlichen Mann in der Uniform der italienischen Kolonialtruppen, und seinem Adjutanten, einem jungen Oberleutnant. In kurzen Worten erkläre ich den Grund meines Erscheinens.

„Wie, aus Ägypten kommen Sie? Das ist doch nicht möglich!

Ja, um Gottes willen, wie haben Sie denn das gemacht? Wann sind Sie denn von dort aufgebrochen?"

„Heute morgen um 5 Uhr vom Gilf Kebir, 250 Kilometer westlich von hier."

„Ach so", sein Blick fällt auf meine Fliegerhaube, „mit einem Flugzeug!"

„Nein, mit zwei Autos... Zu meinem Bedauern habe ich keinerlei Ausweispapiere bei mir, ich bin Ungar, auf einer wissenschaftlichen Expedition..."

„Sie sind Ungar? Ich hoffe, Sie werden sich bei uns in Kufra wohlfühlen. Sie sind müde, hungrig, nicht wahr? Wir werden gleich zu Mittag essen. Ein Bad...?"

Ein Bad! Welch herrliches Gefühl, nach wochenlangem Nomadenleben in Sand und Stein wieder im köstlichen Halbdunkel eines kühlen Raums zu sein und sich in einer schneeweißen Badewanne einer geradezu ungeheuerlich anmutenden Wasserverschwendung hingeben zu dürfen! Dann sitzen wir in der geräumigen Offiziersmesse beisammen – meine braven Sudanesen werden in der Kantine verpflegt –, und der gastfreundliche Gouverneur, Major Ottavio Rolle, gesteht mir lachend, daß er bei meinen ersten Worten zunächst an einen Fall von schwerem Sonnenstich geglaubt habe. Nun beglückwünschen er und seine Herren mich aufs herzlichste als den ersten, dem es gelungen ist, Kufra von Osten her zu erreichen und die Annahme zu widerlegen, daß die Große Libysche Sandsee bis zur Kufra-Depression reiche.

Der Gouverneur erinnert sich, im Rundfunk von unserer Expedition gehört zu haben, und ist voll Interesse für unsere Arbeit. Ich gebe selbstverständlich mit Freuden Auskunft über die Ergebnisse, und es entspinnt sich ein angeregter Meinungsaustausch über geographische und vorgeschichtliche Probleme der Libyschen Wüste. Nach dem Essen fordert mich der Major liebenswürdigerweise auf, zuerst Et-Tag und dann die verschiedenen Oasensiedlungen unten im Tal zu besuchen.

Der Name Kufra, der ursprünglich die Gruppe der fünf

Oasen Taiserbo, Sirhen, Buseima, Ribiana und Kebabo in ihrer Gesamtheit bezeichnete, wird heute in erster Linie für die Oase Kebabo allein gebraucht. Et-Tag, die alte Senussenfeste, liegt am Rand der Hochebene, die das Tal von Kufra-Kebabo gegen Norden begrenzt. Von der ehemals als „Qasr", das heißt als ummauerte Ortschaft, gebauten Burganlage ist die in Form eines Rechtecks verlaufende Ringmauer von der italienischen Besatzung beibehalten und durch vier Ecktürme verstärkt worden. Auch die größeren, gut gebauten Häuser der Senussenfürsten wurden stehengelassen. Das Gewirr von kleinen Hütten und Ställen, das den innern Teil der Festung ausfüllte, wurde dagegen beseitigt. An seine Stelle sind neue, geräumige Kasernenbauten getreten.

Auf dem freien Platz im Mittelpunkt des Forts steht die einstmalige Klosterschule, die „Zawiya", und die Grabesmoschee, auf deren Minarett die Hochantenne der italienischen Funkstation angebracht ist. Der Gouverneur läßt den Schlüssel zur Moschee holen. Wir treten in den länglichen Raum, dessen Decke von viereckigen gemauerten Pfeilern getragen wird. Zu beiden Seiten des Eingangs zieht sich eine Reihe steinerner Spitzbogen hin, sonst ist das Innere – der strengen Lebensauffassung des Senussenordens entsprechend – schlicht und schmucklos, selbst der Mihrab (Gebetsnische) an der Ostwand und der hölzerne Minbar (Kanzel) sind ohne jede Verzierung. Die Decke besteht aus nebeneinandergelegten Palmenstämmen, der Lehmfußboden ist mit geflochtenen Grasmatten bedeckt.

Zur Rechten führt eine Tür aus Palmenholz in die Grabkammer des heiligen Mahdi Es-Senussi. Es ist ein mittelgroßer Raum mit einigen hoch angebrachten kleinen Fenstern, in dessen einer Ecke sich das Grab befindet. Der hölzerne, mit Eisen beschlagene Sarg steht etwas erhöht auf einem steinernen Fundament. Eine Decke aus hellblauem Seidendamast verhüllt ihn, auf der silberne Sterne und Arabesken gestickt sind. Ein etwa mannshohes Gitter, aus gedrechselten und geschnitzten

Holzstäben zusammengefügt, umgibt das Grab. Die Wände des ganzen Raums sind mit Votivgegenständen bedeckt, welche fromme Pilger hierher gebracht haben. Da finden sich Koransprüche in kunstvoll gemalter Schnörkelschrift, Straußeneier, ein zerbrochener Spiegel und Früchte aller Art. Von der Decke hängen große Glaskugelleuchter herab. Auf dem Fußboden, zwischen den mit großen Steinen eingerahmten Gräbern anderer Mitglieder der regierenden Senussifamilie, liegen Matten. All dies ist recht einfach und armselig, beinahe barbarisch, und doch dämpfen wir unwillkürlich unsere Stimme und finden es ganz selbstverständlich, daß wir uns vor dem Eintreten nach muselmanischer Sitte unserer Schuhe entledigt haben.

Sidi Mohammed El Mahdi Es-Senussi, der hier begraben liegt, war der Sohn des Sayed Mohammed Ibn Ali Es-Senussi, des Gründers der religiösen Ordensbruderschaft der Senussen (um 1840). Sayed Mohammed Ibn Ali, der erste Groß-Senusse, liegt in der Oase Gaghabub begraben; Sidi el Mahdi, der „Heilige", der den Orden erst zu wirklicher Bedeutung brachte, starb auf einer Reise in Wadai. Seine Leiche wurde nach Kufra gebracht und hier in der Moschee der Zawiya el Istat beigesetzt. Viele glauben jedoch, daß der Sarg hier leer sei oder die sterbliche Hülle eines andern enthalte, da ja der Mahdi unsterblich sei und noch heute Wunder wirkend in der Wüste umherziehe.

Wir besteigen das kleine Minarett, und der Major nennt mir die einzelnen Oasensiedlungen, über die sich uns eine prachtvolle Aussicht bietet. Ganz links im östlichsten Teil der Depression von Kufra-Kebabo liegen die beiden Palmenwälder von Boema und Buma. Vor uns erstreckt sich etwa 20 Kilometer weit von Südosten nach Südwesten der Hauptteil der Oase mit den Ortschaften Tobat und Gauf, dahinter befinden sich in südwestlicher Richtung der grüne Streifen von Azeila und im Süden Zurq, von wo ich gekommen bin. Die beiden großen Palmenhaine Talalib und Talab sind von hier oben nicht sichtbar. Sie liegen 45 Kilometer von Et-Tag entfernt im

Westen von Zurq. Dagegen können wir gegen Nordwesten in eine zweite Senke blicken, in der die dunklen Palmengruppen von Hauari und Hauawiri liegen. Die Schönheit der smaragdgrünen Inseln blühenden Lebens inmitten des rotgelb flimmernden Sandmeeres ist von unvergleichlichem Zauber, und doch würde ich das Erlebnis ihres Anblicks hingeben für das Bewußtsein, daß dieses Tal seine Unberührtheit auch weiterhin hätte bewahren dürfen.

Innerhalb der Ringmauer von Et-Tag erkenne ich die größeren Häuser der Senussifamilie nach der Beschreibung Hassanein Beys wieder. Da ist das Dar (Wohnhaus) Sayed El Abid mit dem offenen Vorraum und den vier Spitzbogen und dort, das höchste unter allen Wohngebäuden, das Haus des Sayed Ahmed mit seinen ummauerten Höfen.

Wir steigen vom Minarett hinunter und setzen unseren Rundgang fort. Eine besondere Sehenswürdigkeit sind die beiden alten Brunnen von Et-Tag, deren Schächte durch den Fels bis zur Talsohle hinabreichen. Beide sind etwa 70 Meter tief. In seiner Wohnung zeigt mir der Gouverneur einige mit Silber eingelegte Pistolen, einen aus rotem Leder gearbeiteten, kunstvoll verzierten Kamelsattel (die Kamelsättel der libyschen Beduinen bestehen im allgemeinen nur aus Holz oder Palmenfasern), schön beschlagene Steigbügel und Zaumzeuge, Gegenstände, die er nach der Einnahme von Kufra den Eingeborenen abgekauft hat. Das Waffenlager der Senussen wurde, wie er mir erzählt, beschlagnahmt, nur die drei kleinen Feldgeschütze, die ein senussischer Streiftrupp vor einigen Jahren von den Italienern erbeutet und nach Kufra gebracht hatte, stehen noch vor dem Hause Sayed Abids.

Wir treten nun in einem meiner beiden Fordwagen die Fahrt ins Tal an. Ich höre zu meiner Verwunderung, daß es in Kufra zur Zeit nur einige Lastautos gibt, und daß der einzige Personenwagen, der dem Gouverneur zur Verfügung steht – übrigens auch ein Ford –, vor kurzem auf einer Fahrt durch die Wüste wegen Motorschadens zurückgelassen werden mußte.

Die weitsichtige italienische Kolonialverwaltung hat jedoch den wohlhabenderen Kaufleuten von Gauf gestattet, leichte Lastwagen zu kaufen, mit denen sie nun auf der alten Karawanenstraße über Jalo den Warenverkehr zur Küste abwickeln. „Dadurch verdienen die Leute", sagt der Gouverneur, „und finden sich besser in die neue Lage. Kufra hat aufgehört, der Legende anzugehören, und ist in die Wirklichkeit eingetreten!"

Das größte Gebäude in Gauf ist die Moschee, schmucklos und einfach wie die in Tag, jedoch peinlich sauber. Eine Anzahl Männer kniet auf den Matten in das Nachmittagsgebet versunken, andere liegen schlafend im Schatten neben dem Eingang am Boden. Ein Blinder tastet sich mit einem Palmenwedel der Wand entlang zur Tür, freundlich hilft ihm der Gouverneur.

Nach kurzer Besichtigung des schlichten Baus schlüpfen wir wieder in die Schuhe und wenden uns dem benachbarten Grabhause zu, in dem die weiblichen Mitglieder der einst so mächtigen Senussifamilie ruhen. Die Mauer des Vorhofs weist eine kleine Nische auf, nicht hoch genug, um darin stehen zu können, und kaum mehr als anderthalb Meter in der Länge und Breite. Hier „wohnt" der Türhüter, ein alter Sklave der Senussen, der um nichts in der Welt zu bewegen gewesen ist, in eine menschlichere Behausung überzusiedeln.

„Wir haben in Kufra über 350 Sklaven vorgefunden", berichtet der Gouverneur, „sie sind jetzt selbstverständlich frei, doch die wenigsten von ihnen freuen sich darüber. Ein befreiter Sklave ist hier wie bei uns jemand, der seine Anstellung verloren hat. – Sehen Sie nur diesen Alten an."

Ein uralter Neger kriecht aus einer der Grabkammern heraus, als er den Major erblickt, und murmelt eine unverständliche Begrüßung. Mit ihm ist eine Wolke von Fliegen hervorgekommen, die seinen Körper und sein Gesicht bedecken. Eine kleine Matte, zwei Eßschalen und ein paar Steine, zwischen denen die Asche seines Kochfeuers liegt, bilden sein ganzes Hausgerät. Mit dürrer Hand hält er den Gegenstand umklammert, der für ihn offenbar der wichtigste auf Erden ist, den großen Holzschlüssel mit seinen Kerben und Zapfen, ohne den sich der schwere hölzerne Riegelbalken der Grabkammer nicht zurückschieben läßt.

Der Gouverneur zeigt mir nun die Ruhestätte der Senussiprinzessinnen. Auch hier sehen wir wieder den mit einem Gitter umgebenen truhenartigen Holzsarg der Herrscherin, die flachen, mit zwei aufrecht stehenden Steinen bezeichneten Gräber der übrigen Familienmitglieder und die Votivtafeln an der Wand. Unweit des Grabhauses stehen die Trümmer der früheren Zawiya, des einzigen Bauwerks in Kufra, das mit einem steinernen Gewölbe überdacht war. Ich sehe Spuren frischer Arbeit an der Ruine, und der Gouverneur sagt mir, daß er die Zawiya wieder aufbauen lasse. Dann zeigt er mir zwei fertiggestellte Neubauten, das Hospital, das modern und hygienisch eingerichtet ist, und die mit einem gepflegten Garten umgebene Schule. Ein alter Brunnen im Schulhof wird in ein Badebecken für die Kinder umgewandelt.

Von Gauf fahren wir auf einem neu angelegten Weg nach Tobat. Tausende von Dattelpalmen bilden hier den Reichtum der Bevölkerung.* Sie stehen in losen Gruppen verstreut auf dem sandbedeckten Mergelboden des Tals, dazwischen bemerke ich jedoch an mehreren Stellen auch sorgfältig eingefriedete Gärten, aus denen der Duft von Orangebäumen und Rosenhecken zu uns herüberdringt. Kufra erzeugt Rosenöl von besonderer Güte, süßen Essig aus dickschaligen Trauben und feines Speiseöl aus Oliven. Ich sehe Feigen- und Mandelbäume, Zitronen- und Pfirsichpflanzungen. Bei Tisch hatte ich bereits Gelegenheit, aromatische grüne Melonen und große goldgelbe Kürbisse zu kosten, die hier wachsen.

Zwischen den Fruchtgärten von Tobat liegen lange, schmale Weizen- und Gerstenfelder, unterbrochen von Zwiebel-, Peter-

---

* Rohlfs schätzte die Zahl der Dattelpalmen in Kufra auf 4 Millionen.

silie-, Rettich- und Pastinaken*-Kulturen, alle von glitzernden Bewässerungskanälen durchzogen. Es regnet in Kufra kaum ein einziges Mal im Jahr, alle Felder und Gärten müssen daher in mühsamer Arbeit durch Schöpfvorrichtungen aus den zahlreichen Brunnen bewässert werden.

Nur wenige Felder von Barsim (ägyptischem Klee) sind zu sehen. Diese saftige Futterpflanze braucht feuchten Boden, und Wasser ist infolge der harten Schöpfarbeit kostbar. Das beschränkte Wasservorkommen ist auch der Grund dafür, daß Kufra nur wenig Weideland für Kamel-, Schaf- und Ziegenherden besitzt. Wohl wachsen auch an Stellen, wo keine künstlichen Bewässerungsanlagen vorhanden sind, vielfach große Büschel steifen Halfagrases zwischen den Palmen oder dicht behaartes „Arta"-Kraut** und – an den Ufern des Salzsees – meterhohe Schilfhalme, aber die Oase ist, soweit die Überlieferung der Eingeborenen zurückreicht, niemals imstande gewesen, größere Herden zu ernähren. Die Oasenbewohner trieben deshalb von alters her ihre Tiere über weite Entfernungen an Orte, aus denen die ausgesandten Kundschafter örtliche Regenfälle meldeten, und ließen sie die dort vorübergehend aufsprießende Vegetation abweiden. So wurden die Herden noch vor kurzem in das 150 Kilometer nördlich von Kufra-Kebabo gelegene Tal von Sirhen geführt; in Zeiten lang andauernder Trockenheit soll es sogar vorgekommen sein, daß das nahezu 1 000 Kilometer entfernte Steppengebiet von Wadai aufgesucht werden mußte, das mit Kufra durch eine seit Jahrtausenden bestehende Karawanenstraße verbunden ist. Auch heute noch ist der Viehbestand in der Oase recht bescheiden, und Fleischspeisen sind für die Bewohner ein seltener Genuß.

Der Gouverneur erzählt mir, daß er bemüht sei, die Be-

---

* Pastinaca sativa, die wegen ihrer fleischigen, unsern Möhren ähnlichen Wurzeln von den Eingeborenen als Gemüsepflanze angebaut wird. Ihr Geschmack ist süßlich und stark aromatisch.

** Calligonum comosum L'Hérit.

völkerung bessere landwirtschaftliche Verfahren zu lehren, um dadurch den Ertrag der anbaufähigen Bodenflächen zu steigern. Ich bewundere den Mann immer mehr, der Soldat und Richter, Baumeister und Landwirt sein muß, bestimmt in seinen Entscheidungen, weitblickend in seinen Plänen und väterlich-verständnisvoll gegen seine Schutzbefohlenen.

Die gesamte Oasengruppe hat etwa 6 000 Bewohner, von denen der größte Teil im Tale von Kufra-Kebabo lebt. In den Oasen Ribiana, 160 Kilometer westlich von Et-Tag, und Buseima, 110 Kilometer nordwestlich von Et-Tag, bestehen nur unbedeutende Ansiedlungen. In Taiserbo, 200 Kilometer nordwestlich von Et-Tag, wohnen 500 Menschen. Die kleine Oase Sirhen ist unbewohnt. Die Eingeborenen gehören verschiedenen Stämmen und Rassen an. Die herrschende Klasse sind die Magabra und Zwaya, beides echte Beduinenstämme von hellbrauner Hautfarbe. Durch Heiraten mit aus dem Süden eingeführten Negersklavinnen entstand dann eine tieferstehende* Mischrasse, die alle Farbabstufungen von Kaffeebraun bis zum tiefsten Negerschwarz aufweist. Im allgemeinen ist die Hautfarbe der Frauen dunkler als die der Männer, der Bluteinschlag der vielen Generationen schwarzer Mütter kommt bei ihnen merkwürdigerweise stärker zum Ausdruck.

Von den schwarzhäutigen, jedoch nicht ausgesprochen negroiden Tibbu-Ureinwohnern haben die arabischen Magabra und Zwaya die Oasengruppe erobert. Sie sind nur noch in geringer Zahl ansässig und haben sich bis auf kleine Reste gegen Süden in das Hochland von Tibesti und nach Wadai zurückgezogen, wo sie, der Versklavung in ihrer ehemaligen Heimat entronnen, als freie Nomaden die Wüstengebirge durchstreifen. Sie sind die Zigeuner der südlichen Sahara, unstet wandern sie von Weideplatz zu Weideplatz, mit dem wenigsten zufrieden, in dürftige Gewänder gehüllt, jedoch auf vorzüglichen Kamelen

---

* *Das abwertende Adjektiv fehlt in der ungarischen Ausgabe, wurde also offenbar vom Lektor von der Esch eingefügt.*

beritten. Zuweilen lassen sie sich herbei, einige Wochen als Karawanenführer oder Kameltreiber bei eingeborenen Kaufleuten Dienste zu tun, dann wieder verschwinden sie auf Monate ins Unbekannte. Schon den Griechen und Römern waren die Tibbu unter dem Namen Troglodyten bekannt, auch Herodot* hat auf seinen Reisen in Ägypten von ihnen gehört und berichtet, daß „ihre Sprache dem Geschrei der Fledermäuse (die von den Alten zu den Vögeln gezählt wurden) ähnlich" sein soll.

Wir machen einen Umweg durch die Palmenwaldungen, um ein Tibbu-Lager aufzusuchen. In der Nähe der niedrigen Mattenzelte angekommen, tun wir, als wollten wir die Dattelpalmen besichtigen, und kümmern uns scheinbar gar nicht um die sehnigen schwarzen Burschen. Bald treibt sie die Neugier zu dem alleinstehenden Kraftwagen, und wir können hören, wie sie in ihrer eigenartigen Sprache lebhafte Bemerkungen austauschen. Es klingt in der Tat wie ein Zirpen und Pfeifen, ein in hohem Diskant geführtes Gezwitscher. Sind es vielleicht letzte Überreste der Troglodytensprache, die hier an unser Ohr dringen? Eine klangliche Ähnlichkeit besteht zweifellos, wie dies schon der deutsche Forschungsreisende Friedrich Hornemann 1799 erwähnt, auf Grund von Auskünften, die er in der Oase Augila über die Tibbu erhalten hatte.** Ich bemerke, daß einige Männer rötliches Haar und seltsam helle Augen haben. Es wäre denkbar, daß in ihren Adern Blut der nordischen Westgoten und Vandalen fließt, die sich mit den Negerstämmen des Tuat*** vermischt haben. Auch schwarz verschleierte Tuareg-

---
* Melpomene 183.

** Fr. Hornemanns Tagebuch in den Jahren 1797 und 1798, herausgegeben von Carl König, Weimar 1802, S. 143. Auf S. 217/18 des Werkes findet sich eine Zusammenstellung der Umstände, die dafür sprechen, daß die „Tibbu Rschade" als Nachkommen der äthiopischen Troglodyten zu betrachten sind.

** Große Oasengruppe in der westlichen Sahara, die schon den Römern bekannt war, dann aber bis etwa 1830 in Vergessenheit geriet. G. Rohlfs hat sie 1863 besucht und beschrieben.

Beduinen tauchen zuweilen in Kufra auf. Sie kommen von Westen auf ihren edlen Mahari-Kamelen und reiten nach wenigen Tagen wieder in die Wüste hinaus. Ich erinnere mich, daß mir vor einigen Jahren in Wadi Halfa, der Grenzstadt des Sudans, von zwei Tuaregs erzählt wurde, die dort eines Tages am linken Nilufer erschienen seien und angegeben hätten, von Kufra zu kommen. Diese Leute müssen auf ihren Kamelen die 900 Kilometer lange, nahezu wasserlose Strecke zurückgelegt haben, auf deren Durchquerung mit Autos ich stolz bin. Was sind unsere, mit technischen Hilfsmitteln vollbrachten Leistungen gegen das Können dieser geheimnisvollen Wüstenvölker!

In Tobat begrüßt uns der Schech des Dorfes. Während der Gouverneur sich mit den Notabeln des Ortes zu einer Besichtigung der Erntearbeiten begibt, lädt mich Schech Ghaza „zu drei Tassen Kaffee" in sein Haus.

Durch einen kleinen Vorhof treten wir in ein großes sauberes Gemach, dessen Boden und Wände mit farbenfreudigen Teppichen und geflochtenen Matten bedeckt sind. Der Schech hat bereits gehört, daß Fremde aus Ägypten eingetroffen sind – „nirgends reist eine Nachricht so schnell wie in der Wüste", sagt ein arabisches Sprichwort –, doch will er kaum glauben, daß ich nicht auf der Karawanenstraße von Jalo gekommen bin.

„Wie, Herr, du bist über die Gharud (Sanddünen) von Sonnenaufgang her gekommen? Wallahi, da hast du viel leiden müssen!" Und traurig setzt er hinzu: „Dort haben vor einem Jahre unsere Brüder, die nach Ägypten fliehen wollten, den Tod gefunden."

„Nicht alle, o Schech!" tröste ich ihn. „Viele haben ihr Ziel erreicht und leben jetzt in Masr (Ägypten)."

Der alte Mann sieht mich mit festem Blick an. „Allah segne deinen Eintritt, der du solches sagst! Wohl wurde die gleiche Nachricht auch von unsern neuen Herren hier verkündet. Bisher hat jedoch niemand etwas von den Seinen gehört, und so glaubten wir, sie seien alle verdurstet."

Ich erzähle dem Greis, was ich von der Flucht und der Rettung seiner Stammesgenossen weiß. Ich berichte ihm insbesondere von der Flüchtlingsgruppe, die Beadnells Autospuren auf der großen Sandebene fand und durch sie nach Bir Mesaha geleitet wurde. Er verhüllt eine Weile sein Gesicht mit dem Zipfel seines weißen Obergewandes, dann ergreift er meine Hand und preßt sie an seine Stirn.

„Ma scha'a'llah, ya Sayyidi – Ein Wunder Gottes, o mein Gebieter! Der Gouverneur hatte bekanntgegeben, daß die Geflohenen auf Kosten der Regierung heimkehren dürften, doch keiner von ihnen kam. Nun hast du uns neue Hoffnung gegeben. Gestatte, o Herr, daß mein Enkel zum Nachbarn laufe, damit auch der die frohe Botschaft höre!"

Ein Mädchen hat kleine Tassen mit duftendem Kaffee vor uns hingestellt. Schech Ghaza ergeht sich in vielen höflichen Entschuldigungen, daß er mir in der Eile des Augenblicks nichts Besseres bieten könne. Ich bin im Begriff, mir eine Zigarette anzuzünden, und reiche, ohne viel zu denken, auch dem Schech mein Etui hin, doch gleich darauf schäme ich mich sehr über meine Gedankenlosigkeit. Wie konnte ich nur vergessen, daß „das Trinken von Tabaksrauch" den Brüdern des Senussenordens verboten ist!

Nach und nach gesellen sich noch mehrere Nachbarn des Schechs zu uns. Mit jedem von ihnen tauschen wir bei seinem Eintritt feierliche Begrüßungen aus. Ich lasse wiederholt durchblicken, daß ich nicht Italiener sei, und lenke das Gespräch schließlich auf die Zustände nach der Besetzung.

„Es sind viele im Kampfe gefallen, so stand es geschrieben", sagt einer. „Allah sei ihnen gnädig! Doch niemand hätte fliehen sollen. Die Talyan sind keine schlechten Menschen, sie haben keinen bestraft, der geblieben ist."

Das scheint auch die Ansicht der übrigen zu sein. Ich erfahre, daß auf Befehl des Gouverneurs die Palmenhaine und Gärten der Geflohenen von ihren Angehörigen und ihren ehemaligen Sklaven bearbeitet werden. Kein Besitz, außer dem der regierenden Senussifamilie, wurde beschlagnahmt, niemand wurde hingerichtet oder aus der Oase verwiesen, die Ernte war ungewöhnlich gut.

„Jetzt bebauen wir unsere Pflanzungen für uns selbst", meint ein bärtiger Magabra-Mischling. „Früher wußten wir nie, ob nicht einer der Asyad" – damit meint er ein Mitglied der Senussifamilie – „vorbeikommen und einen Teil der Ernte für sich verlangen würde."

Von dem Gefecht am Tage der Besetzung sprechen sie alle als von einem furchtbaren Unglück, das sie ganz unerwartet getroffen habe. Besonders die Bombenflugzeuge scheinen eine vollkommene Panik hervorgerufen zu haben. Ich erwähne, daß in Ägypten das Gerücht verbreitet gewesen sei, die Flieger hätten Frauen und Mädchen aus der Luft herabgeworfen.

„La, la, abadan – Nein, nein, niemals", rufen alle. „Das waren die roten Tücher, an denen die Wasserschläuche und die Lebensmittel für die italienischen Kamelreiter herabgelassen wurden!" Sie meinen die kleinen weiß-roten Fallschirme (die allerdings wie die Röcke der Senussifrauen aussehen), mit deren Hilfe die vorgeschobenen italienischen Patrouillen verpflegt wurden.

Ich habe den deutlichen Eindruck, daß die Eingeborenen zur überwiegenden Mehrzahl mit ihrem neuen Los zufrieden sind. Ein sicheres Merkmal für die Stimmung der Bevölkerung war schon das Verhalten der Kinder, die auf unserer Fahrt durch die Oase überall aus den Siedlungen herbeigelaufen kamen und den Gouverneur mit hochgerecktem Arm begrüßten. In jeder Kolonie prägt sich die Gesinnung der Eltern am klarsten in dem Gebaren der Kinder aus.

Unsere Kaffeeunterhaltung erreicht ihren Höhepunkt, als ich erzähle, daß einer meiner Sauwaqin (Fahrer, eigentlich „Treiber") – nämlich Abu Fudeil – mit einem Flüchtlingsmädchen aus Kufra, der Tochter des Schechs Omar Muftah, verheiratet sei. Des langen und breiten wird die wichtige Neuigkeit besprochen, bis es mir schließlich an der Zeit erscheint, den

Heimweg zum Fort anzutreten, da ich noch Vorbereitungen für die morgige Rückfahrt zum Gilf Kebir zu treffen habe. Schech Ghaza schickt nach zwei Reitkamelen, die mich und einen Verwandten der Frau Abu Fudeils nach Et-Tag bringen sollen, doch gleich darauf kommt der Major, um mich zu holen. Als er den Grund der allgemeinen Aufregung erfährt, schlägt er mir vor, den schwägerlichen Verwandten sowie den Schech im Wagen mitzunehmen. So fahren wir zu viert durch die Oase zurück. Am Fuß der Berghöhe von Et-Tag stehen meine Leute mit unserm zweiten Wagen und füllen unter Beihilfe einiger Kolonialsoldaten unsere großen eisernen Wasserbehälter.

Ich frage den Gouverneur, ob es ihm recht sei, daß meine Sudanesen mit den Bewohnern der Oase in nähere Berührung träten. Er erwidert mir, daß er dagegen nicht das geringste einzuwenden habe. Ich rufe nun die drei zu mir und beauftrage sie, den Wagen mit den gefüllten Wasserbehältern ins Fort zu fahren. Nachher dürften sie dann den andern Wagen nehmen und nach Belieben in der Umgebung von Et-Tag herumfahren.

„Nur eins, ihr Männer! Daß ich nicht ein Wort der Schande über euch höre, trinkt nicht, streitet nicht und prahlt nicht! Morgen früh um sieben Uhr seid ihr dann mit drei Fanatis (Wasserkisten) auf jedem Wagen fahrbereit!"

Ein Festessen in der Offiziersmesse von Et-Tag. Außer dem Gouverneur sind sechs Offiziere und ein Arzt im Fort, dessen Besatzung aus etwa 800 Mann des italienischen Kamelreiterkorps besteht. Es sind junge, lebensfrohe Menschen, die dem Major als Unterführer beigegeben sind. Männer, die im Dienste ihres Vaterlandes auf diesem weltentlegenen Posten freudig ihre Pflicht erfüllen. Von einem hohen Steinsockel blickt die Bronzebüste des Duce auf uns herab.

Major Rolle erzählt von der Besatzungsexpedition und dem Gefecht bei Hauari. Ich berichte, was ich über das Schicksal der Flüchtlinge weiß, und die Herren bestätigen, daß jedem der Geflohenen Straflosigkeit und Erstattung der Kosten für die Rückreise zugesichert worden seien. Durch die offenen Fenster dringen die Klänge ferner Beduinentrommeln und abgerissene Laute von Gesang, unten in Gauf scheint ein Fest zu Ehren meiner Sudanesen stattzufinden.

Unser festliches Beisammensein dauert bis spät in die Nacht, und dankbare Freude erfüllt mich bei den Worten meines ritterlichen Gastgebers, mit denen er hier im Herzen der Sahara meiner fernen Heimat gedenkt:

„Evviva l'esploratore Ungherese, evviva l'Ungheria!"

Schon lange bin ich nicht mehr in einem richtigen Bett zwischen vier steinernen Wänden erwacht. Man hat über Nacht meine Wäsche frisch gewaschen und gebügelt. Nichts ist unterlassen worden, um mir und meinen Sudanesen jede erdenkliche Bequemlichkeit zu bieten. Gern würde ich diese wohltuende Gastfreundschaft noch einige Tage länger genießen, doch draußen in der Wüste harren meine Gefährten zwischen Fels und Sand meiner Rückkehr.

Beim Abschied sind alle Offiziere zugegen. Meine drei Getreuen haben meine Anordnungen pünktlich befolgt und warten neben den fertig beladenen Wagen. Wir haben 250 Liter Wasser und, als Geschenk des Gouverneurs, eine Kiste mit einem Dutzend dickbauchiger Chiantiflaschen, mehrere Körbe frischer Eier, Suppengemüse und einen Korb lebender Hühner. Die Eingeborenen von Kufra haben mir bunte Fächer aus Straußenfedern und ein paar besonders fein gearbeitete Schuhe aus farbigem Leder geschickt, zum Dank für die guten Nachrichten über ihre totgeglaubten Angehörigen.

Ein letzter herzlicher Händedruck, und wir fahren in die kühle Morgenluft hinaus. Ich folge unserer gestrigen Spur zur Oase Zurq und nehme den Aufstieg zur Hochebene an derselben Stelle vor, an der ich gestern herunterkam. Auf dem Serir hat der gestern nachmittag herrschende starke Wind die Wagenspuren verwischt. Ich muß nach dem Kompaß steuern, bis wir nach mehreren Stunden die erste Landmarke auftauchen sehen, einen etwa 60 Meter hohen Sandsteinhügel, den wir auf der Hinfahrt „Gebel En-Nus" (Berg der Hälfte) getauft hatten, weil er – in der Luftlinie – etwa auf der Mitte unseres Weges liegt. Die Überquerung der Dünen gestaltet sich sehr schwierig, obwohl wir angesichts der schwerer beladenen Wagen weit nach Norden ausgeholt haben, wo die Ketten niedriger zu sein scheinen. Nach kurzer, jedoch banger Suche finde ich in dem Hügelgelände auf der Ostseite des Dünengürtels unsere Spur wieder und kann nun einige Zeit auf die kartographische Aufnahme der Umgebung meiner Route verwenden.

Die drei Sudanesen erzählen mir von ihren Erlebnissen in Kufra. Gestern abend hat in Gauf ein großes Fest stattgefunden, bei dem Abu Fudeil von seiner Schwägerschaft als der Held des Tages gefeiert wurde. Er hat den Plan gefaßt, mit seiner Frau und deren Eltern nach Kufra zurückzukehren, da ihm jetzt klargeworden ist, welch gute Partie er mit dem Flüchtlingsmädchen gemacht hat.

„Sie haben mehr als 300 Dattelbäume", berichtet er stolz, und ich muß ihm versprechen, in Kairo die nötigen Schritte für seine Rückkehr einzuleiten.

Ich finde meine eigenen Eindrücke durch die Erzählungen der Sudanesen bestätigt: die Bewohner der Oase fühlen sich unter der italienischen Verwaltung wohl, und der Gouverneur ist allgemein beliebt.*

„Niemand hat geklagt", versichert Abu Fudeil, „obgleich wir ganz unter uns waren."

Die durchwegs italienfreundliche Darstellung der Situation Kufras unter italienischer Besatzung scheint keinen politischen Hintergrund zu haben. Sie hängt offenbar auch nicht mit dem Zeitpunkt des Erscheinens der deutschen Ausgabe von Almásys Buch (1939) in Leipzig und der Redaktion durch Hansjoachim von der Esch zusammen. Die ungarische Ausgabe unterscheidet sich in diesem Kapitel inhaltlich nur unwesentlich von der späteren deutschen Fassung. Allerdings wurde, wie schon erwähnt, das ganze Kapitel über die Verfolgung und das Schicksal der Flüchtlinge weggelassen (siehe Seite 29). Auch dort enthält sich aber Almásy bzw. sein ägyptischer Gewährsmann gröberer Anschuldigungen gegen die Italiener, sondern erklärt das brutale Vorgehen der Eroberer mit kriegsbedingter Härte (siehe auch Anmerkung auf Seite 298).

Es ist 5 Uhr nachmittags, als wir uns dem Fuß des mächtigen Gilf-Kebir-Massivs nähern. Von weitem glitzert und blinkt etwas in der Sonne; als wir näher kommen, löst sich die Gestalt eines silbrig schimmernden Riesenvogels aus der Luftspiegelung – das Flugzeug.

Auf der letzten Bodenwelle vor dem Lager angelangt, erblicke ich meine Gefährten, die offenbar unweit der Zelte im Schatten der hohen Felswand geruht haben. Das Geräusch unserer Motoren hat sie aufspringen lassen, sicherlich haben sie sich in diesen zwei Tagen unzählige Male gefragt: hat er Kufra erreicht oder nicht?

Ich habe unwillkürlich angehalten. Da ertönt plötzlich auf ganz unerwartete Weise die Antwort, die meine Freunde erhofft haben: der für die Küche bestimmte Hahn kräht aus vollem Halse!

Sir Robert und Penderel eilen mir entgegen.

„Well done, old man!" Die Schulter will mir unter dem freundschaftlichen Schlag des wackern Squadron-Leaders fast zerbrechen. „Und denk dir, wir haben heute früh einen Flug über den Gilf gemacht und etwa 65 Kilometer von hier ein Tal mit großen grünen Vegetationsflecken darin gesichtet!"

Almásys treuer sudanesischer Begleiter Sabr (auch Sabir geschrieben) schaut ins lang gesuchte Wadi Talh im Gilf Kebir.

Rechte Seite unten:
Im Standlager am Westabhang des Gilf Kebir. Von hier aus gingen Almásy und seine Gefährten auf die Suche nach den damals auf keiner Karte verzeichneten Täler dieses mächtigen Gebirgsstocks.

Rechte Seite oben:
Aus dem Flugzeug sahen Sir Robert Clayton und sein Pilot H.S Penderel, zwei Tage später auch Almásy, als erste Europäer das Wadi Abd El Melik im Gilf Kebir. Ein Jahr später wurde es von Almásy betreten und schließlich als die geheimnisumwitterte Oase Zarzura identifiziert.

Zarzura

Ich liege in der lauen Frühjahrsnacht vor dem Zelt auf meinem Feldbett und blicke in die Sternenpracht des Wüstenhimmels. Mein Blick wandert von einem Sternbild zum andern, und meine Gedanken fügen die Eindrücke von Gelesenem, Gehörtem und Erlebtem aneinander.

Tiefschwarz zeichnet sich zu meiner Rechten die schroffe Wand des Gilf-Kebir-Massivs gegen das hellere Firmament ab. Dort, hinter jenem mächtigen Felsenwall, liegt die verschollene Oase, die ich finden will: Zarzura. Eine unbarmherzige Schicksalsfügung hat es gewollt, daß nicht ich, der ich in langwieriger Arbeit die Vorbedingungen für die Auffindung dieses Tals geschaffen habe, der erste sein durfte, der es erblickte. Sollte die hartnäckige Abwehr der Wüste etwa gegen mich persönlich gerichtet sein? Unsinn! Ich hatte ja selbst die Anweisung zu diesem Flug gegeben, und meine Kameraden haben die ihnen anvertraute Aufgabe mit musterhafter Selbstzucht durchgeführt.

Sie waren, wie sie mir heute nachmittag berichteten, früh am Morgen gestartet und hatten etwa 65 Kilometer von unserm Lager entfernt ein großes Tal mit grüner Vegetation darin erblickt, das sich von Norden nach Süden zog. Sie widerstanden der Versuchung, es zu überfliegen, und kehrten zu ihrem Startplatz zurück. Eine unserer Grundregeln für derartige Aufklärungsflüge ist, die verabredete Flugdauer nicht zu überschreiten und nicht von der verabredeten Kurslinie abzuweichen. Sonst könnte das Flugzeug im Fall einer Notlandung ja von der Automannschaft nicht gefunden werden, zumal es keine Radioanlage besitzt. Sir Robert und Penderel haben pünktlich und zuverlässig den im voraus festgelegten Flugplan eingehalten, nach dem der Hinflug nicht über 30 Minuten – was einer Entfernung von rund 65 Kilometern von der Basis entspricht – ausgedehnt werden sollte.

Nach den Angaben meiner beiden Freunde wäre eine Landung in dem tief eingeschnittenen Tal oder in dessen näherer Umgebung ein gefährliches Wagnis. Sollte das Flugzeug beschädigt werden, wäre es unmöglich, den Insassen mit den Autos zu Hilfe zu kommen, da der 400 Meter hohe Westabsturz des Gilf Kebir jegliche Durchfahrt verwehrt. Zwar führt die „Motte" einen für fünf Tage ausreichenden Vorrat an Wasser und Lebensmitteln mit, daß aber Pilot und Beobachter nach einer Notlandung, mit Wasserschläuchen beladen, 65 Kilometer weit über das mit Geröll übersäte Felsplateau zum Lager zurückmarschieren, ist undenkbar. Es bleibt uns also nichts anderes übrig, als mit den Wagen am Fuß des Gebirges entlang weiter gegen Norden vorzudringen, bis wir auf die Ausmündung des gesichteten Tals stoßen.

Morgen früh werden wir unser Lager hier abbrechen und die Suche nach dem Talausgang beginnen. Zum Glück haben wir jetzt einen reichlichen Vorrat an Wasser und noch genügend Benzin für etwa 300 Kilometer Fahrt. Meiner Müdigkeit zum Trotz halten mich meine Gedanken noch lange wach, bis mich schließlich der Schlaf in das Tal meiner Träume, das Wadi Zarzura, bringt, von dem ich seit heute weiß, daß es tatsächlich vorhanden ist!

In langsamer Fahrt arbeiteten wir uns am folgenden Tag mühselig über zerrissenes Felsengelände nach Norden vor. Nach etwa 40 Kilometern begann die hohe Westwand des Gilf Kebir sich allmächlich in breite Geröllhalden und einzelnstehende Hügelgruppen aufzulösen. Die tiefen Bodenfurchen, die sich nun in großer Zahl quer zu unserer Fahrtrichtung vom Abhang des Hochplateaus herunterzogen, bedeuteten für die Federn und Achsen der Wagen eine ernste Gefahr. Unglücklicherweise hatte sich Patrick Clayton die Ansicht gebildet, daß das gesichtete Tal nicht anders als in einem engen „Hals" enden könne. Er war nicht davon abzubringen, seinen Wagen in jedes kleine Wadi hineinzuzwingen, das östlich von uns sichtbar wurde. Vergebens versuchte ich ihn zu überzeugen, daß ein breites Tal, das heute noch Vegetation trägt, mit viel größerer Wahrscheinlichkeit in einem zumindest ebenso breiten Delta auslaufen werde. Alle Felshügel nämlich, zwischen denen er die Talmündung suche, müßten ursprünglich Teile des Hauptgebirges gewesen sein, die erst in jüngerer Zeit abgeschwemmt wurden. Er behauptete, im Sinai große Täler zu kennen, die alle in einer engen Schlucht endigten, und hielt mit der ihm eigenen Beharrlichkeit an seiner Annahme fest. Ich ließ ihn schließlich gewähren, da ich ihm nicht die Möglichkeit nehmen wollte, seine Theorie zu erproben, ohne meiner Sache vollkommen sicher zu sein. Aber der Gilf Kebir ist eben nicht der Sinai, und wir vergeudeten viel Zeit und Benzin für eine nutzlose Sache.

Als einzige Entschädigung für unsere Mühen fanden wir weitere Anzeichen, die auf die Nähe einer Oasenquelle hindeuteten. Wenige Kilometer vom „Campo Chianti", wie Sir Robert unsern letzten Lagerplatz zu Ehren des Weins aus Kufra getauft hat, lag ein verendeter Fenek (Wüstenfuchs) im Sand. In einer der engen Schluchten, in die wir Patrick Clayton folgten, erblickten wir auf einer Sandwelle die nur wenige Tage alte Fährte eines Wildschafes (Ammotragus lervia). Sie führte zwischen niedrigen Vorbergen in ein etwas breiteres Wadi, auf dessen felsigem Boden sie sich verlor. Vom Endpunkt der Fährte aus bemerkte ich auf der gegenüberliegenden Talseite, etwa 3 Kilometer von uns entfernt, einen dunklen Fleck, den ich – zum Erstaunen meiner Gefährten – sofort als Baum erkannte, wahrscheinlich weil meine Augen von dem Aufenthalt in Kufra her noch an den Anblick frischen Grüns gewöhnt waren. Es war ein großer buschiger Sayal*, von dem, als wir uns näherten, drei Grünspechte und eine Turteltaube aufflogen. Alle vier flogen über die Wand des Tales hinweg nach Osten, dem inneren Teil des Hochplateaus zu. Auf dem Sandboden rings um den Baum waren alte Wildschafspuren zu erkennen.

----
* Acacia spirocarpa Hochst.

Nach 190 Wagenkilometern vom Campo Chianti stießen wir an der Nordostecke des Gilf Kebir auf die Ausmündung eines großen Tales, das sich nach Süden in das Hauptgebirge einschnitt. Wir folgten ihm 40 Kilometer, bis der anfänglich etwa 1 000 Meter breite Cañon als enge Schlucht vor einer hohen, nahezu lotrechten Felswand endete. Auf der Höhe des Plateaus, die wir zu Fuß erkletterten, fanden wir einen schmalen Pfad, der am Rande der Schlucht entlang nach Norden zurückführte und durch zwei von Menschenhand errichtete Alamat bezeichnet war.

Da ich mir von einer Fortsetzung unserer Suche ohne Zuhilfenahme des Flugzeuges keinen Erfolg versprach, trat ich am folgenden Tag, nach Verlassen des vergeblich befahrenen Tals, mit meinen Gefährten die Rückfahrt zum Chianti-Lager an. Ich wollte dort zu einem nochmaligen Aufklärungsflug aufsteigen. Patrick Clayton klammerte sich noch immer an seine Theorie des engen Talhalses wie eine alte Jungfer an ihre Katze. Da wir die Vorgebirge an der Westseite des Massivs auf einer etwas andern Route durchquerten, fand er noch verschiedene neue Schluchten, die er auf der Hinfahrt nicht besucht hatte. Gewissenhaft drang er in eine jede ein und stellte damit die Geduld der übrigen Expeditionsmitglieder auf eine harte Probe. Und doch hat mir der eigenwillige Topograph durch seine zeitraubenden Abstecher zu einem wertvollen Hilfsmittel für die Bestimmung der Lage des gesuchten Tals verholfen. Als ich nämlich mit Sir Robert vor einem der kleinen Wadis auf Patrick Claytons und Penderels Rückkehr wartete, fielen plötzlich zwei Schwalben neben uns auf dem Wagen ein. Die eine war so vertraut, daß Sir Robert sie einfangen konnte. Wir gaben ihr etwas in Wasser getauchtes Brot, das sie nicht verschmähte. Der andern stellte ich einen Teller mit Wasser hin, in den sie sich hineinsetzte, ohne jedoch zu trinken. Als Clayton und Penderel nach zwei Stunden aus ihrer Schlucht zurückkamen, strich das Schwalbenpaar wieder ab. Ich verfolgte seine Flugrichtung mit dem bereitgehaltenen Peilkompaß; Kurs 85°, also nahezu Ost.

Am Abend stellte ich dann auf der Karte den Schnittpunkt des gepeilten Schwalbenkurses mit der von Penderel aufgezeichneten Kurslinie des Flugzeugs fest. Der auf diese Weise bestimmte Ort lag zu Campo Chianti unter einem Kompaßwinkel von 12°.

Bei der Ankunft in Campo Chianti finden wir die „Motte" in unversehrtem Zustand und nur außen leicht mit Sand bedeckt vor. Ich brenne darauf, das von Sir Robert und Penderel gefundene Tal mit eigenen Augen zu sehen, und so gehen wir trotz des starken Windes unverzüglich daran, den Apparat flugbereit zu machen. Penderel begleitet mich als Beobachter.

Nach unangenehmem Start gegen heftige Böen gehe ich sogleich auf den errechneten Kurs von 12°. Einige Augenblicke lang glaube ich, nach Backbord abdrehen zu müssen, da ich geradeswegs auf die Felswand zufliege, doch der Gegenwind hebt uns wie einen Papierdrachen in die Höhe, und in sicherem Abstand gleitet der Rand des Tafelbergs unter uns hindurch. Die Oberseite des Gilf Kebir ist vollkommen eben; wie eine riesige dunkelbraune Schokoladentorte sieht das einförmige Hochplateau von oben aus. Der Wind prellt uns in kurzen, scharfen Stößen auf und nieder. Ich bin froh, daß ich mich besonders straff an meinem Sitz festgeschnallt habe.

Nach elf Minuten kommt das Tal in Sicht, wir fliegen schnurgerade darauf zu, der Schwalbenkurs war richtig. Ich hätte vor Freude am liebsten ein Looping gedreht! Am oberen, südlichen Ende in zwei zusammenlaufenden Ästen beginnend, zieht es sich in großen regelmäßigen Windungen nach Norden. Seine steilen Wände sind auf beiden Seiten durch die Einmündungen zahlreicher kurzer Nebentäler unterbrochen. Ohne Zweifel haben wir es hier mit einem ehemaligen Flußbett zu tun, in dem einst das Regenwasser des gesamten westlichen Teils der Hochfläche als reißender Gebirgsstrom zur Ebene hinabfloß. Etwa 10 Kilometer nördlich der Vereinigung der beiden Taläste stehen die ersten Bäume, grüne Talh- und Sayalakazien. Bald werden es mehr, Hunderte kann ich von oben erkennen, sie stehen zwischen Salambüschen und Streifen grünen Grases – ein wundervoller Anblick in dieser Welt aus Sand und Stein!

Im Osten wird ein zweites großes Tal sichtbar, das parallel zu dem „unsrigen" zu verlaufen scheint. Doch ich darf unter keinen Umständen von meinem Kurs abweichen und verliere es daher bald wieder aus den Augen.

Der Wind ist schauderhaft. Ich gehe auf 300 Meter hinunter und sehe mir den Boden des ersten Tals genauer an. Nein, eine Landung ist ausgeschlossen... also wieder nach oben! Da... eine Strohhütte, Tibbu-Bauart, wie wir sie in den Tälern des Uwenat-Massivs gesehen haben. Dach und Seitenwände sind gut erhalten, hier müssen vor kurzem noch Menschen gewohnt haben!

Fern im Norden biegt das Tal nach Nordwesten ab, um den Gilf in einem breiten, von hohen Vorbergen umsäumten Delta zu verlassen. Ich wende genau im Kurs und rufe Penderel durchs Telephon zu, das Steuer zu übernehmen (das Flugzeug hat Doppelsteuerung). Jetzt rasch Kamera und Skizzenbuch. Wir fliegen mit starkem Rückenwind. Ich drossle den Motor, mache eine Aufnahme und zeichne dann den Verlauf des Tals auf.

Unsere Gefährten erwarten uns vor dem Lager und zeigen uns, mit ausgebreiteten Armen in einer Reihe stehend, die Windrichtung an. Ich lande knapp neben ihnen kurz vor 6 Uhr nachmittags. Der Wind ist unvermittelt abgeflaut. Rasch gebe ich Sir Robert die nötigen Anweisungen, und wenige Minuten später startet er mit Patrick Clayton zu einer Wiederholung unseres Fluges.

Penderel und ich gehen sofort daran, anhand unserer Aufzeichnungen die genaue Lage des Tals zu bestimmen. Von unserem Wendepunkt bis zur Gabelung des Tals waren es 12 Minuten, von dort bis zum Lager 13 Minuten. Der bewachsene Teil des Tals liegt also nur 40 Kilometer vom Lager entfernt. Die südlichste Spitze muß bis auf etwa 15 Kilometer an die

Schlucht heranreichen, in der sich die Felsritzungen befinden. Die Kurslinie des am 28. April ausgeführten Fluges war somit um 25 Kilometer verrechnet, ein Fehler, den sich Penderel nur durch ein Versagen der Borduhr erklären kann. Ich vermute, daß Sir Robert vor lauter Aufregung während des Fluges die Uhr aufgezogen und dabei die Zeiger um einige Minuten verstellt hat, denn auch ihn wird der Anblick des grünen Tals einigermaßen aus der Fassung gebracht haben. Daß wir unser Ziel trotzdem so schnell wiederfinden konnten, verdanken wir ganz allein den Schwalben.

Kurz vor Einbruch der Dunkelheit trifft das Flugzeug wieder bei uns ein. Sir Robert hat inzwischen eingesehen, daß er sich bei seinem ersten Flug in der Zeit geirrt hat und bestätigt die von Penderel und mir aufgezeichnete Kurslinie. Patrick Clayton hat das Tal photographiert und das Vorhandensein eines breiten Deltas zur Kenntnis genommen. Wir haben jetzt die Gewißheit, daß wir die tagelang vergeblich gesuchte Talmündung mit den Autos in einigen Stunden erreichen könnten. Daß wir trotz Patrick Claytons Gründlichkeit an ihr vorbeigefahren sind, ist angesichts des zerklüfteten Charakters der Vorberge, die sie umgeben, nicht verwunderlich. Es zeigt, wie sehr ein Flugzeug in bergigem Wüstengelände jedem bodengebundenen Fortbewegungsmittel überlegen ist. Für diesmal müssen wir uns jedoch damit begnügen, das grüne Tal aus der Luft gesehen zu haben, denn der uns noch verbliebene Benzinvorrat läßt eine nochmalige Fahrt nach Norden nicht mehr zu. Wir sind gezwungen, morgen den Heimweg anzutreten. Unsere Depots, deren erstes an einer der Quellen im Uwenat-Massiv liegt, werden uns auf der 1300 Kilometer langen Wüstenstrecke bis Assiut mit Benzin und allem versorgen, was wir außerdem noch benötigen.

Wie ich glaube, dürfen wir mit dem vorläufig Erreichten zufrieden sein. Die Erforschung und Vermessung der bisher unbekannten Nordwestseite des Gilf Kebir, die Erschließung einer ostwestlichen Durchfahrt vom Gilf Kebir nach Kufra, die

Auffindung eines Tals, das hinsichtlich seiner Lage und Beschaffenheit den Angaben Wilkinsons entspricht, dies sind in Kürze die Ergebnisse der diesjährigen Fahrt. Allerdings ist es uns nicht gelungen, das gefundene Tal zu betreten, auch konnten wir keines der beiden von Wilkinson erwähnten Nachbartäler mit hinreichender Sicherheit feststellen. Die Wüste hat sich das Geheimnis ihrer verschollenen Oase, deren Entdeckung unsere Expedition in erster Linie galt, diesmal noch nicht entreißen lassen. Aber wir werden wiederkommen!

Noch hartnäckiger, noch unerbittlicher sollte die Abwehr der Wüste werden. Nach meiner Ankunft in Kairo ließ mich Prinz Kemal El Din zu sich rufen. Die Operation hatte seinen durch langjährige Forschungsreisen gestählten Körper zwar geschwächt, aber er befand sich – wie er glaubte – bereits wieder auf dem Wege zu völliger Genesung und hörte sich mit lebhaftem Interesse meinen Bericht über unsere Expedition an. Er hielt es nach wie vor für wenig wahrscheinlich, daß die legendenhafte Oase Zarzura tatsächlich vorhanden sei. Trotzdem zögerte er nicht anzuerkennen, daß das von uns gesichtete Tal eines der drei von Wilkinson erwähnten Wadis sein könne.

„Wenn es Ihnen gelingt, die beiden Nachbartäler zu finden", sagte er zu mir, „so werde ich der erste sein, der Sie zur Lösung des Zarzura-Problems beglückwünschen wird. Andernfalls müssen Sie sich mit dem Bewußtsein begnügen, die Landkarte um ein neues Tal im Gilf Kebir bereichert zu haben."

Mit diesen Worten war die Audienz jedoch nicht beendet. Prinz Kemal El Din beauftragte mich zu meiner großen Freude mit der Vorbereitung einer neuen Expedition, die im kommenden Winter dort beginnen sollte, wo wir diesmal umkehren mußten. Die Absichten des Prinzen erstreckten sich nicht nur auf die Vermessung des Gilf-Kebir-Plateaus, sondern auch auf eine Durchforschung des Massivs von Uwenat unter besonderer Berücksichtigung der dortigen Felszeichnungen aus vorgeschichtlicher Zeit. Er ließ mir in der Ausarbeitung des

Expeditionsplans freie Hand. Dr. Ball, der Leiter des Vermessungsamtes, erklärte sich bereit, während des Winters keinen seiner Beamten in den westlichen Teil der Wüste zu entsenden. So sah ich bei der Abreise zu einem Erholungsurlaub in der Heimat die Verwirklichung meiner langgehegten Hoffnungen in greifbare Nähe gerückt.

Einen Monat später raffte der Tod den fürstlichen Gelehrten hinweg. Tiefbewegt las ich das Telegramm, das mir den Heimgang des unermüdlichsten aller Erforscher der Libyschen Wüste mitteilte, eines Mannes, dessen hochherziger Gesinnung ich stets in Verehrung und Dankbarkeit gedenken werde. Mein Entschluß stand fest: die Pläne des Prinzen werden ausgeführt!

Sir Robert Clayton-East war der erste, der mir seine Hilfe anbot. Da unsere gemeinsamen Mittel nur zu einer Fahrt mit weniger weit gesteckten Zielen ausreichten, beschlossen wir, von der Erforschung des Uwenat-Massivs zunächst abzusehen und uns auf eine Fortsetzung der Suche nach Zarzura zu beschränken, die uns begreiflicherweise besonders am Herzen lag. Aber die Wüste verteidigte ihr Geheimnis ohne Erbarmen. Einen Monat nach dem Tode des Prinzen Kemal El Din erlag Sir Robert unerwartet einer zu spät erkannten Bluterkrankung, die er sich durch den Stich einer giftigen Wüstenfliege auf unserer Rückfahrt vom Gilf Kebir zugezogen hatte.

Ein Schwalbenpaar hat uns den Weg zu jenem Tal gewiesen, ein Vogel mit stählernem Herzen hat uns einen Blick in den unnahbaren Abgrund tun lassen. Ein Vogel aus Stein jedoch bewacht den Schlüssel zu der verschollenen Oase. Werden die unsichtbaren Kräfte, die ihm zur Seite zu stehen scheinen, auch mich treffen, der ich trotz all dieser Warnungen aufs neue den Versuch machen werde, das Rätsel des Wadi Zarzura zu lösen?

Im März 1933 war ich wieder in der Wüste, auf dem Wege zum Gilf Kebir. Ich will hier nicht von den Schwierigkeiten sprechen, die sich dem Zustandekommen meiner Expedition nach dem Tode des Prinzen Kemal El Din und Sir Robert Claytons in den Weg gestellt hatten. Soweit sie finanzieller Natur gewesen waren, hatte mir mein österreichischer Freund, der Schriftsteller Dr. R. Bermann, in dankenswerter Weise geholfen, sie zu überwinden. Dr. Bermann begleitete in der Folge die Expedition als Chronist. Meine übrigen Gefährten waren Hubert S. Penderel, inzwischen zum Rang eines Wing-Commanders (Oberstleutnants) aufgerückt, mein Landsmann Dr. L. Kádár, Geodät von der Universität Budapest, und meine getreuen Sudanesen.*

Seit meiner Fahrt im Frühjahr 1932 war der Gilf Kebir von zweien meiner damaligen Begleiter besucht worden. Der Topograph Patrick A. Clayton hatte die lange Wartezeit, zu der ich durch die Ereignisse des Sommers gezwungen gewesen war, dazu benutzt, mit Fahrzeugen des Vermessungsamtes von Norden in das Hochplateau einzudringen. Er war zuerst in jenes Tal geraten, das ich östlich von dem überflogenen aus der Luft gesichtet hatte, und hatte dort eine 8 Kilometer lange, mit Bäumen, Büschen und Gras bestandene Vegetationsfläche festgestellt. Wohl die interessanteste Entdeckung, die er im Innern des Tals machte, war eine Anzahl von Hegligbäumen (*Balanites aegyptiaca*), deren Früchte große Ähnlichkeit mit Oliven besitzen. Der englische Forscher Harding King hatte vor Jahren in der Oase Dachla Palmentauben, die aus der südwestlichen Wüste gekommen waren, eingefangen und aus den in ihren Kröpfen und Mägen vorgefundenen „Oliven" das Vorhanden-

---

* *Bei der Aufzählung der Expeditionsteilnehmer fehlt Bermanns Freund, der deutsche Photograph Hans Casparius. Die Vermutung liegt nahe, daß dies mit dessen jüdischer Abstammung zu tun hat (es fehlt auch der entsprechende Hinweis bei seinen Photos!), doch hätte der Lektor dann wohl auch Bermann herausgestrichen, der aus rassischen und politischen Gründen verfolgt wurde und 1938 in die USA emigrieren hatte müssen, während Casparius schon früher nach London entkommen war. Außerdem fehlt der Name Casparius schon in der ungarischen Ausgabe von 1934. Almásy hat ihn entweder zu erwähnen vergessen oder – aus welchen Gründen immer – absichtlich verschwiegen. Es scheint, daß es eine persönliche Antipatie zwischen den beiden gegeben hat, vielleicht auch Eifersucht, waren doch beide mit Bermann befreundet.*

sein einer unbekannten „Olivenoase" im Südwesten von Dachla gefolgert. Dieser Schluß dürfte durch Claytons Fund als zutreffend erwiesen sein.

Patrick Clayton fand dann auch „unser" Tal, das auf einer Strecke von 24 Kilometern mit Talh-, Salam- und Sayalakazien bestanden war. Kamelskelette und Überreste von Hütten zeugten davon, daß sich dort vor nicht langer Zeit Nomaden aufgehalten hatten. Quellen konnte er in keinem der beiden Täler feststellen, auch gelang es ihm trotz ausgedehnter Kreuzundquerfahrten nicht, den Eingang zu einem dritten Tal zu finden, dessen Vorhandensein die Angaben Wilkinsons bestätigt hätte. Aber er darf selbstverständlich das Verdienst für sich in Anspruch nehmen, als erster seinen Fuß in die beiden, vorläufig noch namenlosen Täler des Gilfs gesetzt zu haben.

Als zweiter hatte Wing-Commander Penderel in der Zwischenzeit das Gilf Kebir aufgesucht. Anläßlich eines Geschwader-Erkundungsflugs nach Uwenat hatte er den südlichen Teil des Hochplateaus überflogen und festgestellt, daß dieser nicht, wie wir bisher angenommen hatten, ein geschlossenes Ganzes darstellt, sondern durch ein breites „Gap" in eine östliche und eine westliche Hälfte zerlegt wird. Penderels Feststellung war für unsere geplante Suche nach dem dritten Wilkinsonschen Tal insofern von Bedeutung, als sie die Möglichkeit eröffnete, daß sich dieses Tal vom Gap aus, also von Osten her, finden lassen würde.

Wir begannen daher unsere Forschungsarbeit am Südausgang des Gap, einer tiefeingeschnittenen Schlucht, die sich zunächst geradlinig gegen Norden, später in einem weiten Viertelkreisbogen gegen Nordosten drehend, durch das Hochplateau hindurchzog. Die Bereifung unserer vier Fordwagen bestand diesmal aus Niederdruck-Ballonreifen eines erst vor kurzem auf dem Weltmarkt erschienenen Typs, der bei einer Breite von 9 Zoll (23 Zentimeter) und einem Innendruck von nur einer Atmosphäre zum Befahren weichen Sandes und scharfkantigen Felsgerölls besonders geeignet ist. Mit Hilfe dieser unförmigen „Luftkissen" gelang es uns ohne nennenswerte Schwierigkeiten, nach Durchquerung des Gap – wir nannten es El Aqaba, die Bergstraße – bis zu den Ausläufern der Großen Sandsee am Nordrand des Gilf Kebir vorzudringen und damit die gesamte, stark zerklüftete Nordostseite des Hochplateaus zu erkunden und zu vermessen. Das Ergebnis unserer mehrtägigen Fahrt war die Feststellung, daß der Gilf in nordsüdlicher Richtung eine Länge von nahezu 250 Kilometern besitzt und – daß sich auf seiner Ostseite die Ausmündung des dritten Wilkinsonschen Tals nicht befindet.

Am südlichen Ende der Aqabaschlucht fanden wir auf der Rückfahrt zwei sogenannte falsche Oasen, Schlammpfannen mit Gras und Sträuchern, die auf einen vor Jahren niedergegangenen starken Regenfall schließen ließen. Beide wiesen in ihrer Umgebung alte Fährten und vertrocknete Losung von Wildschafen auf, neben der einen lag das Skelett einer Abdar-Antilope.

Unser nächstes Ziel war Campo Chianti auf der Westseite des Gilfs. Ich unterzog die Schlucht, in der sich die erwähnten Felsbilder befinden, einer nochmaligen Untersuchung und war glücklich genug, eine große Anzahl guterhaltener Felsbilder, Löwen und Giraffen darstellend, zwei unbeschädigte Mahlsteine sowie ein Steinbeil und eine Anzahl anderer Feuersteinwerkzeuge vorgeschichtlichen Ursprungs zu finden. Ich habe die Fundstelle Wadi Sura, das Bildtal, getauft.

Von Campo Chianti fuhren wir zur Ergänzung unseres Wasservorrats auf der im Vorjahre gefundenen Route nach Kufra, wo wir von den Offizieren der italienischen Besatzung mit unveränderter Gastfreundlichkeit aufgenommen wurden. Meine Hoffnung, von den in Kufra ansässigen Tibbu und Zwaya nähere Auskünfte über die Regenoasen im Innern des Gilf Kebir zu erhalten, sollte sich zu meiner Freude erfüllen. Dank der liebenswürdigen Unterstützung unserer Gastgeber gelang es mir, zwei greise Karawanenführer ausfindig zu machen, von denen der eine, ein Zwaya, die Routen Kufra-Siwa und Kufra-

Farafra kannte, während der andere, ein kohlschwarzer Tibbu, die alten Wüstenstraßen nach Uwenat und Wadai begangen hatte. Ich ließ mich mit den beiden zum „Kalam"* nieder und ersuchte zunächst den Zwaya, mir die Landmarken auf dem Wege von Kufra nach Farafra der Reihe nach herzusagen. Im Verlauf seiner Aufzählung erwähnte er unter den Felshügeln, die „etwa vier Tagereisen östlich von Kufra" am Weg liegen sollten, eine „Qara Talh"** und eine „Qara Abd El Melik".

Talh ist die Akazienart, *Acacia tortilis*, die einen Teil der Vegetation in „unserm" Tal ausmachte. Der Name „Qara Talh" mußte sich also auf einen Vegetationsstrich beziehen. Nicht minder bemerkenswert war das Auftauchen des Namens „Abd El Melik" an einem Punkt der ehemaligen Farafra-Route, der in der Nähe der Ausmündung „unseres" Tals lag. Der Zwaya konnte oder wollte mir über den Ursprung der beiden Ortsbezeichnungen keine Auskunft geben. Der alte Tibbu dagegen erklärte mit einem überlegenen Blick auf seinen „Fachgenossen", er wisse sehr genau, woher diese Namen rührten: die beiden Qaras seien nach den hinter ihnen ausmündenden Tälern, dem „Wadi Talh" und dem östlich davon gelegenen „Wadi Abd El Melik" benannt. Ich ließ mir die freudige Erregung, in die mich diese Mitteilung versetzte, nicht anmerken und erwähnte in gleichgültigem Ton, daß mir das Wadi Abd El Melik wohlbekannt sei, daß mir jedoch der Name des dritten, noch weiter östlich gelegenen Tals (des von Clayton gefundenen) „im Augenblick" nicht einfallen wolle. Der Tibbu kam mir sogleich zu Hilfe:

„Oh, du meinst das Wadi Hamra, Herr..."

Nun hatte ich die Namen der drei Täler Wilkinsons! In unverändert gleichgültigem Ton setzte ich das Gespräch fort, um

---

* „Unterredung", in der Wüste für gewöhnlich eine Angelegenheit von vielstündiger Dauer.

** Die Bezeichnung „Qara" *(auch als „Gara" transkribiert)* bedeutet „felsiger Hügel".

nun auch über die Lage dieser Täler Näheres in Erfahrung zu bringen, da mir ja das westlichste von ihnen, das Wadi Talh, noch unbekannt war. Nach langwieriger Rede und Gegenrede, die sich durch das seltsame Kauderwelsch, das der Tibbu sprach, besonders umständlich gestaltete, gelang es mir, aus dem schlauen Alten folgendes herauszubekommen: Um von Kufra in diese Täler zu gelangen, folgt man nicht der alten Karawanenstraße, die nach Farafra führt, sondern einer andern, weiter südlich gelegenen Route, die sich in genau östlicher Richtung über die Ebene hinzieht. Nach vier oder viereinhalb Tagen gelangt man an die große Wand des Berges. In einer engen Schlucht führt ein Pfad auf die Hochfläche hinauf. Man braucht einen ganzen Tag, um die Kamele auf diesem Pfad nach oben zu bringen. Auf der Höhe teilt sich der Weg in einen, der nach Süden in das Wadi Abd El Melik führt, und einen andern, der nach Norden in das Wadi Talh führt.

Das Wadi Talh hat keinen andern Zugang als über den Berg. Es heißt so, weil es in ihm nur Talhbäume gibt, und es ist das breiteste von allen drei Tälern, wenn auch nicht das längste. Wenn die Regen viele Jahre lang ausbleiben, so versiegen die Quellen des Wadi Talh als letzte. Wadi Abd El Melik ist das mittlere der drei Täler und das längste von ihnen. Es hat zwei gute Quellen, eine am Kopf (Südende), die andere in einem Seitental, das nahe dem Ende (der Vegetationszone) von Westen her einmündet. Diese liegt unter einem großen Felsen, ähnlich wie die Duaquelle im Uwenatberg. Seinen Namen hat das Wadi von einem Mann namens Abd El Melik, der viele Jahre mit seiner Herde dort lebte. Wadi Hamra (das „rote" Tal), dessen felsige Wände mit rotem Sand bedeckt sind (was Clayton ebenfalls aufgefallen war), ist klein und hat nach Regenfällen nur für kurze Zeit Weidegrund, doch findet man dort weiße Bäume (Heglig?). All dies hatte der Tibbu, wie er mir erklärte, „nur so gehört", ohne je selbst in einem der Täler gewesen zu sein.

Es war spät am Abend, als ich ihn mit einer – für seine

Verhältnisse – fürstlichen Belohnung entließ. Ich hatte sorgfältig vermieden, ihn durch Andeutung eigener Vermutungen in seinen Antworten zu beeinflussen, und durfte daher seine Aussagen als wertvollen Fingerzeig für die Auffindung des von uns gesuchten Tals bewerten. Wenn auch seine Angaben, wie die aller Beduinen, in bezug auf Entfernungen und Himmelsrichtungen vermutlich nicht sehr genau waren, so ließen sie doch über das Vorhandensein eines dritten Tals im Gilf Kebir keinen Zweifel. Daß dieses Tal im Osten des im Vorjahre überflogenen liegen und von der Ebene aus nicht zugänglich sein sollte, erschien durchaus glaubhaft.

Wir beschlossen daher, von Campo Chianti aus noch einmal, wie im vorigen Jahr, entlang der Westwand des Gilf Kebir nach Norden vorzudringen. Nach längerer Suche fanden wir dann auch wirklich zwischen zwei dem Hauptgebirge vorgelagerten Ausläuferhügeln einen von Westen – also geradeswegs aus der Richtung von Kufra – kommenden Kamelpfad, der auf eine vom Oberrand des Plateaus herabfließende Sanddüne zuführte. Am Fuße der Düne lag, vom Sand zur Hälfte bedeckt, der Kadaver einer Kuh!

Eine Kuh inmitten der Libyschen Wüste, wo doch selbst in Kufra Rindvieh unbekannt ist und Kühe in den Überlieferungen der Nomaden nur im Zusammenhang mit jenen legendären Schwarzen erwähnt werden, die einst in Zarzura gehaust haben sollen! Der Kadaver konnte nicht älter als fünf bis sechs Jahre sein. Die Haut war vollkommen vertrocknet, aber so gut erhalten, daß die Zeichnung des Fells deutlich zu erkennen war. In der Nase des Tieres befand sich noch der Strick, an dem man es geführt hatte. In der Nähe lagen Reste von Korbgeflecht, viel Kameldung und Scherben von Tonkrügen. Wir sahen von einer Besteigung der Düne ab, denn unmittelbar neben ihr zeigte sich eine enge Schlucht, in der ein Pfad, stellenweise von Menschenhand aus Felsblöcken aufgemauert, steil aber gut gangbar auf das Plateau hinaufführte. Am Boden der Schlucht und auf halber Höhe lag je ein nur wenige Jahre alter Kamelkadaver, oben fanden wir eine Feuerstelle mit fertig aufgeschichteten, jedoch nur teilweise verbrannten dicken Talh-Ästen, umgeben von niedrigen halbkreisförmigen Steinmauern, wie sie die Tibbu als Windschutz an ihren Lagerplätzen errichten. Wir hatten ohne Zweifel den Weg gefunden, auf dem die Nomaden ihre Herden zur Höhe des Gilf-Plateaus hinaufzubringen pflegten.

Am Rand der Hochfläche führte ein durch aufgestellte Steinplatten bezeichneter Weg nach Norden und Südosten. Wir wußten, daß wir gegen Südosten zu nach etwa 10 Kilometern unser Wadi Abd El Melik erreichen würden, und beschlossen daher, zunächst eine Erkundung in nördlicher Richtung vorzunehmen, in der nach den Angaben des Tibbu das Wadi Talh liegen sollte. Da es unmöglich gewesen wäre, die Autos über die steile Sanddüne nach oben zu bringen, ließ ich durch die Sudanesen noch am Abend Wasser und Lebensmittel zum Oberrand der Schlucht hinaufschaffen, um dann am nächsten Morgen mit Penderel und Kádár auf dem Kamelpfad den Marsch nach Norden anzutreten.

Wir hatten kein Glück. Die Hitze war gerade an diesem Tag besonders unerträglich – so wenigstens schien es uns –, und die lange, eintönige Fußwanderung über das sonnenbestrahlte Sandsteinplateau mit einem schweren Wasserkanister im Rucksack war eine Qual. Nach 15 Kilometern endete unser Pfad am Rand einer steilen Schlucht, die gegen Osten, also in das Wadi Abd El Melik, hinunterführte. Wir hatten unser Ziel, das Wadi Talh, nicht gefunden und mußten unverrichteter Dinge umkehren. Todmüde und mit ausgedörrter Kehle erreichten wir bei Einbruch der Dunkelheit die Wagen. Unsere wunden Füße ließen keinen Zweifel, daß sie dieser 30-Kilometer-Marsch über verwitterten Felsboden bis an die Grenze ihrer Leistungsfähigkeit beansprucht hatte. Nach dem Abendessen saßen wir aber schon wieder über unsere selbstgefertigte Landkarte gebeugt, um neue Pläne zu schmieden.

Mit Rücksicht auf unseren Wasservorrat war unsere Zeit

bemessen. So beschlossen wir, die Expedition zu teilen. Penderel und Kádár sollten nach Süden zurückfahren, um durch eine kartographische Aufnahme des östlich der Aqabadurchfahrt gelegenen Gebiets die Vermessung des Gilf Kebir zu vervollständigen. Ich wollte inzwischen mit Bermann in zwei Wagen die Suche nach dem Wadi Talh fortsetzen. Wir bestimmten Ort und Zeit unserer späteren Wiedervereinigung sowie die Maßnahmen, die im Fall des Ausbleibens der einen oder der andern Gruppe zu ergreifen sein würden.

Ich setzte nun zunächst meinen Weg nach Norden fort, um dann an der Nordweststrecke des Gilfs in das Wadi Abd El Melik einzubiegen. Es gelang mir auf Grund der Beschreibung des Tibbu ohne Schwierigkeiten, die in einem Seitental gelegene Felsenquelle zu finden. Nach einigen Spatenstichen wurde etwas Feuchtigkeit sichtbar, die sich allmählich zu einer Handvoll trüben Wassers sammelte. Zu einer nennenswerten Bereicherung unseres Wasservorrats hätte jedoch die Quelle keinesfalls ausgereicht. Es stand außer Zweifel, daß im Gebiet des Wadi Abd El Melik seit mehreren Jahren kein Regen mehr gefallen war. Auf der Sohle des Haupttals bemerkte ich Fährten von Wildschafen, die nicht älter als zwei Monate sein konnten, da sie die Autospur P. A. Claytons kreuzten, der, wie erwähnt, vor mir hiergewesen war.

Die Vegetationszone in dem cañonartigen Wadi ist 24 Kilometer lang bei einer durchschnittlichen Breite von 200 Metern, aber auf dieser ganzen Fläche waren das Gras und die Salambüsche nahezu verdorrt, nur einige Talh- und Sayal-Akazien wiesen noch frisches Grün auf. Überreste von Tibbu-Grashütten sowie Kamel- und Rinderknochen gaben Kunde von vergangenen, besseren Zeiten.

Die Fahrt in das Wadi Abd El Melik sollte mir in erster Linie dazu dienen, eine Kompaßtraverse zu erlangen, ohne deren Hilfe eine planmäßige Suche nach dem Wadi Talh nicht möglich war, wie unser erfolgloser Fußmarsch gezeigt hatte. An einer Auffindung der zweiten, südlichen Quelle war mir im

Augenblick wenig gelegen, zumal vorauszusehen war, daß auch sie nahezu versiegt sein würde. Ich hielt mich daher nicht länger als einen Tag in dem sterbenden Tal auf, das noch vor einem Jahr, als ich es aus dem Flugzeug sah, viel grüner und freundlicher zu mir emporgewinkt hatte.

Zum Talausgang zurückgekehrt, legte ich eine zweite Kompaßtraverse hart an der Westwand des Gilfs entlang nach Süden, um durch Vergleich der beiden so erhaltenen Begrenzungslinien feststellen zu können, in welchem Teilabschnitt der Hochfläche das Wadi Talh zu suchen sei. Bei dieser Fahrt fand ich am Fuß der Steilwand einen einzelnen „Arkenu-Baum", eine Akazienart, die bisher nur in der von Hassanein Bey entdeckten Arkenu-Oase festgestellt worden war. 14 Kilometer nördlich der Stelle, die wir vor wenigen Tagen auf unserm Fußmarsch über das Plateau erreicht hatten, fand ich Spuren eines zweiten Kamelpfades. Er führte ebenfalls von Westen her auf die Bergwand zu. Ich folgte ihm mit den Wagen, soweit es das Felsgeröll zuließ, das in dieser Gegend jede Annäherung an den Fuß des Hauptgebirges so überaus schwierig macht. Schließlich gelangte ich an eine lotrechte Felswand, in der ein enger „Sid" (Felskamin) zur Höhe des Plateaus hinaufführte. Da ich die Wagen nicht unnötig durch die Suche nach einer besseren Aufstiegsmöglichkeit beanspruchen wollte, ließ ich am Fuß der Felswand Lager schlagen.

In der Frühe des 5. Mai 1933 – fast auf den Tag ein Jahr nachdem ich vom Flugzeug aus zum erstenmal das Wadi Abd El Melik erblickt hatte – trat ich mit einem Sudanesen den Aufstieg an. Wir brauchten eine gute Stunde, um die etwa 200 Meter hohe Felswand zu erklettern. Oben angelangt, marschierten wir nach dem Kompaß genau nach Osten. Nach fünf Kilometern tauchte vor uns ein von Menschenhand errichtetes steinernes Wegzeichen auf. Wie wir bald zu unserer Freude feststellen konnten, bezeichnete es einen ausgetretenen Pfad – denselben, dem wir vor zwei Tagen weiter südlich gefolgt waren und der uns dann nach 15 Kilometern im Stich gelassen hatte.

Wir vertrauten uns unverzüglich dem Pfad an. Er führte uns parallel zu der fünf Kilometer entfernten Gilfwand nach Norden. Schon nach einem Kilometer wurden am Boden tiefe Wasserrisse sichtbar, die sich in unserer Marschrichtung zum „Kopf" eines Wadis hinunterzuziehen schienen. Wir bogen nun einige hundert Meter nach Westen aus, um seitlich von den Wasserrissen unsern Marsch auf gleichbleibender Höhe fortsetzen zu können. Nach einer weiteren Stunde rüstigen Marschierens wandten wir uns wieder nach Osten, um zu sehen, ob unsere Vermutung richtig gewesen war.

Diesmal erwartete uns keine Enttäuschung. Nach einigen hundert Schritten standen wir am Rand eines breiten Tals, das sich tief unter uns, mit zahllosen grünen Talhbäumen bestanden, ausbreitete. Wadi Talh, das dritte Tal im Gilf Kebir, war gefunden!

Auf den ersten Blick war zu erkennen, daß Wadi Talh kein ehemaliges Flußbett ist; es machte mir den Eindruck eines Grabenbruchs. Das Tal ist von steilen Felswänden eingefaßt und liegt in der Form eines langgestreckten Ovals mit seiner Längsachse von Süden nach Norden. Seine Breite übertrifft mit 1 1/2 bis 2 km die des Wadi Abd El Melik um ein Vielfaches. Die Vegetation, die sich über eine Fläche von 4 km Länge (durch Peilung ermittelt) ausbreitet, besteht ausschließlich aus Talhbäumen und Gras. Nach ihrer Färbung zu urteilen, war das Wadi Talh noch nicht in dem gleichen Maße ausgetrocknet wie das Wadi Abd El Melik. Soweit ich den nördlichen Talrand überblicken konnte, fand ich die Angabe meines Tibbu-Gewährsmanns bestätigt, daß ein Zugang von Norden her nicht bestehe.

Zu einem Abstieg auf die Talsohle, der mehrere Stunden in Anspruch genommen hätte, reichte die Zeit nicht aus, da ich vor Sonnenuntergang wieder im Lager sein wollte. Doch gelang es mir auf dem Rückweg, am südlichen Talrand einen jener kleinen schwarzweißen Vögel zu schießen, die ich von der Höhe aus mit dem Feldstecher zwischen den Talhbäumen beobachtet hatte: eine Starenart, die die Beduinen „Zarzur" nennen!

Spät am Nachmittag kehrte ich mit meinem Sudanesen ins Lager zurück, wo Bermann mich aufs herzlichste zu meinem Erfolg beglückwünschte. Der Bedauernswerte war durch einen heftigen Ruhranfall, den er mir heldenhaft verheimlicht hatte, daran verhindert gewesen, mich zu begleiten. Zu meiner Freude hatte sich sein Zustand während meiner Abwesenheit wesentlich gebessert, und so konnten wir am folgenden Morgen gemeinsam nach Süden aufbrechen, um uns mit der Vermessungsgruppe wieder zu vereinigen.

Penderel und Kádár hatten trotz der kurzen Zeit, die ihnen zur Verfügung stand, ihre Triangulation bis zum Ostrand des Hochplateaus durchgeführt und trafen kurz nach uns an dem vereinbarten Treffpunkt im Südwesten der Aqabadurchfahrt ein.

Die erste Teilstrecke der Heimfahrt brachte uns und unsere wiedervereinigten vier Wagen zur Dua-Quelle am Südhang des Uwenat-Massivs, an der – wie im vorigen Jahr – unsere Wasserbehälter aufgefüllt werden sollten. An der Quelle lagerte eine italienische Vermessungsexpedition unter Führung des Professors Lodovico di Caporiacco, von deren Anwesenheit in Ain Dua uns Maggiore Rolle bereits in Kufra unterrichtet hatte. Der Kabir dieser Expedition aber war kein anderer als Ibrahim, unser alter Tibbu-Freund, der mir vor zwei Wochen so wertvolle Aufschlüsse über die Täler im Gilf Kebir gegeben hatte. Die Freude des Wiedersehens löste die Zunge des mißtrauischen „Wüstenzigeuners". Er zeigte sich bedeutend mitteilsamer als bei unserm ersten Zusammentreffen und erzählte mir nach und nach folgendes:

Die Regenfälle, welche in Uwenat, Arkenu und im Gilf Kebir zeitweilig Pflanzenwuchs hervorsprießen lassen, sind keine vereinzelten Winterschauer, wie man zunächst annehmen sollte. Sie sind vielmehr regelmäßig wiederkehrende Ausläufer der südlichen (tropischen) Sommerregen, die in Abständen von mehreren Jahren über die Vegetationsgrenze des Sudan hinweg bis zum Innern der Libyschen Wüste gelangen. Sie entladen sich – in „Regenjahren" – während der Monate Juni, Juli und August als schwere Gewitterregen in mehrfacher Wiederholung über den hohen Gebirgen (Arkenu 1 416 Meter, Uwenat 1 907 Meter, Gilf Kebir 1 085 Meter) und versehen die in den Tälern gelegenen Quellen auf mehrere Jahre hinaus mit Wasser. Die Tibbu haben seit Menschengedenken in Regenjahren ihre Herden aus dem Tibesti-Hochland nach Norden getrieben, um die Weidegründe in den Tälern von Uwenat und im Gilf Kebir auszunutzen. Die Marschlinie war dabei stets Uwenat – Arkenu – El Biban – Wadi Hamra – Wadi Abd El Melik – Wadi Talh. El Biban („die Tore") ist eine Gruppe von hohen Bergen, zwischen denen, wie in einem Torweg, eine Ebene liegt; auf dieser Ebene bildet sich nach Regenfällen eine Hattiya (Weidegrund), die jedoch nur von kurzem Bestand ist, da das Wasser bald wieder versickert.

Ibrahim war (entgegen seiner früheren Behauptung) wiederholt in den Tälern des Gilfs gewesen, zum letztenmal vor sechs Jahren mit 40 Kamelen und 18 Kühen, deren eine auf dem Marsch von El Biban zum Gilf „argul battala" (schlechte Füße) bekam und am Fuß der Bergwand zurückgelassen werden mußte. Der alte Tibbu geriet in freudige Erregung, als ich ihm erzählte, daß ich die Kuh gefunden hätte. Ihr Besitzer, ein gewisser Abdallah, habe damals nicht glauben wollen, daß Ibrahim alles getan habe, um die Kuh am Leben zu erhalten, daß er sogar nach Wadi Abd El Melik gegangen sei, um Wasser und Futter für das Tier zu holen, das jedoch in der Zwischenzeit verendet sei. Nun rief der Alte mich zum Zeugen an, daß die Kuh nicht beim Aufstieg in der steilen Schlucht abgestürzt sei. Schade, daß der besagte Abdallah nicht ebenfalls in Ain Dua war, um meine Aussage zu hören...

Die entseelte Kuh hatte zustandegebracht, was mir in stundenlangem „Kalam" nicht gelungen war: Ibrahim hatte Vertrauen zu mir gefaßt. Als Zeichen seiner Zuneigung flüsterte er mir mit geheimnisvoller Miene ins Ohr, das nächstemal brauche ich mich nicht mit der Besteigung des alten Pfades abzumühen, es gäbe nämlich einen viel bequemeren Weg auf die Höhe hinauf, der geradeswegs von Uwenat kommend durch den großen Mamarr („Durchlaß", gemeint ist die Aqabadurchfahrt) in das Wadi Hamra führe.

Meine Frage, ob er den Namen Wadi Zarzura einmal gehört habe, beantwortet Ibrahim mit einem Lächeln: „Es gibt freilich Zarzura (die erwähnte Vogelart) in diesen Tälern, doch ihre richtigen Namen sind das 'Rote Tal' (Wadi Hamra), das 'Tal des Abd El Melik' und das 'Tal der Talhbäume'. Das Wadi Abd El Melik hat – das habe ich dir schon in Kufra erzählt – seinen Namen von einem Mann, der dort mit seiner Herde lebte, so wie das Karkur* Ibrahim im Uwenatberg meinen Namen trägt, weil ich, Ibrahim, dort immer nach den Regen gewohnt habe. Auch der Name Gilf Kebir, mit dem du den Berg nennst, ist falsch**; der Berg heißt mit seinem richtigen Namen Gebel Esch-Schamali („Nordberg"). Wir Tibbu kennen die drei Täler im Nordberg seit Menschengedenken, und wenn die Regen gut waren, haben wir dort stets unsere Herden auf die Weide geführt."

Die Angaben des Tibbu ließen nun die Lösung all der Fragen, die mich jahrelang beschäftigt hatten, so einfach und selbstverständlich erscheinen. Periodische Regenoasen im Inneren der Libyschen Wüste, den Ägyptern und Tripolitanern unbekannt, jedoch seit uralten Zeiten von schwarzhäutigen Tibbu und den ihnen stammverwandten Guraans besucht, die aus dem Süden kamen. Hier liegt der Ursprung der Legenden, die sich bis auf den heutigen Tag unter den Bewohnern der ägypti-

---
* „Karkûr", ein Wort nicht arabischen Ursprungs, das nur als Bezeichnung der Täler des Uwenat-Massivs vorkommt.

** Der Name Gilf Kebir („Große Klippe") wurde vom Prinzen Kemal El Din geprägt, als er im Jahre 1926 die Südostwand des Hochplateaus zum ersten Mal erblickte.

schen Oasen erhalten haben: die „Schwarzen Riesen", die einst mit ihren Kühen aus dem unbekannten Sandmeer aufgetaucht waren und in einer den Ägyptern unverständlichen Sprache geredet hatten, sie waren Tibbu gewesen, die aus diesen Regenoasen gekommen waren. Hier liegt zugleich auch der Schlüssel zu einer geographischen Erkenntnis, die geeignet ist, die Frage der Niederschläge im libyschen Hinterland in einem neuen Licht erscheinen zu lassen. Die Tatsache, daß sich der Wirkungsbereich der tropischen Sommerregen im Innern der Libyschen Wüste bis über den 24. Breitengrad hinaus nach Norden erstreckt, war meines Wissens bisher nicht bekannt. Jedenfalls wurden die in der Wüste hin und wieder auftretenden Niederschläge ausschließlich als Ausläufer der Küstenregen des Mittelländischen Meeres erklärt.

Unser Aufenthalt in Ain Dua stand unter einem glücklichen Stern. Professor Caporiacco, der sich bereits seit drei Wochen an dem einsamen Felsenquell befand, kam im Verlauf unseres Beisammenseins darauf zu sprechen, daß die eingeborenen Hilfsmannschaften seines Vermessungstrupps in der Bergwand hinter dem Lager eine Reihe von Höhlen gefunden hätten, von denen eine durch einen tiefen Felsspalt mit der Quelle in Verbindung zu stehen scheine. Die Askaris hätten durch hinabgeworfene Steine festgestellt, daß sich am Boden des Felsspaltes Wasser befinde. Ich beauftragte daher meinen sudanesischen Fahrer Sabir Mohammed, die eingeborenen Soldaten über ihren Fund zu befragen; da er jedoch unter den im Lager anwesenden keinen ermitteln konnte, der den Felsspalt mit eigenen Augen gesehen hätte, begab er sich selbst auf die Suche. Nach einiger Zeit kehrte er mit der Mitteilung zurück, daß er unter den großen Granitblöcken, die die Bergwand bedecken, zwar verschiedene Höhlen gefunden habe, jedoch keine, in der sich ein tiefer Felsspalt befände.

Die Erfahrungen meiner Zarzurafahrten hatten mich gelehrt, daß die Erzählungen Eingeborener stets einen wahren Kern enthalten. Ich machte mich daher selbst auf, um festzustellen, was den Angaben der Askaris zugrundelag. Sabir begleitete mich. Die Hitze, die infolge der vorgerückten Jahreszeit (Mitte Mai) an der Felswand herrschte, war kaum zu ertragen und zwang uns, für einige Minuten im Schatten einer der Höhlen Schutz zu suchen. Während wir im Halbdunkeln der aus mächtigen Granitblöcken gebildeten Höhle saßen, erwähnte Sabir ganz beiläufig, daß er schon am Morgen an einer andern Stelle der Bergwand herumgeklettert sei und daß ihm dort über dem Eingang zu einer Höhle ein „rotes Bild" aufgefallen sei, das eine Kuh darstellte.

Unverzüglich ließ ich mich an die erwähnte Stelle führen; was ich dort sah, übertraf meine Erwartungen bei weitem. Der Granitblock, der das Dach der Höhle bildete, war bedeckt mit vorzüglich erhaltenen Malungen in roter, brauner und weißer Farbe, buntgescheckte Kühe und schwarze Menschen in Kriegsausrüstung darstellend.

Sabir, der die Darstellungen menschlicher Gestalten am Morgen nicht bemerkt hatte, bat mich inständig, die Fundstelle sofort wieder zu verlassen, da sie zweifellos der Aufenthaltsort böser Geister sei. Seine Worte erinnerten mich daran, daß Hassanein Bey von den Guraans, die seine Führer zu den Felsritzungen in Karkur Talh* gewesen waren, die folgende Angabe erhalten hatte: „Uwenat ist von jeher bewohnt gewesen. Ja, die Ginn und die Afarit (beides Geisterwesen) haben sogar Bilder auf die Felsen geschrieben, wie sie kein menschliches Wesen schreiben könnte. Der ganze Berg ist voll von Bildern, die die Geister geschrieben haben."

Unweit der ersten Fundstelle fand ich eine weitere Höhle, deren Eingang ebenfalls mit Malungen bedeckt war. Ich kehrte zum Lager zurück und fragte Prof. Caporiacco, ob ihm in der Umgebung von Ain Dua vorgeschichtliche Felsmalungen bekannt seien. Er antwortete mir, daß er lediglich die geritzten

---
* Tal im nördlichen Teil des Uwenat. Nicht zu verwechseln mit dem Wadi Talh im Gilf Kebir.

Bilder in den Sandsteinfelsen des Karkur Talh gesehen habe und es für unwahrscheinlich halte, daß am Südhang des Massivs – der aus Granit besteht – ebenfalls derartige Ritzungen oder gar Malungen vorhanden seien. Lachend erbot ich mich, ihm einige Musterbeispiele von gemalten Felsbildern in nächster Nähe seines Lagerplatzes zu zeigen, wenn er mir als Gegengabe einen mit arabischen Schriftzeichen verzierten Knochen überlassen wolle, den seine Askaris in der Nähe der Quelle gefunden hatten. Er ging auf meinen Vorschlag ein, und ich führte ihn zu den beiden Fundstellen hinauf, deren Anblick ihn in höchstes Erstaunen versetzte.

Ich rief nun auch Dr. Bermann und Dr. Kádár herbei und machte mich gemeinsam mit ihnen auf die Suche nach weiteren Höhlen, unterstützt von den italienischen Askaris, die Professor Caporiacco über die Felswand ausschwärmen ließ. Nach einigen Stunden hatte sich die Zahl der Fundstellen auf zwölf erhöht. Die folgenden drei Tage verbrachte ich damit, die besten der gefundenen Bilder abzuzeichnen und abzumalen, während meine Gefährten das kürzere Verfahren der photographischen Aufnahme wählten.

Unsere Weiterfahrt von Uwenat über Bir Terfawi und Charga ins Niltal ging planmäßig und ohne Zwischenfälle vonstatten. In Kairo hatte ich die Ehre, dem König Fouad I. anläßlich einer Audienz, die er mir gewährte, über den Verlauf und die Ergebnisse unserer Fahrt Bericht zu erstatten und ihm eine Auswahl aus unseren photographischen und gemalten Wiedergaben der in Ain Dua gefundenen Felsbilder zu überreichen, die er der Königlich Ägyptischen Erdkundlichen Gesellschaft zur Aufnahme in die Sammlung des Wüstenforschungsinstituts überwies.

Die Expedition des Frühjahrs 1933 hatte das Zarzuraproblem seiner endgültigen Lösung um ein gutes Stück näher gebracht. Doch nach meinem Dafürhalten war das Ziel, das ich mir gesetzt hatte, nicht erreicht, solange es mir nicht gelungen war, das Wadi Talh – das ich bisher nur gesehen hatte – zu betreten und außerdem den Nachweis zu erbringen, daß eins der drei Täler im Gilf Kebir in früherer Zeit den Namen Wadi Zarzura getragen hatte.

Die Möglichkeit, zum drittenmal eine Expedition in die Gebirge des westlichen Teils der Libyschen Wüste zu führen, bot sich mir noch im gleichen Jahre (1933). Leo Frobenius, der inzwischen verstorbene Leiter des Kulturmorphologischen Instituts der Universität Frankfurt am Main, hatte sich auf meinen Vorschlag hin bereit erklärt, die vorgeschichtlichen Fundstellen im Uwenat-Massiv und am Westrand des Gilf Kebir einer eingehenden archäologischen Prüfung zu unterziehen. Er traf Anfang Oktober 1933 in Kairo ein, um sich für zwei Monate meiner Führung und meinen Wagen anzuvertrauen; in seiner Begleitung befanden sich Dr. H. Rhotert und die Malerin Fräulein Pauli.

Das erste Ziel unserer Wüstenreise war Ain Dua am Südabhang des Uwenat-Massivs, wo ich Professor Frobenius die im Frühjahr gefundenen Felsmalungen zeigte. Während er und seine beiden Mitarbeiter in zwölftägiger Arbeit die nach Hunderten zählenden Einzeldarstellungen von Menschen und Tieren mit Malpinsel und Kamera aufnahmen, begab ich mich, begleitet von Sabir Mohammed, ins Karkur Talh im nördlichen Teil des Massivs, in dessen weiterer Umgebung ich – ausgehend von der Fundstelle Hassanein Beys – nach und nach mehr als zwanzig bemalte Sandsteinhöhlen und eine größere Anzahl geritzter Felsbilder fand. Ich verständigte die Frobeniusgruppe unverzüglich von meiner Entdeckung, deren Auswertung den Gelehrten und seine Mitarbeiter für eine weitere Woche voll in Anspruch nahm, und fuhr dann mit Sabir Mohammed zum Arkenuberg, an dessen Wänden sich jedoch keinerlei Kunsterzeugnisse aus der Vorzeit feststellen ließen.

Sobald die Aufnahme der Höhlen im Karkur Talh in großen Zügen durchgeführt war, brach ich mit sämtlichen Expeditionsmitgliedern nach Kufra auf, um Wasser zu holen. Von

Kufra ging die Fahrt auf der von mir im Jahre 1932 erschlossenen Route zum Wadi Sura, dem „Bildtal", am Westrand des Gilf Kebir. Hier zeigte ich meinen Gefährten die von Patrick Clayton im Vorjahre und die von mir im Frühjahr 1933 gefundenen Felsritzungen. Wieder waren die Erkundungsfahrten, die ich mit Sabir Mohammed vom Lager aus unternahm, von Erfolg begleitet; ich fand 3 1/2 Kilometer nördlich der früheren Fundstellen vier Höhlen, die reiche Bemalung aufwiesen.

Die unerwartet zahlreichen Neufunde, die mir im Verlaufe der Fahrt gelungen waren, brachten für die Frobeniusgruppe naturgemäß eine erhebliche Mehrarbeit mit sich. Da Leo Frobenius seine Rückkehr nach Kairo wegen anderer Verpflichtungen nicht verschieben konnte, beschlossen wir, auf einen Besuch der Täler des Gilf Kebir zu verzichten. Statt dessen bereisten wir den südlichen Teil der Libyschen Wüste bis an die Grenze des sudanesischen Steppengebiets. Die lange Fahrt führte vom Wadi Sura über die Quellen und Brunnen von Uwenat, Selima und Merga zum Wadi Hawar und von dort über die Darb El Arbe'in (die „Straße der Vierzig Tage") zurück nach Charga und Kairo.* So konnte ich meine Reisegefährten mit vielen Fundstätten bekannt machen, die geeignet waren, die Ausdehnung und Beschaffenheit der steinzeitlichen Kultur im weiten Wüstengebiet zwischen dem 23. und 27. Breitengrad erkennen zu lassen.

Ich gebe zu, daß es mir nicht leicht gefallen ist, von Wadi Sura aus nach Süden zurückzusteuern, anstatt, wie es mein Wunsch gewesen war, aufs neue in das Innere des Gilf Kebir einzudringen und dort das noch unbetretene Wadi Talh aufzusuchen. Aber ich habe diese Änderung des ursprünglich vereinbarten Reiseplans nicht bedauert. Die Fahrt, die ich mit Leo Frobenius zum Wadi Hawar gemacht habe, hat mir ermöglicht, alle bisher entdeckten vorgeschichtlichen Fundstätten im süd-

----
*Siehe Anmerkung auf Seite 196.

lichen Teil der Libyschen Wüste zum erstenmal der kritischen Betrachtung eines Fachgelehrten zu unterbreiten, der sich, unbekümmert um die Schwierigkeiten der Auffindung, in Muße ein Urteil über den archäologischen Wert dieser Funde bilden konnte.

Professor Leo Frobenius hat die wissenschaftliche Ausbeute unserer gemeinsamen Wüstenfahrt in einer Reihe von Schriften niedergelegt und damit einen bedeutsamen Beitrag zur Erkenntnis der frühesten Menschheitsgeschichte geschaffen. Soweit sind die Hoffnungen, die ich in ein Zusammenarbeiten zwischen Gelehrtem und Entdecker gesetzt hatte, in Erfüllung gegangen. Daß sie sich nicht in vollem Umfang erfüllt haben, möge ein Ausschnitt aus dem höchst unerfreulichen Federkrieg zeigen, der bald nach unserer Heimkehr ins Niltal „ausbrach".

Professor Caporiacco war – mit Recht! – darüber entrüstet, daß Frobenius die Felsmalungen von Ain Dua als seine eigene Entdeckung bezeichnete. Anstatt nun aber gegen die Behauptung seines deutschen Kollegen in sachlicher Weise Verwahrung einzulegen, erklärte er kurzerhand, selbst Entdecker der Fundstelle zu sein: „... Es handelt sich hier [in Ain Dua], das ist so gut wie sicher, um dieselben Felsmalungen, die der deutsche Professor Frobenius auf seiner Expedition in der Libyschen Wüste gefunden zu haben behauptet. Die Priorität der Entdeckung und Auswertung dieser Malungen kommt aber im Gegenteil ganz zweifellos uns Italienern zu. Professor Frobenius war in Wirklichkeit fünf Monate später in Uwenat, und zwar wurde er von dem Ungarn Almásy geführt, dem diese Malungen bekannt waren, weil er als Gast bei der italienischen Mission weilte, als ich die Malungen entdeckte, und weil einer der bemalten Felsblöcke zufällig von einem seiner schwarzen Diener gefunden wurde." (*Bolletino della R. Società Geografica Italiana*, Februar 1934, S. 129)

In dieser Tonart ging der Streit monatelang weiter. Die Tatsache, daß der Ungar Almásy es gewesen ist, der die Felsmalungen von Ain Dua, ebenso wie die im Karkur Talh und im Gilf Kebir, gefunden hat,* geriet in der Hitze des Wortgefechts in Vergessenheit. Frobenius beendete übrigens den Streit durch die Erklärung, daß es niemals in seiner Absicht gelegen habe, als Entdecker der Felsbilder zu erscheinen. Vielleicht läßt sich in nicht zu ferner Zukunft noch ein weiterer Fürst des Katheders in die Libysche Wüste hinausführen, um die Felsmalungen von Ain Dua oder eine der andern Fundstellen zum endgültig ersten Mal zu entdecken. Wer weiß?

Am 21. März des Jahres 1934 lagerte ich zum viertenmal mit einer Expedition in Wadi Sura am Westrand des Gilf-Kebir-Plateaus. Ich war entschlossen, diesmal nicht nach Kairo zurückzukehren, ohne das Wadi Talh betreten zu haben. Außerdem wollte ich alle drei Täler des Gilf Kebir vermessen und damit meine geographische Arbeit der letzten drei Jahre zum Abschluß bringen. Die einzige Aufgabe, die dann noch ihrer Lösung harren würde, war der Nachweis, daß eins der drei Täler in früherer Zeit den Namen „Wadi Zarzura" getragen hatte. Bei meinem letzten Besuch in Kufra – von dem ich soeben mit frischgefüllten Wasserbehältern nach Wadi Sura zurückgekehrt war – hatte ich in Erfahrung gebracht, daß Abd El Melik, der Mann, der dem Wadi Abd El Melik seinen jetzigen Namen gegeben hatte, noch im Jahre 1931 in der Oase Zurq der Kufragruppe gelebt hatte. Unter Abd El Meliks Stammesgenossen, den Zwaya, ging zwar das Gerücht, daß der Alte bei Hauari im Gefecht mit den Italienern gefallen sei, doch erschien es mir nicht unmöglich, daß er nach Ägypten entkommen war und dort in einer der senussischen Flüchtlingskolonien ein Unterkommen gefunden hatte.

---

* *Viel ausführlicher als in der deutschen Ausgabe hatte Almásy die Entdeckung der verschiedenen Felsbilder und den Verlauf seiner Forschungsreise mit Frobenius fünf Jahre vorher auf ungarisch beschrieben. Das diesem Thema gewidmete Kapitel der „Ismeretlen Szahara" kann – übersetzt – im Anhang nachgelesen werden. Siehe Seite 309 ff.*

Der frühere Name des Wadi Abd El Melik konnte – möglicherweise – den gesuchten Aufschluß über „Wadi Zarzura" vermitteln. Wenn es überhaupt einen Menschen gab, der diesen Namen kannte, so war es der Zwaya-Beduine Abd El Melik, der „sein" Tal betreten hatte, als es noch nicht den heutigen Namen trug. Meine Nachforschungen mußten daher zuerst jenem Beduinen gelten, und ich nahm mir vor, nach Beendigung der Expedition alsbald von Kairo aus mit der Suche nach ihm zu beginnen.

Vor Antritt meiner Fahrt in die Täler des Gilf Kebir teilte ich – wie im Jahre 1933 – die Expedition in zwei Gruppen. Ich entsandte meinen Gefährten, den deutschen Diplomingenieur Hansjoachim von der Esch, nach Süden mit dem Auftrag, das bisher unerforschte Gebiet südwestlich von Wadi Sura, insbesondere den Gebel El Biban (den „Berg der Tore"), zu vermessen. Es war seit langem mein Wunsch gewesen, diesen Wüstenstrich, der – wie ich vom Flugzeug aus festgestellt hatte – von mächtigen Dünenketten durchzogen ist, in meine Landkarte aufzunehmen, zumal der Gebel El Biban nach den Angaben meines Tibbu-Gewährsmanns aus Kufra eine Regenoase enthalten sollte und damit als Fundort von Felsbildern in Frage kam. Da der Gebel El Biban hart am 25. Längengrad liegt, der als Grenze zwischen dem ägyptischen und dem italienischen Teil der Libyschen Wüste gilt, fuhr Esch vorsorglich zunächst nach Ain Dua zurück, um den Kommandanten des dortigen italienischen Vorpostens, Capitano Parola, zu ersuchen, ihn zu begleiten. Parola nahm die Gelegenheit zu einer Entdeckungsfahrt in einem unserer neunzöllig bereiften Wüstenwagen mit Freude an und berichtete mir später in begeisterten Worten über seine Fahrt durch die Dünen. Der Name „Duna della Morte", den er einer offenbar besonders schwierigen Passage verliehen hatte, deutet an, daß ihm bei den Berg-und-Tal-Fahrten durch die hohen Dünenketten nicht immer ganz behaglich zumute gewesen ist.

Während Esch im Süden triangulierte, fuhr ich mit den mir

verbliebenen beiden Wagen zuerst in das Wadi Hamra, das Patrick Clayton bereits zum großen Teil vermessen hatte, darauf in das Wadi Abd El Melik, dessen beide obere (südliche) Äste ich in mehrtägiger Arbeit kartographisch aufnahm. In meiner Begleitung befanden sich der Schweizer Alpinist von Heller, der Berichterstatter einer arabischen Tageszeitung, Hasan Sobchi, ferner mein treuer sudanesischer Fahrer Sabir Mohammed und Selim, mein Ersatzkoch, vor dem ich jedes alkoholische Getränk sorgfältig verschließen mußte. Meinen bewährten Hauptkoch, den trefflichen Mahmud, den ich von dem verstorbenen Prinzen Kemal El Din übernommen habe, hatte ich Esch mitgegeben, damit er dessen schwere Aufgabe wenigstens etwas erleichterte.

Unsere eingehende Durchforschung der beiden Quellarme des Wadi Abd El Melik brachte, abgesehen von topographischen Feststellungen, keinerlei neue Ergebnisse. Zwar war der Vegetationsstreifen von Wildschaffährten durchzogen, doch blieb unsere Suche nach Spuren vorgeschichtlicher Besiedlung erfolglos. Nachdem unsere Tätigkeit in den südlichen Ästen des Haupttals beendet war, beschloß ich, die kartographische Aufnahme der zahlreichen kleinen Nebentäler am nächsten Tag von der Höhe des Plateaus aus zu Fuß fortzusetzen. Auf dem Rückweg zum Lager fuhr ich mit Sabir noch in eines dieser Nebentäler, um ihm die Stelle zu zeigen, an der er mich am Ende meines Fußmarsches am folgenden Mittag erwarten sollte.

Beim Morgengrauen verließ ich tags darauf mit Heller und Sabir in einem Wagen das Lager. Der Journalist erklärte, von den Anstrengungen des gestrigen Tags zu sehr geschwächt zu sein, um sein Zelt verlassen zu können. Wir ließen ihn in Gesellschaft des Kochs zurück. In gemächlicher Fahrt folgten wir dem östlichen Quellarm des Tals auf unserer gestrigen Spur nach Süden. Das einzige nennenswerte Hindernis auf unserm Wege war eine breite Flugsandwelle, die sich beim neunzehnten Kilometer quer durch das Tal erstreckte, im übrigen bot die

Fahrbahn keine Schwierigkeiten. Nach 35 Kilometern hatten wir die Stelle erreicht, an der wir tags zuvor umgekehrt waren. Grobes Felsgeröll machte die Weiterfahrt unmöglich, wir nahmen unsere Traglast, die aus Instrumenten, Zeichengerät, Wasserflaschen, meinem Jagdgewehr und einem langen Kletterseil bestand, vom Wagen und wanderten zwischen großen Sandsteinblöcken eine Stunde talaufwärts. Bald wurde das Geröll so dicht, daß das Tal vollkommen von scharfkantigen Felsstücken bedeckt war, über die wir rutschend und springend nur langsam vorwärts kamen.

Nach einigen Biegungen endete der Cañon in einer etwa 80 Meter hohen Felsmauer, an der sich, soviel ich mit meinen Laienaugen sehen konnte, nirgends eine Möglichkeit zum Aufstieg auf die Höhe des Plateaus bot. Ich fragte mich im stillen, wie mein alpinistischer Freund sich wohl mit dieser Steilwand auseinandersetzen würde. Schweigend ließ ich mich an Sabirs Seite auf einem großen Steinblock nieder, um in Ruhe Hellers Maßnahmen zu verfolgen, der sich das Kletterseil schräg über die eine Schulter wickelte. Er nahm den Alpenpickel zur Hand und machte sich entlang der Felswand langsam auf den Weg. Von Zeit zu Zeit blieb er stehen, ließ seinen Blick prüfend auf einzelnen Stellen der Wand ruhen, klopfte hier und dort mit seinem Pickel an den Fels, dann ging er wieder weiter. Eine Viertelstunde verrann, ohne daß sich etwas Besonderes ereignet hätte. Um mir die Zeit zu vertreiben, begann ich mein Gewehrschloß vom Flugsand zu reinigen. Da, als ich wieder nach der Stelle blickte, an der Heller noch vor wenigen Augenblicken gestanden hatte, sah ich ihn unvermutet etwa 20 Meter höher in der Felswand „kleben". Mit sicheren Griffen arbeitete er sich hinauf, bis ihn schließlich eine vorspringende Kante unsern Blicken entzog.

Kaum eine halbe Stunde später kündete ein Jodler aus der Höhe an, daß unser Gefährte den Rand des Hochplateaus erreicht hatte. Kurz darauf glitt das Ende des Kletterseils neben uns an der Felswand herunter, auf Hellers Geheiß banden wir nacheinander den Meßtisch, die Instrumente, das Gewehr und die Wasserflaschen daran, die alsbald über unsern Köpfen nach oben verschwanden. Jetzt war die Reihe an mir. Noch einmal schärfte ich Sabir ein, uns an der Stelle in dem kleinen Nebental zu erwarten, die ich ihm gestern abend gezeigt hatte, dann ergriff ich, etwas argwöhnisch, das Seil. Die Reise nach oben ging leichter vonstatten, als ich gedacht hatte, mit den Beinen gegen die Felswand gestützt, zog ich mich nach oben, so wie es Heller mir gezeigt hatte. Ich fand den Alpinisten auf einem Felsvorsprung, an dem er das Seil mit kundiger Hand befestigt hatte. Die letzte, weniger steile Strecke bis zum eigentlichen „Dach" des Gilf Kebir legten wir auf allen Vieren kriechend zurück, oben angekommen, verständigten wir dann Sabir durch Zurufe, daß er zum Auto zurückgehen könne.

Der Vormittag ging schnell zu Ende. Wir arbeiteten in der Hauptsache mit Magnetnadel und Entfernungsmesser, und während Heller an den angepeilten Punkten kleine Steinpyramiden errichtete, entstand auf meinem Zeichentisch das Bild der zahlreichen östlichen Nebentäler des Wadi Abd El Melik. Die Befriedigung, in die uns der gute Fortgang unserer Arbeit versetzte, wäre vollkommen gewesen, hätte nicht ein unangenehmer Südwind die Luftwärme auf eine für März ganz ungewöhnliche Höhe ansteigen lassen.

Kurz nach Mittag erreichten wir die Stelle, an der nach meiner Vermutung das Nebental, in dem uns Sabir erwarten sollte, endete. Ich überließ Heller die Suche nach einer geeigneten Abstiegsmöglichkeit und benutzte die halbe Stunde seiner Abwesenheit, um meinen Augen, die vom Ablesen der Instrumente in dem grellen Sonnenlicht schmerzten, eine Ruhepause zu gewähren. Zwar war es möglich, daß Heller mir durch seine Suche das Wildschaf vergrämte, dessen Fährte wir gestern auf der Talsohle gekreuzt hatten, doch fühlte ich mich angesichts der lähmenden Hitze und meiner schmerzenden Augen nicht mehr dazu aufgelegt, sorgfältig bis zum Rand des gesuchten Nebentals zu pirschen.

Der Bergsachverständige leistete wiederum Wunder. Um 2 Uhr nachmittags standen wir beide mit all unserer Habe wohlbehalten unten in dem sandigen Bett des Nebentals. Nach einigen Kilometern Fußmarsch erreichten wir den Punkt, an dem ich am Vortage mit Sabir umgekehrt war, aber zu meiner Beunruhigung waren nur die beiden Wagenspuren unserer Hin- und Rückfahrt im Sand sichtbar. Sabir war also mit dem Wagen noch nicht angekommen! Die Sache war ärgerlich, weil wir den letzten Tropfen Wasser vor dem Abstieg ausgetrunken hatten. Außerdem hätte es uns sehr wohlgetan, nach dem langen Fußmarsch jetzt im Schatten einer Felsnische das Mittagessen zu verzehren, das wir mit dem Wagen erwarteten.

Wir setzten uns nieder, um zu beraten. Ich hatte Sabir am Morgen den Befehl gegeben, ins Lager zurückzufahren, dort den Berichterstatter, den Koch sowie unser Mittagessen zu holen und um 12 Uhr mittags wieder hierher abzufahren. Offenbar war er unterwegs im weichen Sanddamm steckengeblieben und die beiden andern hatten nicht vermocht, ihn wieder aus dem Sand herauszuschieben, sonst hätte er spätestens um 1/2 2 Uhr hier sein müssen. Es war aber auch denkbar, daß er nach orientalischer Art nicht auf die Uhr gesehen hatte und zu spät vom Lager abgefahren war. Wir legten uns in den Sand und ruhten eine halbe Stunde. Dann erörterten wir noch einmal alle Möglichkeiten. War Sabir vielleicht auf dem Rückweg von unserer Aufstiegstelle zwischen den Steinen gestürzt? In diesem Fall lag der arme Teufel womöglich noch jetzt dort, wenn nicht der Journalist so viel Verstand gehabt hatte, spätestens um 10 Uhr vormittags mit dem Koch im zweiten Wagen unsern Spuren nachzufahren. Es bestand ferner noch die Möglichkeit, daß nicht Sabir, sondern dem Wagen etwas zugestoßen war. Doch auch dann hätte ja der zweite Wagen zur sofortigen Hilfeleistung bereitgestanden.

Der Gedanke, daß mein treuer Sabir verunglückt sei, ließ mir keine Ruhe. Ich fühlte, daß der Platz des verantwortlichen Leiters in einem solchen Fall im Lager sei, und entschloß mich, um 3 Uhr aufzubrechen. Unser Gepäck, auch das Gewehr, ließen wir zurück, um uns nicht unnötig zu belasten. Die Wildschafe reizten mich in meinem ausgedursteten Zustand ohnehin nicht mehr. Nach einer halben Stunde erreichten wir das Hauptta, nach einer Stunde den Sanddamm. Vom Wagen keine Spur. Bleiern lag die Hitze zwischen den hohen Sandsteinwänden des engen Tals.

Im Schatten eines Felsens ruhen wir eine Weile aus. Mit schwer beweglicher Zunge wechseln wir einige belanglose Worte. Dann geht der Marsch weiter. Meine Glieder sind durch die Rast müde und steif geworden, die Folgen der ungewohnten Kletterei und des langen Fußmarsches auf dem felsigen Plateau machen sich in stechenden Gelenkschmerzen bemerkbar. Zwei weitere Stunden wandern wir schweigend dahin. Gegen 6 Uhr nachmittags bemerke ich die ersten Anzeichen von Erschöpfung. Es ist, als öffne sich vor meinen Augen ein regenbogenfarbiger Fächer, der mir die Sicht nimmt. Anfangs tritt die Erscheinung nur hin und wieder auf und verschwindet sogleich, wenn ich mit der Hand leicht auf den Augapfel drücke, doch bald wird sie häufiger und so stark, daß ich für Augenblicke stehenbleiben muß. Auch mit meiner Zunge ist etwas nicht in Ordnung, sie ist groß und unförmig geworden und scheint in meinem Munde nicht mehr genügend Platz zu haben.

Um 7 Uhr setzen wir uns nieder. Nach meiner Schätzung haben wir von der Stelle, an der wir uns in das Nebental abseilten, 20 Kilometer zurückgelegt. Seit unserer letzten Rast haben wir kein Wort mehr miteinander gewechselt, und mit Bestürzung sehe ich jetzt, wie zwischen den Lippen meines Gefährten die Zunge schwarz hindurchscheint. Er will sprechen, doch nur ein Röcheln dringt aus seiner ausgedörrten Kehle. Sein Kopf hängt schwer vornüber, während er mit dem Finger ein Wort in den Sand schreibt: „DURST".

Noch einmal versuche ich alle Gründe zu durchdenken, die vielleicht das Auto am Kommen verhindert haben mögen.

Auch diesmal kann ich zu keiner andern Erkenntnis kommen, als daß wir das Lager um jeden Preis erreichen müssen. Ich blicke auf meine Armbanduhr. Um 7 Uhr 15 winke ich Heller zum Gehen. Nach einer halben Stunde ist es dunkel. Die Luft ist unbeweglich und erstickend heiß. Jetzt brauchen wir wenigstens die Gefahr eines Sonnenstichs nicht mehr zu fürchten. Jedes Gramm Gewicht an unserm Körper ist schon lange zur Qual geworden. Wir ziehen unsere Khakihemden aus und hängen sie zusammen mit unsern Tropenhelmen über einen Busch. Nur mit leichter Kniehose und Stiefeln bekleidet schleppen wir uns weiter.

Eine Zeitlang ist mir, als verspürte ich eine gewisse Erleichterung, dann macht sich ein immer stärker werdender Schmerz in meiner Kehle bemerkbar. Irgend etwas schnürt mir mit scharfem Stechen die Luftröhre zusammen und zwingt mich zu heftigem Husten. Das trockene Bellen, das anfangs den Schmerz milderte, wird bald zum Krampf, die Bauchmuskeln ziehen sich unaufhörlich in schmerzhaften Stößen zusammen. Ich fühle, daß mir die Sinne schwinden, und muß mich niedersetzen. Nach einer Weile ist der Anfall vorüber. Ich stehe auf und blicke in das vom Mondlicht beleuchtete Tal zurück. Nicht weit von mir sitzt mein Gefährte im Sand. Ich gehe zu ihm zurück. Er hält seine Knie mit beiden Armen umfaßt, sein Kopf ist herabgesunken, ein krampfhafter Husten schüttelt ihn. Ich setze mich neben ihn. Meine Armbanduhr zeigt 3/4 9 Uhr. Heller bewegt sich. Langsam schreibt er mit dem Finger in den gelben Sand, zwei Worte nur, aber in meinen Adern erstarrt das Blut: „WADI HAMRA".

Barmherziger Himmel! Sollten wir oben auf dem Plateau die Richtung verloren und uns statt in ein Nebental des Wadi Abd El Melik in das Wadi Hamra hinuntergelassen haben? Vor zehn Tagen hatte ich das Wadi Hamra mit zwei Wagen befahren. Sollte die vierfache Autospur, die uns hier im Mondlicht so frisch erscheint, die zehn Tage alte Spur des Wadi Hamra sein? Unsere Kompasse? ... Ein magnetisches Störungsfeld auf dem

Plateau?... Wäre es möglich?... Die Gedanken überstürzen sich in meinem Gehirn. Aber nein – wir sind doch heute nachmittag an der breiten Flugsandwelle vorbeigekommen, die sich 19 Kilometer südlich von unserm Lager quer durch das Wadi Abd El Melik zieht... Eine plötzliche Erinnerung läßt meinen Herzschlag stocken: Im oberen Teil des Wadi Hamra sind wir vor zehn Tagen ebenfalls über eine breite Flugsandwelle gefahren...! Wenn wir uns im Wadi Hamra befinden, dann gibt es keine Rettung mehr. Dorthin können die Autos von unserm Lager aus nur auf einem Umweg von 300 Kilometern gelangen. Ich nehme alle Willenskraft zusammen, setze mich aufrecht hin und versuche, mir das am Vormittag aufgenommene Kartenbild ins Gedächtnis zurückzurufen. Zeichenblatt und Rechenheft hatten wir mit unsern übrigen Sachen oben im Nebental zurückgelassen. Aber auch ohne schriftliche Unterlagen sagt mir mein Ortssinn, der mich noch nie in meinem Leben im Stich gelassen hat, daß wir nicht um rund 15 Kompaßgrade aus unserer geplanten Marschrichtung nach Osten abgekommen sind. Nein, wir sind nicht im Wadi Hamra, in dem wir dem Tod geradeswegs in die Arme laufen würden. Der Gedanke meines Gefährten ist nichts als das Hingespinst eines Verdurstenden, durch das ich mich nicht beeinflussen lassen darf. Wir sind im Wadi Abd El Melik und nähern uns mit jedem Schritt unserm Lager.

Ich rüttle Heller wach und trete mit beiden Füßen die in den Sand geschriebenen Worte aus. Taumelnd setzen wir uns beide in Bewegung. Ein brennender Schmerz in Kehle und Magen läßt mich für Augenblicke die Augen schließen... Durch Schütteln und harte Schläge mit der flachen Hand auf meine Brust bringt Heller mich zum Bewußtsein zurück. Mein erster Blick gilt der Uhr: 1/2 11, ich muß also wohl eine halbe Stunde oder länger besinnungslos gewesen sein. Heller will wieder etwas in den Sand schreiben, aber ich erlaube es ihm nicht und bedeute ihm, mir aufstehen zu helfen.

Stunde um Stunde schleppen wir uns dahin. Wir wagen

nicht mehr, uns niederzusetzen, denn wir fühlen, daß uns die Kraft zum Wiederaufbruch fehlen würde. Gegen Mitternacht bleibt mein Gefährte an einen Felsblock gelehnt stehen. Er zeigt mir durch Gebärden an, daß er nicht mehr weiterzugehen vermag. Ich trete an seine Seite. Keuchend ringen wir beide nach Atem. Die Zunge ist uns aus dem Munde gequollen und hat sich wie ein dicker Lederknebel vor unsere Zähne geschoben. Wir vermeiden es, uns anzublicken. Mit äußerster Anstrengung beuge ich mich zum Boden hinunter. Einen Augenblick lang befällt mich ein Schwindel, dann schreibe ich vor uns in den Sand: „NOCH 5 KM".

Heller nickt und hilft mir, mich wieder aufzurichten. Dann folgt er mir mit schwankenden Schritten weiter talwärts. Meine Armbanduhr zeigt 1/2 1. Kurz nach 1 Uhr bricht Heller zusammen. Ich versuche vergeblich, wohl eine Viertelstunde lang, ihn wieder zu sich zu bringen. Sein Atem geht hastig und keuchend, sein Körper wirft sich krampfartig hin und her. Nach einigen Minuten wird er ruhiger und schließlich vollkommen still. Ich lege mein Ohr an seine Brust, ganz langsam, kaum hörbar, arbeitet sein Herz.

Das Bewußtsein einer furchtbaren Verantwortung überkommt mich. Ich stehe auf, so schnell es meine kraftlosen Glieder erlauben, und setze meinen Weg nach Norden fort. Das Leben meines Gefährten hängt davon ab, ob ich das Lager noch in dieser Nacht erreichen kann. Mit Sonnenaufgang wird die Hitze aufs neue einsetzen, bin ich dann noch auf dem Marsch, so ist sein und mein Ende besiegelt.

Die Libysche Wüste ist einer der trockensten Teile der Erde. Der Feuchtigkeitsgehalt der Luft geht während des Tages auf einen unmeßbar kleinen Prozentsatz zurück. Beduinen haben mir erzählt, daß in den Sommermonaten oder auch im Frühjahr an Tagen, an denen der heiße Südwind weht, der Todeskampf Verdurstender schon acht Stunden nach dem letzten Trinken eintreten kann. Seit 11 Stunden haben wir nicht mehr getrunken. Solange ich irgend kann, muß ich weitergehen, um aus dem Lager Hilfe für meinen Gefährten zu holen. Es kann ja nicht mehr weiter als 2 oder 3 Kilometer sein. Ich zwinge mich trotz immer heftiger werdender Schmerzen am ganzen Körper vorwärts. Von Zeit zu Zeit bleibe ich stehen, um Atem zu schöpfen. Das Tal scheint breiter zu werden, kein Zweifel, ich bin nah am Ziel. Schwarze Schleier bewegen sich vor meinen Augen... Ich taumle weiter, dem Lager zu...

Mir ist, als sei ich aus einem langen, tiefen Schlaf erwacht... Die Schmerzen in der Kehle sind verschwunden, mein Atem geht ganz leicht, nur fühle ich mich unsagbar müde und zerschlagen... Ich blicke auf meine Uhr und kann nicht recht verstehen, daß sie drei Stunden nach Mitternacht zeigt... Irgendein Geräusch hat mich aufgeweckt, doch ich versuche mich vergeblich zu erinnern, welcher Art es war...

Da! Nicht weit von mir entfernt, oben im Tal, dort, von wo ich gekommen bin, glühen zwei Scheinwerfer zwischen den Büschen. Ich springe auf.

Jetzt huscht das Lichtbündel über die jenseitige Felswand, die leuchtenden Scheinwerferaugen verschwinden... und jetzt wird das rote Schlußlicht des Wagens sichtbar. Der Wagen hat umgewendet!

Ich versuche zu rufen, doch kein Laut kommt aus meiner Kehle. Stattdessen überkommt mich wieder jenes krampfhafte Husten, es hält an, bis ich fast die Besinnung verliere. Mit zitternden Fingern taste ich nach der Gürteltasche meiner Kniehose, ich finde ein fläches Päckchen Zündhölzer und einige Blatt dünnen Papiers darin. Mit beiden Händen reiße ich das vertrocknete Gras rings um mich her aus, werfe es unter einen der vertrockneten Büsche und zünde es an. Das rote Schlußlicht des Wagens entfernt sich rasch talaufwärts...

Eine hohe Flamme schlägt aus dem trockenen Grashaufen und ergreift den dürren Busch. Die Hitze, die zu mir herüberstrahlt, zwingt mich, ein paar Schritte abseits zu gehen. Ich setze mich in den Sand und starre in die Richtung, in der das Automobil verschwand. Nach einigen Minuten tauchen die beiden Scheinwerfer wieder auf, sie kommen mit großer Geschwindigkeit auf mich zu. Sabir und Selim springen aus dem Wagen.

„Wasser!"

An die nun folgenden Minuten zurückzudenken, kostet mich erhebliche Überwindung. Der Anblick der Feldflasche in der Hand Selims beraubte mich jeder Besinnung. Es war die Raserei des Dursttodes. Der riesenhafte Sabir umfaßte mich mit beiden Armen und warf mich zu Boden. Selim schleuderte die Feldflasche weit von sich, sprang dann herzu und umklammerte mit eisernem Griff meine Beine, um mich am Aufspringen zu hindern. Schluchzend baten mich die Sudanesen, ruhig zu bleiben, weil ich vorerst noch nicht trinken dürfe.

Ich weiß nicht, wie lange der qualvolle Ringkampf gedauert hat. Ich erinnere mich dunkel, daß Sabir seine mächtige Faust auf meine Kopf heruntersausen ließ, um mich – als alle andern Mittel versagten – zur Ruhe zu bringen. Erst dieser Schlag hat vermutlich meinen Widerstand gebrochen. Im Zustand völliger Willenlosigkeit fühlte ich dann, wie Sabir meine Kehle und meine Handgelenke mit Wasser wusch und meine Brust mit einem nassen Tuchfetzen rieb. Durch halbgeschlossene Augenlider sah ich, daß Selim seinen Turban zerriß, ein Stück davon zusammenfaltete, es mit Wasser benetzte und mir als Kompresse auf die Lippen legte. Nach einigen Minuten war ich so weit zu mir gekommen, daß ich den Gedankengang der beiden Sudanesen zu verstehen vermochte. Ein altes Wüstengesetz lag ihm zugrunde: Wenn jemand in „überdurstetem" Zustand aufgefunden wird, so darf man ihm nicht sofort Wasser zu trinken geben, weil sonst die ausgedorrten Mund- und Rachenschleimhäute anschwellen und den sofortigen Erstickungstod herbeiführen würden.

Ich versuche zu sprechen, aber es geht noch nicht. Ich möchte den beiden zu verstehen geben, daß ich wieder über meinen Verstand verfüge und mich nicht mehr auf die Feldflasche stürzen werde. Ich möchte ihnen bedeuten, daß dort oben im Tal mein Gefährte liegt, daß wir unverzüglich zu ihm eilen müssen! Doch sie verstehen meine Gebärden nicht und halten mich aufs neue an Händen und Füßen fest. Ich zwinge mich zur Ruhe. Endlich läßt Sabir meine beiden Hände los. Ich presse die feuchten Turbanstücke auf meine Lippen, um den übermächtigen Durst nicht aufs neue Gewalt über mich gewinnen zu lassen. Sabir richtet mich auf. Um meine gute Absicht zu zeigen, mache ich eine abwehrende Bewegung zu der Feldflasche hin.

Jetzt verstehen sie, was ich will. Sie bringen mich zum Wagen, Sabir setzt sich ans Steuer, wir drehen um und rattern mit großer Geschwindigkeit das Tal aufwärts. Schon von weitem sehen wir den leblosen Körper meines Leidensgefährten auf einem Streifen hellgelben Sandes liegen. Schweigend machen sich die Sudanesen ans Werk. Nach ungefähr zehn Minuten kommt Heller zum Bewußtsein. Gleich darauf beginnt auch er wie ein Wahnsinniger um sich zu schlagen, bis ein heftiger Hustenanfall ihn ermatten läßt.

Nach einer halben Stunde hat sich Heller so weit erholt, daß er neben mich in den rückwärtigen Teil des Wagens gelegt werden kann. Sabir läßt den Motor an und steuert in langsamer Fahrt talabwärts. Selim hat sich zwischen Heller und mich gesetzt und gibt uns schluckweise zu trinken. Nach jedem Schluck klopft er uns auf den Rücken, damit uns das Wasser nicht in der Kehle steckenbleibe. Er berichtet uns, was geschehen ist: Sabir war schon früh am Morgen mit dem Wagen wieder im Lager eingetroffen. Gemäß meinen Anordnungen waren sie dann beide um 12 Uhr zum östlichen Quellarm des Wadi Abd El Melik aufgebrochen – der Berichterstatter hatte es vorgezogen, die beruhigende Nähe der Wasser- und Proviantkisten nicht zu verlassen, und war allein zurückgeblieben. Sabir und Selim folgten zunächst einer vierfachen, dann einer nach Osten abzweigenden zweifachen Spur, die in einem Nebental endete. Am Endpunkt der Spur warteten sie bis zum späten Nachmittag.

Jetzt ist mir die Ursache des Mißverständnisses klar, das uns beinahe zum Verhängnis geworden wäre. Sabir war der Spur gefolgt, die ich vor wenigen Tagen hinterlassen hatte, als ich mit Heller allein in eins der kurzen östlichen Nebentäler gefahren war. Der Sudanese hatte nicht auf den Kilometermesser geschaut und daher nicht bemerkt, daß er statt 23 nur 10 Kilometer vom Lager aus zurückgelegt hatte. Ebensowenig war ihm aufgefallen, daß er die Flugsandwelle, die beim 19. Kilometer liegt, nicht überquert hatte. Er hatte sich, ohne viel zu überlegen, der ersten frischen Wagenspur, die nach links abzweigte, anvertraut und war in ein zu weit nördlich gelegenes Seitental eingebogen. Ich selbst trug zum Teil an diesem Irrtum Schuld, da ich es versäumt hatte, Sabir von meiner früheren Fahrt in jenes Seitental zu erzählen.

Am Nachmittag gegen 4 Uhr war Sabir unruhig geworden. Er hatte die steile Felswand erklettert und auf der Höhe des Plateaus nach uns Ausschau gehalten. Nach einer Weile war er wieder ins Tal hinuntergestiegen, hatte Reisig gesammelt und es sich in einem großen Bündel auf den Rücken geschnürt. Nachdem er dann mit dieser Traglast zum zweiten Male das Dach des Gilfs erklommen hatte, hatte er in dem Glauben, daß wir uns verirrt hätten, ein stark rauchendes Feuer angefacht, das uns als Wegweiser dienen sollte. Später war auch Selim mit einem zweiten Reisigbündel auf dem Rücken nach oben geklettert, um das Feuer bis in die Nacht hinein glimmend zu erhalten.

Gegen Mitternacht hatten die beiden Sudanesen schweren Herzens den Entschluß zur Rückkehr ins Lager gefaßt. Der Abstieg im Mondlicht war sehr schwierig gewesen, und es war wohl mehr als eine Stunde vergangen, bis sie schließlich die Talsohle wieder erreicht hatten. Auf der Rückfahrt hatten sie dann im Scheinwerferlicht plötzlich meine Fußspur bemerkt, deren schwankender Verlauf sie nichts Gutes ahnen ließ. Sie hatten die Fußabdrücke zunächst einer eingehenden Untersuchung unterzogen und waren sodann mit voller Geschwindigkeit das Tal hinuntergeprescht, bis meine Spur vor ihnen aufhörte. Sabir hatte nun den Wagen umgewendet, um ein Stück weit nach Süden zurückzufahren und die Linie meiner unsicher hin und her taumelnden Spur wieder zu suchen. Dies war der Augenblick, in dem ich erwachte und den Wagen wenden sah. Kurz darauf hatte der Lichtschein meines brennenden Busches den beiden angezeigt, wo ich mich befand. Ich lag 7 Kilometer vom Lager entfernt.

Ich habe mich vier Jahre nicht dazu entschließen können, die Einzelheiten meines Fußmarsches durch das Wadi Abd El Melik zu Papier zu bringen. Wenn es der Bearbeiter des vorliegenden Buchs schließlich doch vermocht hat, mich zur Abfassung eines ausführlichen Berichts über die Ereignisse jener Nacht zu bewegen,* so war hierbei für mich in erster Linie der Gedanke bestimmend, daß dieser Bericht all denen als Warnung dienen werde, die in Zukunft Autoexpeditionen über Wüstenstrecken von mehreren tausend Kilometern zu leiten haben mögen. Es gibt in der Wüste grundlegende Gesetze, deren Übertretung namentlich auf Langstreckenexpeditionen nur zu leicht verhängnisvoll werden kann: Mit einem einzigen Kraftwagen darf man sich auch auf verhältnismäßig kurze Entfernungen nicht von seinem Stützpunkt entfernen. Eingeborene, mögen sie auch noch so ergebene Diener sein, darf man nie mit einer verantwortungsvollen Aufgabe betrauen. Fußmärsche in unerforschtem Wüstengelände erfordern überaus sorgfältige Vorbereitung und müssen, wenn die Mitnahme von Wasser auf Kamelen nicht möglich ist, auf Entfernungen unter 20 Kilometer beschränkt bleiben.

Ein alter Beduine sagte mir einmal: „In der Wüste kann man

---

* Der Bericht ist in der ungarischen Ausgabe nicht enthalten.

Wie in der editorischen Notiz auf Seite 30 erwähnt, hat Hansjoachim von der Esch, Begleiter auf einigen seiner Expeditionen, Almásys Manuskript der deutschen Ausgabe seiner 1934 auf ungarisch erschienenen Unbekannten Sahara *als eine Art Lektor betreut. Er firmiert in der Titelei des 1939 bei Brockhaus in Leipzig erschienenen Buches etwas hochtrabend als „Bearbeiter".*

nur ein einziges Mal einen Fehler machen." Im Wadi Abd El Melik habe ich gelernt, was er mit diesem Ausspruch meinte: Zu einem zweiten Fehler hätte uns die Wüste nicht mehr Zeit gelassen...

Wir erholen uns von der überstandenen Anstrengung über Erwarten rasch, ernstere Nachwirkungen unseres Gewaltmarsches machten sich erst viele Wochen später in Kairo bemerkbar. Bereits nach einigen Tagen waren wir imstande, unsere Versuche, das Wadi Talh zu betreten, wiederaufzunehmen.

Es gelang uns, die Wagen in einem westlichen Nebental des Wadi Abd El Melik bis auf wenige Kilometer an den Rand des gesuchten Tals heranzubringen, und nach kurzem Fußmarsch über das Hochplateau konnten wir ohne sonderliche Schwierigkeiten in das Wadi Talh hinabsteigen. Auf der Talsohle fanden wir Spuren von Menschen, Kamelen und Kühen, die darauf schließen ließen, daß Wadi Talh bis vor wenigen Jahren von Nomaden besucht worden war. Wir durchquerten das kleine Tal der Länge und Breite nach in Muße, ohne jedoch auf Anzeichen vorgeschichtlicher Besiedlung zu stoßen. Die zahlreichen Talh-Akazien machten einen recht vertrockneten Eindruck, offensichtlich war seit längerer Zeit kein Regen mehr gefallen. Die kartographische Aufnahme des Tals, die in kaum zwei Stunden erledigt war, bildete den Abschluß meiner geographischen Arbeit im Gilf Kebir.

Drei Tage später vereinigte ich mich mit Esch in Uwenat, von wo ich meine Expedition zum vierten Male über Bir Mesaha und Charga nach Kairo zurückführte. Jeder unserer Wagen hatte auf dieser Fahrt mehr als 6 000 Kilometer zurückgelegt. Wir alle atmeten auf, als wir nach langen, anstrengenden Wochen im Reich des gelben Sandes die wohlvertrauten Minarette der alten Masr El Qahira (Kairo) wieder vor den Kühlern unserer braven Fords auftauchen sahen.

Die drei Täler Wilkinsons waren gefunden, mein Werk im Gilf Kebir war getan. Die Frage, ob eins dieser Täler in früherer Zeit den Namen „Wadi Zarzura" getragen habe, ließ sich nicht in der menschenleeren Wüste klären. Zu ihrer Beantwortung bedurfte ich vielmehr der Aussage des Zwaya-Beduinen Abd El Melik, der – wenn er überhaupt noch lebte – vermutlich in einer der ägyptischen Oasen zu suchen war.

Im Januar des Jahres 1935 führten die Vorbereitungen zu einer Vermessungsexpedition in den südöstlichen Teil der Libyschen Wüste meinen Mitarbeiter von der Esch und mich wiederum in die Oase Charga. Wir kamen dort mit einer Anzahl von Kufra-Flüchtlingen in Berührung, die 1931 in den Dörfern der Oase ein Unterkommen gefunden hatten. Im Verlauf der zahlreichen Unterredungen, die ich mit den verwegen ausschauenden Burschen hatte, stellte sich zu meiner nicht geringen Freude heraus, daß Abd El Melik noch am Leben war und sich mit seiner Kamelherde noch vor wenigen Monaten im Fayum aufgehalten hatte. Zwei mir befreundete junge Ägypter, die einen längeren Ausflug in das Fayum* planten, erklärten sich bereit, dort Nachforschungen nach dem Verbleib des alten Zwaya-Beduinen anzustellen. Sie empfingen mich bei meiner Rückkehr nach Kairo mit der Nachricht, daß Abd El Melik zwar in den letzten Jahren verschiedentlich im westlichen Teil des Fayum gesehen worden sei, daß aber niemand wisse, wo er sich gegenwärtig befinde. Ich wandte mich nun an die Verwaltungsbehörden des Fayum, die meine Bemühungen bereitwilligst unterstützten, doch auch auf dem Weg einer amtlichen Ermittlungsaktion gelang es nicht, weitere Auskünfte über den Gesuchten beizubringen. Auch während des Winters 1935/36 blieben meine Nachforschungen erfolglos. Trotz tatkräftiger Mithilfe einer Reihe von Offizieren des ägyptischen Kamelkorps ließ sich nicht die geringste Spur von dem Alten entdecken.

Im Frühjahr 1936 brach ich mit zwei Autos zu den ägyptischen Oasen auf, um dort in allen Flüchtlingskolonien noch

---
* 90 Kilometer südwestlich von Kairo.

einmal meine alten Beduinenfreunde aus Kufra zu besuchen und sie nach Abd El Melik zu befragen. Diesmal war das Glück mir hold. Einer der Flüchtlinge in der Oase Baharia versicherte mir, Abd El Meliks augenblicklichen Aufenthaltsort zu kennen und imstande zu sein, den Alten zu einem Besuch bei mir in Kairo zu bewegen.

Zehn Tage später stand tatsächlich der Langgesuchte in seiner malerischen Beduinentracht vor mir – in Heliopolis bei Kairo. Unser Zwiegespräch begann mit den üblichen umständlichen Begrüßungsformeln. Nachdem wir uns dann in einem schattigen Winkel des Gartens bei einer Tasse arabischen Kaffees niedergelassen hatten, setzte mir mein Besucher zunächst unter vielen Entschuldigungen auseinander, weshalb er sich so lange allen Nachforschungen entzogen habe. Man habe ihm gesagt, daß „einer" ihn suche; hätte er gewußt, daß dieser eine „Abu Ramla", der Vater des Sandes, der Freund seiner Stammesgenossen sei, so wäre er schon längst bei mir erschienen.

Abd El Melik mochte 70 bis 75 Jahre alt sein – Beduinen wissen ihr Lebensalter nie. Er gehörte dem Zwaya-Stamm der Senussenbrüderschaft an und bezeichnete die Oasensiedlung Zurq der Kufra-Gruppe als seinen ehemaligen Wohnort. Er war sein Leben lang ein armer Mann gewesen, Land oder Dattelpalmen hatte er nie besessen; als Kamelhirte mit den Kamelen reicher Herdenbesitzer von einem Weideplatz zum andern wandernd oder als Karawanenführer durch die Wüste ziehend, hatte er in Kufra seinen Unterhalt gefristet. Wohl ein dutzendmal hatte er in beiden Richtungen die schwierigsten Routen der Libyschen Wüste begangen: Kufra – Bir Abu Mungar und Kufra-Siwa. Er war mit den Senussen in Goru und Wadai gewesen und kannte das nördliche Darfur, das Hochland von Tibesti sowie auch das Uwenat-Massiv. Sechs Monate vor der Besetzung Kufras durch die Italiener war er mit einer Karawane in Siwa eingetroffen, seitdem lebte er in den ägyptischen Oasen und im Fayum.

Die erstaunlichen körperlichen Leistungen, die dieser Mann

als Karawanenführer in der sengenden Sonne Libyens vollbracht haben mußte, waren an seinem Äußeren nicht spurlos vorübergegangen. In seiner Haltung und in dem Blick seiner stahlharten Nomadenaugen lag eine trotzige Entschlossenheit, die seinen schlicht und ungekünstelt vorgebrachten Erzählungen eine überaus eindrucksvolle Wirkung verlieh. Die hochgewölbte Stirn, der schmale, feingezeichnete Mund, die schlanken, sehnigen Hände ließen es nicht verwunderlich erscheinen, daß dieser einfache Beduine auch geistig über Fähigkeiten verfügte, die für Menschen seiner Gattung durchaus ungewöhnlich sind. Er war imstande, auf Photographien, die ich ihm vorlegte, Menschen und Landmarken (Alamat, hervorstechende Geländepunkte usw.), die ihm bekannt waren, wiederzuerkennen. Fast noch mehr erstaunte mich sein Ortsgedächtnis sowie vor allem sein Vermögen, Ortsangaben in bestimmter Form zu machen. Im Verlaufe unserer Unterhaltung zeichnete er mit einem Bleistift, den ich ihm in die Hand gab, ein Kartenbild des südöstlichen Teils der Libyschen Wüste, das jeder angemessenen Kritik standhalten konnte. Ich habe bis zum heutigen Tage keinen zweiten Wüstennomaden gefunden, der Abd El Meliks geistige Fähigkeiten auch nur annähernd erreicht hätte.

Abd El Melik – der des Lesens und Schreibens selbst nicht kundig war – diktierte auf meine Bitte einem meiner ägyptischen Freunde einen Bericht. Ich habe es sorgfältig vermieden, den alten Beduinen vor oder während der Niederschrift zu beeinflussen. Insbesondere habe ich ihm keinerlei Orts- oder Personennamen genannt und mich aller Zwischenfragen während des Diktats enthalten. Nachstehend folgt, soweit es der eigenartige Satzbau der arabischen Sprache irgend zuließ, eine wortgetreue Übersetzung der arabischen Niederschrift.

„Dies ist, was ich, Ibrahim Abd El Melik El Zwaya, über die Täler, die ich gefunden habe, zu sagen weiß. Die Oase Kufra hat nicht von jeher den Arabern gehört. Vor langer Zeit war sie das Land der Tibbu und Guraans, die seit Jahrhunderten alle Orte der Wüste besaßen. Als die Araber und die Senussen nach Kufra kamen, verließen die Tibbu die Oase und zogen sich in die Berge von Tibesti zurück, die fünfzehn Tagereisen gegen Süden liegen. Später, als die Senussen begannen, Häuser in Kufra zu bauen, kehrten die Tibbu einer nach dem andern zurück und lebten unter den Arabern, aber sie besaßen außerdem noch gewisse Orte, die jenen (den Arabern) unbekannt waren.

Es waren Tibbu, von denen die Araber von dem Vorhandensein von Weidegründen in Uwenat hörten, ebenso wie von den Palmenhainen von Merga (eine Oase im Sudan). Diese Tibbu kannten aber auch noch andere Täler mit guten Weideplätzen, wie Zarzura, aber kein Araber kannte diesen Ort. Wir hörten nur davon sprechen, daß es ein Tal mit einer Oase des Namens Zarzura gäbe. Ein Tal, das südlich von Siwa, östlich von Kufra, nördlich von Uwenat und westlich von Dachla liegen sollte. Wir hörten auch davon sprechen, daß eines Tages Leute, die sich in der Wüste verirrt hatten, Zarzura gefunden hätten, und daß sie dort Dattelpalmen und Quellen gesehen hätten.

Die Senussen entsandten Leute, um alle diese Orte zu suchen, und einer namens Mohammed Lefeitah wurde beauftragt, Zarzura zu suchen, aber er kehrte nach Kufra zurück, ohne es gefunden zu haben.*

Vor vielen Jahren geschah es, daß Sayed Idris El Senussi eines

---

* Ich bin im Besitz einer Aufzeichnung des Prinzen Kemal El Din aus dem Jahre 1932. In diesem Schriftstück ist von den verschiedenen Streifzügen die Rede, die die Senussen unternommen hatten, um Zarzura zu finden. Unter anderm schreibt der Prinz: „Ahmed El Cherif entsandte während des Kriegs, als er in den Oasen weilte, eine Abteilung von 5 bis 7 Mann, um einen Weg von Dachla nach Uwenat zu suchen, und außerdem noch verschiedene andere Streifabteilungen, darunter eine mit dem besonderen Auftrag, Zarzura zu suchen. In der Abteilung, die Zarzura suchen sollte, befand sich ein gewisser Lbeiter." Es erscheint mir sehr wahrscheinlich, daß dieser „Lbeiter", den der Prinz erwähnt, und der „Lefeitah" des Abd El Melik ein und dieselbe Person sind. (Anmerkung des Verfassers)

Tages dringend Kamele brauchte, um Oliven von Siwa nach der Zawiya in Et-Tag zu befördern, aber in Kufra gab es gerade keine Kamele. Da suchte ein Tibbu namens Musa Eid Sigenar den Sayed Idris auf, und nachdem er um die Erlaubnis sprechen zu dürfen gebeten hatte, sagte er zu ihm:

,O Sayed! Wenn du mir dein Wort darauf gibst, daß du mich beschützen wirst und daß mir nichts geschehen wird, so werde ich dir den Ort zeigen, wo du die Kamele der Tibbu finden kannst. Es ist ein Tal, den Tibbu seit langen Zeiten bekannt, in dem sie ihre Kamele in sicherem Gewahrsam halten, indem sie den nördlichen Zugang mit Steinblöcken und Dornstäuchern verschließen. Die Tibbu haben unter sich geschworen, niemandem, und vor allem nicht den Senussen, von dem Vorhandensein dieses Tals zu erzählen, aber mich haben sie wie einen räudigen Hund behandelt, und da du Kamele brauchst, so verrate ich dir ihr Geheimnis. Das Tal liegt vier Tagereisen von Kufra in der Richtung der Qibla* im Innern eines hohen Gebirges.'

Bei Sonnenuntergang wurde ich, Ibrahim Abd El Melik, zum Sayed gerufen, um seine Befehle entgegenzunehmen. Als ich vor ihm stand, befahl er mir, mich aufzumachen und die Kamele zu suchen, die in jenem geheimen Tal verborgen waren. So machte ich mich denn reisefertig. Als Marschgefährten nahm ich einen namens Ragab El Marisi von der Sippe des Abu Muchtar, die am Berge Achdar wohnt. Wir ritten zunächst nach Boema, im Osten von Et-Tag, und brachen von dort zu nächtlicher Stunde auf, um von niemandem gesehen zu werden.

Wir ließen die Qaras (felsige Hügel), die im Osten von Boema liegen, hinter uns und zogen weiter durch eine große Ebene in der Richtung auf zwei Hügel, die die Namen Gedyan (die Böcklein) und Chadam (die Diener) tragen. Diese Hügel

---

* Richtung des Gebets, d. h. nach Mekka, also ostsüdöstlich.

liegen von Kufra aus in der Richtung der Qibla, also nicht gegen Sonnenaufgang zu, sondern ein wenig nach Südosten.

Nach vier Tagen Marsches, immer in der gleichen Richtung – so wie es uns der Tibbu angegeben hatte – kamen wir an ein hohes Felsengebirge, in dessen Innerm das Tal verborgen war. Am Fuß des Gebirges fanden wir einige Talhbäume, und von dieser Stelle aus begannen wir – mit großen Mühen – den Aufstieg. Als wir endlich auf dem Gipfel angelangt waren, sahen wir, daß wir uns auf einer einförmigen Hochebene befanden, die sich nach Osten, nach Norden und nach Süden erstreckte, so weit das Auge blicken konnte. Ein Pfad, nach Norden und nach Süden führend, war mit steinernen Alamat bezeichnet. Mehrere nebeneinander herlaufende Pfade zweigten von ihm nach Osten ab. Wir folgten einem von ihnen, denn aus dieser Richtung verspürten wir den Duft von Gras und Kamelen zu uns herüberdringen, der uns die Nähe einer Oase anzeigte. Später habe ich von einigen Tibbu gehört, daß der Pfad, der gegen Norden zieht, auch zu einem Tal mit einer Quelle führt. Aber ich bin selbst niemals dort gewesen.

Nach einer Weile kamen wir zu einem breiten Tal, das sich zu unsern Füßen ausdehnte und voll von grünen Bäumen war. Wir stiegen in der Nähe einiger Bäume nach unten, an einer Stelle, wo das Tal sich in zwei Äste teilt, einen, der nach Norden zieht, und einen, der nach Osten zieht. Wir fanden dort frische Spuren von Kamelen und Menschen.

Kurz darauf sahen wir einen Qa'ud* in vollem Trabe wie von einem bösen Geist besessen auf uns zu rennen. Er versuchte in seiner Wut, uns und unser Ba'irs** zu beißen. Mein Gefährte griff erschreckt zu einer Flinte, aber ich rief ihm zu, nicht zu

---

* Qa'ûd = „nahezu ausgewachsener Kamelhengst". Die arabische Sprache besitzt – je nach Geschlecht, Alter, Verwendbarkeit usw. – 129 Bezeichnungen für das Kamel.

** Ba'îr = „ausgewachsenes männliches Kamel, das zum Reiten gebraucht werden kann".

schießen, und ging mit einem Strick auf den Qa'ud zu, mit süßer Rede zu ihm sprechend. Es gelang mir, ihn einzufangen und ihn zu unsern beiden Ba'irs zu führen, die alsbald anfingen, ihn zu beißen und mit den Hufen zu schlagen, und ihn schließlich zu Boden warfen. Ich und mein Gefährte gaben ihm währenddessen mit unsern Stöcken eine gehörige Tracht Prügel. Schließlich konnten wir ihm die Beine fesseln, und nachdem wir ihm dann noch ein Halfter angelegt hatten, setzten wir uns nieder und verzehrten unsere Abendmahlzeit.

Während wir aßen, kam ein zweites Tibbu-Kamel zu uns heran. Wir konnten ihm ohne Schwierigkeit die Beine fesseln,* da es eine Naqa (Kamelstute) war. Ganz in der Nähe fanden wir zwei Basur-Sättel**, die an einem Baum aufgehängt waren. Wir legten sie, nachdem wir unsere Mahlzeit beendet hatten, den beiden Tibbu-Kamelen auf und ließen uns von den Tieren in den östlichen Zweig des Tals tragen.

Am folgenden Tage ritten wir das Tal hinauf bis zu seinem äußersten Ende. Es befanden sich viel Talh- und Salambäume darin, wir fanden zu unserer Rechten auch zwei Hegligbäume. Der Boden des Tales war von grünem und herrlich hohem Gras bedeckt. Naqas weideten darin, sie alle folgten dem Qa'ud, den ich ritt, so daß wir bald siebzehn Kamele beieinander hatten.

Am Ende des Tals fanden wir an der linken Felswand, ganz unten an ihrem Fuß, eine Quelle, die voll vortrefflichen Wassers war. Ein Palmenstamm, mit einer Axt zurechtgehauen, lag darüber, damit man sich beim Wasserschöpfen daran festhalten konnte. Auf einmal sah ich eine Gruppe von Tibbu, die uns von der Höhe der Felswand aus beobachtete. Mit meinem Abu Setta*** feuerte ich in die Luft, worauf sie laut schreiend ver-

---

* Verfahren, um Kamele während einer Rast am Fortlaufen zu hindern.

** „Kûr el Basûr" = besondere Art von Reitsätteln für Kamele.

*** „Abu Setta" = „Vater der Sechs"; Abd El Melik meint damit sein sechsschüssiges Gewehr; zweifellos ein „Andenken" von einem Streifzug gegen die Italiener.

schwanden. Wir trieben nun die Kamele wieder zusammen und zogen talabwärts zu unserm ersten Rastplatz.

Am nächsten Tage folgten wir dem großen Tal gegen Norden; der Weg war gut, und wir fanden einen leichten Ausgang in die große Ebene. Von dort wandten wir uns dann wieder nach Westen und kehrten nach Kufra zurück. Wir hatten vier große Säcke voll Gras mit uns genommen, um sie dem Sayed zu zeigen; unsere Qirbas (lederne Wassersäcke) waren gefüllt mit süßem Wasser von der Quelle. Wir marschierten Tag und Nacht so schnell wie nur möglich, damit die Tibbu-Kamele nicht Zeit hätten, sich an die Oase zu erinnern und in das Tal zurückzulaufen.

Wir erreichten Kufra in nur dreiundeinhalb Tagen und lieferten die Kamele sogleich in Et-Tag beim Sayed ab. Nachdem ich ihm meine Reise erzählt hatte und ihm berichtet hatte, daß ich Wadi Zarzura gefunden hätte, gab er mir eine Belohnung in Magidi-Talern. Aber die Tibbu waren uns gefolgt, sie kamen zu Sayed Idris gelaufen, jammernd und weinend wie die Weiber. Der Sayed sagte ihnen, daß er ihre Kamele nur haben wolle, um Oliven von Siwa zu holen, und bot ihnen viele Magidis als Leihgeld für die Tiere an. Aber die Tibbu weigerten sich sogar, ihre Kamele zu vermieten, so daß der Sayed ihnen schließlich drohte, wenn sie ihren bösen Sinn nicht änderten, so werde er die Täler des großen Gebirges für sie als Haram (verbotenes Gebiet) erklären und sie der Zawiya der Senussen als Weidegründe zuteilen. Sowohl das Gebirge* als auch die Täler tragen seit jenem Tage den Namen Gebel Abd El Melik und Wadi Abd El Melik.

Die Tibbu zogen es vor, ihre Kamele wieder mit sich fortzunehmen, sie sind aber niemals in jene Täler** zurückgekehrt.

---

* Die Benennung „Gilf Kebir" wurde erst nach 1926 üblich, sie stammt, wie erwähnt, von Prinz Kemal El Din.

** Abd el Melik spricht von mehreren Tälern, weil er die Verzweigungen des Hauptales meint. Siehe weiter unten.

So hat es sich zugetragen, daß ich den Ort fand, der den Senussen bis dahin unbekannt gewesen war, und daß dieser Ort mit meinem Namen benannt wurde.

In den Jahren, die folgten, bin ich noch mehrere Male in meinen Tälern gewesen. Zuerst brachte ich die Kamele des Hamid Bu Heleiga dorthin, dann die des Mohammed Bu Matari und die des Mohammed Bu Fennah. Drei oder vier Jahre bevor die Italiener nach Kufra kamen, führte ich die Kamele des Sayed Ghayar an jenen Ort, um sie dort weiden zu lassen; das war das letztemal, daß ich meine Täler sah. Jedesmal blieb ich drei oder vier Wochen dort, indem ich die Kamele in das östliche Tal trieb und den Zugang mit Steinen und Talh-Ästen versperrte. Auf diesen Reisen nahm ich meinen Weg nicht über das Gebirge, sondern ich führte die Kamele durch das nördliche ‚Tor'.

Das Wadi Abd El Melik hat zwei Äste. Wenn man, von dem ‚Tore' kommend, einen Lagermarsch weit nach Süden geht, so findet man zunächst nur wenige Talhbäume; wenn man dann aber bis zu einer kleinen Qara (Felskuppe), die sich in der Mitte des Tals erhebt, weitergeht, so stößt man auf die beiden Äste, den kurzen, der gegen Süden zieht, und den andern, der zuerst gegen Osten und dann gegen Süden zieht. Der rechte Ast des Tals ist sehr lang. Er ist mit vielen Talhbäumen bestanden, sein Gras ist jedoch mager, und Wasser gibt es dort nur nach Regenfällen. Der linke Ast ist kürzer, aber das Gras in ihm ist sehr gut. Die Quelle liegt am oberen Ende des Tals, an der linken Felswand, wenn man bergauf geht; eine kleine Stecke weiter stehen die zwei Hegligbäume auf der rechten Seite. Das Wasser der Quelle ist wohlschmeckend und reichlich. Ich denke, daß es niemals ganz versiegt, ebenso wie in den Quellen von Uwenat.

Ich habe das Gebirge im Osten der Quelle einmal bestiegen; sein Gipfel ist vollkommen eben, nur einige Dünen aus rotem Sand liegen darauf. Ganz weit entfernt im Osten konnte ich einen kleinen Hügel erblicken, der sich über die Hochebene erhebt, aber ich bin nicht zu ihm hingegangen. An einigen Stellen wuchsen Bäume auf dem Dach des Gebirges, hier und da hatte sich auch Wasser zu kleinen Tümpeln angesammelt – ich war kurz nach dem Regen dort oben. In den Tälern gibt es wilde Schafe, Füchse und viele kleine Vögel (Zarazir*), und ich glaube, daß das Tal wegen dieser Zarazir in früherer Zeit Wadi Zarzura genannt wurde.

Ich, Ibrahim Abd El Melik El Zwaya, habe diese Angaben aus freiem Willen gemacht, und ich bin bereit, die Wahrheit meiner Worte dadurch zu beweisen, daß ich jeden, der es will, in das Tal führe, das heute meinen Namen trägt; das Wadi Abd El Melik."

Ich habe diesem Bericht nichts hinzuzufügen. Ich möchte lediglich hervorheben, daß nach Abd El Meliks eigenen Worten das heute nach ihm benannte Tal ehemals den Namen Wadi Zarzura getragen hat. Abd El Melik ist der festen Überzeugung, daß „sein" Tal das geheimnisvolle Wadi Zarzura einer früheren Epoche ist. Die geographischen Angaben seines Berichts stimmen mit den Feststellungen, die meine Mitarbeiter und ich im Gilf Kebir gemacht haben, in allen Teilen überein. Daher sehe ich keinen Grund, an der Glaubwürdigkeit auch des übrigen Teils seiner Aussage zu zweifeln, obwohl sich das Wadi Zarzura der Wirklichkeit mit jenem der beduinischen Legenden an Pracht und Reichtum gewiß nicht messen kann. Doch ist nicht die Tatsache des Vorhandenseins einer Oase im Innern der bisher unerforschten Wüste um vieles überzeugender als Märchen und Legenden?

---

* Zarâzir ist die Mehrzahl von Zarzûr; im Volksdialekt ist als Einzahl auch Zarzûra gebräuchlich.

Im Wadi Abd El Melik, dem früheren Zarzura, und in den anderen Tälern des Gilf Kebir fanden Almásy und seine Begleiter Zeugen einstiger Vegetation und Bewirtschaftung, u.a. Reste von Hütten eines Tibbu-Lagers (oben) und das Skelett eines Waddan-Schafs (rechts)

Diese „Zarazir" dürften dem Tal früher den Namen gegeben haben: „Oase der kleinen Vögel".

El Waddan

Immer wieder, wenn ich von einer meiner Reisen zurückkehrte, wurde ich nach meinen Jagderfolgen gefragt. Bisher pflegte ich auf diese Frage stets zu antworten, daß es in den Gegenden der Sahara, in die mich meine geographischen Studien führen, kein Wild gibt. Denn daß Tiere in diesem unendlichen Sand- und Steinmeer leben könnten, in dem – abgesehen von einigen weit auseinanderliegenden Oasen – keinerlei Pflanzenwuchs vorhanden ist, erschien mir unmöglich. Der Wüstenlöwe, nach dem ich selbst von erfahrenen Jägern oft gefragt worden bin, gehört unwiderruflich einem Märchen an. Dagegen beruht aber die alte Überlieferung tatsächlich auf Wahrheit, nach der es im Herzen der Libyschen Wüste ein oder zwei Stellen gibt, die einer ganz andern, heute nahezu ausgestorbenen Großwildart noch Lebensmöglichkeiten bieten. Das konnte ich auf Grund eigenem, höchst ungewöhnlichen Weidmannsheil im Jahre 1934 in Erfahrung bringen.

Die Libysche Wüste, die 2 Millionen Quadratkilometer umfaßt, ist – abgesehen von zwei „Inseln" – nahezu jeden Pflanzenwuchses bar, da ihre südliche Grenze zugleich auch die Grenzlinie der tropischen Regen ist. In die Zone der zentralafrikanischen Regen fällt lediglich noch die sudanesische Steppe. In dem hieran anschließenden 100 bis 200 Kilometer breiten Streifen finden sich nur noch ganz vereinzelte Talh-Akazien und Tundubbüsche, deren verkümmerte Zweige zur Ernährung von Wild auf keinen Fall genügen würden. Nördlich dieses Streifens erstreckt sich bis zum Atlantischen Ozean in einer Länge von 1 500 Kilometern leblose Sandwüste. Gerade hier jagte ich, so unglaublich es klingen mag, ein Wild, das eigentlich nur noch in den Legenden der Beduinen lebt: das „libysche Wildschaf", Ammotragus Lervia, kurz Waddan genannt.

Im Innern der Libyschen Wüste liegen zwei mächtige Berggruppen. Die eine, Uwenat, liegt auf dem Schnittpunkt des 25. Längen- und 22. Breitengrades. Die andere, das gewaltige Gilf-Kebir-Plateau, dessen Flächeninhalt dem der Schweiz gleichkommt, befindet sich 200 Kilometer nördlich davon. Uwenat, ein wildgeriffenes Massiv vulkanischen Ursprungs von rund 160 Kilometer Umfang, erhebt sich in ehrfurchtgebietender Einsamkeit mit seinem höchsten Gipfel 1 700 Meter über die flache Wüstenebene. Während sein steiler Südabfall von riesigen runden Granitblöcken gebildet wird, besteht sein nördlicher Teil aus Sandsteinfelsen, die von tiefen Tälern durchbrochen werden. Bekommt Uwenat während der tropischen Regenzeit auch einmal etwas Regen ab, so hat es dies ausschließlich seiner Höhe und seiner abgeschiedenen Lage zu verdanken, durch die eine etwa nach Norden verirrte Wolke angezogen und zur Entladung gezwungen wird. Wie oft und in welchen Zeitabständen sich dies ereignet, war bisher noch nicht festzustellen.

Nach den Angaben dort wandernder Beduinen trifft dieser den Tälern von Uwenat Leben spendende Gottessegen ungefähr alle fünf Jahre ein. Wir dagegen, die wir die ungangbare Wüste auf unsern Expeditionen erforschen, konnten nur so viel feststellen, daß dort der letzte Regen im Jahre 1925 niederging. Im Sommer 1937 sind endlich wieder schwere Gewitterregen in Uwenat und im nördlichen Gilf gefallen. Sicher ist, daß infolge der ständigen Trockenheit der Libyschen Wüste die seltenen Regen in immer größeren und größeren Zeitabständen bis nach Uwenat gelangen und so die spärlichen Quellen dieses früher einmal bewohnten Massivs zu gänzlichem Versiegen verurteilt sind. So kann das völlige Aussterben des Wildschafs in der Libyschen Wüste nur noch eine Frage weniger Jahre sein.

Der Waddan, auch Mähnen- oder Bartschaf genannt, lebt in Algier, Tunis, im Osten des Niltals und in den Bergen der arabischen Wüste, hier auf einem verhältnismäßig großen Gebiet, jedoch in geringer Anzahl. In Libyen, wie überhaupt im Westen des Nils, wo diese Tiergattung vor einigen Jahrhunderten noch recht zahlreich vertreten war, ist sie heute infolge der zunehmenden Trockenheit so gut wie unbekannt. Nur im Gebiet des Gilf Kebir und im Uwenat-Massiv finden sich hier und da vereinzelte Stücke dieses wunderschönen Wildes. Seltsam, daß Vereinsamung und verschärfter Kampf ums Leben das Ergebnis gezeigt haben, daß die letzten Exemplare bedeutend stärker sind als die arabischen und algerischen Waddans. Ihre Hörner sind kräftiger entwickelt, und ihr Bart ist so lang, daß er bis zu ihren scharfen Hufen hinabreicht. Über ihre Lebensweise wissen wir nur sehr wenig. Die letzten Bewohner von Uwenat, die Tibbu und die Guraans, fingen dieses Edelwild in Fallen oder erlegten es mit Hilfe ihrer Lanzen. Wo immer ich auf Spuren verlassener Lager stieß, fand ich Waddanhörner, die Zeugnis von einem Festessen ablegten. Doch fand ich auch zerfallene Wildschafskelette an Stellen, wo es seinerzeit noch Quellen und Weideplätze gegeben hatte.

Als Hassanein Bey im Jahre 1923 Uwenat entdeckte, waren die Karkurs (Täler) des Massivs noch von Guraans bewohnt. Sie bewirteten den waghalsigen Forscher mit Wildschafbraten. Prinz Kemal El Din, der größte Kenner und Erforscher der Libyschen Wüste, suchte zum erstenmal 1925 das Massiv von Uwenat mit seinen Raupenschleppern auf. Als leidenschaftlicher Jäger setzte der Prinz alles daran, eins dieser damals schon seltenen Tiere zu erlegen. Er suchte alle Karkurs mit Weideplätzen auf und folgte jeder frischen Wildschafspur, soweit dies nur möglich war. Die Nächte verbrachte er an den wenigen noch vorhandenen Quellen, wo die Wildschafe – allerdings nur sehr selten – ihren Durst zu löschen pflegen. Doch alle Bemühungen waren umsonst, die Mehrzahl der Spuren verlor sich in den Felswänden. In zwei Wochen bekam er nicht einen einzigen Waddan zu Gesicht.

Er ließ sich von den Guraans beschreiben, wie sie dieses Wild jagten und zur Strecke brachten: Zu zweit oder zu dritt ausziehend, klettern sie am Berghang entlang und behalten dabei den sich in den Felswänden hinziehenden Wildschafwechsel im Auge. Sie beobachten ihn abwechselnd Tag und Nacht, bis sie endlich den Widder auf dem Platz erscheinen sehen, wo er sich zu sonnen pflegt. Die Guraans sagen, daß der Waddan lange Zeit seinen gewohnten Wechsel beibehält und in die gleiche Höhle oder Felsspalte zurückkehrt, um sich während der heißesten Zeit des Tages auszuruhen. In der Nacht geht er zur Äsung in die Täler, doch schon vor Sonnenaufgang wechselt er wieder zu seinem Standort zurück, der oft mehrere Stunden entfernt liegt. Er sei, sagen sie, von der Natur dazu gezwungen, Tag für Tag große Entfernungen zurückzulegen, denn seine Hufe, an scharfe Felsen gewöhnt, wachsen so rasch, daß er sie auf diese Weise abschleifen muß. Flucht vor dem Jäger ist ihm unbekannt. Er vertraut auf sein lichtgelbes Fell, das mit der Farbe der Sandsteinfelsen übereinstimmt. Sobald er die Annäherung eines Menschen wahrnimmt, tut er sich regungslos nieder und schließt die Lichter, damit deren Zucken ihn nicht verrät. Wieviel von den Erzählungen der schwarzen Nomaden auf Wahrheit beruht, ist schwer festzustellen. Jedenfalls behaupten sie, es sei wiederholt vorgekommen, daß sie an einem ruhenden Waddan auf einige Schritte vorbeigegangen seien, ohne ihn zu bemerken.

Der Prinz gab auf diese Erklärungen hin seine fruchtlose Suche auf und befahl Hery, dem Schech der Guraans, die Wildschafe durch seine Leute beobachten zu lassen. Hätten sie dann einen starken Widder bestätigt, so sollten sie dies durch einen Kamelreiter nach der Oase Kufra melden, von wo aus die Genossen die Nachricht nach Kairo weitersenden würden.

Monate nach Kemal El Dins Heimkehr kam ein Brief aus der Wüste:

„Im Namen Allahs des Barmherzigen des Gnädigen sendet der hohe Schech der Senussen seinen Segen dem königlichen Prinzen und teilt ihm mit, daß ein kamelberittener Guraan am ersten Tage des Monats Scha´ban in der heiligen Oase mit der Nachricht angekommen ist, daß Herys Sklave Zukkar, der unter dem Gipfel des Uwenat steht, den großen Waddan-

Widder beobachtet, wie er sich tagtäglich beim Morgengrauen in seiner Höhle niederlegt."

Am nächsten Tag ging die Antwort mit der Eisenbahn nach Alexandria, von dort mit dem Dampfer nach Sollum, wo wieder ein kamelberittener Beduine den Brief übernahm und in zehn Tagen nach Kufra, der Oase der Senussen, brachte. Von dort wurde die Nachricht mündlich an den Schech der Nomaden in das sechs Tagemärsche entfernte Uwenat weitergegeben: „Der Prinz wird in drei Wochen mit seinen Wüstenwagen kommen. Er wird die Mühen der Guraans mit zwanzig Kamelen belohnen, wenn er die Hörner und das Fell des Widders mit nach Hause nehmen kann."

Nach Ablauf der drei Wochen erfüllt das Motordröhnen der grauen Raupenwagen die Karkurs von Uwenat. Kaum sind die Empfangsriten vollzogen, als sich der Prinz auch schon erkundigt, wann die Jagd auf den großen Waddan beginnen könne.

„O großer Herr und Gebieter", lautete Herys Antwort, „deinem Wunsche gemäß findest du hier in meiner bescheidenen Hütte das Fell und die Hörner des Tieres. Mein Sklave Zukkar erlegte es, meinem Befehl gehorchend, heute, am Tage deiner Ankunft, auf dem Berge."

Ich hörte diese Geschichte aus Kemal El Dins eigenem Munde. „Hery", so fügte er am Schluß hinzu, „bekam seine versprochene Belohnung; er hätte es nie begriffen, wenn sie ausgeblieben wäre. Er erhielt seine zwanzig Kamele, war es doch nur seine allzu große Dienstbereitschaft gewesen, die mir diese bittere Enttäuschung bereitet hatte." Mit diesen Worten zeigte mir der Prinz die starken Hörner des besprochenen Waddan, die noch heute unter den Jagdtrophäen der libyschen Wildschafe den Weltrekord darstellen.

Prinz Omar Tussum, ein Vetter Kemal El Dins und wie dieser ein leidenschaftlicher Jäger, versuchte ebenfalls, ein Wildschaf zu erlegen. Beide Prinzen unternahmen mehrmals Jagdexpeditionen in die westliche Wüste, doch waren ihre Bemühungen umsonst. Schließlich gaben sie auf, und man sagte, daß das Wildschaf in der Libyschen Wüste endgültig augestorben sei.

Als nach 1932 wieder verschiedene wissenschaftliche Expeditionen zum Massiv von Uwenat durchgeführt wurden, tauchte bei den Forschern erneut der Wunsch auf, ein solches noch von keinem Europäer erlegtes Wild zur Strecke zu bringen und einem ihrer Museen zu sichern. Der Engländer Bagnold besuchte zweimal die Täler von Uwenat, er erkletterte als erster den höchsten Gipfel des Massivs, wo er auch auf Wildschafwechsel traf. Doch er bekam niemals einen Waddan zu Gesicht.

Auch bei meinen vier Besuchen in Uwenat traf ich oft auf frische Fährten, doch trotz ermüdenden Kletterns, vieler zerrissener Schuhsohlen und fröstelnd verbrachter Mondscheinnächte sah ich nie einen Waddan. Niedergeschlagen stellte ich fest, daß es im ganzen Gebiet von Uwenat den Spuren nach nur noch fünf Wildschafe gab. Ich verzichtete endgültig auf die Hoffnung, ein Stück dieser „ausgestorbenen Wildart" für das Wüstenmuseum zu erlegen. Der Waddan gehörte nun auch für mich der Legende an.

Im März des Jahres 1934 fuhr ich zum fünftenmal nach Uwenat, doch galt diesmal meine Expedition weniger Uwenat selbst als vielmehr dem nördlich davon gelegenen Hochplateau des Gilf Kebir. Ich mußte Uwenat jedoch berühren, um meinen Wasservorrat an seinen Quellen zu ergänzen. Es war mein Plan, hier nur ein bis zwei Tage zu verbringen. Ich hatte nicht im entferntesten die Absicht, mein Jagdglück noch einmal zu versuchen. Bevor ich Kairo verließ, ging mir wohl für einen Augenblick der Gedanke durch den Kopf, für alle Fälle ein Gewehr mitzunehmen, doch verwarf ich ihn sofort. Ich erinnerte mich der tagelangen Kletterei, des mühseligen Vorwärtskommens auf dem fast ungangbaren Fels und der endlosen Märsche ins Lager zurück, auf denen ich, erschöpft und enttäuscht, unzählige Male gelobt hatte, nie wieder auf eine angeblich frische Spur hereinzufallen, die weiß Gott wie alt sein mochte. Es gibt keine

Waddans mehr in Libyen! Sie sind seit Jahren ausgestorben, wozu daher ein Gewehr...

Diesmal führte ich eine größere Expedition als gewöhnlich, wir waren elf und hatten sechs Automobile. Ich kann nicht gerade behaupten, daß ich derart vielköpfige Expeditionen besonders liebe, namentlich in diesem Fall, wo als erschwerender Umstand hinzukam, daß sich außer meinem deutschen Mitarbeiter H. v. d. Esch und meinen drei erprobten Sudanesen kein einziger in der Gesellschaft befand, der schon einmal längere Zeit in der Wüste gewesen wäre. Neulinge wenden sich naturgemäß mit jeder Kleinigkeit an den Erfahreneren, und so fühlte ich mich wie eine Henne mit ihren Küchlein. Irgendwie überwanden wir aber trotzdem die 1 200 Kilometer, die zwischen dem Niltal und Uwenat liegen. Alle meine Mühen wurden durch die unverhüllte Ergriffenheit belohnt, mit der meine Gefährten die am Horizont auftauchenden mächtigen, düsteren Gipfel des Massivs begrüßten.

Am frühen Nachmittag erreichten wir meinen gewohnten Lagerplatz im Karkur Talh, dem größten Tal im nördlichen Uwenat. Die Sudanesen wußten schon, unter welchem Felsen die Küche unterzubringen war. Sie kannten auch die Stelle, wo wir die Zelte aufzuschlagen pflegten, und gaben sich redliche Mühe, für jedes von ihnen einen schattigen Platz zu finden. Sabir Mohammed, der Headboy der Sudanesen, zeigte unterdessen den Herren voll Stolz den Ort, an dem ich zu essen pflegte, eine Nische am Fuß eines glatten Sandsteinfelsens, der mit vorgeschichtlichen Felsritzungen bedeckt ist.

Während meine Leute noch arbeiteten, rief mich D., der als Beauftragter einer großen italienischen Zeitung an der Expedition teilnahm, zur Seite. „Senta mio amico, ich brachte mein Gewehr mit, da sie mir in Kairo sagten, daß es hier Gazellen gäbe."

Ich dachte daran, wie sehr ich die Herren gebeten hatte, kein überflüssiges Gepäck mitzunehmen. Im ersten Ärger über diese Nichtbeachtung meiner Wünsche lag mir schon die Antwort auf den Lippen, daß es in Uwenat zwar Gazellen gebe, aber nicht hier im Karkur Talh, sondern einige 60 Kilometer weiter südlich auf der andern Seite des Massivs im Karkur Ghazal, dem Gazellental. Doch dann fiel mein Blick auf das gespannte Gesicht des Mannes, in seinen Händen hielt er einen kleinen Winchester-Flobert. Ich sah ein, daß nichts auf Gottes Erde ihn vom Jagen zurückhalten könnte. So riet ich ihm denn, schön langsam talaufwärts zu gehen, aber leise und vorsichtig. Vielleicht habe er Glück und sehe eine Gazelle. „Und vergessen Sie nicht Ihre Feldflasche", schloß ich, „und seien Sie um 7 Uhr bei Sonnenuntergang wieder im Lager!" Ich folgte dem kühnen Jäger mit den Augen und stellte fest, daß er mit seinen Pfadfinderbewegungen jeden Indianer übertraf.

Endlich war das Lager fertig und das Abendessen bereit. Nach der kurzen Dämmerung zündete ich in unserm prähistorischen Speisezimmer die von den Akkumulatoren unserer Automobile gespeisten Glühlampen an und begann – zufrieden feststellend, daß alle meine Schutzbefohlenen wieder vollzählig anwesend waren – das erfreulichste Tagesereignis einer Wüstenexpedition mit Andacht zu genießen: die dampfende Abendsuppe.

„Senta mio amico, Sie sagten, daß es hier Gazellen gibt...", läßt sich D. vernehmen.

„Nicht gerade hier im Karkur Talh, obgleich sie sich, nach den Spuren zu urteilen, manchmal auch bis hierher verirren", lautet meine Entgegnung.

„Doch sicher nur dann, wenn die Beduinen mit ihren Herden nicht hier sind", lautete D.s überaus fachmännischer Ausspruch, über den ich nicht wenig erstaunt war.

„Seit 1931 waren hier überhaupt keine Nomaden mehr", antworte ich.

„Na, erlauben Sie mal! Ich sah doch gerade vorhin einige Schafe weiden."

Der Bissen bleibt mir im Halse stecken, dann bringe ich endlich die Worte heraus: „Was für – Schafe?" Ich stelle meine

Frage mit so unheilschwangerer Stimme, daß tiefe Stille rund um den Tisch eintritt.

Nur D. bleibt seelenruhig. „Kaum tausend Schritte von hier sah ich drei oder vier von ihnen", antwortet er in unbefangenem Tone, „ich verscheuche sie, damit sie nicht die Gazellen stören."

Einer der Expeditionsteilnehmer, ein ägyptischer Prinz, vertraute mir später in Kairo an, er sei damals darauf gefaßt gewesen, Zeuge eines Mordes zu werden. Als ich nach geraumer Zeit wieder Herrschaft über mich gewonnen hatte, kam die Reihe, sich zu ereifern, an D. Es war ihm unverständlich, weshalb ich die Abendmahlzeit abbrach, weshalb er mir beim Schein eines Autoscheinwerfers genau die Stelle zeigen mußte, an der er die „Schafe" gesehen hatte, und weshalb er mir zum Schluß gar noch seinen armseligen Winchester und seinen Vorrat an Patronen – es waren ihrer acht – ausliefern mußte. Später wurde mir erzählt, daß ich an diesem Unglücksabend mit niemandem mehr ein Wort gewechselt habe. Flüsternd setzte Esch dem unglückseligen D. auseinander, daß die Schafe, die er gesehen hatte, Waddans gewesen seien, von denen ein Exemplar der Stolz eines jeden Museums sein würde, daß ich mich jahrelang abgemüht hätte, eines dieser nahezu ausgestorbenen Tiere zu erlegen, und daß er – sie verscheucht habe.

Ich legte mich sofort nieder, um am nächsten Morgen ganz frisch zu sein, wenn mich mein treuer Sabir, der Gefährte meiner vielen erfolglosen Versuche, pünktlich um 1/2 4 Uhr wecken würde. So früh am Morgen ist es unter dem sternklaren Wüstenhimmel niederträchtig kalt; man nimmt aber trotzdem nie einen Mantel mit sich, denn gleich nach Sonnenaufgang würde er so lästig werden, daß man ihn irgendwo zurücklassen müßte.

Hemd, kurze Hose, dicke Strümpfe und Bergschuhe, die bis zum Abend wahrscheinlich vollkommen zerfetzt sind, ferner Gewehr nebst Patronen, Fernglas und eine Feldflasche sind meine Ausrüstung. Sollte ich nicht auch meinen photographischen Apparat mitnehmen? Nein, dann wird sicher aus der ganzen Sache nichts; lieber einige Büchsen Sardinen und ein Stück Brot. Ich muß mit jedem Gramm rechnen. Wer sich an die Felsen von Uwenat wagt, soll außer der Feldflasche keinen überflüssigen Ballast tragen.

Wir hatten am Abend die Stelle im Tal gekennzeichnet, wo eine frische Spur gegen die Felswand führte. Nach einer Viertelstunde ist diese Wand erklettert – das Frösteln ist uns vergangen. Wir befinden uns auf einem seit Jahrhunderten ausgetretenen Wildwechsel. Als es dämmert, sind wir bereits hoch oben am Berg. Ich gestehe, daß ich immer stolz gewesen bin auf mein Talent, Spuren zu lesen, so gute Arbeit wie heute habe ich aber noch nie geleistet. Oft ist auf fünfzig bis hundert Schritt nichts zu sehen, dann nur ein herausgetretener Stein, ein in den Schutt gedrücktes Stück Geröll – dann verschwindet die Spur wieder bis zu einer Abzweigung des Wechsels.

„Sabir, du gehst jetzt rechts und ich links." Treffen er oder ich erneut auf den Wechsel: ein Pfiff – dann wieder Stille. Wir stoßen auf ein kleines Hochtal, dem wir gefühlsmäßig zu folgen beginnen in der Hoffnung, die Tiere könnten hier die Felswand erklettert haben. Die Sonne steht jetzt schon sehr hoch, wir haben einen weiten Weg zurückgelegt.

Die letzte, ganz frische Spur sehen wir auf einem Sandstreifen. Danach sind es vier Tiere, eines von ihnen muß ein sehr geringes Stück sein, dagegen ein anderes sehr stark – und jetzt seit einer Viertelstunde wieder keine Spur. Es ist heller Wahnsinn von uns, hier auf den Felsplatten zu suchen, wo selbst ein Elefant keine Fährte hinterlassen könnte. Dabei ist unser Wasservorrat nahezu erschöpft, und wir leiden schon seit einer Stunde quälenden Durst.

Wir nähern uns dem Nordabhang des Massivs, dort führt ein kleines Tal in die Ebene hinab. Haben die Tiere diesen Weg genommen, so ist für uns alle Hoffnung zu Ende. Vor mir öffnet sich eine amphitheatralisch geformte Schlucht, der „Kopf" des Karkur. Bis dorthin gehe ich noch, dort muß ich noch hinuntersehen. – Irgendwo rollt ein Stein... etwas bewegt sich... ein Rennen und Jagen... dort auf der andern Seite!

Unter der wohl zweihundert Schritte entfernten Felswand gehen sie in großen Fluchten ab! Voraus ein Mutterschaf mit seinem Lamm, dahinter ein anderes und dann der große Widder. „Bismillahi!" krächzt Sabirs heisere Stimme. Ich werfe mich auf den Felsen... den lächerlichen Winchester an die Backe... der Schuß kracht, und – o Wunder der Wunder! – der Widder rouliert wie ein Hase... aber schon ist er wieder auf den Läufen... doch nun tut er sich vom Rudel ab und gewinnt allein mit mächtigen Fluchten die Talböschung... Der verachtete kleine Winchester tut zum zweitenmal seine Pflicht... diesmal sitzt die Kugel mitten auf dem Körper des Widders, er wankt... bricht zusammen... nein, es ist noch immer nicht zu Ende... er springt auf und versucht wieder, die Böschung zu erklimmen.

Ich fühle, wie mich Verzweiflung packt, beißende Tränen treten mir in die Augen... er geht mir verloren... er flüchtet angeschweißt... ich werde ihn nie bekommen! Mit letztem Willensaufwand fasse ich mich, lege an... und zum drittenmal knallt es. Wieder bricht der Widder zusammen, schlägt mit den Läufen, rollt... stürzt über einen hervorspringenden Felsen nach unten – und bleibt verendet liegen. – Sabir ist grau vor Erregung, seine aufgedunsenen Lippen zittern: „El Waddan – El Waddan..."

Tief hinunter ins Tal trug der Nordwind das Echo meiner Schüsse. Es sind 7 Kilometer Luftlinie bis zum Lager, aber meine Sudanesen haben scharfe Ohren. Die Herren freilich hören nichts, sie merken nur, daß meine Leute plötzlich ihre Arbeit unterbrechen und sich danksagend gegen Osten verneigen. „Abu Ramla, der Vater des Sandes (so nennen mich die Beduinen), schoß den großen Waddan", verkündet der Koch feierlich.

Am Abend erreichten wir das Lager, unbeschreiblich müde und vom Transport der 65 Kilogramm schweren Beute wundgedrückt. Bis Mitternacht hatte ich den Widder mustergültig aus der Decke geschlagen, und am folgenden Morgen begab sich der Prinz mit zwei Autos auf den langen Heimweg nach Kairo. So gelangte dieser erste und – wie ich fürchte – auch letzte Waddan, der eine Zierde des königlichen Museums sein wird, schon am vierten Tag in die Hände des Präparators.

REGENFELD

Jedem Forscher, der sich mit den Problemen der Libyschen Wüste befaßt hat, sind die Namen Gerhard Rohlfs und Kemal El Din wohlbekannt. Diesen beiden Männern verdankt die Wissenschaft die Erschließung der östlichen Sahara und damit die Grundlagen zur heutigen Kenntnis der Libyschen Wüste. Kaum ein halbes Jahrhundert trennt uns von der Forschungsarbeit dieser beiden Großen, doch welchen Unterschied in den Arbeitsmethoden bedeutet gerade diese Zeitspanne!

Der Königlich Preußische Hofrat Dr. Gerhard Rohlfs, der rund dreißig Jahre vor der Jahrhundertwende seine Expeditionen ins Innere des unerforschten Sandmeeres unternimmt, ist stolz auf seinen „Spiegelsextanten mit Glashorizont", sein Dollond-Fernglas und seinen Taschenchronometer von Kutter in Stuttgart. Er läßt bei Stieberitz & Müller in Apolda „fünfhundert, mittels einer Schraube verschließbare, viereckige Kisten aus Eisen" anfertigen, um in diesen seinen Wasservorrat zu befördern. Der Khedive von Ägypten stellt ihm eine Karawane von hundert Kamelen zur Verfügung, um von Assiut in die Oase Farafra vorzudringen. Und keine dreißig Jahre nach der Jahrhundertwende laufen die Citroën-Raupenschlepper des Prinzen Kemal El Din Hussein, Sohn des ersten unabhängigen Herrschers des neuzeitlichen Ägypten, von Kairo aus. Darunter ein Tankwagen, der 5 000 Liter faßt, ein Radiowagen, der den Empfang der Zeitzeichen für die astronomischen Positionsbestimmungen sichert, und ein Instrumentenwagen, der Astrolab, Zeiß-Theodolit und Kreiselkompaß befördert.

Doch nur die Werkzeuge der beiden Forscher sind verschieden, ihr wissenschaftlicher Schaffensdrang, ihr Ziel und ihre Beharrlichkeit sind die gleichen. Wir, die wir heute vom Willen zur Erreichung desselben Zieles beseelt sind, verdanken den größten Teil unserer bescheidenen Erfolge der Vorarbeit dieser beiden Pioniere der Wüstenforschung.

Ich kann den Blick nicht von den tiefgefurchten Zügen des würdevollen Antlitzes vor mir wenden. Die hohe Stirn, die große scharfgekrümmte Hakennase, der lange buschige Schnurrbart, der bei jedem Wort des Sprechenden vibrierend und die Lebhaftigkeit seines Vortrages zu betonen scheint, das energische Kinn und die funkelnden braunen Augen halten mich gebannt. Ich sitze meinem hohen Gastgeber mit angehaltenem Atem gegenüber, als müßte ich das kostbare Erleben dieser Stunde festhalten, einer jener Stunden, die sich unauslöschbar der Erinnerung einprägen.

Prinz Kemal El Din erzählt: „Ah, les calculations de Rohlfs! Que de jours j'ai passé pour les rectifier. Par exemple la position de Regenfeld – à propos Regenfeld..." Der Prinz erhebt sich mühsam aus seinem Lehnstuhl und tastet nach seinen beiden Krückstöcken; meine helfende Bewegung wehrt er lebhaft ab. Die sprühende Energie dieses Mannes duldet es nicht, daran erinnert zu werden, daß er sich seit einem halben Jahr einer Prothese bedienen muß. Eine unglückliche Krankheitsbehandlung hatte die Amputation seines linken Beins zur Folge. Die kleine schmächtige Gestalt will kaum zu dem ausdrucksvollen Charakterkopf passen, und mich überkommt – wie immer, wenn ich diesen großen Gelehrten sich so mühsam fortbewegen sehe – ein bitteres Gefühl der Auflehnung: Warum muß das Schicksal gerade die Besten so schwer treffen?

Langsam schreitet der Prinz, auf Stöcke gestützt, durch den Raum. Draußen flimmert die Nachmittagsglut des ägyptischen Frühsommers; hier, in der großen Empfangshalle, herrscht kühles Halbdunkel. Der Hausherr klatscht in die Hände, und ein schneeweiß gekleideter Sudanese taucht lautlos vor uns auf.

„Dreh mir die Lichter in den Glasschränken an!"

Der Prinz öffnet eine der Vitrinen und entnimmt ihr etwas, das wie ein Bild in breitem Silberrahmen aussieht.

„Wissen Sie, was das hier ist?"

Ein unter Glas gerahmtes Schriftstück auf blau liniertem Quartpapier.

„…Lagerplatz der von Gerhard Rohlfs geleiteten Expedition…"

Ich will meinen Augen nicht trauen; sollte dies das Rohlfs-Dokument von Regenfeld sein? Ja, hier heißt es: „Regenfeld, den 5. Februar 1874", und die Unterschriften: „Rohlfs, Zittel, Jordan!"

Belustigt blitzen die Augen des hohen Herrn zu mir herüber, der ich staunend das Schriftstück lese.

„Kommen Sie, setzen wir uns, ich werde Ihnen erzählen, wie ich das gefunden habe. Doch ich will mich dazu der deutschen Sprache bedienen, seit meiner Studienzeit habe ich ohnedies wenig Gelegenheit gehabt, deutsch zu sprechen. Wie ich weiß, kennen Sie Rohlfs' Buch ‚Drei Monate in der Libyschen Wüste' genau. Rohlfs hat übrigens seinerzeit ein Exemplar dieses Werks an den damaligen Maamur der Oase Charga geschickt. Die Familie besitzt das Buch heute noch; als ich es kaufen wollte, verlangten die Leute 400 Pfund dafür.

Rohlfs' Positionsangaben sind nicht immer verläßlich, wie dies angesichts seiner damaligen astronomischen Hilfsmittel nicht zu verwundern ist. Bei der östlichen Begrenzung der Großen Sandsee stellte sich der Fehler sogar als sehr erheblich heraus. Ich war im Jahre 1923 zum erstenmal dort, eigentlich mehr um der Jagd willen. Wie Sie sich erinnern werden, erwähnt Rohlfs in seinem Buch einige größere Vegetationsflächen westlich der Oase Dachla, und ich hoffte, dort neue Jagdgründe zu finden. Nun, von Vegetation sahen wir keine Spur, noch weniger von Gazellen, wie denn dieser erste Versuch mit meinen Kegresse-Citroën-Raupenschleppern überhaupt in jeder Beziehung kläglich ausfiel. Ich hatte damals drei solcher Wagen angeschafft und führte außerdem noch neun Fordwagen mit mir. Das Gelände erwies sich als überaus schwierig, und das Ende vom Lied war, daß wir alle unsere Raupenwagen im Stich lassen mußten, um sie später, teilweise zerlegt, mit Hilfe der Fordwagen zurückzubefördern. An sich ein vollendeter Mißerfolg, doch waren wir bis in die Gegend von Rohlfs' Regenfeld gelangt. Ich beschloß, eine neue Expedition auszurüsten, um die Steinpyramide zu suchen, die der deutsche Forscher seinerzeit dort errichtet hatte. Ich hatte es mir in den Kopf gesetzt, das Dokument zu finden, das die Rohlfs'sche Expedition, in einer Flasche verschlossen, vor einem halben Jahrhundert in jener Steinpyramide zurückgelassen hat. Sie wissen, mein Freund, daß bezüglich der geographischen Position von Regenfeld zwischen seinem Text und der Karte des Rohlfs'schen Buchs ein auffallender Widerspruch besteht. Die Angaben der Breite stimmen überein; die Länge ist dagegen auf der Karte um einen halben Grad östlicher angegeben als im Text, das bedeutet auf der dortigen Breite einen Unterschied von rund 60 Kilometern!

Ich untersuchte nun zunächst einmal mit meinen Mitarbeitern die von Rohlfs angegebenen Positionen aller der Punkte, deren wahre Lage uns von unserer letzten Expedition her bekannt war. Durch Vergleich der Rohlfs'schen Ergebnisse mit den unsern gewannen wir ein Urteil über die Art und Größe seines Fehlers und konnten damit auch den Fehler seiner Ortsangabe für Regenfeld mit hinreichender Genauigkeit bestimmen. Wir fanden, daß die dritte Positionsberechnung, die Professor Jordan, der Geodät der Rohlfs'schen Expedition, als Nachtrag zu den beiden ersten durchgeführt hatte, in ihrem Ergebnis sehr genau mit den von uns ermittelten Werten übereinstimmte. Wir durften sie mit gutem Gewissen unseren weiteren Forschungen zugrundelegen. Die Positionsdaten der Rohlfs-Expedition waren:

Im Buchtext: 28° 6' Länge östl. v. Gr.   25° 11' 10" nördl. Breite
auf der Karte: 27° 30'   25° 11' 10"
nach Jordan: 27° 25'   25° 11' 7"
Wahre Position nach Dr. Ball: 27° 24' 22" Länge, 25° 10' 49" Breite

Am 18. Januar 1924 verließ meine neu ausgerüstete Expedition Kairo. Diesmal machten uns unsere Fahrzeuge keinerlei Schwierigkeiten. Mit den gründlich umgebauten Raupenschleppern hatte ich vorher eine längere Probefahrt unternommen.

Außerdem hatte mir André Citroën seinen Chefmonteur Pénaud mitgegeben, der im Vorjahre die Citroën-Transsahara-Expedition in der gleichen Eigenschaft begleitet hatte. Mein langjähriger Mitarbeiter, unser gemeinsamer Freund Dr. John Ball, war selbstverständlich auch diesmal mit mir, ich hätte die Ortsbestimmungen keinem erfahreneren Wüstenforscher überlassen können. Über die Oasen Baharia und Farafra ging die Fahrt zunächst zum Bir Abu Mungar, dem westlichsten der bekannten Wasserlöcher. Dann wandten wir uns gegen Süden, berührten die Oase Charga und verließen schließlich am 12. Februar von der Ortschaft Mut in Dachla aus das Gebiet der libyschen Oasen.

Nach 250 Kilometer Fahrt in westsüdwestlicher Richtung erreichten wir das von Dr. Ball während des Krieges entdeckte uralte Wasserdepot, das heute den Namen Abu Ballas oder Pottery Hill trägt. Wir unterzogen die nach Hunderten zählenden, größtenteils zerschlagenen irdenen Krüge, die hier am Fuß eines Paares von auffallend spitzen Felshügeln liegen, einer eingehenden Untersuchung. Es handelt sich wohl um das Wasserdepot, von dem die Einwohner von Dachla seinerzeit Rohlfs erzählt haben. Nach ihren Angaben soll es schwarzen Unbekannten, die die Oase noch gegen Anfang des vorigen Jahrhunderts wiederholt überfallen hatten, als Stützpunkt gedient haben. Später sollen dann die Dachla-Leute das Depot gefunden und die Gefäße zerstört haben, worauf die Überfälle aufhörten."

„Und wie denken Hoheit über diese Erzählung?" werfe ich ein.

„Ich halte sie keineswegs für eine Legende. Auf meiner mißglückten Expedition im Jahre 1923 habe ich nämlich in der Gegend von Abu Ballas die Wegzeichen einer sehr alten Karawanenstraße gefunden, vermutlich derselben, die auch Rohlfs' Begleiter Jordan und Zittel auf ihrem Erkundigungsritt nach Westen gesehen hatten. Zweifellos hat es früher einmal einen Karawanenweg von Dachla über Abu Ballas nach der tripolitanischen Oase Kufra gegeben, der die hohen Dünenketten der Sandsee südlich umging. Ich habe nie verstehen können, weshalb Rohlfs nicht diesen Wegzeichen gefolgt ist, sondern sich eigensinnig bemühte, in gerader Richtung gegen Westen in die ungangbaren Dünen einzudringen."

„Ich bin der Ansicht, Hoheit, daß auch Ascherson, Rohlfs' Botaniker, damals von dem Vorhandensein des Depots der Steinkrüge gehört hat, daß er aber die ihm erteilte Auskunft in seiner Unkenntnis der arabischen Sprache unrichtig verstanden hat. In seinem Bericht steht, man habe ihm in Charga mitgeteilt, daß etwa anderthalb Tagereisen von Mut auf einer nach Südwesten führenden Straße zwei minarettähnliche ‚Piliers' stehen, in deren Nähe sich, ‚großartige Steinbrüche' befinden. Sein schlecht Französisch sprechender Gewährsmann hat damit vermutlich die beiden spitzen Felshügel von Abu Ballas gemeint, und die ‚Steinbrüche' können sehr wohl die zerbrochenen Steinkrüge sein."

„Sie mögen recht haben", sagte nachdenklich der Prinz. „Tatsächlich habe auch ich mir über diese Stelle des Rohlfsschen Buches schon oft den Kopf zerbrochen... Wahrhaftig, mit dieser Beschreibung konnte nur Abu Ballas gemeint sein! Was die unerforschte Straße betrifft, so werden Sie ja in der nächsten Zukunft Gelegenheit haben, sie bis zu ihrem Ziel zu verfolgen."

„Insch'āllah – so Gott will, Effendina!"

„Insch'āllah, mein Freund! – Ich konnte damals jenen Wegzeichen nicht folgen, da ich ja Regenfeld gegen Westen suchen mußte. Am 22. Februar lagerten wir am Fuß einiger kleiner Hügel, die ich Gor Abu Hussein benannte, etwa 100 Kilometer nordnordwestlich von Abu Ballas. Nach Dr. Balls Berechnungen mußten wir am Ort von Regenfeld sein. Es blieb uns nichts anderes übrig, als die Umgebung nach dem Rohlfs-Zeichen abzusuchen.

Am folgenden Tage streifte ich vergeblich auf einem der Raupenwagen die Gegend um unser Lager herum ab. Gegen Westen erhoben sich die mächtigen Dünenketten der Großen

Sandsee, dorthin war Rohlfs nicht eingedrungen. Im Osten lagen einige kleinere Dünen mit eingestreuten Felshügeln. Abends erklärte mir Ball, daß wir nach seiner letzten Ortsbestimmung kaum anderthalb Kilometer nördlich der verbesserten Rohlfs'schen Position sein mußten. Am nächsten Morgen schickte ich Ball mit dem einen Citroën gegen Süden, meine Fahrer und die Dienerschaft mußten in Schwarmlinie neben dem Raupenwagen hergehen, um jede Geländewelle abzusuchen.

Ich wollte am Nachmittag folgen, doch als ich eben im Begriff war aufzubrechen, kam Balls Wagen über die flachen Sanddünen dahergerattert. Neben und hinter dem Fahrzeug liefen laut rufend meine Leute. Ich werde nie den Anblick vergessen, wie Ball, aufrecht im Wagen stehend, mir schon von weitem einen Gegenstand entgegenhielt. Es war die Flasche mit dem Rohlfs-Dokument!"

Kemal El Din hielt in seiner Erzählung inne. Ich fühlte, wie ihn die Erinnerung an jene Stunde überkam. Mehr als je empfand ich, wie hart das Schicksal diesen tatenfrohen Mann getroffen hatte. Seine Augen waren nachdenklich zum Fenster gerichtet. Weit drüben, jenseits der lärmenden Stadt, zeichnete sich die Silhouette der beiden schlanken Minarette der Alabastermoschee gegen den tiefblauen Himmel ab; dahinter die schroff abfallenden Felsklippen der Wüstenberge. Der Blick des Gelehrten schien sich in jene Fernen zu verlieren.

Behutsam ergriff ich den Silberrahmen:

„Regenfeld, den 5. Februar 1874..." Fünfzig Jahre und zwanzig Tage war das Dokument in seiner Flasche verschlossen geblieben. Fünfzig Jahre einer wagemutigen Epoche der Wüstenforschung... Und wie viele Jahre werden noch vergehen, bis wir auch das letzte Geheimnis der ewigen Wüste erschlossen haben?

Mit leiser Stimme fuhr der Hausherr nach einer geraumen Weile fort: „Die Flasche hatte einer der Chauffeure durch Zufall unter einem kleinen Steinhaufen gefunden. Wir begaben uns nun alle dorthin. Es war tatsächlich nur ein kleiner Kegel aus aufgeschichteten Steinen, der von den ringsum verstreut liegenden Felsstücken kaum zu unterscheiden war. Dies war mir unverständlich, denn Rohlfs spricht ja von einer großen Steinpyramide. Ganz unbewußt entfernte ich mich einige Schritte von der Fundstelle in Richtung auf die benachbarten Dünen. Plötzlich fühlte ich unter meinen Füßen eine weiche Stelle im Sand, ich rief meine Leute herbei, ließ graben, und schon nach wenigen Schaufelwürfen kamen die ersten Gegenstände zutage! Sehen Sie, dort in der Vitrine – hier haben Sie den Schlüssel, bitte, öffnen Sie selbst –, der große Korb, wie die Oasenbewohner sie in der gleichen Art noch heute flechten, eine gebrochene Spitzhacke, eine Handschaufel. Dann dort das Holzgestell eines Kamelsattels, die leeren Flaschen – die Deutschen haben keinen schlechten Rotwein mitgeführt! Und dort, sehen Sie: ein verwitterter Sack mit steinharten Datteln. Ich hatte den eigentlichen Lagerplatz der deutschen Expedition gefunden. Nach und nach kamen noch einige leere Konservenbüchsen zum Vorschein, und schließlich löste sich auch das Rätsel der Steinpyramide.

Einige hundert Schritte vom Lager entfernt stand auf einem etwas höheren Felsen die übermannshohe Pyramide. Rohlfs hatte dieses Alam absichtlich auf dem höchsten Punkt der Umgegend errichtet, ohne aber daran zu denken, daß es nur von Osten her weithin sichtbar war, während es gegen die übrigen Himmelsrichtungen von den Dünen verdeckt wurde. Am Fuß der Pyramide war aus Steinen ein Pfeil ausgelegt, der in Richtung des kleinen Steinhaufens mit der Flasche wies. Offenbar hatte Jordan dort seine astronomischen Beobachtungen vorgenommen und deshalb die Flasche auf den Standort seines Instruments gestellt. Unter dieser Voraussetzung ist der Fehler seiner dritten Positionsangabe für Regenfeld in der Tat nicht viel größer als 1 Kilometer. Neben der hohen Pyramide fanden wir sieben der eisernen Kisten, in denen Rohlfs seinen Wasservorrat mit sich geführt hatte. Zwei davon habe ich Ball geschenkt, die übrigen stehen dort drüben. Ist es nicht merkwürdig, daß alle diese Gegenstände nur etwa 10 Zentimeter hoch vom Sand bedeckt waren? Das Lager der deutschen Expedition hatte sich nicht mehr als 100 Schritte vom Fuß einer 32 Meter hohen Düne entfernt befunden; wenn die Dünen so schnell wanderten, wie man bisher angenommen hat, so hätten wir das Rohlfs-Dokument wohl niemals gefunden.

Bevor wir Regenfeld verließen, fertigte ich eine Abschrift des gefundenen Dokuments an, fügte einen kurzen Bericht über die Auffindung hinzu und siegelte die beiden Schriftstücke in eine Champagnerflasche ein. Die Flasche wurde in dem kleinen Steinhaufen niedergelegt, den wir dann noch ein wenig erhöhten. Mit diesem Ring hier habe ich mein Siegel auf die Flasche gedrückt. Allah allein weiß, wer einst meine Schriftzüge in der Hand halten wird, wie ich damals das Rohlfs-Dokument..."

Prinz Kemal El Din hatte geendet, sein Blick ruhte sinnend auf dem Silberrahmen.

„Hat die deutsche wissenschaftliche Welt Kenntnis davon, daß das Rohlfs'sche Dokument gefunden ist?" wagte ich endlich das Schweigen zu brechen.

„Ich glaube kaum. Sie wissen ja, daß meine Aufzeichnungen noch nicht für die Öffentlichkeit bestimmt sind. Ich habe bisher nur im Bulletin de L'Institut d'Egypte eine kurze Mitteilung drucken lassen. Die Vollendung des großen wissenschaftlichen Werkes, an dem ich seit Jahren arbeite, wird noch längere Zeit in Anspruch nehmen. Aber warum wollen Sie nicht selbst über meine Regenfeld-Expedition schreiben? Sie kennen ja nun alle Einzelheiten. Ich werde Ihnen ein photographisches Faksimile dieses Dokuments hier anfertigen lassen, in einigen Tagen wird es Ihnen zugehen. Sie werden mich in Zukunft ohnedies viel bei meinen Arbeiten zu unterstützen haben. Es stand geschrieben, daß ich meine Forschungsreisen aufgeben muß wegen dem da", der Prinz klopfte unwillig auf seine Prothese, „doch vielleicht hat der Allgütige Sie deshalb zu mir geschickt, weil meine Arbeit in der Wüste noch nicht vollendet ist. Ihre Flügel werden mir mein Bein ersetzen, lieber Freund!

Wir wollen dann auch einmal bei Regenfeld landen... auf der Ostseite der großen Düne liegt eine breite, ebene Sandfläche..."

Vor mir auf dem Schreibtisch steht in einem Silberrahmen das Faksimile des Rohlfs-Dokuments, davor liegt ein Brief, dessen Inhalt ich nun schon unzählige Male gelesen habe und dennoch kaum fassen kann: Prinz Kemal El Din ist nicht mehr... Der größte Erforscher der Libyschen Wüste, der königliche Geograph, der unerschrockene Mann mit dem gottesfürchtigen Herzen ist vor wenigen Tagen plötzlich gestorben. Mein Flugzeug wird ihn nicht über das unendliche Sandmeer tragen. Wir, die er die Wüste kennen gelehrt hat, werden nicht mehr für ihn arbeiten dürfen. Das Schicksal ist unerbittlich wie die Wüste selbst. Irgendwo weit draußen, am Rande des Dünenmeeres, steht in flimmernder Sonnenglut eine Steinpyramide, die eine Flasche mit seinen Schriftzügen birgt. „Allah allein weiß, wer einst meine Schriftzüge in der Hand halten wird..."

Vorgestern habe ich Penderel von Abu Ballas aus mit drei Wagen nach der Oase Charga zurückgeschickt, um Benzin und Wasser zu holen. Er kann, wenn alles gut geht, am 31. abends wieder zurück sein. Bis dahin habe ich nur einen von meinen vier Fordwagen in unserm Lager. Gestern tobte den ganzen Tag lang ein Sandsturm, wir konnten uns kaum aus den Zelten rühren. Vielleicht war das der Grund, daß mich die Ungeduld packte. Der Gedanke, noch vier lange Tage in diesem unfreundlichen Lager bei Abu Ballas zu sitzen, wurde mir unerträglich, und als gegen Abend endlich Windstille eintrat, rief ich meine Gefährten zu mir und teilte ihnen meinen Entschluß mit:

„Wir fahren morgen nach Regenfeld."

Zunächst sprach keiner ein Wort. Doch ich konnte es ihren Gesichtern ablesen: 100 Kilometer durch wegelose Wüste, und mit nur einem einzigen Wagen?

„Ich habe mir meinen Plan reiflich überlegt", erläuterte ich.

„Wir kennen die astronomische Position von Abu Ballas genau, die Daten von Regenfeld sind mir ebenfalls bekannt. Ich werde mich nun bemühen, zwischen beiden Punkten meine Fahrtrichtung möglichst wenig zu wechseln. Für Penderel werde ich hier eine Flaschenpost hinterlassen mit der Angabe des Kompaßkurses und der Weisung, unserer Spur zu folgen, falls wir bis zum 31. abends nicht zurück sind."

Dr. Bermann, der Chronist unserer Expedition, äußerte ruhig und sachlich, wie immer, seine Bedenken: „Soviel ich weiß, liegt Regenfeld am Ostrand der Großen Sandsee, also zwischen Dünen. Wenn nun unser Motor versagt und abermals ein solcher Sandsturm einsetzt, der unsere Spur verweht?"

„Ich habe mir diese Schwierigkeit nicht verhehlt, Doktor, eben deshalb werde ich trachten, so wenig wie möglich vom Kompaßkurs abzuweichen. Zwingt mich das Gelände, die Richtung zu ändern, so werden wir Wegzeichen und Pfeile auslegen, damit Penderel nicht an uns vorbeifährt. Außerdem werden wir natürlich Leuchtraketen mitnehmen."

Ich machte mich nun sofort daran, den Wagen mit besonderer Umsicht zu beladen. In Abu Ballas konnte ich niemand zurücklassen, so hieß es also, fünf Sitzplätze zu schaffen. Die nötigsten Ersatzteile, vollständiges Werkzeug auch für größere Reparaturen, Wasser und Lebensmittel für zehn Tage mußten ebenfalls untergebracht werden. Mitternacht war vorüber, als ich schließlich alles startbereit auf dem Wagen verpackt und verschnürt hatte.

Beim ersten Licht des neuen Tages spannte ich ein neues Blatt auf mein Zeichenbrett, trug das Netz der Längen- und Breitengrade ein und verband dann mit peinlicher Genauigkeit die beiden Punkte, die der geographischen Lage von Abu Ballas und Regenfeld entsprachen, durch eine Gerade. Im Zelluloidkreis des Winkelmessers ergab sich eine Richtung von 338 Grad, mit der örtlichen magnetischen Mißweisung war demnach mein Kurs 340 Kompaßgrade. Eine Linie auf dem leeren Zeichenblatt, ein Strich auf der Skala des Kompasses und eine Zahl auf dem Kilometermesser, dies waren die drei Elemente, die mich zu einem Steinhaufen führen sollten, der irgendwo in der unbekannten Wüste lag.

Um 6 Uhr morgens brachen wir auf. Zwei schnurgerade Reihen zurückgelassener Kisten und Zeltsäcke sowie eine Steinpyramide mit der Flaschenpost bezeichneten den Ort, wo unser Lager gestanden hatte. Ich nahm die Kurslinie am Nordhang des eigentlichen Abu-Ballas-Hügels auf. Der „Vater der Krüge" – wie Prinz Kemal El Din diesen eigenartigen Felskegel getauft hatte – erhob sich scharf gezeichnet in die klare Morgenluft. Die ersten Strahlen der aufgehenden Sonne vergoldeten die schroffe Spitze und warfen ihren Schatten weit hinaus in die graugelbe Sandebene. Wie viele solcher Sonnenaufgänge mögen die uralten amphorenartigen Tongefäße, die zu Hunderten am Fuß des Hügels liegen, schon bestrahlt haben? Hatten jene fremden Schwarzen, die einst die ägyptischen Oasen mit ihren Überfällen heimsuchten, die Krüge hierher geschleppt, oder war dieser geheimnisvolle Ort vielleicht ein Wasserdepot der Kambyses-Armee gewesen, von deren tragischem Ende in der Großen Sandsee Herodot berichtet?

Von Menschenhand aufgestellte Steinblöcke – „Alamat" – weisen von diesem Hügel in nordöstlicher Richtung gegen Dachla. Wohl die Wegzeichen der Karawanenstraße, die Rohlfs entdeckt hatte, ohne ihr jedoch zu folgen. Aber unser Kurs liegt nach Nordnordwest, auf die Dünen der Sandsee zu. Es ist immer das gleiche bei diesen Fahrten ins Unbekannte. Zuerst geht alles wunderbar leicht, harter Sandboden, endlos erscheinende Serirflächen. Man hofft immer wieder, daß es diesmal bis zum Ziel so bleiben wird, daß heute keine Hindernisse im Kurs liegen werden. Doch bald macht sich ein unruhiges Flimmern am Horizont bemerkbar, dunkle Flecke entstehen und treiben eine Zeitlang ein trügerisches Spiel in den Wasserspiegeln der Fata Morgana. Dann festigen sich die Konturen, werden zu zackigen Linien... einzelne Steine liegen im Sand, allmählich immer mehr... Steinhalden und Felsblöcke gleiten vorbei. Vor dem langsamer fahrenden Wagen tauchen felsige Kuppen und tiefe unwegsame Einschnitte auf. – Die Freude an der fliegenden Fahrt über die Sandebene hat nicht lange gedauert. Etwa 40 Kilometer hinter Abu Ballas befinden wir uns in einem zerklüfteten, felsigen Hügelgelände. Ich bin gezwungen, den Hindernissen auszuweichen. Immer häufiger muß ich halten – den Wagen ganz sachte ausrollen lassen, um auf der trügerischen Oberfläche nicht einzubrechen – und einen Ausweg aus dem Hügellabyrinth suchen.

Die Gerade auf dem Zeichenbrett wird bald zur Zickzacklinie. Ich suche mit dem Fernglas das Gelände ab, um eine Durchfahrt zu finden. Mein Navigator steigt aus, entfernt sich etwa fünfzig Schritte vom Wagen, damit sein prismatischer Kompaß nicht durch die Metallmassen des Fahrzeugs beeinflußt wird, und peilt den neuen Zielpunkt an. Dann fahre ich den Wagen sorgfältig auf die Stelle ein, an der die Peilung vorgenommen wurde, und vermerke Kurszahl und Kilometerablesung im Logbuch. Nach vier bis fünf Kursänderungen machen wir einen längeren Halt und tragen die sich ergebende Kompaßtraverse genau in die Karte ein.

Gegen Mittag nehmen wir am Fuß eines Bergrückens ein paar Ölsardinen mit Brot zu uns. Der Doktor fragt mich jetzt nicht mehr, ob wir Regenfeld noch heute erreichen werden, er blickt mit ernster Miene unsern schwergeprüften Ford an. Wenn der uns jetzt im Stich läßt, so wird es Penderel nicht leicht haben, uns zu folgen!

Einige Male scheint es, als sei ein Weiterkommen unmöglich, doch immer wieder gelingt es, eine Durchfahrt zu finden – manchmal im rechten Winkel zu unserer Zielrichtung, und die Navigation wird zu eintöniger Kleinarbeit. Meine Aufgabe als Wagenlenker ist in einem solchen Gelände nicht gerade leicht. Solange ich eine Hügelspitze oder eine ferne Felszacke ansteuern kann, geht es noch. Wenn jedoch der Richtungspunkt – den man möglichst weit entfernt und hochliegend wählt – nach einigen hundert Metern Fahrt langsam zu sinken beginnt und schließlich aus dem Blickfeld verschwindet, heißt es, die drei Fäden des im Wagen eingebauten Flugzeugkompasses parallel zu halten und dabei gleichzeitig auf die im Wege liegenden Steinblöcke zu achten. Kompaßsteuern in hügligem Gelände ist auf die Dauer überaus ermüdend, und ich atme auf, als die Gegend endlich freundlicher wird. Die Felsen treten zurück, die Bruchstufen werden seltener, und der Sand nimmt eine hellere Färbung an. Am Horizont erscheint ein unbestimmtes wogendes Flimmern. Buttergelbe Flecke tauchen auf, die in der Luft zu schweben scheinen und sich allmählich herabsenken, bis sie auf der Wüstenfläche festen Fuß fassen. Die Dünen der Großen Sandsee!

Unheimlich still huscht der Wagen den auftauchenden Sandbergen entgegen. Die Fahrbahn ist jetzt leicht gerippelt, wie eine riesige Grammophonplatte. Mitunter fühle ich an einem plötzlichen Nachlassen der Maschine, daß die Sandoberfläche unter den Rädern nachgibt, und ich fahre rascher, um nicht einzubrechen. Zur Rechten zieht sich schon seit geraumer Zeit die Wellenlinie einer niedrigen Dünenkette hin. Ich muß auf den Kurs achten und kann deshalb nur für Augenblicke hinübersehen, doch scheint es in dem Dünenkamm keine Unterbrechung zu geben. Vor mir liegen zwei höhere Dünenzüge, zwischen die mich der Kompaß hineinzwingt.

Hier im Dünental herrscht eine eigenartige Beleuchtung. Die Rundungen der Sandwellen sind kaum zu erkennen, ein fahles Licht läßt alle Formen ineinander verschwimmen. Ich schiebe die dunkle Sonnenbrille hoch, doch diesmal blendet der Lichtwechsel nicht. Ich hatte es bisher gar nicht bemerkt: Der Himmel ist grau, vollkommen verhängt, mit einer Wolkendecke überzogen, wie ich sie seit Jahren in der Wüste nicht gesehen habe. Zu beiden Seiten die gelbe Wand der Sanddünen – der Kurs führt zum Glück so ziemlich in der Mitte hindurch –, der Untergrund steinig oder von tiefem Flugsand verweht...

Wo will ich eigentlich hin? Welch Wahnsinn, hier nach einem Steinhaufen zu suchen! Wie konnte ich nur daran denken, hier in dieser Welt von Sand und Stein einen bestimmten Punkt zu finden...

Mit wachsender Unruhe beobachte ich die rasch abnehmende Entfernung der Dünenzüge vor uns und hoffe im stillen, daß mich der Kurs nicht über diese mächtigen Flugsandhügel führen wird. Wir sind zwar fünf Mann, genügend zum Schieben, und ich kann die Hälfte der Luft aus meinen Riesenballonreifen ablassen,* aber die Düne ist mindestens 30 Meter hoch... und steil. Zerrissene Gedanken, eine ungeduldige Frage an den Navigator: „Wieviel Kilometer noch? – Wie, noch zwei?" Ich wußte es ja ohnehin, brauchte nur auf den Kilometerzähler zu blicken... Da: ein Ruck in der Lenkung! Ich reiße das Steuer zurück... ein zweiter Stoß... sollte der rechte Vorderreifen...? Abermals dreht es gewaltig am Steuerrad nach rechts... oder ist die Vorderfeder gebrochen, jetzt, wo ich in dem verdammten Flugsand nicht anhalten kann?

Endlich ein härterer Bodenfleck. Ich lasse den Wagen ausrollen und beuge mich besorgt zur Vorderachse: nichts, alles in bester Ordnung. Ich richte mich auf... dort hinter dem Wagen, beim Zurückblicken deutlich sichtbar, zwei... vier parallele Linien, die meine Spur durchbrochen hat... verwehte Radspuren... Kemal El Din! Als hätte die Faust des großen Toten in mein Lenkrad gegriffen: „Nicht hierher... Dorthin! Nach rechts, dem andern Dünenzuge zu!" Und gehorsam folge ich der Richtung, die sein letzter Befehl mir anweist.

Noch wenige hundert Meter, und wir sind am Endpunkt unserer Kompaßtraverse. Ich weiß, es ist trotz allem hoffnungslos. Wie könnte auch die unruhig gezackte Linie auf dem Zeichenblatt zu jenem Steinhaufen geführt haben. Und doch... die Spuren der Raupenwagen.

„Ich werde einen Lagerplatz suchen, Doktor, bleiben Sie nur einstweilen hier."

---

* Wodurch sich ihre Tragfähigkeit auf weichem Sandboden beträchtlich erhöht.

Von der hohen Düne, an deren Fuß wir gehalten haben, erschließt sich mir ein weiter Rundblick. Seltsam, gegen Osten liegen keine weiteren Dünenzüge mehr. Eine trostlose graubraune Ebene dehnt sich zu meinen Füßen, hier und da eine kleine Erhebung, Felsbrocken und Steinhalden, sonst nichts. Ich bin auf der östlichsten Düne der Großen Sandsee. Ich hätte das Buch von Rohlfs mit heraufnehmen sollen. Wie heißt es dort? „Die Karawane erreichte nach Überquerung einiger Dünenzüge...", wir sind also trotz aller Mühe und Sorgfalt doch zu weit nach Osten abgekommen? Kádár, der Geodät, hat sich neben mir auf dem Dünenkamm niedergelassen, ich suche mit dem Glas das Gelände unter uns ab. Steine, Felsen, ein Steinhaufen... ein Steinhaufen? Halt – sollte das etwa...?

„Kádár, sehen Sie hier unten... nein, unmittelbar am Fuß unserer Düne... ein Alam... die Steinpyramide von Regenfeld!"

In wenigen Sekunden sind wir die steile Sandebene hinuntergeglitten und stehen nun wortlos vor dem niedrigen Steinhaufen. Kein Zweifel, er ist von Menschenhand aufgeschichtet, und dort... kaum fünfzig Schritte weit, auf der Steinhalde deutlich sichtbar... die Spuren der Raupenschlepper.

Bermann hat beim Wagen auf uns gewartet. „Haben Sie einen guten Lagerplatz gefunden?" ruft er mir zu.

„Nein, Doktor, aber Regenfeld. Kaum 600 Meter vom Endpunkt unserer Kompaßtraverse."

Auch er jubelt nicht, uns alle hat das gleiche ernste Gefühl ergriffen. Bald stehen wir alle um den unscheinbaren Steinhaufen, und nachdem er photographiert ist, beginne ich ihn abzutragen. Schweigend helfen Kádár und Mahmud. Eine abgestreifte Schlangenhaut liegt zwischen den Steinen und der vertrocknete Kadaver eines kleinen Vogels. Jedoch keine Flasche. Wir suchen und wühlen. Nichts. Sollte dies doch nicht...? Aber der Prinz war doch hier, seine Raupenspuren liegen ganz in der Nähe. Die Wagen haben hier auch gehalten und gewendet.

„Komm, Mahmud, auch die alleruntersten Steine!"

Da – die schwarze Hand hat etwas gegriffen... Glas, ein

weißes Flaschenetikett, ein rotes Siegel mit dem prinzlichen Wappen. Stumm reicht er mir die Flasche und wendet sich abseits. Nach einigen Schritten sinkt er mit der Stirn zu Boden... das Totengebet des Islam. Mahmud war vor einem Jahr noch im Dienst des Prinzen und hat seinen Herrn sehr geliebt.

Ich habe die Flasche an mich genommen, um sie uneröffnet dem König von Ägypten zu überreichen. Eine neue Abschrift des Rohlfs-Dokuments und einen Bericht über unsere Fahrt habe ich am Fundort niedergelegt und darüber das Alam von Regenfeld viel höher wieder aufgebaut. Beim Absuchen der Umgebung fand ich dann noch weit nördlich von dem Steinhaufen einen Gegenstand, den ich zuerst für einen dreieckigen Stein gehalten hatte. Es war die aus dem Sand hervorblickende Ecke einer eisernen Wasserkiste der Rohlfs'schen Expedition. Außerdem gruben wir einige geflochtene Sattelkörbe aus, ein paar Sardinenbüchsen und Holzkohlenstücke.

Jetzt liege ich in meiner Sandgrube – Beduinenbett nennt es Mahmud –, unsere Zelte haben wir ja in Abu Ballas zurückgelassen. Neben mir steht die Flasche des Prinzen und vor mir, im Licht der elektrischen Stecklampe, liegt mein Tagebuch. Was wollte ich sonst noch berichten? Daß wir wundervoll navigiert haben, daß Rohlfs seinerzeit bei der östlichsten Düne nach Norden abgebogen ist? Weshalb wir uns eigentlich nicht gefreut und so still und wortkarg zu Abend gegessen haben?

Es ist etwas merkwürdig Unheimliches um diesen Ort des Schweigens. Und doch waren hier einmal Stimmen laut, Rufe von Kameltreibern, Signalschüsse jener Kühnen, die sich in dieses Reich des Todes gewagt hatten, und das Rattern der grauen Raupenschlepper, deren einen jener gelenkt hat, der mein Lehrmeister und Führer war...

Und während ich diese Zeilen schreibe, setzt ein leises, rauschendes Rieseln ein, große Regentropfen fallen aus dem düsteren Nachthimmel! „Regenfeld" hatte Rohlfs diesen Ort genannt, an dem er in einer düsteren Regennacht des Jahres 1874 den Entschluß zur Aufgabe seines Vormarsches nach

Westen gefaßt hatte. Heute, nach neunundfünfzig Jahren, wiederholt sich hier die gleiche Naturerscheinung, wie dies bisher noch an keiner andern Stelle der großen libyschen Wüstenebene beobachtet worden ist...

Fröstelnd lausche ich in die Nacht hinaus. Der weiche Dünensand dämpft das Geräusch der fallenden Tropfen, es klingt wie eine flüsternde Stimme: „Allah allein weiß, wer einst meine Schriftzüge in der Hand halten wird..."

Immer wieder weist Almásy darauf hin, daß Sand nicht gleich Sand ist, sondern ganz verschieden sein kann: Die Bilder dieser Doppelseite zeigen es. Auf dieser Seite unten z. B. der vom Wind hartgepreßte Sand auf der Höhe eines breiten Dünenzuges.

Unten: Fahrzeugspuren halten sich – vom Wind immer wieder blankgefegt – an manchen Stellen der Wüste oft jahrelang. Hier die 1933 photographierten Abdrücke der Raupenschlepper des Prinzen El Din aus dem Jahr 1924.

Durch die Grosse Sandsee

Wenn ich mir heute die Frage vorlege, welche von meinen Langstreckenexpeditionen in der Libyschen Wüste die schwierigste gewesen sei, so brauche ich nicht lange zu überlegen, um die Antwort zu finden. Bei keiner meiner Fahrten waren mir Schwierigkeiten von derartigen Ausmaßen entgegengetreten wie bei meiner Vermessungsfahrt durch die Große Sandsee, die ich im April des Jahres 1935 durchführte.

Stets hängt der Verlauf einer Expedition in unerforschten Wüstengebieten von derlei Bestimmungen ab, deren rechnerische Erfassung im voraus gar nicht oder nur annähernd möglich ist; den Geländeschwierigkeiten, den Wetterverhältnissen und der Leistungsfähigkeit der Fortbewegungsmittel. In der Großen Sandsee verschworen sich die beiden ersteren so gegen mich und meine Gefährten, daß wir zeitweise keine Hoffnung mehr sahen, unsere Fahrt lebend zu beenden. Die dritte Bestimmungsgröße – die Leistungsfähigkeit unserer Fahrzeuge – war dadurch in ihrer Bewertbarkeit beeinträchtigt, daß ich neben meinen erprobten Wüstenwagen auch noch ein Kleinauto zu Versuchszwecken mit mir führte. Seine Fahreigenschaften im Dünengelände waren mir vorerst nicht bekannt.

Wenn wir einen Blick auf die Karte Ägyptens werfen – und zwar auf eine der neuesten Ausgaben, denn das Innere der Libyschen Wüste wurde bis vor wenigen Jahren nur als „weißer Fleck" auf den Landkarten dargestellt –, so sehen wir südlich des 29. Breitengrades in der Gegend zwischen dem 25. und 28. Längengrad ein viele Zehntausende von Quadratkilometern großes Gebiet, das mit punktierten Linien bedeckt ist. Diese Linien stellen die Dünenzüge der Großen Sandsee dar, welche im Süden der Oasensenke von Siwa beginnen und sich in parallellaufenden Reihen bis zum Gilf-Kebir-Gebirge erstrecken, also bis in die Nähe des 24. Breitengrades. Die Länge dieses Dünengebiets beträgt etwa 600 Kilometer, seine Breite übertrifft stellenweise 200 Kilometer. Dieser gesamte Flächenraum ist von Sanddünen bedeckt, die einzelnen Dünenketten liegen hart nebeneinander, ihre Richtung folgt der des vorherrschenden Windes: von Norden nach Süden mit einer geringen Abweichung gegen Südosten.

Am östlichen Rand der Großen Sandsee liegen die einzelnen Dünenzüge noch etwas weiter auseinander, sie sind durch 3 bis 4 Kilometer breite, meist felsige Geländestreifen voneinander getrennt. Gegen Westen zu nimmt die Breite dieser trennenden „Korridore" immer mehr ab, bis schließlich nach der 10. oder 15. Kette die Dünenzüge sich gegenseitig berühren und der felsige Untergrund völlig unter dem weichen Sand verschwindet. Bei weiterem Vordringen gegen Westen kann man auf einer Breite von etwa 50 Kilometern die einzelnen Ketten noch voneinander unterscheiden, dann aber tauchen auch die letzten Dünenkämme in den ungeheuren Sandmassen unter. Noch weiter westlich ist nur noch ein sanft gewelltes Meer von flüchtigem Triebsand zu erblicken, das sich allmählich gegen die tripolitanische Wüstenebene senkt. Der Name „Große Sandsee", der von europäischen Wissenschaftlern auf Grund der Schilderungen Gerhard Rohlfs' geprägt wurde, bringt in anschaulicher Weise die Eigenart dieser an erstarrte Meereswellen erinnernden Landschaftsform zum Ausdruck.

Dort, wo die Dünenketten noch nicht zusammenfließen, kann man aus ihrem Aufbau erkennen, daß die Große Sandsee ihr Dasein einer von Westen nach Osten gerichteten Wanderbewegung des Sandes verdankt. Die Ostseiten steigen in einer Steilheit von 32 bis 33 1/2°, dem natürlichen Böschungswinkel des abwärts rieselnden Sandes entsprechend, bis zur Höhe des Kamms an. Die Westseiten fallen dagegen wesentlich weniger steil ab, in der Regel schließt sich an den scharfen Kamm, den die Beduinen „das Schwert" nennen, ein breiter, gewölbter Rücken an. Zuweilen fehlt das Schwert, so daß der Osthang der Düne unmittelbar in den „Walfischrücken" der Westseite übergeht. Der Böschungswinkel der östlichen Dünenhänge übertrifft an Steilheit den jeder Zahnradbahn erheblich. Er läßt es fast unvorstellbar erscheinen, daß beladene Autos die Höhe des Kamms von Osten her erreichen können. Und doch sind die abschüssigen Ostseiten der Dünen, da sie aus hartgefügtem Sand bestehen, bei genügendem Anlauf bedeutend leichter zu überwinden als die gerundeten Westseiten, in deren unterem Drittel sich stets ein Streifen „flüssigen" Triebsandes hinzieht. Wir haben die Erfahrung gemacht, daß diese Triebsandstreifen selbst für bergabfahrende Wagen vielfach ein schier unüberwindliches Hindernis darstellen. Ein Hinauffahren über sie erwies sich – zum mindesten anfangs – als unmöglich.

Meine Expedition hatte die Aufgabe, ein Triangulierungsnetz durch den nördlichen Teil der Großen Sandsee zu legen, um damit den letzten weißen Fleck auf der Landkarte Ägyptens zu tilgen. Als Ausgangspunkt hatte ich Ain Dalla gewählt, eine kleine Oasenquelle, die mit ihren fünf verkümmerten Dattelpalmen und ihren spärlichen Tamariskenbüschen den westlichsten Vegetationsfleck des ägyptischen Oasengürtels darstellt. In Ain Dalla erreicht der Grundwasserspiegel der Baharia-Farafra-Senke zum letzten Male die Oberfläche des Wüstenbodens. Westlich der Dalla-Quelle liegen auf einer Entfernung von nahezu 500 Kilometern, bis zur Sirhen-Oase in Tripolitanien, keine weiteren Quellen mehr.

Mein Plan war, in Ain Dalla ein ständiges Lager zu errichten, um von dort ausgehend drei- bis viertägige Triangulierungsfahrten in das Innere der Großen Sandsee unternehmen zu können. Falls es die Beschaffenheit des Geländes zulassen würde, wollte ich dann die so gewonnenen Vermessungslinien gegen Nordwesten zu mit der Oase Siwa verbinden. Es kam somit im ganzen die kartographische Aufnahme eines Gebietes von rund 30 000 Quadratkilometern in Frage.

In Anbetracht der zu erwartenden Schwierigkeiten beschränkte ich die Zahl der Expeditionsteilnehmer auf fünf. Außer meinem bewährten Mitarbeiter Hansjoachim von der Esch begleiteten mich nur meine drei erprobten Sudanesen,

Hansjoachim von der Esch, Almásys Begleiter auf mehreren späteren Expeditionen, darunter auch bei der Durchquerung der Großen Sandsee bei Vermessungsarbeiten. Die Verbesserung und Ergänzung der Landkarten war eine der wichtigsten (wegen des Spionageverdachts später aber auch umstrittensten) Aufgaben von Almásys Team.

unter ihnen der treue Sabir Mohammed. Als Beförderungsmittel hatte ich drei meiner Wüstenwagen vorgesehen, die nach meinen Angaben mit besonderer Sorgfalt für die bevorstehende Fahrt ausgerüstet worden waren.

Einige Tage vor unserm Aufbruch von Kairo wurde ich aufgefordert, einen Versuchswagen des damals neu erschienenen Ford-Kleinwagens mitzunehmen, um diesen hinsichtlich seiner Verwendbarkeit für die Zwecke der ägyptischen Armee einer sachgemäßen Prüfung zu unterziehen. Ich gebe zu, daß ich im ersten Augenblick über ein derartiges Angebot nur lachen konnte. War es doch keineswegs sicher, ob meine bewährten starken Fordwagen (Modell A) den Anforderungen der geplanten Fahrt gewachsen sein würden. Wie konnte ich also daran denken, eins der großen Fahrzeuge zurückzulassen und an seiner Stelle ein Spielzeugauto in die Große Sandsee mitzunehmen? Doch Probieren geht über Studieren. Eine Probefahrt mit dem kleinen Wagen hinter den Pyramiden von Giza bewog mich, den Versuch dennoch zu wagen, allerdings unter der Bedingung, daß ich das „Baby" in der Wüste zurücklassen konnte, wo immer es zusammenbrechen würde.

Von Kairo nach der bewohnten Oase Baharia führt ein durch Stangen gekennzeichneter Track, die Entfernung beträgt 300 Kilometer. Von Baharia nach Ain Dalla sind es weitere 200 Kilometer. Wir legten die gesamte Strecke in zwei Fahrtagen zurück, und ich hatte unterwegs reichlich Gelegenheit, die Fahreigenschaften des „Babys" in seicht gewelltem Wüstengelände zu erproben. Es versteht sich von selbst, daß meine großen Wagen mit jenen 9-zölligen Tiefdruckreifen ausgerüstet waren, die ich für meine Zarzura-Expedition zum erstenmal hatte anfertigen lassen. Sie haben sich seitdem in allen Wüstengebieten der Erde eingebürgert. Selbst der kleine Wagen hatte 7 1/2-zöllige Riesenpantoffel an, in denen er wie ein unbeholfenes Elefantenbaby ausschaute.

Auf dem Wege nach Ain Dalla mußten wir mehrere breite Flugsandstreifen überqueren, und zu meinem Erstaunen blieb

Sabir mit einem der großen Wagen stecken, während das „Baby" die weichen Bodenstellen mit Leichtigkeit überwand. Der Vorfall veranlaßte mich zu dem Beschluß, das Kleinauto gelegentlich bei einer unserer Triangulierungsfahrten in die Große Sandsee mitzunehmen, anstatt es, wie ursprünglich geplant, dauernd im Standlager zu lassen.

Die äußerste Dünenkette der Sandsee liegt etwa 35 Kilometer westlich von Ain Dalla. Wir unternahmen unsern ersten Vorstoß mit den beiden großen Wagen. Uns alle überkam ein beklemmendes Gefühl, als wir den mächtigen Osthang erblickten, der sich vom nördlichen bis zum südlichen Horizont vor uns erstreckte, jedes Vordringen ins Innere der Sandsee trotzig verwehrte. Am Fuß des Hanges angelangt, ließ ich halten. Wohl jeder von uns war beim Anblick dieses 70 Meter hohen Bollwerks aus gelbem Sand überzeugt, daß unser Unternehmen undurchführbar sein würde. Ich fing einige leise Bemerkungen der Sudanesen auf, aus denen ich entnehmen konnte, daß sie von mir die Weisung zur Umkehr und zur Aufgabe der Expedition erwarteten. Esch sprach kein Wort und musterte, ebenso wie ich selbst, die grell beleuchtete Steilwand nach Norden und Süden zu mit dem Fernglas. Nach kurzer Beratung beschlossen wir, dem Hindernis entlang eine Erkundung nach Norden vorzunehmen. Wir erkannten bald, daß die Dünenkette nicht vollkommen geradlinig verlief, sondern sich in einer leichtgekrümmten Schlangenlinie über die Ebene fortsetzte. Bei jeder Krümmung war eine Unterbrechung in dem hohen Kamm zu bemerken, die sich als schmaler Bug bis zum Fuß der Düne herunterzog. Es bestand also anscheinend die Möglichkeit, hart neben einem solchen Bug auf den Rücken der Düne hinaufzugelangen. Wir suchten mit dem Fernglas eine geeignet erscheinende Stelle aus, ich befahl den Sudanesen zurückzubleiben und zu warten, nahm einige hundert Meter Anlauf und fuhr mit Vollgas dem Steilhang entgegen.

Die Blendwirkung gelben Sandes ist unerhört stark. Unmittelbar am Fuß einer Düne ist es trotz tiefschwarzer Augengläser unmöglich, irgendwelche Konturen im Sand zu erkennen. Man rast mit 80 Stundenkilometern gegen den senkrecht erscheinenden Hang an und hat einige Sekunden lang das Gefühl, der Wagen werde an der kristallisch glitzernden Sandmauer zerschellen. Dann fühlt man sich plötzlich in seinem Sitz zurückgeworfen wie in einem steil hochgerissenen Flugzeug. Der einzige Anhaltspunkt, den das Auge findet, ist die scharf gegen den tiefblauen Himmel abgezeichnete Kammlinie der Düne. Diese senkt sich, sobald der Wagen zu steigen beginnt, mit beängstigender Geschwindigkeit nach unten. In dem Augenblick, wo sie zum Stillstand kommt, heißt es, den Wagen mit scharfem Ruck nach rechts oder links reißen, weil die Höhe des Dünenrückens erreicht ist.

Es ist nicht die erste Düne, die ich in meinem Leben überfahre, doch ihre Höhe ist so ungewöhnlich, daß ich alle Willenskraft zusammennehmen muß, um nicht während der letzten 20 Meter des Anlaufs die Nerven zu verlieren und zu bremsen. Ich halte den Fuß fest auf den Gashebel gepreßt... mit jähem Ruck bäumt sich der Wagen aufwärts... die Kammlinie vor mir stürzt herunter... sekundenlang heult der Motor unter äußerster Belastung auf... dann bin ich oben. Mit Gedankenschnelle reiße ich das Steuer zur Seite, um nicht in einen der tiefen Windtrichter des Kamms zu stürzen. Dann lasse ich den Wagen vorsichtig auf dem Dünenrücken auslaufen. Mir zu Füßen liegt, 70 Meter tiefer, die breite, sandfreie Fläche des nächsten Dünenkorridors. Es wäre nun ein leichtes, über den gerundeten Westhang hinabzufahren, wenn nicht jener tückische Streifen „flüssigen" Triebsandes in seinem untersten Drittel wäre.

Die Dünen der Großen Sandsee sind die bei weitem höchsten in der ganzen Sahara. Sie werden durch den Nordwind geschaffen und durch den Westwind geformt. Unter dem Einfluß des Nordwindes, der in der Libyschen Wüste vorherrschend ist, rücken die einzelnen Ketten in ihrer Längsrichtung stetig gegen Süden vor, ohne dabei ihre Form wesentlich zu verändern. Gleichzeitig werden sie durch die bedeutend seltener auftretenden Westwinde in ihrer Querrichtung gegen Osten gewälzt, wobei ihr Aufbau einem ständigen Formenwechsel unterworfen ist. Wir wissen heute, daß die Nordsüdwanderung der Dünen in der Großen Sandsee jährlich etwa 15 Meter beträgt, die Bewegung in westöstlicher Richtung erreicht dagegen nach den bisherigen Feststellungen kaum 1 Meter im Jahr. Der Sand der Westseite wird – bei Westwind – unablässig von unten nach oben bis zur Höhe des Kamms hinaufgeweht. Von dort rieselt er über die östliche Steillehne zum jenseitigen Dünenfuß hinunter. Der aufwärts strebende Sand ist stets lose, hierdurch erklären sich die breiten haltlosen Streifen am Fuß des Westhangs.

Um über den Westhang einer Düne in den Korridor hinabzugelangen, ist es am besten, auf der Höhe des hartgewehten Rückens Anlauf zu nehmen und dann in scharfem Bogen genau rechtwinklig zum Hang nach unten zu lenken. Selbst bei hoher Geschwindigkeit muß man bereit sein, augenblicklich in den nächstkleineren Gang hinunterzuschalten, um nicht in dem weichen Triebsandstreifen steckenzubleiben.

Unser erster Versuch gelang. Kaum einige Minuten nachdem ich mit Esch den Begleitwagen verlassen hatte, befanden wir uns auf dem felsigen Boden des Korridors auf der Westseite unserer Düne. Wir beschlossen, nun gleich auch die Rückfahrt zu versuchen, denn ohne die Gewißheit, daß wir die Dünenzüge auch in entgegengesetzter Richtung überqueren konnten, durften wir nicht daran denken, eine Vermessungsfahrt zu unternehmen. Wir untersuchten zu Fuß den Westhang, über den wir heruntergekommen waren, und fanden 1 1/2 Kilometer weiter nördlich eine Stelle, an der der bewußte Triebsandstreifen auf einer Länge von 3 oder 4 Metern fehlte. Wir bezeichneten die Stelle durch Felsstücke und holten dann in weitem Bogen zum Anlauf aus. Einige Augenblicke lang schien es, als hätten wir die Tragfähigkeit des Sandes doch überschätzt. Ich fühlte, wie die Hinterräder ein paarmal im Leeren wühlten, ohne Halt zu finden, doch dann griffen die 9-zölligen Tiefdruckreifen auf härterem Sand, und mit knatterndem Motor brauste der Wagen zum Dünenrücken hinauf. Tief unter uns, auf der andern Seite, standen beifallwinkend die Sudanesen. Die Vermessungsarbeit konnte beginnen!

Auf unserer ersten Triangulierungsfahrt überquerten wir fünf Dünenzüge von 70 bis 80 Meter Höhe. Die Höhe und Breite eines jeden sowie die Breite der dazwischenliegenden Korridore wurden auf das sorgfältigste vermessen. Naturgemäß ging die Überquerung der riesigen Sandwälle nicht überall so glatt vor sich wie bei der „Probefahrt". Doch mit Hilfe unserer 12 Meter langen Strickleitern, deren Sprossen aus zähen Bambusstäben bestanden, gelang es uns, die im Sand eingebrochenen Wagen immer wieder frei zu bekommen. Im fünften Korridor wandten wir uns gegen Süden und fuhren parallel mit den Dünen, so weit wir bis zum Spätnachmittag gelangen konnten. Hier sollte der Endpunkt unseres ersten Vorstoßes sein.* Die Sudanesen schlugen am Fuß der westlich von uns gelegenen Dünenreihe das Nachtlager auf. Mit Esch stellte ich den Theodoliten auf, um nach Eintritt der Dunkelheit mit der astronomischen Ortsbestimmung beginnen zu können.

Diese Abende in der Großen Sandsee, am Fuß der mächtigen Dünen, gehören zu den schönsten Erinnerungen meiner Wüstenfahrten. Kaum waren die Zelte aufgeschlagen, so setzte ich mich an den Klapptisch, um die Kompaßtraverse unserer Tagesfahrt in das leere Kartenblatt der Großen Sandsee einzuzeichnen. Esch diktierte mir die gesteuerten Kompaßwinkel und die zurückgelegten Entfernungen, die er tagsüber mit großer Sorgfalt in unserm Logbuch vermerkt hatte. Inzwischen bereitete Mahmud die Abendmahlzeit. Sie durfte hier in der Sandsee reichhaltiger ausfallen als bei den vorangegangenen Expeditionen, da wir ja unsere Vorräte jederzeit wieder aus unserm Standlager in Ain Dalla ergänzen konnten.

---
* Auf 26° 41' 0" östl. Länge, 27° 27'10" nördl. Breite.

Wir hatten durch liebenswürdige Vermittlung der ägyptischen Behörden mit dem Radiosender Kairo vereinbart, daß uns jeden Abend um 8, 9 und 10 Uhr das Pariser Zeitzeichen durch Relais übermittelt wurde. Die sechs kurzen Pfiffe ertönten zu unserer Freude stets klar und bestimmt durch den Singsang des abendlichen Unterhaltungsprogramms. Für gewöhnlich beobachtete ich die Sterndurchgänge, während Esch für die Zeitvergleiche und die Bedienung der Stoppuhren verantwortlich war. Sobald mein Freund die notwendigen Beobachtungen beieinander hatte, machte er sich in seinem Zelt an die Berechnung unseres Standorts. Die astronomisch ermittelte Position wurde dann mit dem Endpunkt der Kompaßtraverse verglichen und zur Berichtigung etwaiger Ungenauigkeiten in der Karte benutzt. Wir haben in den wundervollen sternklaren Wüstennächten oft viele Stunden lang gearbeitet und dennoch, trotz der Anstrengungen der vorausgegangenen Tagesfahrt, niemals Müdigkeit empfunden.

Die Rückfahrt nach Ain Dalla war recht mühsam, da wir die Dünen nun von Westen nach Osten zu überqueren hatte. Wir fuhren vorzugsweise in den frühen Morgenstunden, in denen der Sand infolge der nächtlichen Abkühlung noch härter ist und besser trägt, und benutzten die heißeste Zeit des Tages zur Ruhe. Nach einem Rasttag an der Dalla-Quelle brachen wir zur zweiten Triangulierungsfahrt auf. Wir hatten beschlossen, diesmal auch den kleinen Wagen mitzunehmen, jedoch zur Vorsicht in Begleitung der beiden großen. Am Fuß der ersten Düne hatte ich abermals das Gefühl, daß es unmöglich sein werde, den gewaltigen Sandwall zu überqueren, zumal mit dem kleinen Wagen, den ich selbst steuerte. Ich bat wiederum Esch, zu mir hereinzusteigen, und ließ die Sudanesen am Fuß der Düne warten. Mit Vollgas fuhren wir den Steilhang an. Noch ehe wir uns von unserm Erstaunen erholt hatten, war das Baby den hohen Dünenrücken hinaufgeschossen. Es blieb uns nichts mehr weiter zu tun, als über die tückische Westseite hinunterzugleiten, um die Eigenschaften des Kleinwagens auch auf wei-

Im Sandmeer: Schwierige Abfahrt von einer Düne und kurzer Halt zur Lagebesprechung in einem Dünenkorridor.

Dünenfahren muß gelernt sein: z. B. die richtige Auffahrt auf einen „Walfischrücken"

Im Sand festgefahren ...

chem Sand kennenzulernen. Siehe da, der kleine Bruder unserer A-Modelle bewältigte auch den Triebsandstreifen mit Leichtigkeit. Es war also doch der Mühe wert gewesen, das „Spielzeugauto" mitzunehmen.

Auch diese Triangulierungsfahrt verlief planmäßig. Allerdings hatten wir inzwischen eine gewisse Fertigkeit im Dünenfahren erworben. Selbst die bis zu 100 Meter hohen Dünen gegen Westen konnten uns keine unüberwindlichen Schwierigkeiten mehr bereiten. Die einzelnen Dünenketten begannen bei 26 1/2 ° östlicher Länge bereits ineinanderzufließen, so daß wir zuweilen zusammenhängende Höhenzüge aus gelbem Sand von 2 bis 3 Kilometer Breite zu bewältigen hatten. Ihre Oberflächen waren jedoch im allgemeinen vom Wind hartgeblasen und erwiesen sich als tragfähig und verhältnismäßig leicht befahrbar. Die beiden großen Wagen blieben, namentlich bei der Abfahrt über die Westhänge, zu ungezählten Malen stecken und mußten jedesmal mit Hilfe der Strickleitern wieder flottgemacht werden. Das „Baby" dagegen überwand auch den losesten Triebsand bei genügendem Anlauf spielend.

Der glatte Verlauf unserer Fahrt wurde von einem einzigen ernsteren Zwischenfall unterbrochen. Wir befanden uns, am dritten Tag, auf dem Rückweg nach Ain Dalla und waren soeben mit voller Tourenzahl über den Westhang eines hohen Dünenzugs hinaufgebraust. Oben, unmittelbar am Ostrand des mehrere hundert Meter breiten Dünenrückens, erblickte ich tiefe Windtrichter und überhängende Sandwächten, denen ich ausweichen mußte. Ich wendete den Wagen nach rechts, um eine günstige Stelle zur Talfahrt gegen Osten zu suchen. Esch, der neben mir saß, versicherte sich durch wiederholtes Umblicken, daß die beiden andern Wagen meiner Spur getreulich folgten. Nach kurzer Zeit fand ich eine Unterbrechung in dem scharfgezeichneten Dünenkamm zu meiner Linken, auf die ich sogleich zusteuerte, um durch sie hindurch nach unten zu gelangen. Wir näherten uns mit großer Geschwindigkeit der Oberkante des Osthangs, als plötzlich wenige Meter vor dem

Wagen der 80 Meter tiefer liegende Boden des nächsten Korridors sichtbar wurde. An ein Bremsen war nicht mehr zu denken. Einen Augenblick lang scheinen die Vorderräder in der Luft zu schweben, dann sausen wir, den Kühler nahezu senkrecht nach unten gerichtet, mit atemraubender Geschwindigkeit in die Tiefe. Zu langen Überlegungen ist keine Zeit, rein gefühlsmäßig halte ich das Lenkrad gerade, denn die geringste Abweichung zur Seite hätte ein sofortiges Überschlagen des Wagens zur Folge. Wir sind in einen Dünenkrater geraten, der unten auf Felsboden endet. Sekundenlang bin ich überzeugt, daß wir mit voller Wucht auf das harte Gestein aufprallen werden... da fühle ich, wie die Räder tief in den Sand einbrechen... der ganze Hang setzt sich in Bewegung... und wir werden mit der Sandlawine zusammen zu Tal gerissen...

„Spring heraus!" rufe ich Esch zu. „Spring heraus und halte die andern auf!"

Ich weiß nicht, wie ihm der Kopfsprung gelang, ich sah ihn gleich darauf im Rückspiegel bis zu den Knien und Ellbogen im Sand der Steilwand noch oben klimmen. Dann gab es einen Ruck, der Wagen flog gewaltsam in die waagrechte Lage, und ich konnte es kaum fassen, daß ich, ohne mich zu überschlagen, unten angelangt war. Ich sprang heraus, über mir auf halber Höhe der Sandwand kniete Esch und winkte mit beiden Armen gegen den blendenden Himmel nach rückwärts. Dann hörte ich Bremsengekreisch, eine dunkle Masse schob sich über die Kimm... zu spät!... der nächste Wagen kippte über den Trichterrand und begann auf einer neuen Sandlawine abwärts zu gleiten. Das scharfe Bremsen des sudanesischen Fahrers hatte jedoch die Geschwindigkeit vermindert. Das Fahrzeug rutschte etwa 20 Meter weit bergabwärts, grub sich dann in den tiefen Sand ein und kam allmählich zum Stehen. Wie eine Fliege an der Wand klebte es an dem fast senkrecht erscheinenden Hang. Es war gottlob nichts geschehen.

Esch war rechtzeitig zur Seite „gerollt" und hatte es außerdem fertiggebracht, den dritten Wagen aufzuhalten. Für den

Augenblick befanden sich alle drei Autos in Sicherheit. Esch fuhr nun zunächst den dritten Wagen auf weitem Umweg über eine günstigere Stelle in die Ebene hinunter, sodann machten wir uns gemeinsam dran, den hängenden Wagen zu befreien.

Es ging leichter, als wir gedacht hatten. Der kleine Wagen wurde einer sorgfältigen Untersuchung unterzogen. Erst nach der Feststellung, daß nichts, aber auch gar nichts beschädigt war, brachen wir alle in ein etwas unnatürlich klingendes Gelächter aus.

Zu unserer dritten Triangulierungsfahrt benutzten wir nun das „Baby" und einen der beiden großen Wagen. Es hatte sich gezeigt, daß der kleine, leichte Wagen vorzüglich dazu geeignet war, in schwierigen Lagen die Tragfähigkeit des Sandes zu erproben. Ich war daher entschlossen, ihn auch auf unserer letzten und schwersten Fahrt, der Durchquerung des Inneren der Großen Sandsee bis zur Oase Siwa, mitzunehmen.

Im Verlauf von drei Wochen hatten wir den größten Teil der Arbeit beendet. Wir waren tief in die Sandsee eingedrungen, bis in jenes Gebiet, in dem es keine Geländestreifen mit hartem Untergrund mehr zwischen den Dünenreihen gibt, und hatten alle östlich davon liegenden Dünen genau vermessen. Unsere letzte Vermessungsfahrt sollte uns nun etwa 150 Kilometer nach Westen, also quer durch die Große Sandsee, führen und von dort parallel zu den Dünen 250 Kilometer gegen Norden nach Siwa. Bisher hatten wir die Wagen stets nur wenig beladen, diesmal galt es jedoch eine bedeutend längere Strecke durch unbekanntes und vermutlich sehr schwieriges Gelände zurückzulegen. Wir mußten daher vom Standlager in Ain Dalla mit wesentlich größeren Benzin- und Wasservorräten aufbrechen.

Die Erfahrungen meiner früheren Expeditionen hatten mich gelehrt, daß in den Wintermonaten eine Wassermenge von einer Gallone (4,5 Liter) je Mann und Tag verbraucht wird. Etwa die gleiche Tagesmenge genügt als Ersatz für das Kühlwasser jedes einzelnen Motors, da die Kühler meiner Wüstenwagen mit Kondensatoren versehen sind. Ab März, zur Zeit der heißen Sandwinde, und in Fällen, wo – auf Grund der Fahrtrichtung – mit tagelangem Rückenwind zu rechnen ist, pflege ich diese Rationen zu verdoppeln. Grundsätzlich berechne ich vor Antritt jeder größeren Fahrt die voraussichtliche Anzahl der Fahrtage, um dann meinen Wasservorrat, wenn irgend möglich, für die doppelte Reisedauer zu bemessen. Man kann in unbekanntem Gelände nie wissen, ob es nicht unterwegs unvorhergesehene Verzögerungen geben wird.

An der Dalla-Quelle stand uns Wasser in unbeschränkter Menge zur Verfügung. Als ich unsere großen eisernen Fanatis (Wasserbehälter) überprüfte, stellte sich zu meinem Unwillen heraus, daß die Sudanesen irrtümlich zweimal so viele mitgenommen hatten, als ich angeordnet hatte. Nun widerstrebt aber dem Wüstenfahrer nichts so sehr, als von einer Quelle auch nur mit einem einzigen nicht gefüllten Wasserbehälter wegzufahren. Ich ließ daher sämtliche Fanatis füllen, obwohl Sabir einwendete, daß dadurch die Wagen unnötig überlastet würden. Ich bestand auf meinem Befehl und entgegnete ihm, daß wir ja nötigenfalls in schwierigem Gelände das überflüssige Wasser einfach ausgießen könnten.

Wir nahmen endgültig Abschied von den fünf Palmen der Dalla-Quelle und brachen mit schwerbeladenen Wagen zum letztenmal gegen Westen auf. Tatsächlich besaßen wir bereits eine solche Übung im Dünenfahren, daß wir wenige Tage später – nach Überquerung von nicht weniger als zweiundzwanzig Dünenketten – 150 Kilometer westnordwestlich von Ain Dalla unser Nachtlager aufschlagen konnten. Hier gab es längst keine offenen Korridore mehr, die Welt um uns her lag unter mächtigen Sandmassen begraben. Die Wagen mußten vor Anbruch der Nacht auf ausgelegte Strickleitern gefahren werden, da wir sie sonst am nächsten Morgen bis zu den Achsen versunken vorgefunden hätten. Esch hatte es mit der Ortsbestimmung besonders schwer, da er sich erst aus Brettern und Wasserbehältern eine Basis für seinen geliebten Theodoliten bauen mußte.

Während wir mit den astronomischen Messungen beschäftigt waren, trat jene seltene Wettererscheinung auf, die in den Frühjahrsmonaten in der Libyschen Wüste nichts Gutes verheißt. Am südlichen Himmel stiegen niedrige Haufenwolken hoch, die sich langsam über uns zu einer dichten Decke sammelten. Es war also mit Gewißheit ein Qibli (heißer Südwind) im Anmarsch. Als wir uns schlafen legten, verspürten wir den ersten lauen Windhauch. Wir sahen voraus, daß wir am folgenden Tag, auf unserer Fahrt nach Norden, bei sengendem Rückenwind nur langsam vorwärts kommen würden.

Der Qibli ist einer der ärgsten Feinde des Beduinen. Er läßt die Kamele ermatten und bringt die aus Ziegenhäuten gefertigten Wasserschläuche zum Bersten. Für Autoexpeditionen ist er weniger gefährlich, solange er sich nicht zum Sandsturm steigert. Der Qibli hat eine einzige gute Eigenschaft: er dauert nie länger als zwei Tage – so wenigstens steht es in allen Reiseberichten aus der Libyschen Wüste zu lesen. Allerdings hatte man mir vor zwei Jahren in Kufra von einem fünftägigen Qibli erzählt, der etwa in derselben geographischen Breite aufgetreten war, in der wir uns jetzt befanden. Eine italienische Kamelreiterstreife von neunundzwanzig Mann hatte sich damals auf dem Marsch von der Sirhen-Oase nach Et-Tag befunden. Der heiße Südwind setzte ein, bald nachdem sie Sirhen verlassen hatten, und sie ritten zwei Tage lang gegen ihn an. Als auch in der dritten Nacht keine Änderung eintraf, beschloß der Tenente (Leutnant), der die Streife befehligte, nach Sirhen zurückzukehren. Bis dahin waren es nur zwei Tagemärsche, während Kufra noch fünf Tage weit entfernt lag. Während des Rückmarsches steigerte sich der Südwind zu heulendem Sandsturm. Die Kamele der Streife brachen eines nach dem andern zusammen, und nur neunzehn Mann, darunter der Tenente, erreichten lebend den südlichsten Sirhen-Brunnen.

Sollten wir nicht lieber nach Ain Dalla zurückfahren und dort das Ende des Qibli abwarten? – Unmöglich! Wir hatten mit den zweiundzwanzig Dünenketten, die wir überquert hatten, sozusagen die Türe hinter uns geschlossen. Niemals würden die Wagen während des Südwindes die Westseiten der Dünen zu erklimmen vermögen. Die Motoren würden wegen Überhitzung versagen.

Bei Sonnenaufgang erwachten wir in der Glut des pfeifenden Südwindes. Wir nahmen Kurs nach Norden, wohl wissend, daß unser Vorwärtskommen an diesem Tag äußerst schwierig sein würde. Die Motoren waren bei dem heißen Rückenwind nahezu unkühlbar. Wir mußten alle 4 bis 5 Kilometer halten, um die Kühler gegen den Wind zu drehen, oder, wo der weiche Sand ein Umkehren nicht gestattete, das Kühlwasser zu ergänzen. Unser Wasserverbrauch war dementsprechend hoch, und ich war froh, so viel „überflüssiges" Wasser mitgenommen zu haben. Während der Mittagsstunden erreichte die Temperatur im Schatten der Wagendächer 48° Celsius. Wir waren gezwungen, zur Zeit des höchsten Sonnenstandes mehrere Stunden zu rasten, da die Maschinen nicht mehr aus dem Kochen herauskommen wollten. Trotzdem wurde das Logbuch der Kompaßtraverse gewissenhaft geführt, und wir waren bei Sonnenuntergang mit unserer Tagesleistung von nahezu 75 Kilometern sehr zufrieden.

Die Nacht brachte kaum merkliche Abkühlung. Ich wußte, daß der zweite Tag des Qibli stets der schlimmere ist, und war daher nicht verwundert, daß wir unter Mittag einen regelrechten Samum (heißen Südsturm) über uns ergehen lassen mußten. Immerhin legten wir auch an diesem Tage in den Morgen- und Abendstunden noch mehr als 50 Kilometer zurück.

Ich war von dem fortwährenden Schieben und Heben der steckengebliebenen Wagen derart ermüdet, daß ich erst eine halbe Stunde nach Sonnenaufgang erwachte. Die lähmende Hitze der Nacht hatte uns nur wenig Erholung vergönnt. Unsere Hoffnung, daß der Anbruch des dritten Tags den ersehnten Nordwind bringen würde, erfüllte sich nicht. Der Qibli hielt mit unverminderter Stärke an, alles ringsum mit einem feinen Schleier graugelben Sandnebels verhüllend. Wir schützten uns, so gut es ging, mit Mänteln und Decken vor den nadelspitzen Sandkörnern, die unsere Haut blutig rissen, und machten uns müde und abgespannt daran, unsere Fahrt gegen Norden fortzusetzen. Lange konnte der Südwind ja nicht mehr dauern. Wir durften dennoch nicht untätig dasitzen und auf kühleres Wetter warten, denn wir waren noch immer rund 125 Kilometer von Siwa entfernt.

Wir brachten im Laufe des Vormittags einige 30 Kilometer hinter uns. Auch an diesem dritten Tage brach zur Mittagszeit der Samum mit seiner ganzen Gewalt los. Auf allen Seiten peitschte der Wind Rauchfahnen aus wirbelndem Sand vom Boden auf. Die glühende Hitze vervollständigte den Eindruck, als befänden wir uns in einem brodelnden Lavameer. Die Sandfläche zu unsern Füßen war in ständiger Bewegung, in dichten Schwaden stürmten Millionen und aber Millionen haftender Sandkörnchen an uns vorbei gegen Norden. Das einzig Bleibende, der einzige feste Punkt in diesem tobenden Sandtreiben waren unsere drei Wagen, unsere verlassene kleine Expedition.

Um 1/2 1 Uhr zeigten unsere Schleuderthermometer 51° Celsius an. Wir konnten die Motoren nicht mehr länger laufen lassen, da sie zu große Mengen von Kühlwasser verbrauchten. Auch bei uns selbst nahm der Wasserverbrauch erschreckende Ausmaße an, da wir es in der trockenen Samumluft kaum zehn Minuten aushalten konnten, ohne Wasser im Munde zu halten. Gegen 3 Uhr ließen der Sturm und die Hitze nach, und wir konnten zur Weiterfahrt aufbrechen. Doch als ob sich alles gegen uns verschworen hätte, wurde nun das Gelände von Kilometer zu Kilometer schlechter. Die Dünen begannen sich in einzelne große Systeme aufzulösen, und wir stießen auf felsige Bodensenken, die wir auf langen Umwegen umfahren mußten. Dennoch wurde die Führung des Logbuchs mit unverminderter Sorgfalt fortgesetzt. Esch stieg wohl hundertmal vom Wagen, um Rückpeilungen auf unsere Spur vorzunehmen.

Da der Sandsturm gegen Abend auf die Stärke eines kräftigen Südwinds zurückgegangen war, beschlossen wir, den Versuch zu machen, während der Nachtstunden weiterzufahren. Wüstenfahren ist selbst auf ebenem Gelände nachts naturgemäß besonders schwierig. Hier zwischen den Dünensystemen der Großen Sandsee erwies es sich als gänzlich unmöglich. Wir waren gezwungen, an der Stelle, an der die Wagen zuletzt steckengeblieben waren, die Nacht zu verbringen. Die Zahl der am Nachmittag und Abend des dritten Tages zurückgelegten Kilometer betrug 45. Der immer noch über dem Boden lagernde Sandnebel gestattete nicht, astronomische Beobachtungen vorzunehmen. Wir waren daher zur Bestimmung unseres Standorts allein auf die Kompaßtraverse angewiesen.

Ich habe in der nun folgenden Nacht wenig geschlafen, jedoch nicht infolge der drückenden Hitze, sondern wegen der Sorge, die mir der unverändert tiefe Stand des Barometers bereitete. Immer wieder berechnete ich mit Esch den Endpunkt unserer Kompaßtraverse und unsern Wasservorrat. Wenn der Verbrauch wie bisher weiterging, so war unser Wasser bis spätestens zum Abend des nächsten Tages erschöpft. Würden wir den südlichsten Brunnen der Siwa-Depression bis dahin erreicht haben? Die Antwort auf diese Frage entschied über das Schicksal unserer Expedition! Sie hing einzig und allein von der Bodenbeschaffenheit der 50 Kilometer ab, die uns noch von unserm Ziel trennten. Bereits während der letzten 10 Kilometer hatten wir die Feststellung gemacht, daß, je näher wir dem nördlichen Rand der Großen Sandsee kamen, die großen Dünensysteme sich in immer zahlreichere kleine Einzeldünen aufzulösen begannen. Diese Einzeldünen lagen nicht mehr in parallelen Reihen von Norden nach Süden ausgerichtet nebeneinander, sondern zogen sich beunruhigend kreuz und quer zwischen den immer tiefer werdenden Grabenbrüchen hin. Der Wüstenboden bestand aus mürbem Kreidekalk, in dem sich unsere Wagen einige Male so hartnäckig festfuhren, daß wir sie nur mit Schaufel und Spitzhacke wieder freibekommen konnten. Mit ernster Sorge sahen wir dem kommenden Tag entgegen.

Schon eine Stunde vor Sonnenaufgang brachen wir unser notdürftiges Nachtlager ab. Es wurde wenig gesprochen, ein jeder tat seine Arbeit, ohne viel zu fragen. Die Temperatur war unvermindert hoch, und auch der Südwind fegte mit unveränderter Beharrlichkeit über die Dünenkämme. Wir kamen kaum 5 Kilometer in der Stunde vorwärts. Das Gelände wurde immer zerrissener, die steilwandigen Bodeneinschnitte immer häufiger. Oft war es wegen der Dünen nicht möglich, den felsigen Kreidestreifen auszuweichen, und es mußten zur Schonung der Reifen Strickleitern ausgelegt werden, auf denen wir die Wagen dann nacheinander über das scharfkantige Gestein hinüberschoben. Der kleine Wagen leistete unschätzbare Dienste. Ich fuhr mit ihm ständig voraus und suchte zwischen den Dünen und Grabenbrüchen eine Durchfahrt. Von Zeit zu Zeit gab ich Esch mit dem Spiegel Blinksignale, und er brachte mit den Sudanesen die beiden großen Wagen nach.

Um 11 Uhr vormittags überprüfte ich den Wasservorrat meiner Gefährten. Zu meinem Entsetzen stellte sich heraus, daß jeder von ihnen im Durchschnitt stündlich einen Liter getrunken hatte. Ich selbst hatte schon am Abend vorher mit dem Einnehmen durststillender Tabletten begonnen. Eine deutsche Fabrik hatte sie mir erprobungshalber zugeschickt. Ich fand die Wirkung bei mit überraschend gut, während bei Esch schon nach der ersten Dosis Kopfschmerzen und Schwindelgefühle aufgetreten waren, die ihn von weiteren Versuchen abgeschreckt hatten. Wir verfügten insgesamt noch über 36 Liter Wasser, die in zwei kleinen Eisenbehältern zu je 18 Litern untergebracht waren. Die Feldflaschen waren leer. Ich verteilte den Inhalt des einen Behälters unter uns und verstaute den zweiten unter dem Sitz des kleinen Wagens. Ich war entschlossen, unerbittlich zu bleiben, wenn nach einigen Stunden meine Gefährten mir abermals stumm ihre geleerten Feldflaschen entgegenhalten würden. Doch würde ich meinen Entschluß länger als bis zum Abend durchführen können?

Der Qibli nahm auch während der Mittagsstunden nicht an

Stärke zu. Das Gelände aber hatte kein Erbarmen mit uns. Die Bodensenken ähnelten mehr und mehr verwitterten Bruchstufen. In einer Länge von vielen Kilometern zogen sie sich quer zur Fahrtrichtung von Westen nach Osten. Ihre Böden waren mit schneeweiß schimmerndem Pulverstaub angefüllt; an zahlreichen Stellen zogen sich die Ausläufer der benachbarten Dünen in langgewehten gelben Zungen bis in die Tiefe hinunter. Wir waren in ein nahezu undurchdringliches Gewirr von losem Triebsand und scharfkantigen Kalkabstürzen geraten. Schon während des Vormittags waren wir zweimal gezwungen gewesen, lange Strecken zurückzufahren, da wir nicht gegen Norden durchkommen konnten. Jetzt, kurz vor 1 Uhr, standen wir wieder am Rand einer langgestreckten Bruchstufe. Zu unsern Füßen lag ein wahrer Irrgarten von sich gegenseitig überschneidenden Dünenausläufern, unüberquerbaren Wellen aus haltlosem Kreidestaub und mannshohen Kalkfelsen. Weit vorn am diesigen Horizont tauchten hin und wieder einige niedrige Felshügel auf, von denen wir wußten, daß sie nicht weit vom Südrand der Siwa-Depression liegen. Sie konnten nicht mehr als 15 Kilometer entfernt sein, doch erschien es fast hoffnungslos, das dazwischenliegende Gelände zu bewältigen. Und der Qibli pfiff um die Wagen, mit seinem sengenden Atem unerbittlich unsere Kehlen ausdorrend...

Kaum jemals zuvor hatte ich meine Verantwortung als Expeditionsleiter so schwer empfunden. Meine Gefährten suchten stumm unter den Leinwanddächern ihrer Autos Schutz gegen den heißen Südwind. Keiner richtete Fragen an mich, keiner riet zu dieser oder jener Fahrtrichtung. Ich hatte sie in dieses Inferno geführt, nun war es, so sagte ich mir, meine Pflicht, sie wieder in das Reich der Lebenden zurückzuleiten. Ich befahl vor allem eine längere Rast. Die Sudanesen verkrochen sich unter die Autos, wo sie noch am besten vor den glühenden Sonnenstrahlen geschützt waren. Auch ich legte mich unter meinen Wagen und sann angestrengt auf einen Ausweg aus der verzweifelten Lage. Sollten wir in den Nachmittagsstunden versuchen, in die vor uns liegende Senke hinunterzukommen? Die Felshügel waren nach der Kompaßtraverse 13 Kilometer von uns entfernt, von dort nach dem ersten Brunnen der Oase Siwa waren es in der Luftlinie noch weitere 25 Kilometer. Vielleicht konnten wir selbst in diesem Gelände mit Hilfe der Strickleitern bis zum Abend noch die Hälfte der Entfernung zurücklegen. Dann würde jedoch unser gesamter Wasservorrat erschöpft sein, und es war kaum anzunehmen, daß auch nur einer von uns bei dieser Temperatur ohne Wasser Siwa im Fußmarsch erreichen würde.

Allerlei Expeditionsbücher, die ich vor Jahren einmal gelesen hatte, gingen mir durch den Kopf. Ich dachte an Peary, Scott und Amundsen. Was für jene das Packeis gewesen war, waren für uns die Felsen und der Sand, die Schneestürme – unser Sandsturm, die arktische Kälte – der heiße Qibli, der unsere Glieder lähmte. Immer wieder versuchte ich mir einzureden, daß unsere Lage nicht schwieriger sein könne als die mancher andern Expedition, die trotz zeitweilig unüberwindbar scheinender Hindernisse schließlich doch noch glücklich geendet hatte. Doch Hitze und Erschöpfung machten mir vorerst jede klare Überlegung unmöglich. So konnte ich einstweilen nichts Besseres tun, als in Ruhe die kühleren Nachmittagsstunden abzuwarten.

Um 1/2 4 Uhr nachmittags kroch ich unter meinem Wagen hervor. Ohne besondere Aufforderung sammelten sich meine Gefährten um mich. Mein Entschluß war gefaßt:

„Das Baby und den großen Wagen Nr. 2 abladen! Auf dem Baby bleiben nur der Wasserbehälter und zwei Paar Strickleitern, auf Wagen 2 nur die Werkzeug- und Ersatzteilkiste sowie zwei weitere Paar Strickleitern! Wir müssen versuchen, mit zwei Wagen nach Siwa durchzustoßen. Der dritte bleibt hier, Kräfte und Wasser würden nicht mehr ausreichen, um auch ihn durchzubringen."

Schweigend gingen die Sudanesen daran, meinen Befehl auszuführen. Esch und ich unterzogen noch einmal die Bodensenke vor uns mit dem Fernglas einer eingehenden Musterung. Dann bestieg ich den kleinen Wagen, und nun folgte die tollste Automobilfahrt meines Lebens! Ich kann diese Fahrt nur mit dem Flug eines nicht ganz nüchternen Piloten vergleichen. Der weiche Sand zwang mich, unausgesetzt mit großer Geschwindigkeit zu fahren, um nicht steckenzubleiben. Zwischen reglos durcheinandergewehten Dünenausläufern hindurch ging es in sausender Fahrt zu Tal, dann springend und stoßend über verwittertes Felsgestein zur gegenüberliegenden Seite der Senke, von dort in scharfen Kurven über eine schroffe Flugsandhalde nach oben und gleich darauf, wie im Sturzflug, wieder steil nach unten zum Fuß der nächsten Düne. Minuten später folgte der zweite Wagen mit den Sudanesen, von Esch gesteuert. Ich höre ihn die Flugsandhalde hinaufklimmen, sehe ihn auf dem Sandkamm dicht hinter mir erscheinen, dann plötzlich bricht das laute Knattern des Motors ab, kraftlos rollt der Wagen noch bis zur Mitte der hohen Sandwehe hinunter und kommt dort im tiefen Sand zum Stehen.

„Hinterachsenantrieb gebrochen!" ruft Esch mir nach einem prüfenden Griff ans rechte Hinterrad zu.

„Alle Mann hierher in den kleinen Wagen und weiter!" rufe ich zurück. „Wir haben keine Zeit zum Ausbessern!"

Der Gesichtsausdruck meiner Gefährten war beredter, als Worte es hätten sein können. Jeder Wüstenfahrer weiß, daß das erste Gesetz einer Autoexpedition lautet: Niemals mit einem einzigen Wagen in unbekanntes Gelände vordringen! Man darf sein Leben nicht einem einzigen Zahnrad, einer haarfeinen Spulenwicklung, einem hochbeanspruchten Kolbenbolzen anvertrauen. Verstört, mit weitgeöffneten Augen starrten mich die Sudanesen an. Nur Esch sagte kurz und trocken:

„Du hast recht… wir kommen."

Der „Kleine Bruder" ließ uns nicht im Stich. Es gelang uns, ihn zu fünft über alle Hindernisse hinwegzuschieben, allerdings legten meine Kameraden auf diese Weise den größeren Teil der 7 Kilometer zu Fuß zurück, die wir noch bis zum Ende des

Sand- und Felsgeländes zu überwinden hatten. Die Sonne tauchte eben unter den Horizont, als der Wagen nach Überquerung der letzten Anhöhe mit jähem Aufprall in jenen breiten Gürtel flüssigen Sandes schlug, der die nördlichste Düne der Großen Sandsee vom festen Boden der Siwa-Depression trennt. Noch einmal mußten die Strickleitern unter die Räder gelegt werden, noch einmal stemmten sich meine Gefährten, keuchend vor Überanstrengung, gegen den Wagen, um ihn aus dem tiefen Sand herauszuschieben. Ein letztes Aufheulen des unvergleichlichen kleinen Motors... Sekunden der Spannung... dann befanden wir uns auf hartem, tragfähigem Untergrund. Vor uns dehnte sich die weite, dünenfreie Ebene.

„Alhamdulellah errahman errahim! – Dank sei Allah, dem allbarmherzigen Erbarmer!"

Die Große Sandsee lag hinter uns! Aufatmend steige ich aus dem Wagen. Trotz der fast übermenschlichen Anstrengungen der letzten Stunden denkt keiner von uns an eine Rast. Das Bewußtsein, unsere Fahrt trotz aller Schwierigkeiten bis in die unmittelbare Nähe des Ziels durchgeführt zu haben, und die Aussicht, nun bald in die Nähe trinkbaren Wassers zu kommen, verleiht uns allen neue Kraft. Erschöpft, doch mit leuchtenden Gesichtern, rollen die Sudanesen die tief in den losen Sand hineingepreßten Strickleitern zusammen, um sie wieder auf dem Wagen unterzubringen. Ruhig und selbstverständlich, als ob wir uns auf einem Wochenendausflug in der Umgebung von Kairo befänden, nimmt Esch mit dem prismatischen Handkompaß eine Rückpeilung vor. Mit solchen Gefährten lassen sich selbst einer Durchquerung der Großen Sandsee Augenblicke aufrichtiger Freude abgewinnen!

Unsere erste Sorge gilt der Kompaßtraverse. Dank des auch in schwierigstem Gelände lückenlos geführten Logbuchs gelingt es uns in kurzer Zeit, unsern augenblicklichen Standort zu ermitteln. Wir stehen am Südrand der Siwa-Depression, 21 Kilometer südöstlich der kleinen Ortschaft Zeitun. 5 Kilometer nördlich von uns muß sich in westöstlicher Richtung die von Zeitun nach Baharia führende Karawanenstraße hinziehen, die nur im Herbst zur Zeit der Dattelernte benutzt zu werden pflegt. Wir nehmen Kurs nach Norden und brechen zur Weiterfahrt auf. Die rasch einsetzende Dunkelheit läßt uns nur langsam vorwärts kommen, doch nach einer knappen halben Stunde werden im Scheinwerferkegel vor uns Kamel- und Automobilspuren sichtbar: die „Dattelstraße".

Weitere dreiviertel Stunden später erreichen wir Zeitun, dessen Bewohner bereits in tiefem Schlaf liegen. Auf Hupensignale hin erscheint ein alter Mann und bietet uns, als wir ihn um Wasser bitten, ein fragwürdiges Blechbecken voll übelriechenden Brackwassers an. Wir ziehen es vor, den Inhalt unseres letzten Wasserbehälters anzubrechen, um jetzt, wo wir in Sicherheit sind, in sorgsam abgezählten Schlucken den kaum mehr zu bezähmenden Durst zu stillen. Zur Vorsicht benutzen wir das Salzwasser der nahen Quelle zur Auffüllung der Feldflaschen. Kurz vor Mitternacht biegen wir auf den Marktplatz der 30 Kilometer westlich von Zeitun gelegenen Oasenhauptstadt Siwa ein, die einst als Sitz des Jupiter-Ammon-Orakels weit über die Grenzen Ägyptens hinaus berühmt war.

Der Südwind hielt noch weitere fünf Tage an. Solange es in Ägypten einen staatlichen Wetterdienst gibt, wurde noch niemals ein neuntägiger Qibli beobachtet. Auch in den ältesten arabischen Berichten aus der Oase Siwa findet sich kein derartiges Naturereignis erwähnt. Vermutlich war es aber ein ganz ähnlicher Qibli, der vor 2500 Jahren mit seiner Hitzewelle dem Heer des Perserkönigs Kambyses in der Großen Sandsee zum Verhängnis wurde. Die Perser waren von Theben aufgebrochen, um die Orakelstadt des Jupiter Ammon zu erobern. Sie erreichten, wie Herodot* berichtet, die Oase Charga und zogen dann,

---
* Herodot, Geschichten, Thalia 25/26. – Eine Erwähnung der verschütteten Armee findet sich außerdem auch in der „Anonymen Geschichte von Siwa".

zweifellos über Dachla und von dort entlang den Dünen der Großen Sandsee, gegen Siwa weiter. Als sie „etwa die Hälfte" des Wegs zwischen Charga und Siwa zurückgelegt hatten, erhob sich ein „großer und heftiger Südwind", der sie allesamt verschüttete. Kein einziger entkam, keiner erreichte Siwa, und keiner kehrte ins Niltal zurück.

Zu Beginn unserer Expedition hatten wir häufig des Abends im Lager von der verschollenen Perserarmee gesprochen. Im stillen hatten wir wohl auch mit der Möglichkeit gerechnet, irgendwo zwischen den Dünen der Großen Sandsee eine Spur der verschütteten Streitmacht des Kambyses zu finden. Nun hatten wir am eigenen Leib erfahren, daß die alten Götter die letzten Geheimnisse der Wüste noch zu wahren wissen. Wir haben die Sandsee durchquert, doch die vom Südwind aufgewirbelten Sandmassen hatten einen Schleier vor unsere Augen gezogen. Unsere Kompaßtraverse der letzen vier Tage zeigt wohl die Route, die wir zurückgelegt haben, doch kaum etwas von dem Gelände rechts und links von ihr. Wer weiß, an welcher Stelle wir uns über das Sandgrab der Perserarmee hinweggekämpft haben?

Nach Eintritt des erlösenden Nordwinds stellten wir mit Unterstützung der in Siwa liegenden motorisierten Abteilung des ägyptischen Kamelreiterkorps eine Hilfsexpedition zusammen, um die beiden großen Wagen zu holen. Hätte Esch während unserer verzweifelten Flucht nicht so häufig und sorgfältig Kompaßpeilungen vorgenommen, so wäre es schwerlich möglich gewesen, in dem wandernden Flugsand die Wagen wiederzufinden. Selbst mit Hilfe der Askaris dauerte es einen ganzen Tag, bis wir die Autos gefunden und fahrbereit gemacht hatten. Auch diesmal bewährte sich das „Baby" bei der Suche nach geeigneten Durchfahrtsstellen. Kein Wunder also, daß mein später in Kairo abgefaßter Bericht viel Schmeichelhaftes über die Fahreigenschaften des im Anfang verachteten „Spielzeugautos" enthielt, ohne das unsere Expedition das Schicksal der verschollenen Perserarmee geteilt haben würde.

Rückblick

Eine der wichtigsten Aufgaben neuzeitlicher Forschungsarbeit besteht in der kartographischen Aufnahme der bereisten Gebiete. Naturgemäß wäre es mir trotz der Mithilfe meiner technisch geschulten Mitarbeiter nicht möglich gewesen, die vielen hunderttausend Quadratkilometer, die ich durchquert habe, im Lauf weniger Jahre in allen Einzelheiten zu vermessen. Ich habe mich daher meist darauf beschränkt, Aufnahmen im Maßstab 1 : 250 000 durchzuführen. Lediglich einige Sonderkarten, die ich auf Veranlassung der Sudanbehörden aufnahm, sind in größerem Maßstab gehalten. Wenn somit die Mehrzahl meiner Karten nicht den Anforderungen einer europäischen „Generalstabskarte" genügen können, so haben sie doch den Zweck erfüllt, zu dem das Vermessungsamt der ägyptischen Regierung sie brauchte. Sie wurden in Kairo photographisch verkleinert und zur Vervollständigung der internationalen Karte 1 : 1 000 000 von Afrika verwandt.

Daß meine Expeditionstätigkeit sich nicht auf die Aufnahme von Landkarten beschränkt hat, wird der Leser aus dem Inhalt dieses Buchs ersehen haben. Ich hebe die kartographischen Ergebnisse meiner Reisen hier noch einmal hervor, weil ihre Erwähnung durch die Schilderung archäologischer und geologischer Funde sowie der Schwierigkeiten, die dabei zu überwinden waren, vielleicht in den Hintergrund gedrängt worden ist. Was es heißt, wochen- und monatelang im glühenden Sonnenbrand an topographischen Instrumenten zu stehen, kann nur ermessen, wer es am eigenen Leib verspürt hat. Gewiß wäre mir die Lösung der Aufgaben, die ich mir gestellt hatte, niemals gelungen, wenn ich nicht mit den Problemen der Verwendung von Kraftwagen und Flugzeug in der Wüste aufs innigste vertraut gewesen wäre. Ich möchte darüber jedoch nicht die mühevolle Vermessungsarbeit vergessen, die meine Mitarbeiter unter meiner Leitung geleistet haben.

Die letzten „weißen Flecken" auf der Landkarte der Libyschen Wüste sind getilgt. Die Darb El Arbeʻin, die Straße der 40 Tage, ist der Vergessenheit entrissen und kartographisch festgelegt. An Stelle einer anderen großen Kartenlücke stehen heute die sorgfältig vermessenen Höhenlinien des Gilf-Kebir-Plateaus, und die nördliche Hälfte der Großen Sandsee, über deren Ausdehnung bisher nur ungenaue Angaben vorlagen, ist erforscht und vermessen.

Viel Kleinarbeit wird noch zu leisten sein, bis die ausgedehnten Gebiete, die ich durchfahren und überflogen habe, in allen Einzelheiten untersucht sein werden. Trotzdem glaube ich, durch das bisher Erreichte zur Erforschung der Libyschen Wüste nicht ganz unbedeutend beigetragen zu haben.

ERGÄNZENDE KAPITEL

aus der ungarischen Ausgabe
(1934)

„ICH LIEBE DIE WÜSTE ..." *

Unbekannte Erdteile, noch nie betretene Landschaften, die neuen Möglichkeiten des Seins und die neuen Wunder der Natur ... Auf sie richtet sich von alters her die Sehnsucht der ewig strebenden Menschheit. Unser Zeitalter hat diese menschlichste aller Bestrebungen zu einer hektischen Tätigkeit gesteigert, als wenn wir in eine Ära unserer Entwicklung getreten wären, wo die Ungeduld den Wunsch nach Erkenntnis leiten würde. Der heutige Mensch möchte gleichzeitig das Geheimnis seines während Jahrtausenden in Vergessenheit geratenen Ursprungs und die Möglichkeiten seiner zukünftigen Entwicklung erkunden. Er nimmt alle technischen Mittel seines Zeitalters zu Hilfe, um in unbekannte Tiefen hinabzutauchen und um in solche Höhen emporzuschwingen, von wo er einen über sein bisheriges Erdgebundensein hinausweisenden Überblick gewinnt.

Doch während der Kreis sich um die unbekannten Erdteile immer mehr schließt, während die Möglichkeiten zur Erkundung von neuen Gegenden immer mehr abnehmen, scheint es so, als wenn das Ansehen der wissenschaftlichen Arbeit neben der modernen Einstellung unserer Zeit verblassen würde. Nicht mehr das erreichte Ergebnis zählt, sondern der Rekord, nicht die Erkenntnis ist das Ziel, sondern die Sensation.

Polarforscher, die Besteiger der höchsten Gipfel, die Bezwinger der tiefsten Ozeane, die Entdecker der Urwälder und Wüsten kämpfen miteinander, wetteifernd, einander übertreffend, um – was sie für den höchsten Lohn der Erkenntnis halten – um der Erste zu sein! Die Alten, die wahren Pioniere, wenden sich daher mit Recht von denen ab, die nur im Vorrang den Erfolg sehen, nur in der Sensation die Befriedigung suchen.

Auch ich selbst betrat unbekannte Gegenden, übernahm die Pionier- und Entdeckerarbeit auf dem geheimnisvollsten Kontinent, in Afrika. Und oft hörte auch ich die traurigen Vorwürfe der Alten: „Ihr modernen Maschinenmenschen habt die wissenschaftliche Arbeit zu einer Rekord- und Sensationsjagd herabgewürdigt, ihr habt Afrika die Romantik geraubt!" Auch ich bin ein Automobilist und Flieger, ich drang mit Autos und Flugzeugen in die geheimnisvollsten Landschaften Afrikas vor, dorthin, wo sogar die modernste Karte „weiße

---

* In der ungarischen Ausgabe unter dem Titel EINFÜHRUNG.

Flecken" aufwies. Doch jetzt, da ich über meine Forschungsarbeit berichte und einige Erlebnisse meiner im unbekannten Afrika verbrachten Jahre erzähle, tue ich das mit der ruhigen Überzeugung, daß ich die Vorwürfe der Alten nicht auf mich beziehen muß. Nie strebte ich nach Rekorden, nie suchte ich den Vorrang, den mein gestelltes Ziel trotzdem mit sich gebracht hat. Der Zauber der Romantik Afrikas hat alle meine Reisen reich belohnt, denn ich stellte meine Zielsetzung niemals in den Dienst der Sensation!

Im Auftrag der großen Automobilfabrik, für die ich schon seit Jahren arbeitete,* bin ich nach Afrika gelangt. Mit dem Aufschwung des Automobils wurde klar, daß der „dunkle Erdteil" bald zu einem aufnahmefähigen Markt wird. Meine Firma schickte mich hin, um die geschäftlichen Möglichkeiten zu sondieren und um die technischen Erfordernisse für die besonderen Bedingungen Afrikas zu studieren.

Das erste Mal trat ich auf afrikanischen Boden im Winter 1926 in Ägypten. Mit meinem großen Tourenwagen fuhr ich entlang des Niltals bis Assuan, dann kämpfte ich mit dem Sand der nubischen Wüste und gelangte bis zur Hauptstadt des Sudans, nach Khartum. Von dort, entlang des Blauen Nils, dann einem seiner Nebenflüsse folgend, drang ich in ein wildreiches Gebiet des Sudan vor und legte mit dieser Reise einen Weg zurück, den noch kein einziges Kraftfahrzeug auf seinen eigenen Achsen geschafft hatte.

Im nächsten Jahr veranstaltete man in Kairo die erste internationale Automobilausstellung. Bei dieser vertrat ich meine Firma schon mit mehreren Wagen und brachte einige Versuchsmaschinen mit. Bereits damals interessierte mich hauptsächlich das Fahren im Wüstengelände. Früh am Morgen versammelten wir uns bei dem am Rand der Wüste liegenden Hotel Mena-House: einige leidenschaftliche Automobilisten, Ingenieure, Techniker, die „Wüstenreisenden", oder wie andere sie nannten, die „Wüstennarren". Der französische Ingenieur Leblanc, der im vorangegangenen Jahr mit seinen besonderen sechsrädrigen Wagen nach Teheran gefahren ist, und ich, mit den Erfahrungen meiner Fahrt nach Sudan, waren die beiden Initiatoren. Zuerst quälten wir die Sechsrädrigen mit unbeschreiblichen Fahrexperimenten. Keine Achterbahn wäre je so kühnen Kurven gefolgt, wie die, die wir uns aussuchten. Bald übten wir das Hinaufbrausen auf die sanfte Lehne der Sanddünen und lernten dann, daß man ganz oben an der Hügelkante den Wagen plötzlich querstellen muß, um

---

* Die österreichischen Steyr-Werke (Steyr und Graz)

mit ihm auf dem Rücken der am steilen Hang hinunterstürzenden Sandlawine in das drübere Tal hinunterzusausen. Bald richteten wir uns auf einen gutgehenden Fahrgasttransport ein, den die Behörden später jedoch unterbanden.

Es ist nämlich vorgekommen, daß ein weiblicher Fahrgast des Ingenieurs, eine der weltreisenden, amerikanischen Missen, deren Alter nicht festzustellen war, während einer Kunstvorführung, die sie selbst unter massiver Überredung bestellt hatte, so erschrak, daß sie aus dem rasenden Auto sprang. Ich wiederum „verlor" bei einem besonders bravourösen „Holperer" einen meiner Fahrgäste, und die anderen trauten es mir erst zu sagen, als ich die Unterhaltung schon beendet hatte, die sie mit der Vorstellung eines nicht ganz nüchternen Kunstfliegers verglichen hatten. Zum Glück passierte im weichen Sand niemandem etwas, und das Verbot der hohen Behörde hielten wir eher für Brotneid.

Doch während dieser Ausflüge habe ich das Fahren in der Wüste gelernt. Langsam wagte ich mich mit dem kleinen Tourenwagen sogar zu den Sanddünen vor, bis ich endlich an einem schönen Frühmorgen, in Begleitung eines Beduinenführers und mit Hilfe eines Kompasses, von den großen Pyramiden weg in die Richtung der Oase Baharia losfuhr. Nur mit Kopfschütteln denke ich an meine damalige Unerfahrenheit und den Leichtsinn zurück. Mit einem einzigen Wagen, ohne daß ich jemandem etwas gesagt hätte, mit einer nur zehn Liter fassenden Wasserkanne und ohne Lebensmittel nahm ich die noch nie befahrene 350 km lange Wüstenstrecke in Angriff. Mein braver Führer ahnte nicht einmal, daß ein Automobil auch steckenbleiben kann, und bis heute fasse ich es nicht, wie ich mich über eine der unheimlichsten Dünenketten der Libyschen Wüste, über die berüchtigte Abu Moharig, mit meinem schwachen und schweren Wagen durchgekämpft habe. Doch unvergeßlich bleibt das wohlige Gefühl beim erstaunten Empfang durch die ärmlichen Oasenbewohner, bei dem im Haus des Scheichs vom gemeinsamen Kupferteller genossenen feierlichen Lammbraten und anderntags bei den Gesichtern meiner Kameraden und Konkurrenten, mit denen sie meine gleichgültige Antwort entgegennahmen:

„Wo ich war? Oh, ich habe mir nur Baharia angeschaut!"

Heute fahren – vielleicht auf meinen damaligen Spuren – die Lastautos der Dattelhändler auf einer abgesteckten Route in die von der übrigen Welt isolierte Oase!

Nach den Versuchsfahrten mit den Autos suchte ich wieder die Jagdgründe des Sudans auf und hatte reiche Gelegenheit, den Zauber

Afrikas kennenzulernen. Jetzt führte ich schon selbst unsere Jagdkarawane an und war nicht mehr gezwungen, zwischen unseren sich zankenden Schwarzen durch Aufsagen ungarischer Gedichte Gerechtigkeit walten zu lassen. Ich begann die arabische Sprache zu erlernen.

Im nächsten Winter beauftragte mich ein Bekannter, für ihn auf dem Weißen Nil eine Jagdexpedition zu organisieren und zu leiten. Und noch ein Jahr später, 1929, sandte mich die Firma mit zwei Wagen wieder auf eine groß angelegte Versuchsfahrt.

Im Hafen von Mombasa schiffte ich die Autos aus, da ich es nicht für notwendig hielt, in Kapstadt zu starten. Von dort führte damals schon eine ausgebaute Landstraße über Rhodesien bis zur Hauptstadt Kenyas, Nairobi; diese Strecke wäre also keine Feuerprobe für die Wagen gewesen. Wir durchstreiften Kenya und einen Teil Tanganyikas, gingen auf die Jagd, machten Filmaufnahmen, und ich schickte fleißig der Direktion der Firma die technischen Berichte. Über buschiges Berggebiet, grasige Steppen, Flußbetten und Sümpfe führte ich die Expedition in Richtung Norden. Ich wußte, daß ich zwei große Hindernisse würde überwinden müssen: nach der Grenze Ugandas die Sumpfgebiete Sudans, das gefürchtete Sud, wo noch nie ein Motorfahrzeug durchgekommen war und dann oben in Nordsudan die Libysche Wüste, deren Durchquerung schon damals meine ausdrückliche Absicht war.

Vieles könnte ich von dieser unvergeßlichen Expedition erzählen, von all ihren Malheurs und Erfolgen. Vom Nashorn, das die Seite meines Wagens eindrückte, von der weggerissenen Brücke, die ich schwimmend, mit 39° Fieber, neu zu bauen hatte. Von unserem Abenteuer mit den Mitgliedern des aufrührerischen Nuer-Stammes, die mich gefangennahmen. Aus diesem Bedrängnis konnte ich nur entkommen, indem ich sie mit „dem Zauber der Fruchtbarkeit" beschenkte! Dieses „Kudschur" bestand aus nichts anderem, als daß ich sie dazu brachte, Hand in Hand eine Kette zu bilden, ich dem ersten das Zündkabel des Autos in die Hand drückte und seinen Gefährten am anderen Ende auf den Kotflügel setzte. So lange traktierte ich sie mit Stromschlägen, bis ich sicher war, daß wir uns aus dem Staub machen konnten, ohne daß sie mit ihren erstarrten Gliedern nach ihren Waffen greifen konnten.

Inzwischen lernte ich auch, wie man ohne jedes Hilfsmittel schwierige Reparaturen bewerkstelligt, und in der Stadt Khartum erinnert man sich noch heute daran, daß einmal die Wasserleitung mehrere Tage lang nicht funktionierte, weil ich aus dem Endstück eines Hauptrohres eine neue Hinterachse für meinen Wagen drechseln mußte. Damals entschloß ich mich, eine der unbekannten Strecken der libyschen Sahara, die legendäre „Straße der Vierzig Tage", das erste Mal zu befahren. Wahrscheinlich war es damals, daß mich die Wüste endgültig gefangennahm.

Wieder ein Jahr später, 1930, war ich – nach einer längeren Jagdexpedition im Sudan – wieder in der Wüste Libyens. Die Regierung des Sudan bat mich, auf einer bestimmten Wüstenstrecke, wo sie fahrplanmäßige Linien errichten wollte, verschiedene Autotypen auszuprobieren. Die Versuche scheiterten, die Autos entsprachen nicht den Anforderungen, das bestärkte aber nur meinen Wunsch, die unbekannte Wüste zu erforschen und zu bezwingen.

Jetzt fing ich die Wüste ganz ernsthaft zu studieren an. Es interessierte mich nicht mehr bloß, ob ich das Fahrzeug über eine Bergkette hinüberschaffen kann, sondern vielmehr, was wohl hinter ihr liegen mochte? Es leitete mich nicht mehr allein der Gedanke, daß ich ja nicht steckenbleiben darf, und meine Aufmerksamkeit wurde nicht mehr so stark nur durch die Leistungsfähigkeit meiner Motoren gebunden.

Von der Firma mußte ich mich während der allgemeinen großen Krise trennen. Meine Pläne und Zeichnungen, Ergebnisse so vieler gewissenhafter Experimente, konnten nicht mehr ausgeführt werden, aber fast unmerklich kam ich darauf, daß ich während der Jahre einen neuen, mit meinem Fach in Zusammenhang stehenden Beruf erlernt hatte. So wurde aus dem Techniker ein Geograph!

Langsam lernte ich die Probleme der Wüste kennen. Es irren sich jene, die in der Wüste nichts anderes erblicken als ein unendliches Sand- und Felsgebiet. Es ist dem Menschen nicht gleich gewährt, die geheimnisvollen Fäden, die das Reich des Todes durchwirken, sofort wahrzunehmen. Wie das Auge sich nur langsam an das Erkennen der Unterschiede auf der Sandfläche gewöhnt, so erkennt der Wanderer der Wüste auch nur langsam die Ziele seiner Irrfahrten.

Unzählige wissenschaftliche Probleme tauchten vor mir auf. Die Entstehung der Sanddünen, das ständige Fortschreiten der schicksalhaften Austrocknung, geologische Probleme, die nur durch fleißige Sammelarbeit gelöst werden können, und archäologische Fragen, auf die die Altertumsforscher Ägyptens aus der Wüste die richtige Antwort erwarten. Es hört sich vielleicht eigenartig an, aber Tatsache ist, daß auch auf die Botaniker in der Wüste viel Arbeit wartet, und sogar für zoologische Beobachtungen bieten sich interessante Möglichkeiten dort, wo es kaum tierisches Leben gibt. Vor allem aber stand die große drängende Frage im Raum: Wie ist das Innere der Sahara, was hält der riesige weiße Fleck verborgen, auf dem in den Karten mit großen Buchstaben gedruckt stand: „Libysche Wüste"?

Die Sahara bedeckt die ganze Fläche Nordafrikas. Im allgemeinen teilen wir sie in drei Abschnitte: das westliche Drittel mit Marokko und dem Atlas-Gebirge, den mittleren Teil, Algier und Tunis, und das östliche Drittel, Libyen. Die ersten beiden Teile wurden im letzten Jahrhundert verhältnismäßig gut erforscht, die Libysche Wüste jedoch blieb ein weißer Fleck auf den Landkarten, nur die Reiserouten einiger wagemutiger Forscher durchquerten ihn. Der Grund dafür lag in der unerbittlichen Ödnis der Libyschen Wüste. In der westlichen und mittleren Sahara gibt es mehrere Oasen, zeitweise Regen, eine zwar spärliche, aber große Flächen bedeckende Vegetation, die es ermöglicht, zumindest für die Nomaden, die Wüste in allen Richtungen kreuz und quer zu durchschreiten. Dort gibt es kaum ein Gebiet, eine Entfernung, die die Leistungsfähigkeit des Wüstenschiffes, des Kamels, in Frage stellen würde.

In Libyen schaut die Sache viel schlechter aus. Außer den wenigen bewohnten Oasen, die ziemlich nahe am Niltal oder dem Mittelmeer liegen, findet man im Inneren der Wüste nur an wenigen Punkten Wasser. Auch liegen diese in vielen hundert Kilometern Entfernung, so daß sogar die Söhne der Wüste, die Beduinen, nicht leicht das öde Sand- und Felsmeer durchwandern können. Aus der Lage der einen oder anderen Oase konnte man zwar folgern, daß die unterirdische Wasserschicht vielleicht auch anderswo die Oberfläche erreicht und es auch im Inneren der Libyschen Wüste hier und da Vegetationsflächen gibt, aber die riesigen Entfernungen machten deren Erforschung fast unmöglich. Nur die technischen Errungenschaften der letzten Jahrzehnte konnten Licht auf das Geheimnis Libyens werfen.

Als ich meine Forschungsarbeit begann, standen wir vor unzähligen Rätseln. Die Legenden der ägyptischen Oasenbewohner klangen unglaubwürdig. Der am Rand der Wüste patrouillierende Offizier der Grenzwache belächelte das Flüstern der abergläubischen Beduinen, wenn sie über versteckte Städte, über Gegenden redeten, wo Milch und Honig fließt, die angeblich im Inneren der unbegehbaren Wüste liegen sollen. Doch er runzelte die Stirn, wenn er auf dem Rücken seines Kamels draußen in der leblosen Leere auf solche Kamelspuren stieß, die von nirgendwo zu kommen und nach nirgendwohin zu führen schienen. Manchmal, während meiner ersten Wüstenabenteuer, traf ich auf Kamelreiter, die angesichts der Motorfahrzeuge ihr Gesicht verhüllten und ihre Reittiere zu schnellerem Trab anspornten.

„Lasse sie, mein Herr", sagte mein Beduinenführer, „die Wüste hat Wege, die nicht jeder gehen kann."

Mit der Zeit verstand ich die Sprache jener Männer, aus deren Augen die Ruhe des unendlichen Sandmeeres strahlte. Am Abend an den Lagerfeuern wurde ich auf die Geschichten aufmerksam, die um die Geheimnisse der Wüste gesponnen wurden, und jedes Märchen, jede Erzählung rief mich nur wieder in diese unendliche jungfräuliche Fläche hinaus, wo das stählerne Lied der Maschine mit dem Heulen des Windes, dem rätselhaften Seufzer der Sanddünen, verschmilzt.

Jetzt, da ich vor mir auf der Landkarte die Linien betrachte, die ich in die weiße Fläche zeichnen durfte, fühle ich, daß meine Radspuren den vorher unberührten Boden doch nicht entweiht haben, daß ich mit dem Enthüllen der Geheimnisse der Jahrtausende ihm keine Gewalt angetan habe.

Viel Lernen, angespannte Arbeit, viele Enttäuschungen und Entbehrungen begleiteten mich in den letzten Jahren. Die begonnene Entdeckungsarbeit ließ mich nicht ruhen. Zarzura, die verlorene Oase, das verschwundene Heer des Königs Kambyses, die Einwanderungsspuren der Urägypter mochten alles Legenden gewesen sein. Doch es gab die realen Probleme, die unbekannten Grenzen des großen Dünenmeeres, die im Inneren der Wüste liegenden Gebirge, die uralten Karawanenstraßen und die unerreichbare Oase Kufra. Lauter Fragen, die auf ihre Lösung warteten. Dann, an einem Abend, als ich mich todmüde in meine in den Sand gegrabene Liegestatt legte und meine durch die brennenden Weiten überanstrengten Augen auf den klaren Sternenhimmel der Wüste gerichtet ausruhen ließ, entstand in mir der Wunsch, mich statt der quälenden Irrfahrten, die nur das Überblicken schmaler Streifen gestattet, in die Höhe zu begeben, um von dort einen unbegrenzten Blick über die im Weg stehenden Hindernisse zu gewinnen. Ich beschloß, für meine Forschungsarbeit das Flugzeug zu Hilfe zu nehmen. Diejenigen, denen ich meine Pläne mitteilte, lächelten nur, und sie waren noch die Nachsichtigsten.

Mit Pläneschmieden, Berechnungen, Abwägen aller Eventualitäten vergingen die folgenden Tage. Ich wußte, daß ich mit Hilfe kaum rechnen konnte, ich mußte meine eigenen Möglichkeiten in die Waagschale werfen und mich mit Fremden verbünden. Endlich, im Sommer 1931, war alles vorbereitet. Eine englische Wissenschaftsexpedition, die von Kairo nach Kapstadt fuhr, war bereit, auf meine Kosten einen Umweg zu machen und mein Flugzeug ins Wüsteninnere zu begleiten. Eine heimische Zeitung unterstützte mich, ein begeisterter Freund, Graf Nándor Zichy, flog mit mir zusammen.

Dann ereignete sich das Unglück, und ich sehe vor mir, wie wir neben meinem flügellahm gewordenen Maschinenvogel standen. Wir konnten uns gar nicht wirklich freuen, daß wir – was an ein Wunder grenzte – unversehrt geblieben waren, weil wir nur den einen Gedanken hatten: unser Plan war gescheitert. Aber der Film der Zeit läuft weiter. Tage und Nächte an meinem Schreibtisch, Briefwechsel und Memoranden, viel Enttäuschung, viel Zurückweisung. Die rüde Stimme der Heimat tat mir am meisten weh. Endlich stand die kleine silberflügelige Maschine wieder zum Starten bereit. Ein junger englischer Sportsmann, Sir Robert Clayton-East Clayton, trat meinem Unternehmen bei, und am ersten Tag des Monats Mai des Jahres 1932 enthüllte sich unter den Silberflügeln das jahrhundertelange Geheimnis der verlorenen Oase Zarzura.

Nach Kairo zurückgekehrt, rief mich der größte Erforscher der Libyschen Wüste, der ägyptische Prinz Kemal El Din zu sich. In Würdigung meiner bisherigen Arbeit bot er mir an, in seine Dienste zu treten und die noch unbekannten Gebiete zu erkunden. Doch am Höhepunkt der Anerkennung und des Erfolges traf mich wieder ein grausamer Schlag. Mein nobler wissenschaftlicher Auftraggeber starb plötzlich, kurze Zeit später folgte ihm mein junger englischer Freund ins Grab. Wieder war ich auf mich selbst gestellt, währenddessen andere die Ergebnisse meiner begonnenen Arbeit auszuschlachten versuchten.

Ich mag gar nicht mehr an die bittere Überwindung der neuerlichen Schwierigkeiten denken, doch am Anfang des Frühlings 1933 war ich, zusammen mit begeisterten Kameraden, wieder unterwegs. Zu ihnen durfte ich jetzt auch einen Landsmann, Dr. László Kádár, zählen. Dreieinhalb Monate streiften wir in der Wüste herum, und unsere Arbeit wurde wieder mit Erfolg belohnt. Ich forsche die vom Flugzeug entdeckte Oase aus und fand ihre Nebentäler. Große, noch unbekannte Flächen haben wir kartographiert und kehrten mit reicher Sammlung zurück.

Doch das schönste Ergebnis meiner Forschungsarbeit bestand in der Entdeckung der vorgeschichtlichen Höhlenmalereien, die ich im Herzen der Wüste, oberhalb einer Quelle im Uwenat-Gebirge fand. In der Libyschen Wüste haben bereits andere auch schon früher uralte Felsgravuren gefunden. Prinz Kemal El Din stieß sogar auf einige gemalte Bilder in einem der Täler des Uwenat, doch meine jetzige Entdeckung übertraf alles, was die Archäologen bis dahin kannten und wetteiferte mit den berühmten Höhlenmalereien in Spanien.

Die Nachricht über meine Entdeckung durcheilte die Weltpresse, und im Laufe des Sommers wandte sich ein deutscher Professor mit der Bitte an mich, ihn zu den vorgeschichtlichen Fundstellen zu führen, damit er sie dort studieren könne. Bereitwillig entsprach ich der Bitte des Professors, da ich ja wußte, daß er einer der vorzüglichen Archäologen Deutschlands sei. Im September machten wir uns wieder mit meinen kleinen wüstenerprobten Automobilen auf. Während zweieinhalb Monate führte ich die Expedition zu all den Stellen und Orten, wo andere und ich selbst prähistorische Siedlungen gefunden hatten. Die Arbeitseinteilung organisierte ich so, daß ich, während der Professor mit seinen Begleitern an den bekannten Fundstellen arbeitete, die urzeitlichen Siedlungen studierte und die Felsbilder kopierte, weitere Erkundungsfahrten unternahm, von wo ich diesmal wieder mit ungewöhnlich reichen Entdeckungen ins Lager zurückkehrte.

In Ägypten zählte ich bereits zu den wenigen, die die noch vor einigen Jahren unbekannte Wüste gründlich kannten. Im Verlauf des Winters nahm ich an einem vom ägyptischen Aero-Verband veranstalteten, groß angelegten Wüstenrundflug teil, bald danach erhielt ich von den dortigen Kreisen den Auftrag, eine neuerliche wissenschaftliche Erkundungsexpedition zu leiten.

Während ich mich draußen in der Wüste aufhielt, brach zuhause in Europa ein Skandal um die Vorträge und Behauptungen des deutschen Professors aus. Der Professor vergaß nämlich, daß er mich zum Studium der Ergebnisse meiner Forschungen nur begleitet hatte und berichtete nun über seine eigenen „Entdeckungen". Die englischen, italienischen und ungarischen Fachleute verteidigten auch während meiner Abwesenheit, ohne daß ich von diesen Vorkommnissen etwas wußte, tapfer und ehrlich meine Arbeit.

Nachdem ich mit Dankbarkeit derer gedenke, die im Verlauf der letzten Jahre meine Arbeit kennen und schätzen gelernt haben, fühle ich, daß ich der wissenschaftlichen Welt die Fortsetzung des begonnenen Weges schulde. Es stimmt zwar, daß die unbekannten Gebiete inzwischen erforscht wurden, daß die kartographische Arbeit meiner Expeditionen die weißen Flecken der Landkarte ausgefüllt hat und ich kaum mehr hoffen darf, ein mit der Auffindung der verlorenen Oase vergleichbares Ergebnis zu erwarten. Doch ist noch viel Detailarbeit zu tun. Das genaue Kartographieren einzelner Flächen, morphologische und geologische Studien, die Beobachtung der klimatischen Verhältnisse und archäologische Forschungen. Wie gesagt, nie leitete mich der Wunsch, anderen voraus zu sein, nie suchte ich das sensationelle Ergebnis, und so will ich meine Arbeit auch in Zukunft fortsetzen.

Warum ich den pflanzen- und wildreichen tropischen Gegenden Afrikas den Rücken zukehrte, die so viele aufregende Jagdabenteuer, so viel Naturschönheit bieten? Ich könnte es meinen afrikanischen Jagdkameraden nicht verständlich machen. Vielleicht deswegen, weil ich, als ich das erste Mal den Fuß auf afrikanischen Boden setzte, gleich der Wüste begegnet bin und dieser erste Eindruck für immer prägend blieb? Vielleicht deswegen, weil für mich das Brausen in grenzenloser Weite der vollkommenste Ausdruck des Gefühls der Freiheit bedeutet?

Warum soll ich leugnen, daß mich ständig ein banges Gefühl begleitet, wenn unser Leben von einer einzigen Schraube einer Maschine, einer Haaresbreite des Instrumentenzeigers abhängt, dort, wo das Nichts an das noch unendlichere Nichts grenzt? Doch ...

Ich liebe die Wüste.

Ich liebe die im Spiegel der Fata Morgana flimmernde unendliche Ebene, die zerklüfteten Felsgipfel, die den erstarrten Wellen des Ozeans gleichenden Dünenketten. Und ich liebe das einfache, harte Leben im primitiven Lager, sowohl in der schneidend kalten sternklaren Nacht als auch im stechenden Sandsturm.

Die Unendlichkeit reinigt Körper und Seele. Der Mensch spürt die Nähe des Schöpfers, und es gibt nichts, was ihn von dieser Erkenntnis abbringen könnte. Fast unmerklich überkommt uns der unerschütterliche Glaube an ein über uns stehendes Wesen und gleichzeitig die Ergebenheit in unser menschliches Schicksal, so daß wir ohne zu klagen bereit sind, uns der Wüste zu opfern.

Und wenn manche mich fragen, welchen Nutzen der Menschheit das Kennenlernen eines wüsten Fels- und Sandmeeres, die Entdeckung einiger armseliger Vegetationsflecken oder einer Quelle mit übel schmeckendem Wasser wohl bringen mag und warum man um solcher Entdeckungen willen materielle Opfer und persönliche Risiken auf sich nimmt, so kann ich nicht anders antworten, als mit dem Spruch der Beduinen:

„Die Wüste ist schrecklich und unerbittlich, aber wer sie je kennengelernt hat, muß wieder in die Wüste zurückkehren."

FLÜCHTLINGE

„Mein Effendi (Herr), was veranlaßt einen so großen Herrn wie Sie, immer wieder hierher zu uns zu kommen? Und wenn Sie schon mit Ihrem Besuch unser bescheidenes Haus beehren und uns in unserer verlassenen Oase damit glücklich machen, warum bleiben Sie denn nicht hier, warum riskieren Sie Ihr Leben in der furchtbaren Wüste, wo Sie sich nur Gefahren und Entbehrungen aussetzen?"

Die Frage klang höflich und freundlich, trotzdem war mir, als ob ich eine tiefere Neugierde aus den Worten meines Gastgebers herausgehört hätte. Die großzügige und herzliche Gastfreundschaft der ägyptischen Beamten, mit der sie mich hier draußen in den Oasen empfingen, war ich ja mittlerweile gewohnt. Schon oft hörte ich ihre bescheidenen Worte, mit denen sie sich beim Gast entschuldigten, daß sie keine größere Bequemlichkeit bieten, nicht noch bessere Speisen auftischen konnten. Jedesmal mußte ich dieses Ritual hinter mich bringen, sooft ich am gewohnten Ausgangspunkt meiner Expeditionen in der Oase Charga oder in Mut, dem Hauptort der Oase Dachla, ankam. Diesmal aber war es schon einige Tage her, seitdem ich in das einfache, aber saubere staatliche Rasthaus zurückgekehrt war und meine Gastgeber, der Gouverneur und sein Stellvertreter, der Polizeichef, ihre üblichen Höflichkeiten vorgetragen hatten. Der Mamur (Beamte) mußte also mit seiner Frage eine bestimmte Absicht verfolgen.

„Ich liebe die Wüste, Abd el Rachman Effendi, und es ist mein fester Vorsatz, die noch unbekannten Gebiete zu erforschen."

„Inschʼāllah (Wie Allah es will), und doch, was kann dieses Leben Ihnen schon bieten, Ihnen, der Sie in einem Palais wohnen und sich in Seide betten könnten?"

„Das stimmt allerdings nicht ganz", lachte ich, „zu Hause kann sich unsereiner kaum ein Palais und Seidenbetten leisten, aber sehen Sie, mein Effendi, wenn der Mensch jung und gesund ist, ist es nicht seine Pflicht, irgendeiner Arbeit nachzugehen? Das ist jetzt meine Arbeit, und gibt es überhaupt einen glücklicheren Menschen als den, der seine Arbeit nach seiner Neigung wählen kann?"

Der Polizeichef nickte zustimmend, aber als er an seiner Zigarette zog, sah ich ihn bei deren Licht über etwas nachsinnen.

„Ich weiß, daß Sie die Wüste lieben", begann er langsam, „aber Sie haben noch nicht das wahre Gesicht der Wüste kennengelernt, und Allah beschütze Sie davor!"

Jetzt ahnte ich schon, woran der Mamur dachte, und mein Herz schlug schneller bei dem Gedanken, ihn an diesem Abend endlich dazu bringen zu können, mir die Ereignisse des vergangenen Winters zu erzählen, in deren Verlauf ihm eine der Hauptrollen zukam. Ich klatschte dem Schuffragi (Diener) und bat um frischen Kaffee.

„Ich weiß, daß Sie voriges Jahr schreckliche Dinge gesehen haben, und nichts wird mich je darüber hinwegtrösten können, daß ich damals nicht hier in dieser Gegend sein konnte."

„Auch ich wünschte mir, daß Sie mit Ihren Wüstenautos hier gewesen wären. Aber so stand es geschrieben."

Der Mamur hielt inne und schlürfte seinen Kaffee.

Abd el Rachman Zoher Effendi, der Polizeichef der Oase Dachla, ist eher mittelgroß und zart gebaut und entspricht dem ägyptischen Beamtentyp. Obwohl er die elegante, nach englischem Muster geschnittene khakifarbene Uniform der Grenzwache trägt, hat er gar nichts Soldatisches oder Militärisches an sich. In seinem bräunlichen Gesicht trägt er einen kleinen schwarzen Schnurrbart, eine energisch gebogene Nase und intelligent glänzende Augen. Wie er hier neben mir auf der Veranda des Rasthauses sitzt und mit seiner fremden, harten Aussprache nach den englischen Worten sucht, würde ihm niemand ansehen, daß er in der jüngsten Vergangenheit der Held eines der dramatischsten Ereignisse der Libyschen Wüste war.

Schon bei meiner Ankunft hatte ich versucht, ihn über die Errettung der Flüchtlinge aus Kufra auszufragen, bei der er – wie ich es vom Hörensagen wußte – eine so aufopfernde Rolle gespielt hatte. Aber bis jetzt antwortete er immer nur ausweichend: „Oh, das war ja gar nichts, bitte, ich habe nur meine Pflicht getan", und wollte auf keine Einzelheiten eingehen.

„Sehen Sie, wenn ich voriges Jahr dort draußen gewesen wäre oder wenn ich vorher in der Wüste nur einige Wegweiser aufgestellt hätte, dann wären vielleicht viele Leben verschont geblieben."

Der Mamur nickte. „Freilich, das wäre gut gewesen. Aber ich hoffe, daß so etwas nie mehr passiert. Der Krieg ist drüben in Tripolis bereits beendet, und ich höre eben, daß die italienische Regierung die Flüchtlinge auf ihre Kosten rücksiedeln will?"

„Diese Flucht war ein Wahnsinn! Abd el Rachman Effendi, Sie können es mir glauben, daß jetzt, als ich in Kufra war und mit den Leuten dort gesprochen habe, diese selbst einsahen, daß es keinen Grund zur kopflosen Flucht gab. Die Aufständischen ... ja, ... und ihre Führer, die Emirs, aber sogar denen boten die Italiener eine Amnestie an, wenn sie ihre Waffen ohne Kampf niederlegten."

„Das wußte ich nicht! Ja, verhandelten die Italiener mit den Aufständischen?"*

„Vor der Besetzung der Oase warfen Flugzeuge Proklamationen hinunter."

„Aber gerade wegen der Flugzeuge geschah ja alles! Jeder, den wir in der Wüste fanden, erzählte, daß sie vor den Bomben und Maschinengewehren der Flugzeuge flohen."

„So ist der Krieg. Aber sagen Sie, mein Effendi, wann erfuhren Sie überhaupt das erste Mal von den Kämpfen in Kufra?"

„Wir hier in Ägypten hatten keine Ahnung, was sich in der italienischen Cyrenaika anbahnt. Besonders hier draußen in den Oasen. Ich hatte ja damals in Dachla nicht einmal eine Radiostation. Meine Post brachten die Lastautos einmal in der Woche aus Charga. Noch hatten wir keine solche Autos, wie Sie jetzt haben. Bei mir in Mut hatte ich nur einen neuen Ford, meinen Dienstwagen, außer diesem gab es nur den Wagen des Arztes und jenen eines reichen Gutsbesitzers, aber diese hatten noch alte Maschinen mit Fußschaltung. Im

---

* *Almásy übernimmt wie der ägyptische Polizeibeamte die Sprachregelung der Italiener. Die sogenannten „Aufständischen" oder „Rebellen" wehrten sich in Wahrheit als kämpfende Partei in einem Krieg gegen die Ausweitung der italienischen Kolonialmacht – ein Gesichtspunkt freilich, den damals kaum ein Europäer teilte.*

Was eine mögliche Schuld oder Mitschuld der Italiener an der Tragödie in der Wüste betrifft, bei der nach Schätzungen der italienischen Besatzung ein paar hundert, nach ägyptischen Quellen mehrere tausend Menschen umgekommen sind, so finden sich diesbezüglich interessante Passagen in Richard A. Bermanns unter seinem Pseudonym Höllriegel erschienenen Buch „Zarzura" (siehe Bibliographie). Er betont, daß zuerst die kämpfenden Männer in die Wüste zurückgewichen wären, denen dann Frauen und Kinder zum Teil in Panik gefolgt seien. Dann zitiert er den italienischen General Graziani, der in seinen Erinnerungen schreibt, daß die Flieger „den ganzen Tag auf die Flüchtlinge Bomben warfen und sie aus geringer Höhe mit Maschinengewehren beschossen". Bermann, der Antifaschist und politisch-rassisch Verfolgte, schreibt allerdings auch, daß ein Zurückholen der in Panik fliehenden Bewohner von Kufra sicher schwierig gewesen wäre, und versucht Verständnis für die Flieger aufzubringen: „Sie wurden von unten beschossen, also warfen sie Bomben ab; das ist so im Krieg!" Und weiter schreibt er: „Ich habe in Kufra italienische Offiziere kennengelernt, die damals bei diesen Truppen gewesen sind, und kann die wohlwollenden Männer nicht für die grausamen Schlächter von Hilflosen halten, als die sie von der arabischen Presse Ägyptens hingestellt worden sind..."

vergangenen Jahr waren wir ja hier in Dachla noch ziemlich abgeschnitten von der Außenwelt. Sie kennen doch den Weg zwischen Dachla und Charga – mit diesen Fahrzeugen fuhren wir sehr ungern die 250 km lange Strecke."

„Die Radiostation von Dachla stellte man erst nach dieser Zeit auf?"

„Ja. Wäre sie doch schon dagewesen, als die ersten Flüchtlinge ankamen! Aber so konnte ich gar keine Meldung erstatten. Ich konnte auch nicht um Hilfe bitten." Der Mamur hielt wieder inne, und ich spürte, daß er über die Sache ungern redete.

„Wer waren die ersten?" fragte ich jetzt schon insistierend.

„Sie waren zu fünft. Alle aus dem Zwaya-Stamm aus Kufra. Auf dem Autoweg zwischen Dachla und Charga fand sie der Fahrer des Omda (Richters) des Balat-Dorfes, der gerade aus Charga kam. Der Omda schickte einen von ihnen namens Melad Muscha sofort mit dem Auto zu mir nach Mut. Er war vollkommen erschöpft und sagte mir, daß von dort, wo man ihn und seine Kameraden fand, in anderthalbtägiger Entfernung noch einundzwanzig andere in der Wüste liegen. Aber lassen wir die Erinnerungen. Erzählen Sie lieber über Kufra. Ist es wahr, daß Sie wegen der Rücksiedlung verhandelt haben?"

Jetzt verstand ich, was meinem Gastgeber am Herzen liegt. Viele von den Flüchtlingen aus Kufra ließen sich hier in den ägyptischen Oasen nieder, und ihr weiteres Schicksal machte dem gewissenhaften Beamten Sorgen. Außerdem interessierte ihn vielleicht auch, ob meine Wüstenexpeditionen mit der weiteren Entwicklung in Zusammenhang stehen. Deswegen fragt er mich, was ich in der Wüste suche, warum ich in Kufra war.

„Sehen Sie, mein Effendi, ich werde Ihnen alles erzählen, was ich weiß. Vielleicht konnten Sie sich schon überzeugen, daß ich ein Freund der Araber bin. Aber damit ich helfen kann, damit ich in Kairo etwas tun kann, muß ich die Lage genau kennen. Erzählen Sie mir alles, was Sie damals erfuhren, und erlauben Sie mir, daß ich Notizen mache."

„Wir wissen, daß Sie uns mit Wohlwollen begegnen, mein Herr. Der Gouverneur erklärte, daß die 'Magar' (Ungarn) und die 'Turuk' (Türken) miteinander verwandt sind. Ich stehe Ihnen zur Verfügung, aber ich bitte Sie, setzen Sie sich ein für die Rücksiedlung dieser Unglücklichen. Was wünschen Sie zu hören?"

„Ganz von vorne, mein Effendi, als Sie erzählten, daß diese fünf Zwaya ankamen ..."

„Bei Allah, dem Barmherzigen! Entsetzlich war ihr Zustand. Sie erzählten, daß am ersten Tag des Ramadan (1931 war das der 19. Januar) eine große italienische Armee mit Kanonen, Maschinengewehren und 20 Flugzeugen ihr Zuhause, die Oase Kufra, angegriffen habe. Der Kampf begann bei der nördlichen Oase, Hauari, und dauerte sechs Stunden. Die Araber wurden von den beiden Emiren Salah El Ateuis und Abd el Galil Seif en Nasr angeführt. Diese leiteten schon seit Jahren den Aufstand in der Cyrenaika gegen die italienische Regierung. Die Munition der Araber war bald aufgebraucht, und sie mußten mit dem Kampf aufhören. Während der Nacht ordneten dann die Emire die allgemeine Flucht an, obwohl die Regierungstruppen an jenem Tag noch nicht in die Oase einmarschierten. Die Kamele waren nicht vorgetränkt, wie das sonst vor einer langen Wüstenwanderung üblich ist. Jeder packte in Eile die Lebensmittel zusammen, die er gerade im Haus hatte, und ging mit ungeflickten Ghirbas (Wasserschläuchen aus Ziegenleder) los. Samt Frauen und Kindern. Am nächsten Tag verfolgten Flugzeuge die Karawanen und zerstreuten sie, viele Menschen fielen im Feuer der Maschinengewehre. Die Zwayas flehten mich an, in die Wüste hinauszufahren und ihre dort gebliebenen Familien zu retten. Was konnte ich tun? Die Zeit war zu kurz, um den Gouverneur aus Charga um einen Befehl bitten zu können, und ich wußte, daß ich später über das verbrauchte Benzin Rechenschaft ablegen mußte."

Abd el Rachman Effendi seufzte tief, und unwillkürlich mußte ich beim Hören dieser Erinnerung schmunzeln. Ja, ja, auch in Ägypten ist es nicht leicht für einen Verwaltungsbeamten.

„Sofort ließ ich unseren Arzt, Timu Taut Kolta Effendi, rufen und mit meinem Dienstwagen und mit jenem des Omda sowie mit einem sich zufällig hier aufhaltenden Wagen der Charga-Dachla-Transportgesellschaft fuhr ich zuerst in Richtung Balat los. Dies liegt vierzig Kilometer weit von Mut. Von den Zwaya erfuhr ich, daß sie aus Kufra zuerst bis zum Uwenat-Gebirge flohen. Diesen Weg schafften sie in sechs Tagen. Dort versammelten sich mehrere Mehallas (bewaffnete Gruppen) der zerstreuten Flüchtlinge. Die Quellen des Uwenat gaben jedoch nicht genug Wasser für nahezu 1 000 Menschen und Kamele. Die Emire ordneten das Weiterziehen an. In Uwenat gab es damals noch einige Guraan. Übrigens, sagen Sie bitte, stimmt es, daß sich jetzt niemand mehr in diesen Bergen aufhält?"

„In Kufra hörte ich, daß Hery, der Scheich der Guraan – oder wie Prinz Kemal El Din zu sagen pflegte: der ‚König des Uwenat' –, wegen der Flüchtlinge Uwenat später verlassen hat und in seine Heimat, das französische Tibesti, zurückwanderte. Damals hielten sich übrigens nur mehr sein Sklave Zukkar und noch ein jüngerer Guraan mit einigen Kamelen und Ziegen dort auf."

„Vermutlich hatte er Angst vor der Rache der Flüchtlinge, weil er sie sogar zweimal in die Irre führte."

„Die Zwayas wollten aus Uwenat in den Sudan ziehen, in die Oase Merga. Irgendwie verbreitete sich unter ihnen das Gerücht, daß Merga im Besitz der englischen Regierung sei und daß daher jedes Jahr Engländer zur Dattelernte herkämen. Sie baten Hery, sie nach Merga zu führen, aber der Alte schlug ihre Bitte ab und verschwand irgendwohin in die Berge. Das tat er wahrscheinlich deswegen, weil es ja seine eigenen Leute waren, die nach Merga gingen, um die Datteln zu holen. Er hatte wegen der vielen Fremden Angst um seinen Ertrag. Die größere Gruppe der Kufraer ging trotzdem los, auch ohne Führer. Doch nach einer siebentägigen Irrfahrt kehrten sie nach Uwenat zurück, ohne die Oase gefunden zu haben.

Jetzt wollten sie den alten Guraan zwingen, daß er sie führt, sie fanden jedoch nur seinen Sklaven Zukkar, der schwor, noch nie in Merga gewesen zu sein. Von diesem Mann hörten sie, daß unsere Oase, Dachla, sich nur sechs Tagereisen weit von Uwenat befände. Im Grunde verursachte diese Aussage die Katastrophe, weil die Flüchtlinge daraufhin nur einen Wasservorrat für eine Woche mitnahmen."

„Auch das hörte ich, mein Effendi. Nur glaube ich, daß Zukkar dies im guten Glauben behauptete. Er hörte vom Prinzen Kemal El Din, daß er auf seiner berühmten Expedition Ende 1925 in sechs Tagen von Dachla nach Uwenat gelangte. Woher sollte der arme Nomade wissen, daß sechs Tage mit dem Auto nicht sechs Tagen auf Kamelen entsprechen."

„Insch'allah, daß es so war, wie könnte jemand sonst das Verderben so vieler Menschen übers Herz bringen! Denn sehen Sie, mein Herr, diese Beklagenswerten machten sich am 1. Februar aus Uwenat auf den Weg. Drei Wochen lang irrten sie in der Wüste umher, und in den letzten Tagen hatten sie kein Wasser mehr. Doch erlauben Sie mir, daß ich aus meinem Büro meine Notizen und eine Lampe hole..."

Ich werde diese Nacht nie vergessen, als der Mamur mir seinen schlichten Bericht über eine der schrecklichsten Tragödien der Wüste vorlas. Beim Licht der blinzelnden Petroleumlampe notierte ich eilig die erschütternden Daten, das auf arabisch geschriebene Tagebuch wortwörtlich übersetzend. Ich gebe es so wieder, wie ich es damals auf der Veranda des Rasthauses bei unzähligen Zigaretten und vielen Tassen Kaffee hörte und aufschrieb:

„Am Nachmittag des 23. Februar um 6.00 Uhr fuhr ich aus dem Dorf Tenida los. Einer der Zwaya, ein gewisser Abu Kassim, war unser Führer. Am Abend um 9.00 Uhr fanden wir die in der Wüste leblos liegende Gruppe der Araber. Es waren insgesamt 21 Personen, Männer, Frauen und Kinder. Wenn wir einige Stunden später gekommen wären, hätten wir nur mehr Tote gefunden, sie hatten seit Tagen nichts gegessen und an jenem Tag ging ihnen auch das Wasser aus. Bis 2 Uhr in der Früh transportierte ich sie nach Tenida. In der Früh fuhr ich nach Mut, weil dort inzwischen eine andere Flüchtlingsgruppe angekommen war. Diese Menschen berichteten, daß sie in einer Entfernung von einer Tagesreise viele Frauen und Kinder in der Wüste zurückgelassen hatten. Unter ihnen befanden sich einige Schwerkranke, diese transportierte ich in das Krankenhaus. Inzwischen verstarb ein junger Mann.

Ich hielt es für meine Pflicht, sofort loszufahren. Sowohl meinen Dienstwagen als auch den Krankenwagen belud ich mit Wasser und den berittenen Polizisten befahl ich, mir auf dem Kamel mit einem großen Wasservorrat zu folgen. 50 km von Mut entfernt fanden wir die ersten Flüchtlinge, und als ich nach 120 km Fahrt umkehrte, haben wir insgesamt 17 Personen retten können. Drei Männer, eine Frau und ein Kind lagen schon im Sterben, diese schickte ich mit dem Krankenwagen schnell zurück. Ein Mann sagte mir, daß er am Morgen seinen Freund zurückließ, der bat, ihn lebend zu begraben. Er entsprach seiner Bitte jedoch nicht, und jetzt flehte er mich an, diesen Mann zu suchen. Bis Einbruch der Dunkelheit suchten wir, aber wir fanden ihn nicht. Während der Nacht kehrte ich nach Mut zurück.

Am 25. in der Früh rief ich die bis dahin angekommenen Araber zusammen und forderte sie auf, die Zurückgebliebenen zu suchen. Sie antworteten, daß ihre Kamele schon seit Wochen nicht getrunken hätten und auch sonst ohnehin alle, Mensch und Tier, zu schwach seien, um wieder umzukehren. Im übrigen seien noch Flüchtlinge in der Wüste, auch in größerer Entfernung, diese könne man mit Kamelen gar nicht mehr retten. Sie erklärten allerdings, daß sie - egal was es koste - bereit wären, die Ausgaben zu bezahlen, wenn wir ihre Freunde mit den Automobilen suchen würden.

Nachdem die Autos der Transportgesellschaft nicht da waren, hoffte ich, es werde mich kein Vorwurf treffen, wenn ich meinen Dienstwagen und jenen des Krankenhauses in Anspruch nahm. Als Sicherstellung für die Benzinkosten bat ich die Araber um 20 Pfund, was sie akzeptierten, und für den Fall, daß ein Auto kaputtgehen würde, nahm ich ihre Kamele in Beschlag, obwohl die Tiere sehr schwach waren. Hadsch Abu Bakr, der einzige Privatmann, der in Mut ein Auto besitzt, bot ebenfalls seinen Wagen an, wenn die Benzinkosten bezahlt würden. Die Leute aus Kufra waren mit allem einverstanden.

Am Nachmittag um 3.00 Uhr startete ich. Hadsch Abu Bakr nahm eine Menge Orangen mit, und ich nahm auf dem Krankenwagen die Medikamentenlade mit. Ein Flüchtling, Naz Bu el Senussi el Fergani, kam als Führer mit uns. Am Nachmittag um 6.00 Uhr trafen wir die Gruppen der beiden Scheichs Abdalla Abu Seif vom Mogharba-Stamm und Jussuf el Eschab vom Walad Wafy-Stamm. Sie besaßen vier Kamelstuten. Es waren vier Frauen, genau so viele Mädchen und sechs Kinder bei ihnen. Die Frauen jubelten, als sie uns sahen, aber mit so einer schwachen Stimme, daß wir sie kaum hörten. Als wir stehenblieben, fielen alle zu Boden, die Kinder über sie. Ihre Gesichter waren gelb und ihre Augen trüb. Sie waren so schwach und ihre Stimmen so flüsternd, daß sich die Augen von uns allen mit Tränen füllten. Nur tropfenweise durften wir ihnen Wasser, Milch und Medikamente geben, bis sie endlich wieder Hoffnung auf ein Weiterleben haben konnten. Wir versorgten sie mit genügend Wasser und ließen sie mit dem Auftrag zurück, die Spuren der Automobile ja nicht zu verlassen. Am Abend um 7.00 Uhr fanden wir El Hauri Abu Hammed aus dem Mogharba-Stamm mit drei Frauen, drei Mädchen und einem siebenjährigen Jungen. Der Zustand dieser Gruppe war auch nicht besser, und ich tat mit ihnen wie mit den Vorherigen. Um 7 Uhr 40 stießen wir auf eine andere Mogharba-Gruppe. 20 Männer, 19 Frauen und 22 Kinder waren es. Diese waren in einem schrecklichen Zustand. – Hier muß ich erwähnen, daß es den größeren Gruppen jeweils schlechter ging als den kleineren. – Eineinhalb Stunden blieb ich bei ihnen. Die Männer und Frauen fielen über uns her, ihre Kinder zurücklassend. Jämmerlich war der Anblick einer Frau, die mir die Feldflasche aus der Hand riß, welche ich gerade ihrem im Sterben liegenden Kind reichte. Die Männer wollten uns angreifen, und obwohl sie sich kaum auf den Beinen halten konnten, fingen einige mit den Polizisten zu kämpfen an. Zum Schluß hielten wir sie mit schußbereiten Waffen von den Autos fern. Nachdem wir sie mit genügend Wasser versorgt hatten, sagten sie weinend Dank. Noch bis 10.00 Uhr in der Nacht setzten wir unsere Fahrt fort, aber in der Dunkelheit konnten wir den Spuren nur mehr schwer folgen, daher legten wir uns im Sand zur Ruhe.

Anderntags, den 26. Februar, am Morgen um 6.00 Uhr starteten wir abermals. Bald fanden wir auf der Spur eine Frau mit einem 14-jährigen Jungen. Beide waren dem Tode nahe. Wir pflegten sie, bis sie zu sich kamen, und ließen sie dann mit genügend Wasser zurück. Die Frau nannte ihren Namen: Um el Eiz. Um 8 Uhr sahen wir im Sand die Gestalt eines Mannes, er hockte da, mit dem Kinn auf den Knien ruhend. Wir taten alles, um ihn zu retten, aber nach ungefähr 10 Minuten verstarb er. Der Boden an dieser Stelle war viel zu felsig, um ihn begraben zu können, daher eilten wir lieber weiter in der Hoffnung, noch andere retten zu können.

Um 8 Uhr 40 stießen wir wieder auf eine größere Gruppe, sie bestand aus 16 Männern, 15 Frauen und 17 Kindern. Nur mehr sechs Kamele hatten sie bei sich. Ich übertreibe nicht, wenn ich sage, daß das Überleben dieser Menschen nur mehr eine Frage von Stunden war. Dabei waren sie noch vier Tagesreisen von Dachla entfernt. Nachdem wir sie mit Wasser versehen hatten, trug ich ihrem Scheich auf, auf der Spur langsam weiterzuziehen. Um halb zehn fuhren wir wieder los, und nach einigen Kilometern fanden wir einen Mann und eine Frau, die sich in den Qualen des Verdurstens wälzten. Nur tropfenweise durfte ich ihnen Wasser geben, weil in so einem Fall die Kehlen der Menschen vom Wasser plötzlich anschwellen und sie ersticken. Der Mann war ein Zwaya, ein gewisser Moschem Abu Bakr, der Name seiner Frau war Suefra. Nach 10 Uhr kamen wir bei einem zwischen Sanddünen stehenden niedrigen Qara (Felshügel) an. Am Fuße des Qara lagen zwei Männer und sieben Frauen, sie waren dort geblieben, um den Tod abzuwarten. Wir taten, was notwendig war. In der Nähe des Qara fand ich das Gepäck, von welchem ein in Mut angekommener Zwaya, Hamed es Serif, mir berichtete, daß er es bei seinem 16-jährigen Sohn zurückgelassen hatte. Überall suchten wir den Jungen, fanden ihn aber nicht, vermutlich war er in die Dünen gegangen, um zu sterben. Beim Gepäck waren noch drei Gewehre, zwei Pistolen, zwei Schwerter und ein mit Silber beschlagener Kamelsattel; das alles nahm ich zu mir.

Nach 11 Uhr fanden wir eine bewußtlose Frau, wir pflegten sie und ließen sie mit ein wenig Wasser zurück. Nach kurzer Zeit sahen wir auf der Spur den Leichnam eines schönen 15-jährigen Mädchens. Wir begruben sie. Am Nachmittag um ein Uhr kamen wir zu einem hohen Qara, daneben lag eine Menge Gepäck. Später stellte ich fest, daß es Eigentum des Mohammed Abu Sakrana el Zwaya war. Oben lagen zwei Gewehre, während unter dem Gepäck noch drei Gewehre, eine Pistole und ein wenig Munition versteckt waren. Diese habe ich beschlagnahmt.

Hier machten wir Mittagsrast. Nach einstündiger Pause setzten wir unseren Weg fort bis halb vier, als nach einer insgesamt 350 km langen Fahrt die Hälfte meines Benzinvorrates verbraucht war, so daß wir umkehren mußten. Am Rückweg folgten wir unserer eigenen Spur, aber parallel dazu ein bißchen seitlich. So geschah es, daß wir nach einer kleinen Weile einen sterbenden Mann fanden, den wir auf der Hinfahrt gar nicht bemerkt hatten. Als er zu sich kam, erzählte er, daß er zwar unsere Autos gesehen habe, aber weder winken noch rufen konnte. Wir nahmen ihn in dem einen Wagen mit und setzten unseren Weg immer wieder rechts und links suchend fort. Bald sahen wir eine zusammengefallene Gestalt. Es war eine ungefähr 35 Jahre alte Frau. Sie war tot, vollkommen trocken und steif. Wir beerdigten sie.

Ungefähr um 5 Uhr kamen wir bei jener Frau an, die wir als letzte zurückgelassen hatten. Ihr war es schon etwas wohler, und sie nannte ihren Namen: Fatma Abu Seif. Wir nahmen sie mit und kamen kurz vor 6 Uhr zu jenem Qara, wo wir die beiden Männer und sieben Frauen gefunden hatten. Zu unserer Bestürzung hatten sie sich inzwischen zerstreut, weil sie wegen des langen Durstens geistig verwirrt waren. Zwei Frauen machten wir bald ausfindig, sie waren noch sehr krank, als wir sie ins Auto nahmen. Genauso war es mit zwei anderen, die wir bald einholten und die uns sagten, daß die anderen weitergegangen seien. Bald holten wir wieder zwei Frauen ein, aber sie konnten uns nicht sagen, wohin die zwei Männer gegangen waren. Über die siebente Frau berichteten sie, daß sie bald nach unserer Weiterfahrt gestorben sei und sie den Leichnam in Allahs Namen mit Steinen bedeckt hätten.

In der nun einbrechenden Dunkelheit war es unmöglich, den Spuren der beiden Männer zu folgen. Die Unglücklichen hatten die Autospuren verlassen, und so konnte ich nur hoffen, daß die Polizisten, die auf Kamelen unterwegs waren, sie finden würden. Am Abend um 10 Uhr erreichten wir die Gruppe von Moschem Abu Merreri. Wieder gaben wir ihnen Wasser, und ich nahm den Männern das Versprechen ab, daß sie weder die Frauen noch den Autoweg verlassen würden. Nach einer kurzen Weile holten wir Frau Um el Eiz mit ihrem Sohn ein, sichtlich erstarkt marschierten sie tapfer in Richtung Dachla. Trotzdem nahmen wir die Armen auf. Um ein Uhr in der Nacht, ca. 100 km von Mut entfernt, legten wir uns im Sand zum Schlafen nieder. Am Morgen um 7.00 Uhr fuhren wir wieder los. Auf halbem Weg begegneten wir Doktor Tumu Effendi, der mit einem inzwischen angekommenen Wagen der Transportgesellschaft losgefahren war. Guter alter Freund!

Am 27., um 11.00 Uhr, traf ich in Mut ein und erfuhr, daß die Gruppe der Mogharba noch immer nicht angekommen war. Ich kehrte sofort um, aber schon nach 10 Kilometern begegnete ich ihnen. Ich konfiszierte vier Gewehre und eine Pistole. Auch das Gepäck durchsuchte ich, aber sie hatten keine weiteren Waffen bei sich.

Aufgrund der Angaben, die die bisher eingetroffenen Flüchtlinge machten, stellte ich fest, daß noch sehr viele Menschen draußen in der Wüste sein mußten, vielleicht sogar fünf oder sechs Tagesreisen entfernt. Ich besprach mit den Scheichs, daß ich die beiden Wagen der Transportgesellschaft mieten und sie mit meinen beiden Unteroffizieren hinausschicken werde. Sie boten ihre verbliebenen Kamele an – die meisten hatten sie unterwegs getötet, um aus ihrem Inneren trinken zu können – und das wenige türkische Silbergeld, das sie bei sich hatten. Die Autos ließ ich am Morgen des 28. Februar losfahren. Die Rolle des Führers übernahm – trotz seiner Müdigkeit – der gleiche Mohammed Abu el Kassim aus dem Wallad-Wafy-Stamm, der bis jetzt immer bei mir war. Dieser Mann hatte mich schon bei meinen beiden ersten Fahrten gebeten, abseits der Spur weiter Richtung Westen zu fahren, weil sein Stamm und seine Familie ihren Weg in jene Richtung genommen hätten. Das konnte ich natürlich nicht tun, aber dem Wachtmeister habe ich jetzt erlaubt, daß er in jene Richtung fährt, in die Abu Kassim es wünscht. Der Wachtmeister meldete später folgendes: 250 km von Mut entfernt war er wirklich auf das Lager der Mehalla gestoßen, 25 Tote und 26 lebende Personen lagen dort. Nachdem sie die Sterbenden wieder zu Bewußtsein gebracht hatten und Abu Kassim unter den Toten weder seine Frau, noch seinen Sohn und seine beiden Töchter fand, fuhren sie auf seine Bitte hin noch 150 km zurück, fanden aber niemanden. Jetzt war der Suchtrupp 400 Kilometer von Mut entfernt, und die Chauffeure drängten zur Umkehr, weil die Hälfte des Benzins verbraucht war. Abu Kassim flehte aber so sehr, daß der Wachtmeister es einem der Chauffeure erlaubte, noch 40 km weiterzufahren, während er die Kranken pflegte. Der Chauffeur und der mitgeschickte Polizist kamen nach zwei Stunden zurück, aber ohne Abu Kassim. Als sie umkehren wollten, berichteten sie, habe dieser Mann angefangen, um sich zu schlagen, dann schnappte er einen großen Wasserschlauch und ging – gegen jede Vernunft – zu Fuß in die Wüste, um seine Familie zu finden. Allah erbarme sich seiner!

Der Wachtmeister kehrte mit den Geretteten am 2. März zurück, auch die Polizisten auf den Kamelen trafen an diesem Tag wieder ein, sie hatten noch drei Mädchen und zwei bewaffnete Männer gefunden. Den beiden verirrten Männern aus der von uns gefundenen Gruppe hatten sie jedoch nicht helfen können, obwohl ich den Ort genau beschrieben hatte. Der Wind hatte ihre Fußspuren zugedeckt. Nur einen fanden sie nach langer Suche, er war aber bereits tot.

Am 3. März schickte ich die beiden Mietautos wieder hinaus, um der zurückgebliebenen Walad-Wafy-Gruppe zu helfen. Der eine Chauffeur konnte sich mit dem Schicksal des Abu Kassim nicht abfinden und nahm im geheimen mehr Benzin mit sich. Unbeschreiblich war unser aller Freude, als die Autos zurückkehrten und tatsächlich diesen mutigen Mann mitbrachten. Er hatte tatsächlich seine Frau und seinen kleinen Sohn retten können. Mit Traurigkeit erfüllte es mich jedoch, daß er seine beiden kleinen Töchter und seine Sklavin nur mehr tot gefunden hatte. Die Bevölkerung von Dachla bewundert die Liebe dieses Mannes.

Die Zahl der Geretteten betrug insgesamt 103 Männer, 100 Frauen, 62 Jungen und 37 Mädchen, insgesamt 302 Seelen, aber leider, im Krankenhaus starben zwei Männer sowie 41 Frauen und Kinder. Während der Suche in der Wüste begruben wir 63 Tote und fanden 48 verendete Kamele, ein Pferd und zwei Esel. Die Zahl der lebend angekommenen Kamele betrug 78. An Waffen konfiszierte ich 24 italienische Karabiner, zwei Maschinenpistolen, drei Revolver und zwei Schwerter.

Die Araber händigten ihre Waffen ohne Widerstand aus. Über die Patronen sagten sie mir, daß die Italiener während der Kämpfe in der Cyrenaika einen Rückzug vorgetäuscht hätten und dabei präparierte Patronen zurückließen, in denen sich statt Schießpulver Dynamit befand. So eine Patrone läßt die Waffe explodieren, und weil man sie von normalen Patronen nicht unterscheiden kann, ist es wahrscheinlich, daß sich solche auch unter der beschlagnahmten Munition befinden. Die Flüchtlinge erzählten, daß sie von Uwenat aus acht Tage lang den Spuren der Autos von Prinz Kemal El Din gefolgt sind. Als sie diese in der Wüstenebene verloren hatten, irrten sie weitere acht Tage in nordöstlicher Richtung umher, bis sie dann wieder eine Autospur fanden, die sie in vier Tagen nach Dachla führte. Zwei Männer aus dem Mogharba-Stamm meldeten mir, daß sie am siebenten Tag, nachdem sie Uwenat verlassen hatten, in der Wüste drei Automobile stehen sahen. Als die verzweifelten Araber in deren Richtung liefen, fuhren die drei Fahrzeuge weg. Dort, wo sie gestanden hatten, fanden die Flüchtlinge Orangen- und Zwiebelschalen. Ich weiß es nicht, ob das wahr ist, aber ich habe festgestellt, daß jener Tag der 8. Februar war."

Soweit das Tagebuch des Abd el Rachman Effendi, das er mir vorlas, um mir „das Gesicht der Wüste zu zeigen", wie er sagte. Danach saßen wir noch einige Zeit ganz wortlos in der Tropennacht. Ich sann über die Gemütsart dieser Menschen nach, die wir Europäer vergebens zu verstehen bemüht sind. Der Mensch des Ostens riskiert ohne nachzudenken sein Leben für seinen Mitmenschen, aber gleichzeitig scheut er die Verantwortung. Ich spürte, daß der Mamur die Gefahr noch immer nicht begriff, der er sich aussetzte, als er sich mit seinen wackligen Autos viele Hunderte von Kilometern in das unbekannte Sandmeer vorgewagt hatte, um dort die wegen der Entbehrungen wahnsinnig gewordenen, bewaffneten Menschen zu suchen. Die hohe königliche Auszeichnung, die er für seinen Mut bekam, hielt er für die Erledigung einer „offiziellen Amtssache", da er ja die beschlagnahmten Waffen ordnungsgemäß abgeliefert und die staatliche Benzinration genau verrechnet hatte...

„Und was haben Sie vor, im Interesse der Flüchtlinge zu tun, mein Herr?"

„In Kufra hat mich der italienische Gouverneur genau informiert. Sie gewähren den Aufständischen volle Autonomie, ausgenommen den beiden Emiren Abd el Galil und Salah el Ateuis. In Kairo werde ich die zuständige ägyptische Behörde aufsuchen, die die Flüchtlinge in Evidenz hält, die Liste werde ich der italienischen Botschaft zukommen lassen. Über Alexandrien und Bengasi werden sie die Menschen zurücktransportieren. Jeder kann in sein Haus zurückkehren und seine Gärten und Felder übernehmen, die die italienische Regierung jetzt mit Hilfe der befreiten Sklaven instandhält. Ich verspreche Ihnen, Abd el Rachman Effendi, daß ich alles tun werde, was in meiner Macht steht."

„Katarcherak, danke, aber erwähnen Sie bitte nicht, daß Sie diese Dinge von mir wissen. Das ganze war ja nichts Besonderes..., ich tat nur meine Pflicht und ich möchte nicht, daß in einer solchen Amtssache über mich geredet wird."

Urzeitliche Felsbilder

Das erste Mal las ich über Felsbilder in Hassanein Beys Buch, dem Klassiker unter den über die Libysche Wüste geschriebenen Büchern.

Achmed Mohamed Hassanein Bey – er ist heute Hofmeister seiner Majestät des Königs Fuad I. – reiste in den Jahren 1921 und 1923 in die Libysche Wüste. Ziel seiner ersten Expedition war die damals noch kaum bekannte, geheimnisvolle Oase Kufra. Zu jener Zeit durfte noch kein Weißer dorthin seinen Fuß setzen. Der junge, von Beduinen abstammende Wissenschaftler suchte die Oase mit Erlaubnis des Oberhauptes der Senussen, Sayed Idris, auf. Mit ihm reiste – wie eine Beduinenfrau verschleiert – die englische Schriftstellerin Rosita Forbes.

Hassanein hat in Kufra viel über die „verlorenen Oasen" gehört, deren Namen in Ägypten nur flüsternd ausgesprochen wurden: Uwenat, Arkenu, Merga und Zarzura fanden sich damals noch nicht auf der Landkarte Libyens. Um diese zu erforschen, plante er weitere Expeditionen. Wieder unterstützte ihn der Großmeister der Senussen. Auf dem Pferderücken, begleitet von einer Kamelkarawane, ritt er aus der Oase Siwa los und erreichte auch das zweite Mal die im Herzen der Sahara liegende Kufra-Oase. Hier gelang es ihm, einen Führer zu finden, der die beiden geheimnisvollen Gebirge Arkenu und Uwenat kannte.

Der wagemutige Forscher brach – trotz der Einwände seiner Freunde in Kufra – mit seiner kleinen Karawane in die unbekannte Wüste auf und fand die versteckten Oasen beider Gebirge. Von Uwenat ging er gerade nach Süden, und nachdem er alle Schwierigkeiten mit bewundernswerter Ausdauer überwunden hatte, erreichte er das bewohnte Gebiet des Sudan. Mit dieser Expedition war Hassanein der erste Wissenschaftler, der die Libysche Wüste von Nord nach Süd durchquerte.

In einem Oasental des Uwenat fragte er die dort als Hirten lebenden Guraan, seit wann sie diesen mystischen Ort bewohnten. Darauf antworteten die Nomaden, daß ihre versteckten Täler „bereits von allem Anfang an bewohnt waren, schon Dschins und Afriten (Geister) hätten an die Felsen solche Bilder geschrieben, die der Mensch gar nicht zustande bringen könnte".

So fand Hassanein im Karkur Talh, im größten Oasental des Uwenat, die ersten vorgeschichtlichen Felsbilder. Ein Jahr später leitete Prinz Kemal El Din eine groß angelegte Expedition nach Uwenat, während deren Verlauf er auch die Oase Merga entdeckte. Er suchte im Karkur Talh jenen Felsen auf, wo Hassanein die eingravierten urzeitlichen Bilder fotografiert hatte. Die Guraan zeigten dem Prinz noch eine andere Stelle im gleichen Tal. Auch dort waren menschliche Gestalten, Giraffen, Wildschafe und verschiedene Rinderarten in die Sandsteinfelsen geritzt.

Der Prinz war 1926 ein zweites Mal in Uwenat. Er fand bei dieser Gelegenheit noch einen dritten mit Bildern bedeckten Felsen und in dessen Nähe, in einer höhlenartigen Vertiefung, ein halbes Dutzend mit roter Farbe gemalter Bilder.

Die wissenschaftliche Welt horchte auf. Aus welchem Zeitalter stammten diese Darstellungen und wer hatte sie geschaffen? Die einfachen Nomaden konnten darauf keine Antwort geben. Sie zeigten auch nur ungern die Stellen, wo solche Bilder zu sehen waren. Doch auf die Fragen des Prinzen Kemal El Din antwortete einer, daß „der ganze Berg von den Schriften der Geister voll sei". Leider hatte der königliche Wissenschaftler damals keine Zeit mehr, die Täler des Uwenat gründlich zu durchsuchen.

Aufgrund der Fotos und Beschreibungen von Hassanein und Kemal El Din folgerten die Fachleute, daß es sich hier nicht um sogenannte Buschmannbilder handelt, die in Südafrika weit verbreitet sind. Die Buschmänner sind die kleingewachsenen, noch wilden Urbewohner der südlichen Teile Afrikas. Ihrer Meinung nach hatten sie über die Steppen und die Urwälder geherrscht, bevor ihnen die eingewanderten Zulus und Hottentotten ihr Land raubten. Heute stehen letztere auf einer viel höheren kulturellen Stufe als die herumschweifenden Buschmänner, die von ihrer alten Kultur nur eines bewahrt haben: die Fähigkeit zu malen. Sie malen mit einer aus Ocker, Ton und Harz gemischten Farbe. Es sind Bilder von menschlichen und tierischen Gestalten, Tanz- und Kriegsszenen, darunter immer wieder ein mit Pfeil und Bogen geführter Kampf der „Schwarzen und Roten". Es ist außerordentlich schwer festzustellen, aus welcher Zeit die in Südafrika gefundenen Buschmannbilder stammen. In Farbe und Technik sind alle ziemlich gleich, und obwohl einige ihrer Höhlenmalereien zweifellos sehr alt sind, kommt es doch vor, daß der gleiche Buschmannführer, der dem heutigen Forscher eine mit urzeitlichen Bildern bedeckte Höhle gezeigt hat, am Abend im Lager „zur Freude" seines Herrn genau solche Bilder malt.

Bei der Entdeckung in Uwenat handelt es sich um zweierlei Felsbilder: um gravierte Bilder und um einige wenige Malereien. Die einen sind mit einem scharfen, harten Stein in den Felsen gepickt worden. Schon auf den ersten Blick konnte man auch unter diesen zwei Stilrichtungen unterscheiden: ganz primitive Figuren, bei denen nur die Umrisse in den Felsen gehauen wurden, und eine viel besser entwickelte, geschickter gezeichnete Art, bei welcher man sich bemühte, Menschen und Tiere in ihren Bewegungen wiederzugeben. Diese Bilder zeigen innerhalb der Umrisse auch gestaltete Flächen, zum Beispiel das Muster der Giraffenhaut oder die Farbflecken der Rinder. Die durch den Prinz entdeckten Malereien wurden mit rotem Ocker angefertigt. Außer einer einzigen menschlichen Figur stellen sie eigenartige langbeinige, gestreckte, schmalkörperige Tiere dar. Die auffallende Schlankheit des Rumpfes und die viel zu kleinen Köpfe ließen auf eine Antilopen- oder Gazellenart schließen, aber dem widersprach auf allen fünf Bildern der lange Schwanz, da er bekanntlich bei diesen Wildarten eher kurz ist.

Auffallend an den geritzten Bildern war, daß sie solche Tiere darstellten, die es heute in der libyschen Wüste gar nicht mehr gibt und die hier auch nicht leben könnten, wie Giraffen, Löwen und Strauße. Daraus konnte man schließen, daß die Zeichnungen entweder von einem Wandervolk gemacht wurden, das von Süden, aus dem Sudan kommend, diese Tierarten von dort kannte, oder daß die Bilder in einer Zeit entstanden sind, als Libyen noch keine Wüste war, und als solche Tiere in der Gegend von Uwenat noch gelebt hatten. Die letztere Annahme hätte das Alter der Bilder von vornherein auf viele tausend Jahre bestimmt.

Wir wissen, daß die heutige Sahara nicht immer ein solches lebloses Sand- und Felsmeer war wie heute. Jene klimatischen Veränderungen, die zur Austrocknung und Verödung führten, konnten nur im Verlauf mehrerer tausend Jahre zur Wirkung kommen.* Was für ein Volk mochte das gewesen sein, das vor Jahrtausenden eine noch grüne Sahara bewohnte?

Über die Völker Libyens haben wir keine früheren geschichtlichen Aufzeichnungen, als die des Herodot (500 v. Christus), der in seinem vierten Buch schreibt: „Zehn Tagesreisen entfernt von Augila gibt es einen Salzberg mit Quellen und mit vielen fruchtbringenden Palmen. Diese Gegend wird von dem Volk der Garamanten bewohnt, ein sehr starkes Volk. Im Land der Garamanten lebt jene Rinderart, die wäh-

----

* *Der Redakteur der Ungarischen Geographischen Gesellschaft, die Almásys Buch herausgab, legte an dieser Stelle in einer Anmerkung Wert auf die Feststellung, daß er und die Gesellschaft der Theorie einer früher fruchtbaren Sahara nicht zustimmen.*

rend des Grasens gezwungen ist, rückwärts zu gehen. Die Rinder machen das deswegen, weil ihre Hörner sich nach vorne neigen. Sie können sich während des Weidens nicht vorwärts bewegen, weil sie sonst mit ihren Hörnern in den Boden stechen würden. Die Garamanten verfolgen mit vierspännigen Pferdewagen die äthiopischen Troglodyten (Höhlenbewohner), das Volk, das am schnellsten laufen kann. Die Höhlenbewohner ernähren sich von Schlangen und Echsen, ihre Sprache unterscheidet sich von der Sprache aller anderen Völker und klingt wie das Gekreische von Fledermäusen..."

„Augila", die heutige Oase Audschila, liegt am halben Weg zwischen Bengasi und der Oasengruppe Kufra. Der mit Dattelpalmen voll besetzte „Salzberg" und seine Quellen können nichts anderes sein, als das heutige Kufra, denn dort gibt es Salzseen, an deren Ufern sich Blöcke aus reinem Kristallsalz bilden. Die Garamanten könnten also die Ureinwohner von Kufra gewesen sein, aber wer waren die „äthiopischen Troglodyten"? Wir wissen, daß sich zu Herodots Zeiten die Benennung „äthiopisch" auf alle schwarzhäutigen, also negroiden Völker bezog. Wenn aber von „Höhlenbewohnern" gesprochen wird, müssen irgendwo auch Höhlen sein. In der Gegend von Kufra oder wenigstens in einer erreichbaren Entfernung von Kufra wußte jedoch niemand etwas von Höhlen.

Dazu ein Exkurs: An der afrikanischen Mittelmeerküste wohnten Berber, die von den Puniern unterworfen wurden. Ihre Nachkommen vermischten sich in zwei Jahrtausenden mit den von Osten einwandernden arabischen Stämmen. Sie übernahmen von den eingewanderten Arabern nur die islamische Religion, sonst behielten sie ihre ursprüngliche ethnische Eigenart. Von den Bewohnern der isolierten Kufra-Oasen wissen wir nur soviel, daß die Araber verhältnismäßig spät diese schwer erreichbare Oasengruppe entdeckt haben. Am Anfang des vorigen Jahrhunderts verbündeten sich die beiden arabischen Stämme Zwaya und Mogharba aus der Cyrenaika, um nach Süden zu wandern und Kufra zu erobern. Eine Legende erzählt, daß einer der Zwaya-Scheichs während mehrerer Jahre eine Krähe beobachtete, die im Herbst immer in die gleiche Richtung ins Innere der unbekannten Wüste flog. Die Araber fanden in der Oase schwarze „Heiden" (daher der Name: „el Kufara" ist arabisch und heißt „die Ungläubigen"), die sie mit Leichtigkeit besiegten. Diese negroiden Ureinwohner nannten sich selbst Tedda oder Tibbu, den nördlichsten Ort der Oasengruppe nannten sie Taiserbo, den großen mittleren Kebabo und die heutige Ribiana Berdoa oder Birgu. Die Benennung Kufra, richtiger: Kufara, gaben wie gesagt die Araber der Oasengruppe. Von wo die Tedda oder

Tibbu stammen, ist bis heute nicht geklärt. Interessant ist, daß die Eroberer, die Zwaya, die Sprache der verachteten Schwarzen – ähnlich wie Herodot die der Troglodyten – mit „dem Pfeifen der Vögel" verglichen.

Tatsache ist, daß sich die Tibbu-Ureinwohner von Kufra in der Zeit der arabischen Eroberung in einem Zustand kulturellen Verfalls befanden. In der nördlichen Oase Taiserbo stand noch ihre festungsähnliche Hauptstadt, und ihre Dörfer bestanden aus kreisrunden Steinhäusern. Auch ihre Art der Bestattung ließ auf eine alte Kultur schließen, da sie ihre Toten auf geflochtenen Bastteppichen sitzend in einer gewölbeartigen, gemauerten Krypta beerdigten. Vielleicht sind sie die Nachkommen der Garamanten oder der „äthiopischen Troglodyten"?

Die Tibbu widerstanden den besser bewaffneten arabischen Eroberern einige Zeit, aber bald gaben sie den ungleichen Kampf auf und zogen sich nach Süden zurück. Nur wenige blieben in ihrer alten Heimat. Seitdem leben sie als Nomaden in den Tälern der französischen Wadai- und Tibesti-Gebirge. Bis heute sind sie die besten Kenner und ausdauerndsten Wanderer der südlichen und westlichen Libyschen Wüste. Ihre verwandten Stämme sind die Guraane im Grenzgebiet des Sudan und – wahrscheinlich – die geheimnisvollen Tuareg in der französischen Sahara. Die Tibbu und Guraan spielen also heute in der Sahara die gleiche Rolle wie die Buschmänner in Südafrika, sie sind vertriebene Ureinwohner, die sich kaum an ihre alte Kultur erinnern.

Nach der Entdeckung der ersten Felsbilder in Uwenat ging ein Rätselraten los, ob sie von den urzeitlichen Tedda gefertigt wurden, so wie die südafrikanischen Bilder von den Buschmännern, oder ob sie die Reste einer viel älteren vorgeschichtlichen Kultur sind. Das zu klären, war eine der Aufgaben jedes Forschers in der libyschen Sahara, als meine Erkundungsarbeit in der unbekannten Wüste begann.

Nach den Expeditionen des Hassanein Bey und des Prinzen Kemal El Din ging die Erkundung des schwer erreichbaren Uwenatberges anfänglich noch sehr langsam voran. Lionell Beadnell machte während der Aushebung des Mesaha-Brunnens im Jahr 1928 mit seinem alten Ford einen Streifzug bis nach Uwenat, blieb aber nur einen halben Tag am Fuß des Berges. Major Ralf Bagnold war im Herbst 1930, entlang der Großen Sandsee von Norden kommend, am südlichen Hang des Uwenat am damals bekanntesten Felsbrunnen, Ain Dua („der Zauberbrunnen"). Dort stieß er auf einen Gefolgsmann des Scheichs der in den Tälern der Uwenat als Hirten lebenden Tibbu und Guraan. Er erzählte dem Major, daß die Ausläufer der tropischen Regen das Gebirge schon seit 1926 nicht mehr erreicht hätten und sich deswegen nur mehr der alte Scheich Hery und zwei seiner Männer dort aufhielten. Als Hassanein Bey 1923 Uwenat entdeckte, lebten noch ungefähr 150 Tibbu und Guraan in den Tälern, drei Jahre später anläßlich des zweiten Aufenthaltes des Prinzen Kemal El Din waren es nur mehr 30, weil „die Regenfälle ausblieben". Die Täler des Uwenat sind nämlich typische „Regenoasen", ihre Quellen beziehen ihr Wasser von den seltenen periodischen Regenfällen.

Major Bagnold versuchte die 1 700 m aufragende Spitze des Berges (1 907 m absolute Höhe) zu erklimmen, aber wegen des schweren Geländes und des Wassermangels mußte er zu seinem Lager bei Ain Dua zurückkehren. Der Major hatte auch sonst kein Glück in Uwenat. Eines von seinen drei Autos erlitt einen Achsenbruch, den er an Ort und Stelle nicht reparieren konnte. Er war gezwungen, die Erkundung des Gebirges aufzugeben und mit den beiden anderen Wagen nach Ägypten zurückzukehren.

Im Januar 1931 spielten sich große Ereignisse bei Uwenat ab. Zu der Zeit wurde Kufra von den Italienern besetzt, und eine Gruppe von Flüchtlingen hielt sich längere Zeit bei den Quellen des Berges auf.

Anfang Dezember arbeitete P. A. Clayton, der Inspektor des kartographischen Amtes für die ägyptische Wüste, im Osten von Uwenat an Triangulierungen und suchte mit einer Autoexpedition das Gebirge auf, einerseits um das zurückgelassene Auto des Major Bagnold zu reparieren und zurückzubringen, andererseits um seine Wasservorräte bei der Ain Dua-Quelle zu ergänzen. Zu seiner größten Überraschung fand er bei Ain Dua eine zehnköpfige Flüchtlingsgruppe, die schon seit Tagen ohne Nahrung dort ihr Leben fristete, weil sie ohne Kamele ihren Kameraden nach Ägypten nicht folgen konnten. Clayton mußte sich also mit der Rettung dieser Unglücklichen befassen, und so blieb die genauere Erkundung des geheimnisvollen Berges wieder aus. Ein anderer Ausflug Claytons nach Karkur Talh brachte auch keine archäologische Entdeckung mit sich.

Doch Clayton machte eine längere Entdeckungsfahrt nördlich von Uwenat, entlang dem damals noch nicht in seiner Größe bekannten Gilf Kebir, und gerade dort, wo er wendete, sah er in einem zerklüfteten Wadi einen auffälligen alleinstehenden Felsen, unter dem eine natürliche Höhle seine Aufmerksamkeit erregte. Beim Höhleneingang fand er das in den Felsen gemeißelte Bild einiger Giraffen! In die Felswand neben der Höhle waren tiefe Einschnitte hineingehauen, wie eine Stiege, die in früherer Zeit der Besteigung des Felsens gedient haben könnte. Diese Stelle liegt am südlichen Hang des Gilf Kebir, ungefähr zweihundert Kilometer nördlich von dem Berg Uwenat.

Im nächsten Jahr, im März 1932, anläßlich meiner Flugzeugexpedition, war ich bei der Dua-Quelle, ohne daß ich dort Forschungen hätte durchführen können, da wir nur unsere Wasserbehälter füllten. Am Fuß des Gilf Kebir, neben den durch Clayton entdeckten Gravuren fanden wir jedoch einige Steinwerkzeuge und Handmühlen. Das sind flache Steinplatten, auf denen Getreidekörner oder Colosinsamen mit Hilfe eines in die Hand passenden Steines zerdrückt werden konnten. Ihr Alter zu bestimmen ist schwer möglich, weil man im Sudan diese Reibsteine heute noch verwendet.

Anläßlich einer meiner Entdeckungsreisen fand ich auf der von uns erforschten Hochebene zwischen Gilf Kebir und Uwenat durch Menschenhand gelegte regelmäßige Steinkreise. Sind sie uralte Gräber oder irgendein Zeichen der Tibbu? Leider konnten wir keine Grabungen durchführen.

Major Bagnold war im Herbst 1932 wieder in Uwenat. Diesmal bestieg er die höchste Spitze des Berges, und suchte die von Hassanein und Kemal El Din entdeckten Felsbilder in Karkur Talh auf. Bei Ain Dua hatten inzwischen die Italiener ein ständiges Lager für ihre Patrouillen errichtet.

Im Verlauf seiner weiteren Reise erforschte er den südlich von Uwenat gelegenen, 1700 m hohen Berg Kisu, ohne dort etwas zu finden. Am einsam gelegenen Berg Yerghueda (1 000 m), etwa achtzig Kilometer südlich von Ain Dua, hatte er mehr Erfolg. An seinem nördlichen Hang fand er rot gemalte Felsbilder.

Im darauffolgenden Frühjahr (März 1933) arbeitete ich an der kartographischen Vermessung des Gilf Kebir und suchte die durch Clayton gefundene Giraffenhöhle auf. Vielleicht weil ich diesmal ganz in der Früh dorthin ging und die Lichtverhältnisse ganz anders waren als bei meinem ersten Besuch, entdeckte ich auf der anderen Seite des Felsens, die sowohl Clayton als auch ich früher schon gründlich untersucht hatten, weitere geritzte Bilder: zwei Löwen und einige Giraffen. In der Umgebung stießen wir auch jetzt auf mehrere Steinwerkzeuge, eine schöne Messerklinge und einige Handmühlen. Diese lagen am Rand des ehemaligen Bachbettes, ganz an der Oberfläche. Meiner Meinung nach müssen dort einmal Hütten gestanden haben.

Von diesem Punkt folgte ich dem westlichen Hang des Gilf Kebir ganz bis zu seiner südlichsten Spitze, wo ich eine gravierte Gedenktafel zu Ehren des verstorbenen Prinzen Kemal El Din aufstellte, aber ich fand nirgendwo eine urzeitliche Siedlung. Ich setzte meinen Weg bis Uwenat fort und schlug mein Lager bei Ain Dua auf, wo schon seit Monaten eine italienische Vermessungsexpedition lagerte. Von hier aus machten wir einen Ausflug in das westliche Tal des Uwenat, Karkur Ibrahim, und in das große nördliche Tal, Karkur Talh.

Von dort zurückgekehrt, sprachen wir mit Graf Lodovico Caporiacco, einem der Leiter der italienischen Expedition, über die Felsbilder, die Hassanein und Prinz Kemal El Din in Karkur Talh fanden. Professor Caporiacco behauptete, daß auf dem Berg Uwenat noch viele Rätsel auf ihre Lösung warteten. Er erzählte mir, daß seine Soldaten bei der Besteigung des Gipfels eine Höhle fanden, in der ein großer Hohlraum klaffte. Sie warfen Steine in die Schlucht und hörten deutlich, daß diese tief im Berginneren in Wasser fielen. Auch die Dua-Quelle sickert zwischen großen runden Granitfelsen hervor, und eine aus mächtigen Felsbrocken gebildete Höhle verhindert das Verdunsten des Wassers. Als ich im Jahre 1932 bei Ain Dua war, schöpften wir aus der Quelle in eineinhalb Stunden 400 Liter Wasser für unsere Wasserbehälter, jetzt gab sie nur mehr 120 Liter täglich her!

Die Erzählungen des italienischen Professors überzeugten mich, daß es im Inneren des Berges noch natürliche Zisternen geben mußte, die das Regenwasser sammeln und es nur sehr langsam an die offenen Quellen abgeben. Vor langer Zeit müssen die Regenfälle in Uwenat noch häufig gewesen sein. Deutlich konnten wir erkennen, daß die riesigen Felsen, in deren Schatten wir unser Lager aufgeschlagen hatten, einst unterhalb der Wasseroberfläche eines großen Sees lagen.

Es begann mich zu interessieren, wie der Bergabhang weiter oben aussieht, dort, wo das ehemalige Seeufer war. Ich bat meinen treuen Begleiter und Chauffeur, den aus dem sudanesischen Djalin stammenden Sabir, den Berghang abzusuchen, um vielleicht eine Höhle zu finden, die in die Zisterne der Dua-Quelle führt.

Es war der 12. Mai, und die heiße Zeit begann. Die Hitze im Kessel des Ain-Dua-Felsens war fast unerträglich. Während der Mittagsrast machten mir meine Kameraden Vorwürfe, warum wir nicht wieder nach Ägypten zurückkehrten, wo jetzt doch jede Entdeckungsarbeit sowieso aussichtslos geworden sei. Während wir debattierten, erschien Sabir und meldete, daß er oberhalb der Dua-Quelle mehrere große Höhlen gefunden habe, in keiner aber eine Brunnenöffnung.

Um meinen Kameraden gegenüber mit gutem Beispiel voranzugehen, erklärte ich, nach dem Essen dort hinaufklettern zu wollen. Nur so in der Badehose und mit gummibesohlten Schuhen ging ich, vom Kopfschütteln meiner Gefährten begleitet, die glühend heiße Felswand hoch. Sabir überall treu neben mir. Doch nach einer Weile sah ich ein, daß diese Besteigung um zwei Uhr am Nachmittag ein Wahnsinn war, und begann, eine Höhle für eine längere Rast zu suchen. Der Hang des Uwenat-Berges besteht hier aus riesigen runden Granitblöcken. Sie liegen in einem wirren Haufen übereinander und gruppieren sich zu einem wahren Höhlenlabyrinth. Sabir blieb bei einer dieser Öffnungen stehen und sagte, hier glaube er am Vormittag Tierbilder gesehen zu haben, solche wie im Karkur Talh, es könne aber auch nur ein Fleck vom Regenwasser gewesen sein.

„Wo, in welcher Höhle hast du sie gesehen?"

„Dort, mein Herr, etwas tiefer."

Ich rutschte den Felsen hinunter, und im nächsten Augenblick stand ich unter einem großen Granitblock, dessen Unterseite voll war von roten, braunen und weißen Menschen- und Tierbildern.

„Gehen wir, o mein Herr", flehte der erblaßte Sabir, „das ist ein schlechter Ort, hier sind Geister!"

„Wie kannst du als Rechtgläubiger so etwas sagen? Du Glücklicher! Dies ist eine Entdeckung, wie wir noch nie eine gemacht haben."

Ich legte mich in der Höhle auf den Boden, um die Bilder besser in Augenschein nehmen zu können. Sie waren genauso wie einige Malereien, die Prinz Kemal El Din fand, nur waren es viel mehr und vollkommen unversehrt. Sofort erkannte ich, warum es dem Prinzen nicht möglich gewesen war festzustellen, welche Tiere abgebildet waren. Die Tierbilder – lauter Rinder – waren mit zwei Farben gemalt, rot und weiß. Wenn man die weiße Farbe aus dem Bild der bunten Kühe wegwischen würde, blieben nur ein langer schlanker Halbkörper, ein zu kleiner Kopf und zu dünne Beine übrig. Auf den Bildern in Karkur Talh fehlt die die Umrisse ergänzende weiße Farbe, doch sie stellen auch nichts anderes dar als Rinder.

Nach kurzer Zeit gingen wir in die benachbarte Höhle hinüber und fanden auch dort wunderbare Felsmalereien. Jetzt hielt ich es nicht mehr aus. Von Fels zu Fels springend eilte ich zurück ins Lager. Ich traf gerade auf Graf Caporiacco.

„Sagen Sie, Herr Professor, haben Sie die Felsmalereien in Karkur Talh angesehen?"

„Ja, warum?"

„Meinen Sie nicht, daß sie Kühe darstellen?"

„Kann sein, obwohl ich es nicht glaube. Eher sind es Gazellen oder Antilopen."

„Gibt es keine anderen derartigen Felsbilder auf dem Berg Uwenat?"

„Nicht daß ich wüßte."

„Also ich beweise Ihnen, daß die Bilder in Karkur Talh Kühe sind und daß es hier bei Ain Dua sehr wohl weitere Felsmalereien gibt!"

Eine Stunde später hieß der Professor die Soldaten des italienischen Stützpunktes, den Felsabhang in einer Schwarmlinie zu erklettern und jede Höhle gründlich zu untersuchen. Bald erklangen von hier und von dort freudige Rufe, hatte doch der Professor für jede gefundene Höhle mit Malereien eine Belohnung von zehn Lira versprochen.

Etwa ein halbes Dutzend mit Malereien bedeckte Höhlen fanden wir auf diese Weise oberhalb von Ain Dua, ungefähr in der Höhe, wo früher der Wasserspiegel des Sees gewesen sein dürfte. Einige der Bilder waren in einem ausgezeichneten Zustand, trotzdem konnten wir sofort feststellen, daß sie uralt waren. Die menschlichen Figuren sind mit dunkelbrauner Farbe gemalt, die Haare rötlich gelb. In der Hand ein kurzer Bogen, das eine Ende mit Hacken, auf der Schulter ein Pfeilköcher an einem weißen Riemen. Weiße Gürtel und ebensolche Arm- und Fußbinden schmücken sie, in den Haaren weiße Federn. Die Tiere sind ausschließlich Kühe mit vier verschiedenen Hörnerformen. Nur in einer Höhle gab es ein Zebra oder einen Wildesel und die Bilder zweier sonderbarer Kühe aus jener urzeitlichen „bos africanus"-Rasse, die schon im Ägypten der Pharaonen nahezu ausgestorben war.

Diese Entdeckung bei Ain Dua konnte sich an Reichtum und Unversehrtheit mit den Malereien der Höhlen von Altamira und Minateda messen. Der Berg Uwenat war mit einem Schlag berühmt geworden.

In der wissenschaftlichen Welt verbreitete sich die Nachricht sehr rasch, daß ich im Herzen der Libyschen Wüste urzeitliche Felsmalereien entdeckt hatte. Schon im Herbst des gleichen Jahres reiste ich mit meinen wüstenerprobten Wagen wieder in die Richtung des Berges Uwenat. Diesmal hatte ich einen deutschen Professor samt seinem Assistenten und einer Malerin mit. Sie hatten darum gebeten, die Felsbilder in den Höhlen oberhalb Ain Dua studieren und kopieren zu dürfen.

Während sie ihre Arbeit aufnahmen, durchstreifte ich mit Sabir die Gegend und fand westlich von unserem Lager noch fünf weitere bemalte Höhlen. In der einen grub ich eine Messerspitze und mehrere Messerklingen aus Feuerstein aus dem Sand. In der Umgebung von Uwenat gibt es nirgendwo Feuerstein. Es ist daher offensichtlich, daß irgendein vorgeschichtlicher Jäger diese Steinwerkzeuge aus Oberägypten mitbrachte, dort, im Fayum, kennt man ähnlich gearbeitete Steinwerkzeuge aus dem gleichen Material.

Ein paar Tage später, nur mit einem Wagen, fuhr ich um den Berg herum und schlug in dem neunzig Kilometer von unserer Basis gelegenen Karkur Talh mein Lager auf. Mit Sabir zusammen begaben wir uns auch hier auf eine gründliche Suche. Ich gebe zu, daß ich auch die Hoffnung hegte, ein libysches Wildschaf zu erlegen, wir folgten den Wildwechseln aber ergebnislos. Um so mehr Glück hatte ich mit den vorzeitlichen Funden. Bis jetzt kannte man in Karkur Talh nur die von Hassanein Bey und Kemal El Din entdeckten geritzten und gemalten Bilder, jetzt, in drei Tagen, fand ich weitere 37 gravierte Felsen und 24 mit prachtvollen Bildern bemalte Höhlen.

Ich stieß auf die Darstellung von Ochsen, deren Hörner von der Stirn nach vorne und abwärts gebogen waren. Zuerst dachte ich an einen Zeichenfehler des urzeitlichen Künstlers, bald konnte ich mich jedoch überzeugen, daß die nach unten gebogenen Hörner mit Absicht so dargestellt waren. Wieder ein Zeugnis davon, daß sich Herodot nicht geirrt hatte, als er über die Rinder der Garamanten schrieb, sie müßten sich während des Grasens rückwärts bewegen. Später in Ägypten sah ich in dem Grab Ti neben den Pyramiden von Sakkara Reliefs mit langen Reihen von Rindern, die meisten mit normalen lyraförmigen Hörnern, doch darunter ein paar, deren Hörner ebenfalls nach vorne und nach unten gebogen waren.

Das Bildmaterial in diesen Höhlen war reichhaltig. Ich konnte mehrere Stilrichtungen unterscheiden. Es gab Bilder wie die bei Ain Dua, aber auch davon ganz abweichende, mit anderen Farben gemalt und auf andere Art gestaltet. Ich begann, die verschiedenen Höhlen in tektonischer und geologischer Hinsicht miteinander zu vergleichen und bin zur Überzeugung gelangt, daß diese bemalten Höhlen niemals Wohnstätten waren, sondern – Quellen-Höhlen. Alle waren dort entstanden, wo der wasserdurchlässige nubische Sandstein auf der festen vulkanischen Steinschicht ruht. Das durch den Sandstein durchgesickerte Regenwasser suchte sich einen Weg oberhalb der festen Schicht, und wo es aus dem Sandstein hervorbrach, hat es eine größere oder kleinere Höhle ausgewaschen. Ich mußte daraus folgern, daß die Malereien in einer Zeit entstanden sind, als die Quellenhöhlen eine große Rolle im Leben der Bewohner dieser Gegend spielten. Die Veranlassung dafür, im Rahmen eines Kultes dem Geist der Quelle zu opfern und in den Höhlen kultische Malereien anzufertigen, könnte das beginnende Austrocknen und die allmähliche Verödung Libyens gewesen sein.

Tatsächlich, die trübsten, verwittertsten und durch den im Sandstein vorhandenen Kalk am meisten verblaßten Bilder fand ich in den am tiefsten gelegenen Höhlen, also in jenen, die am frühesten versiegten. Die Höhlen oben am Anfang des Tales sind dagegen am reichsten geschmückt, und meine Freude war groß, als ich in einer von ihnen Bilder aus vier verschiedenen Epochen fand, übereinander und einander bedeckend gemalt. Der Schlüssel zu den verschiedenen Stilrichtungen war gefunden! Ganz unten, die ältesten, schon kaum sichtbaren Bilder sind dunkelbraun. Über ihnen dunkelrote und gelblich weiße Darstellungen und über diesen die fast futuristischen, mit modernen, kühnen Linien gemalten, grellroten und durchsichtig weißen Figuren. Es ist bezeichnend, daß sich diese „Schlüsselhöhle" im oberen Lauf des Karkur Talh befindet, und daß ich noch weiter oben im Wadi keine gemalte Höhle mehr fand. Quellen in den Tälern der Regenoasen gibt es auch heute nur in den am höchsten gelegenen Abschnitten, weil das wenige Wasser die tieferen Stellen des Tales nicht mehr erreicht. Seinerzeit mußte sich hier in dieser Höhle die letzte Quelle befunden haben, ihr Versickern zwang die urzeitlichen Malkünstler auszuwandern.

Ich kehrte nach Ain Dua zurück, und nachdem wir einen Abstecher zum Berg Yerghueda gemacht hatten, um die von Major Bagnold gefundenen Bilder zu kopieren, brachte ich die Wissenschaftler nach Karkur Talh, wo die ausgezeichnete Kunstmalerin während zweier Wochen mehr als 500 Bilder abzeichnete.

Von da fuhren wir zum Berg Arkenu, sechzig Kilometer nordöstlich von Uwenat. Arkenu ist wesentlich niedriger (1 400 m absolute Höhe) und kleiner als Uwenat, besteht ebenfalls aus Granit und Sandstein, ist fast ein kreisrunder, kraterartiger Berg, aus seinem Inneren führt nur ein einziges Karkur (Tal) heraus. Am Eingang dieses Tales steht ganz allein ein riesengroßer Baum, von jener seltenen Art, die nur im Inneren der libyschen Berge vorkommt und die die Eingeborenen Arkenu nennen.

Als Hassanein Bey 1923 Arkenu entdeckte, wohnte hier im Karkur eine Guraan-Familie. Der Eingang dieses Tales ist so eng, daß die Nomaden früher die Kamele nach reichlicheren Regenfällen ins Tal trieben, die Engstelle mit Felsen und Ästen verbarrikadierten und die Tiere auf Monate hinaus sich selbst überlassen konnten. Die einzige Quelle, deren Wasser allerdings stark bittersalzhaltig ist, liegt weit oben im „Kopf" des Karkur. Talaufwärts wandernd, suchte ich jetzt mit Sabir nach Felsbildern, vergeblich. Mehr Glück hatte der Assistent des Professors, aber auch er fand nur eine einzige bemalte Höhle.

Neben der Quelle stießen wir auf den Leichnam einer Araberin. Später in Kufra erfuhr ich, daß diese Frau zusammen mit einer anderen von der Oase Merga durch Uwenat und Arkenu nach Kufra wollte, aber ein Opfer der Strapazen wurde. Die andere hat Kufra erreicht. Wie schon so oft in der Libyschen Wüste, bauten wir aus großen Steinplatten ein nach Osten ausgerichtetes Grab.

Von hier führte ich die Expedition über Kufra zur nordwestlichen Ecke des Gilf Kebir-Gebirges zu jenem Felstal, in dem P. A. Clayton 1931 und ich selbst 1932 und 1933 geritzte Bilder und Steinwerkzeuge fanden. Auch hier ging ich, während meine Begleiter kopierten, mit Sabir entlang der Felskante der Gilf-Hochebene nach Osten auf Entdeckungen aus. Jetzt erkannte ich schon von weitem die Schichtung der Felsen, wo der weiche Sandstein auf hartem Gestein ruht. Vier Kilometer entfernt von unserem Lager fuhr ich in ein solches Wadi hinein und erklärte Sabir schon von vornherein, daß wir hier wieder Höhlen mit Malereien finden werden. Unsere neue Entdeckung übertraf aber alle Erwartungen.

Ich stieß auf vier mit wunderschönen Bildern bemalte Höhlen. In der größten konnte man klar erkennen, daß die Decke einst vollkommen bemalt war. Während der Jahrtausende fiel aber an den meisten Stellen die einst oberste Gesteinsschicht mit den Bildern herunter. Nur da und dort blieb ein Teil als vereinzelter Fleck übrig. Dieses Wadi dürfte einmal ein See gewesen sein. Tatsächlich fand ich in einer der Höhlen die Bildergruppe von schwimmenden Menschen.

Es tauchte nun auch eine bis jetzt nicht vorgekommene Farbe auf, der gelbe Ocker. Der Stil der Bilder entspricht ganz deutlich dem altägyptischen Stil, sie zeigen Familien- und Tanzszenen, den Kampf von Männern mit Pfeil und Bogen und könnten als wahres Modeblatt für Trachten und Kleider dienen. In der größten Höhle fand ich einen großen, zu ovaler Form geschliffenen Stein, eine seiner Flächen war ebenfalls mit roter Farbe bedeckt. Anfänglich dachte ich, daß dieser Stein seinerzeit zum Mahlen des Farbpulvers gedient haben könnte, als ich ihn jedoch näher in Augenschein nahm, sah ich an beiden Seiten eingeritzte Augen und Lippen. Später in Kairo stellten die Ägyptologen fest, daß dieser Stein die primitivste Form der in den altägyptischen Gräbern gefundenen sogenannten Paletten darstellt.

Ich gab diesem Tal den Namen „Wadi Sora", das heißt „Tal der Bilder". Meine Gefährten staunten nicht schlecht, als ich sie am nächsten Tag hierher führte.

Um unsere reiche Sammlung zu ergänzen, beschloß ich, alle Orte aufzusuchen, wo schon andere Forscher Felsgravierungen gefunden hatten. Als erste boten sich die Stellen an, wo die Engländer Newbold und Shaw 1927 – während ihrer ergebnislosen Zarzura-Suchexpedition – auf Felsbilder gestoßen waren. Die beiden Wissenschaftler waren seinerzeit mit einer Kamelkarawane aus El Fascher losgezogen, passierten die Berge Meidob und Tageru und marschierten auf die Oase Natrun zu, dann von dort weiter nach Merga. Nördlich von dieser Oase suchten sie einige Zeit nach einer anderen noch unbekannten Oase Libyens. In den Erzählungen der Eingeborenen heißt sie Bir Bidi, Bir Ojo oder Ain Kijeh. Dann setzten sie ihren Weg nach Norden fort, wendeten sich später nach Nordosten der Oase Selima zu, um von dort nach Wadi Halfa zu kommen. Newbold und Shaw, die an vier Stellen geritzte Felsbilder fanden, machten während ihrer Expedition mehrere Ortsbestimmungen, doch zeigt ihre Karte nur die Kompaßtraverse ihres Weges zwischen den astronomisch bestimmten Punkten. Mir standen nur die Daten der Engländer zur Verfügung, und so war ich gezwungen, die durch sie bestimmten Punkte auf die sonst leere Karte zu legen und mit geraden Linien zu verbinden. Ich konnte allein meinem Kompaß vertrauen, wenn ich dieser 4 000 km langen Strecke durch unbekanntes Gebiet folgen wollte.

So fuhr ich vom Gilf Kebir in zwei Tagen zum Mesaha-Brunnen zurück, von dort erreichte ich durch nicht kartierte Wüste – nur mit Hilfe des Kompasses – in drei Tagen die Selima-Oase. Meine Begleiter ließ ich hier zurück und raste nur mit Sabir und zwei Autos nach Wadi Halfa, um neue Benzinvorräte zu holen. Da wir nach Süden, also auf sudanesisches Gebiet wollten, mußte ich eine Extra-Erlaubnis von den sudanesischen Behörden besorgen, welche ich nur unter der Bedingung erhielt, die Oasen Merga und Natrun möglichst zu meiden, denn in den letzten zwei Jahren hatten Flüchtlinge aus Kufra, die sich den Guraan- und Kababisch-Räubern anschlossen, den Behörden viel Sorge bereitet.

In Selima legte ich ein Benzindepot an, um später mit dessen Hilfe auf der Darb El Arbe'in nach Ägypten zurückkehren zu können, und fuhr nun nach Südwesten in Richtung der unbekannten Sahara ...

In der südlibyschen Wüste wußte ich von fünf Orten, wo man vorgeschichtliche Siedlungen gefunden hatte. Newbold und Shaw fanden zuerst, von Süden kommend, am Ufer des Wadi Hauar Steinwerkzeuge. Nördlich von dem bewachsenen Wadi zeigten ihnen die beiden Kabire (Karawanenführer) einen mit Felsgravuren bedeckten Berg. Sie nannten ihn Zolat el Hammad. Etwa vierzig Kilometer nördlich der Oase Merga entdeckten sie Felsgravuren an zwei Orten, die die Kabire Tamr el Kuseir und Wadi Anag nannten. Zweihundert Kilometer weit

Almásy beim Kopieren von Felsbildern im Uwenat-Massiv. Im Vordergrund der Journalist und Literat Richard A. Bermann, der unter dem Pseudonym Arnold Höllriegel ein Buch über die „Zarzura"-Expedition von 1933 schrieb.

*Rechts:
Meißelbild eines Hirten mit Rindern*

Aus Almásys Sammlung von Aquarellkopien aus der „Höhle der Schwimmer" und anderer Felsbilder im Gilf Kebir und im Uwenat-Massiv

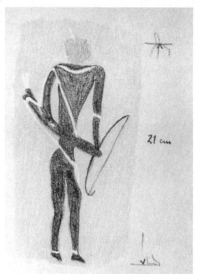

*Oben:
Die von Almásy entdeckte
„Höhle der Schwimmer"
in dem von ihm so be-
nannten Wadi Sura
(Tal der Bilder). Die
Malereien sind nur im
schattigen Teil des Über-
hangs erhalten.*

*Links:
Detail einer Buntstift-
zeichnung aus Almásys
Skizzenbuch*

von hier, im Nordosten, stießen die Engländer in der Mitte einer riesigen Ebene auf einen alleinstehenden Felsen, den sie Burg et Tuyur tauften. Am Fuße des Felsens fanden sie eine einzige Darstellung eines Rindes.

Ausgehend von der Oase Selima, wollte ich die Fundplätze der beiden Engländer in umgekehrter Reihenfolge aufsuchen. Als erstes fuhr ich also in Richtung des Burg et Tuyur. Wenn ich den Kompaßkurs von 255° genau einhalten würde, mußte ich nach einer Fahrt von 75 Kilometern bei einem einsamen Felsen, eben beim Burg et Tuyur, ankommen. Das Wunder geschah. Trotz des außerordentlich stark zerklüfteten gebirgigen Geländes um die Oase Selima, das nach 30 Kilometern in ein vollkommen ebenes Serir (weite Sandebene) überging, wo jeder Richtungspunkt fehlte, tauchte nach 70 Kilometer Fahrt in der Ferne ein kleiner schwarzer Punkt auf, der zehn Meter hohe und genauso breite alleinstehende Felsen Burg et Tuyur. Diesen eigenartigen Felsen hatten die Engländer seinerzeit „Turm der Vögel" getauft, weil sein flaches Dach von einer dicken Schicht Guano bedeckt ist und um ihn herum Hunderte Mumien verendeter kleiner Sänger liegen. Schon oft bemerkte ich, daß Wandervögel, wenn sie solche billiardtischglatten Sandflächen überfliegen, den kleinsten Fixpunkt – sei er auch nur eine weggeworfene Benzinkanne oder ein größerer Stein – dazu verwenden, um sich dort auszuruhen. So ist Burg et Tuyur seit Jahrtausenden eine Orientierungshilfe für die ziehende Vogelschar. Einst, in uralter Zeit, als diese Ebene noch kein Serir, sondern eine Steppe war, dürfte er ebenfalls ein Orientierungspunkt für die Ureinwohner Libyens gewesen sein, wie sonst wäre das gravierte Bild eines Rindes auf die nördliche Seite des Felsens gelangt? Newbold und Shaw stießen seinerzeit unmittelbar über der Sandoberfläche auf dieses Bild, jetzt mußte ich ungefähr einen halben Meter tief graben, bis ich es fand. Kann es sein, daß der Vogelfelsen, tief unter dem Sand, von urzeitlichen Gravierungen voll bedeckt ist? In der Nähe des Felsens fanden wir einige schöne Steinwerkzeuge.

Von da drehte ich nach Südwesten, nach Wadi Anag. Die ersten vierzig Kilometer führten über einen glatten Serir, der auch als Rennbahn geeignet wäre, bald verschlechterte sich jedoch der Boden, und – etwa 70 Kilometer von Burg et Tuyur entfernt – traf ich auf eine „Steinwiese". Einer solchen Bodenform war ich noch nie begegnet. Trotz größter Anstrengung meiner gequälten Ford-Wagen konnte ich kaum 15 Kilometer pro Stunde im Durchschnitt zurücklegen. Die Karawane der Engländer zog seinerzeit etwa 30 Kilometer östlich von meinem Reiseweg, in ihrer Wegbeschreibung klagten sie ebenfalls sehr über das schlechte Gelände. Ich wollte den Kompaßkurs einhalten, und diesem Umstand verdankte ich das Glück, nach ungefähr 130 Kilometern auf eine kleine Regenoase zu stoßen, von wo uralte Wegzeichen gerade nach Merga führten. Die Freude der Entdeckung wurde allerdings durch einen hinteren Achsbruch gründlich vermiest, den ich im heulenden Wind reparieren mußte und der uns eine Verspätung von einem halben Tag bescherte.

Nördlich von Merga arbeiteten wir uns endlich aus der Steinwiese heraus und gelangten in eine hügelige Umgebung. Angeblich liegt in dieser Gegend eine unbekannte Oase oder Quelle, von der nur die Tibbu und Guraan wissen. Tatsächlich, wir kreuzten ganz frische Spuren dreier Addax-Antilopen, die nach Norden führten. Wie sehr ich es auch gewünscht hätte, ich konnte ihnen nicht folgen, weil unsere Benzin- und Wasservorräte keinen Umweg oder Zeitverlust gestatteten.

Auch jetzt navigierte ich erfolgreich, denn ich fuhr genau in jenes Tal hinein, welches die Kabire von Newbold und Shaw „Wadi Anag", das „Tal der Urmenschen" genannt hatten. Es ist ein fast kreisförmiger felsiger Kessel von etwa zwei Kilometern Durchmesser, etwas Vegetation steht im Tal, aber nicht die typischen Sträucher der Regenoasen – Talh, Sajal und Tundub –, sondern der Teerbaum und das Halfagras der echten Grundwasseroasen. Am tiefsten Punkt des Beckens fanden wir die Stelle, wo die Engländer damals einen Brunnen schlugen, dieser war jedoch wieder mit Sand bedeckt. Nicht weit von dort, auf einer Felswand, gab es eine Menge gravierter Menschen- und Tierbilder. Ihr Stil entspricht jenen am Berg Uwenat, ist vielleicht etwas einfacher.

Newbold und Shaw meinten damals, daß diese Absenkung der häufig genannte Bir Bidi sei, und da sie hier genug Wasser fanden, waren sie überzeugt, das verrufene Versteck der Guraan aufgespürt zu haben. Kaum zwanzig Kilometer entfernt liegt die andere mit Gravuren bedeckte Felspyramide, die sie Tamr el Kuseir nannten. Da ich dem gleichen Weg, auf dem sich die Kamelkarawane bewegte, nicht folgen konnte, versuchte ich diesen Felsberg auf einem Umweg zu erreichen und unterwegs – fiel ich fast in den Brunnen Bidi! Es ist dies ein kreisförmiger in den Felsen geschlagener Brunnen, etwa drei Meter tief und mit einer niedrigen Mauer umgeben, neben ihm wächst eine zum Strauch geschrumpfte Dattelpalme. So machte ich zufällig wieder eine wichtige Entdeckung.

Während die anderen mit dem Abpausen der Felsbilder von Tamr el Kuseir beschäftigt waren – übrigens ist das die einzige Stelle, wo die geritzten Ochsen- und Kuhbilder rot ausgefärbelt worden sind –, fuhr ich mit meinem Chauffeur Sabir Richtung Süden los, um die Oase Merga zu erkunden. Hier war Vorsicht geboten, wollte man nicht auf die Räuberbande treffen, die teils aus Guraan, teils aus Kufra-Arabern aus dem Zwaya-Stamm bestand und von dem im Niltal gefürchteten Räuber Gongoj angeführt wurde. Vor einem Jahr wurde eine Karawane aus Dongola, die der Oase Natrun als Ziel zugestrebt hatte, von diesen verwegenen Kerlen angegriffen; acht von den zwölf Begleitern der Karawane wurden erschossen und ihre hundertzwanzig Kamele geraubt. Die englische Regierung sandte Flugzeuge in die Oase Merga aus, doch von der Bande war keine Spur mehr zu finden. Vor meiner Reise erfuhr ich in Kufra, daß sie vor dem Herannahen der Flugzeuge zum Bidi-Brunnen gezogen waren und sich dort zwischen den Felsen versteckt hatten. Es war also wichtig, zuerst in dem von unserem Lager vierzig Kilometer entfernt liegenden Merga eine Ortsbesichtigung vorzunehmen, bevor wir die Oase aufsuchten.

Als ich mich auf diese Erkundungsfahrt vorbereitete und nach einer Begleitperson fragte, hatten meine Gefährten plötzlich auffallend viel zu tun. Der Herr Professor suchte ganz dringend nach Steinwerkzeugen, sein Assistent war mit dem Photographieren der Felsbilder beschäftigt, die Malerin mußte kopieren – obwohl sie als einzige gerne mitgekommen wäre – und mein Koch Selim erklärte, daß er frisches Brot backen müsse. Wie fast immer, blieb auch jetzt nur der arme Sabir als Opfer übrig. Als wir uns durch das unbeschreiblich schlechte Felsgelände endlich der Senke der Merga-Oase näherten, sträubte sich Sabir, der treue Begleiter meiner vielen Expeditionen, das erste Mal, seit ich ihn kenne, mich weiter zu begleiten. Die auftauchenden Palmkronen hielt er für sich versteckende Menschen, und als eine Krähe über uns hinwegflog, erklärte er, nur bei mir bleiben zu wollen, weil „es jetzt schon geschrieben sei, daß uns die wilden Guraan ermorden werden". Unglaublich, wie sehr sich die Sudanesen aus dem Nil-Tal vor den Beduinen der Wüste fürchten. Selbstverständlich war die Oase verlassen und, aus den Spuren zu urteilen, war schon seit Monaten niemand mehr da. Ihre Hauptzierde ist ein wunderschöner Salzsee, der genau in der Mitte des Palmenhaines liegt. Wenn man einige Schritte vom Seeufer entfernt ein Loch in den Sand gräbt, quillt ausgezeichnetes Süßwasser hervor, während das Wasser des Sees aufgrund der ständigen Verdunstung mit Salz gesättigt ist wie das Tote Meer. Mit großem Vergnügen badeten wir darin, doch schwimmen konnten wir nicht, höchstens auf der Wasseroberfläche sitzen.

Von Merga führte ich die Expedition in Richtung Natrun. Diese Oase liegt am Fuße einer Schlucht und ist dafür berühmt, daß ihr Becken mit Roh-Natron gefüllt ist. Seit Menschengedenken transportieren die Araber von hier Natronsalz in die bewohnten Gebiete.

Bevor wir die Kante der Hochebene erreicht hatten, kreuzten wir die Pfade der uralten Karawanenstraße Darb El Arbe'in. Wir fuhren in einem mir unbekannten, noch unkartierten Gebiet, und seit der Oase Selima mußte ich jedes meiner angestrebten Ziele mit Hilfe des Kompasses finden. Obwohl wir der Darb folgend mit Leichtigkeit in das Becken der Oase hätten hinunterfahren können, schlug ich unser Lager trotzdem oben auf dem Plateau auf, denn es dämmerte schon. Meine Gefährten machten mir Vorwürfe, warum ich diese windige Höhe für eine Lagerstatt ausgewählt hatte. Besonders der seit der Erkundungsreise nach Merga heldenhafte Sabir redete mir zu, doch in die unter uns ausgebreitete Oase hinunterzufahren.

Als es ganz dunkel wurde, ging ich an den Rand der Schlucht und hielt mit dem Feldstecher Ausschau. Ich rief Sabir und drückte ihm das Fernglas in die Hand. Er sollte selbst sehen, warum ich am Rand der Hochebene geblieben war: In der Natrun-Oase brannten fast hundert Lagerfeuer!

Am nächsten Tag, noch ganz in der Früh, umfuhr ich im großen Bogen das Lager des „Gongoj und seiner Kameraden", dann legten wir noch hundert Kilometer in Richtung Süden zurück, bis wir das Endziel unserer Fahrt, das vegetationsreiche Tal des Wadi Hauar erreichten.

Das Wadi Hauar muß einst ein mächtiger Strom gewesen sein, der von Südwesten nach Nordosten wahrscheinlich in den Nil floß. In seiner ganzen Länge ist es auch heute noch unbekannt. Vor uns hatten nur die Expeditionen von Newbold und Shaw sowie des Major Bagnold ihn an zwei verschiedenen Punkten gekreuzt. Die aus Khartum nach Merga entsandte englische Flugzeugpatrouille flog ebenfalls über dieses rätselhafte Wadi hinweg und brachte interessante Fotoaufnahmen mit, die mir bekannt waren. Dort, wo ich jetzt südlich der Oase Natrun das Wadi erreichte, führt es durch eine leicht wellige, sonst ebene Sandwüste. In Richtung Osten waren die dreihundert Meter hohen Felsspitzen des Dschebel Rahib, im Westen einige niedrige Dünenhalden zu sehen. Das Bett des Wadi liegt kaum dreißig Meter unter der Oberfläche der Wüste und ist hier ungefähr acht Kilometer breit. Es ist mit grellgrüner, dichter Vegetation bedeckt, vor allem mit dem laubreichen Sau-Busch, den man in Ägypten Arak nennt. Die tropischen Regen erreichen in manchem Jahr das Wadi, wenigstens seinen oberen Lauf, trotzdem kann man in der Mulde des Wadi nirgendwo einen Brunnen graben. Noch ist es ungeklärt, wie die Wurzeln der dichten Vegetation die unter dem Bett des Wadi ziehende Feuchtigkeit aufnehmen.

An dem Punkt, wo wir das Wadi Hauar erreichten, verbreitert sich das Tal und nähert sich seinem am südlichen Hang des Berges Rahib gelegenen Delta, wo die Vegetation plötzlich ohne jeden Übergang aufhört und das ehemalige Flußbett sich in der Sandwüste verliert.

Leider konnten wir nur drei Tage hierbleiben, aber auch in dieser Zeit fand ich mehrere vorgeschichtliche Siedlungen. Das Nordufer des Wadi dürfte einst der Bestattungsort der Urbewohner gewesen sein. Der Wind hat seitdem die fruchtbare Erde fortgetragen, und die einstigen Gräber liegen heute an der Oberfläche des Sandes, sozusagen am Tageslicht. Während meiner Erkundungs- und Vermessungsfahrten waren unsere Augen bald so gut eingeübt, daß wir die im Sand liegenden Flecken schon von weitem erspähten, wo Tongeschirr, geschliffene Äxte aus grünem Dioritstein, Feuersteinklingen und Pfeilspitzen die Lage der ehemaligen Gräber anzeigten. Diese Geräte konnten keine Gebrauchsgegenstände sein, sondern waren wohl Grabbeigaben. Einige von ihnen – vermutlich in den Gräbern der ärmeren Leute – waren denn auch aus unbrauchbarem weichem Sandstein geformt. An einer Stelle stieß ich auf gemauerte Gräber mit Gewölbe, aber mangels entsprechender Werkzeuge konnte ich an Ausgrabungen nicht einmal denken.

Das Wadi Hauar ist übrigens reich an Wild. Ich sah mehrere Addax- und Orix-Antilopen, Strauße und Adra-Gazellen. Auf einem meiner Streifzüge stieß ich auf eine aus vier Menschen bestehende Karawane, die sich von der Oase Natrun kommend dem Wadi Hauar näherte. Die Beduinen erschraken beim Herannahen unseres „Teufelswagens" fürchterlich. Mehr Angst als sie, die noch nie ein Auto gesehen hatten, hatte allerdings Sabir, als er ihre schäbigen langläufigen Büchsen erblickte. Sie waren Kababisch-Araber, die Natronsalz in ihre Dörfer in den Meidob-Bergen transportierten. Ich erfuhr von ihnen, daß ich der Oase Natrun nicht ohne Grund ausgewichen war, denn dort lagerten fast zweihundert Guraan.

Anderntags suchte ich, Newbolds und Shaws Weg folgend, den Felsberg Zolat el Hammad auf, einen Ausläufer des Dschebel Rahib. Während meine Begleiter die Felsbilder kopierten, fuhr ich allein auf Entdeckungsreise in Richtung des Dschebel Rahib und kehrte mit dem Entschluß zurück, mich nie mehr allein so weit vom Lager zu entfernen. Von weitem sah ich nämlich eine Felspyramide, von der ich sicher war, daß auf ihr urzeitliche Bilder zu finden wären. Als ich dort ankam, erfüllten sich meine Hoffnungen, am Bergabhang sah ich sogar eine tiefe Quellhöhle. Als ich mich auf der Suche nach Malereien hinunterbeugte und hineinklettern wollte, ertönte aus dem Inneren ein scharfes Geröchel. Im nächsten Augenblick sauste ein gelber, schwarzgetupfter Körper an mir vorbei, so daß er mich fast umgeworfen hätte. Mein Herz stand still, auch dann noch, als ich im weglaufenden Tier nicht einen Leoparden, sondern nur einen harmlosen Geparden erkannt hatte.

Auf den Felsen des Zolat el Hammad fanden wir außer den üblichen Giraffen-, Antilopen- und Rinderdarstellungen die ersten Elefantenbilder. Im allgemeinen sind die südlibyschen Gravuren künstlerisch weniger bedeutend als jene in Uwenat, doch waren hier auffallend viele Darstellungen auf einem einzigen Felsen zu finden.

Unsere Sammelarbeit schlossen wir hier ab. Mehr als 1 200 Kopien und Hunderte Fotos hatten wir gemacht und mehrere Kisten Steinwerkzeuge und Tonscherben zusammengesucht. Auf der uralten Wegstrecke der Darb El Arbe'in, der „Straße der Vierzig Tage", ging es zurück. In sechs Tagen erreichten wir die Oase Charga und von dort in zwei Tagen Kairo.

Zuletzt noch einige Worte über die Bedeutung der urzeitlichen Funde in Libyen:

In Ägypten, das heißt im Niltal, finden wir die Denkmäler einer 5 000 Jahre alten Kultur: Riesige Steinpyramiden, künstlerisch geschmückte Gräber, Malereien und Statuen, die alle über eine mächtige, hochentwickelte alte Kultur Zeugnis ablegen. Die Ägyptologen haben festgestellt, daß unter diesen Werken die Stufenpyramide von Sakkara und die bemalten Ziegelgräber aus Nagada die ältesten Denkmäler aus der Zeit der Pharaonen darstellen. Doch was für kulturelle Leistungen, was für einen Grad der Zivilisation es in Ägypten vor diesen Monumenten gegeben hat, davon erzählen keine Ruinen. Ist es möglich, daß ein Volk von heute auf morgen seine Entwicklung mit einem Denkmal wie dem mächtigen Zikkurat in Sakkara beginnt? Wer solche Gebäude baut, solche Fresken malt, der mußte auch schon vorher gebaut und gemalt haben.

Es ist offensichtlich, daß das urzeitliche Volk ins Niltal von anderswoher eingewandert sein muß und seine Kultur mitgebracht hat, aber mit dieser Feststellung darf sich die Wissenschaft nicht zufriedengeben. Die Aufgabe der Forscher ist es, jenes Gebiet zu finden, wo man den Anfang und die Entfaltung dieser gewissermaßen fertigen Kultur beobachten kann.

Die Wissenschaftler blickten in die Richtung der „Wiege der Menschheit", nach Mesopotamien. Zweifellos konnte man aus den Überresten der mit Ägypten verglichen noch älteren, primitiveren Kultur folgern, daß jenes Volk, das im Niltal schon mit einem fertigen hochentwickelten Stil und Können ankam, seinen Ausgangspunkt von dort nahm. Doch nach einem genaueren Studium stand die Fachwelt wieder vor einem Rätsel. Die Bauruinen des urzeitlichen Ägypten mögen den gleichen Ideen entstammen wie die Ruinen von Ur, Tel Halaf und Babylon, aber das verwendete Material, die für die Bearbeitung geschaffenen Geräte, die Verzierungen, Malereien, die Darstellung der Tiere und Menschen wiesen in unzähligen Details darauf hin, daß die ägyptische Urkultur nicht ausschließlich aus dem Überschwemmungsgebiet des Tigris und Euphrat stammen kann.

Es tauchte daher eine Theorie auf, ob nicht vielleicht ein anderes Volk von Westen, aus Libyen, ins Niltal gekommen war, das am Heiligen Strom mit den aus Mesopotamien ausgewanderten Kulturträgern zusammentraf, sich mit ihnen vereinigte und den Grundstein für die altägyptische Kunst legte.

Die Vertreter dieser Theorie mußten jedoch die Verbesserung der modernen Fahrzeuge abwarten, die in den letzten Jahren die Erkundung der Libyschen Wüste ermöglichte. Die Ägypter nannten bis vor kurzem ein Land ihr eigen, das sie zu mehr als zwei Dritteln nicht kannten und auch nicht kennen konnten. Das einzige Verkehrsmittel der Wüste war das Kamel. Wir wissen, daß man das Kamel erst 500 Jahre vor Christus in Afrika heimisch werden ließ und daß es die Perser aus Asien eingeführt hatten. Die Altägypter konnten mit ihren Maulesel- und Eselskarawanen nur den Rand der Wüste bereisen und sich höchstens vier bis fünf Tagesreisen von den mit Trinkwasser versorgten Stellen entfernen.

Der Aktionsradius einer Kamelkarawane war schon viel größer. Ein entsprechend gezüchtetes Kamel kann sogar fünfzehn Tage ohne Wasser auskommen und trotzdem mit leichter Last täglich vierzig Kilometer zurücklegen. Der auf Kamelrücken Reisende kann sich bis dreihundert Kilometer weit in die unbekannte Sahara hineinwagen, wenn er aber dort keine Oase findet, wo er seine Tiere tränken kann, ist er gezwungen zurückzukehren, sonst setzt er sein Leben aufs Spiel. Die Leistungsfähigkeit des Kamels gestattete also nur die Erkundung der am Rand der Wüste gelegenen Oasen und die Durchquerung einzelner Wüstenstrecken.

So wartete die Erforschung der Sahara auf die neue Zeit. Anfangs hatte man sich nur die Aufgabe gestellt, mit den Motorfahrzeugen zu den „weißen Flecken" der Landkarte vorzudringen. Man mußte erst einmal erfahren, wie das Innere der Wüste aussieht, ob es da unendliche Ebenen oder Sandhügelmeere, felsige und gebirgige Gegenden oder vielleicht auch bewachsene und bewohnbare Oasen gibt. Doch in Verbindung mit dieser kartographischen Erkundung wartete auch ein anderes wichtiges Problem auf seine Lösung: den Ursprung der altägyptischen Kultur zu klären. Und die Ergebnisse blieben nicht aus.

Im Herzen der Libyschen Wüste, dort, wo seit Jahrtausenden kein Mensch mehr den Fuß hingesetzt hatte, stieß ich auf Spuren einer entwickelten vorzeitlichen Kultur. Die bis jetzt entdeckten Steinwerkzeuge, Felsgravuren und Höhlenmalereien zeigen eine auffallende Ähnlichkeit mit den präpharaonischen Funden im Niltal, so daß kaum mehr zu bezweifeln ist, daß das vorgeschichtliche Volk, das diese Werke geschaffen hatte, später seine schon bestehende Kultur entlang des Nils weiter entwickelte.

Ohne Zweifel traf dieses aus Libyen eingewanderte Volk im Tal des Heiligen Stromes auf die von Osten kommenden Babylonier, und aus der Vereinigung der beiden Völker nahm die altägyptische Kultur ihren Ursprung. Aber was befand sich davor im Niltal? Wohnte dort niemand, hatten die Ufer des mächtigen Flusses vielleicht keine günstigen Lebensbedingungen geboten?

Auf diese Frage kann ich nur mit meiner eigenen persönlichen Ansicht antworten: Offensichtlich bot die heutige Libysche Wüste damals – vor 8 000 bis 10 000 Jahren – noch entsprechende Lebensbedingungen für das Viehzüchter- und Jagdvolk, das am Fuße des Gilf Kebir, in Uwenat und in Südlibyen sowie in Nubien wohnte. Die klimatischen Verhältnisse waren noch so beschaffen, daß die heutige Wüste stellenweise durch Vegetation bedeckt war. Zweifellos haben ähnliche tropische Regenfälle die Sahara fruchtbar gemacht, wenn auch nur zeitweise, wie sie es heute in den Steppen und Urwäldern Mittelafrikas tun. Wir sehen das an den ehemaligen Flußbetten des Gilf-Kebir-Gebirges und an den durch Wassererosion entstandenen Geländeformationen der Libyschen Wüste. Dementsprechend war vermutlich zur gleichen Zeit das Niltal niederschlagsreich, also sumpfig, feucht und nebelig, und wurde nur von einfachen Fischern bewohnt.

Diese Erklärung wird von einem interessanten Fund untermauert, den vor einigen Jahren Dr. Ball in Obernubien, Assuan und Wadi Halfa gemacht hatte. Mit dem Niltal zwar verbunden, aber sechzehn

Meter oberhalb des höchsten Wasserstandes, fand er eine breite Depression (Absenkung), welche einmal mit dem Flußtal zusammenhing. Die fast zwei Kilometer breite Mulde ist von niedrigen Felsbergen umgeben und dürfte einst ein See gewesen sein, oder sie gehörte zum Überschwemmungsgebiet des Nil. Ihr vollkommen glattes Becken ist von einer dünnen Sandschicht bedeckt, kaum zehn Zentimeter darunter besteht der Grund aus einem harten Mergelboden. In diesem Mergel findet man Tausende Pfeilspitzen aus Feuerstein. Zweifellos fuhren, als dieser See noch mit dem Wasser des Nil verbunden war, vorgeschichtliche Fischer, mit Pfeil und Bogen bewaffnet, auf Booten über den See und schossen auf die bei niedrigem Wasserstand in Not geratenen Fische. Die schön geschnitzten Pfeilspitzen stammen von Schüssen, die ihr Ziel verfehlt hatten. Auch die Felskanten entlang des Nil zeugen davon, daß das Wasser des Flusses einst das ganze breite Becken, dort, wo heute Ägyptens fruchtbare Ackerböden liegen, ausgefüllt hatte.

Vermutlich war also in der niederschlagsreichen Zeit das Niltal ungesund, dagegen bot die heutige Wüste jene günstigen Lebensbedingungen, die jetzt die Steppen des Sudan bieten. Im Verlauf der Zeit und mit der Änderung der klimatischen Verhältnisse haben sich die Zustände umgekehrt. Die Urbewohner Libyens waren gezwungen, sich in die Berge zurückzuziehen, da diese den Niederschlag länger an sich zogen als die langsam austrocknende Ebene. Später gab es nur mehr einzelne Quellen in den Tälern der Gebirge, und die Ureinwohner mußten mit Bewässerung und Kanalisierung die Umgebung ihrer Siedlungen fruchtbar halten. Die bisher bekannten urzeitlichen Kulturen hatten alle ihren Anfang in künstlich bewässerten Gebieten. Als der Mensch für seine Ackererde arbeiten mußte, kam gleichzeitig seine kulturelle Entwicklung in Gang. Die Ureinwohner Libyens versammelten sich um die verbliebenen Quellen und konnten nur mehr deren Umgebung fruchtbar machen. Eine Äußerung ihrer beginnenden Kultur stellen jene Felsgravierungen und später auch gemalten Bilder dar, die ihr alltägliches Leben, ihre Vergnügungen und Kämpfe zeigen. Es scheint jedoch so, daß dieses Siedlungssystem nicht sehr lange bestand und daß die Verödung und Austrocknung Libyens in einer bestimmten Zeit in verstärktem Maße und während eines ziemlich kurzen Zeitabschnittes erfolgte. Die Urbewohner wurden zuerst zu Nomaden, später waren sie dann gezwungen, weiter fortzuziehen, bis sie ein sicheres Überleben im Gebiet der langsam austrocknenden Sümpfe entlang der Ufer des ins heutige Flußbett zurücktretenden Nil fanden.

Danach wäre es möglich, daß die Libysche Wüste die Wiege der altägyptischen Kultur gewesen ist.* Die bisherigen Entdeckungen und Funde lassen zumindest diese Folgerung zu, allerdings sind wir noch weit davon entfernt, mit Sicherheit die Zusammenhänge zwischen den Pyramiden der Pharaonen und den Felsbildern der Wüstengebirge beschreiben zu können. Meine Forschungen konnten lediglich ein weiteres fehlendes Kettenglied in der Entwicklungsgeschichte des urzeitlichen Ägypten zutagefördern** und den Wissenschaftlern des berühmten ägyptischen Museums eine schöne Sammlung zur Verfügung stellen.

----

* An dieser Stelle betont der Redakteur der Ungarischen Geographischen Gesellschaft in einer Anmerkung noch einmal, daß Almásys Theorien von ihm und seiner Gesellschaft keineswegs gutgeheißen werden, da nichts für eine ehemalige Fruchtbarkeit der Sahara spreche. Heute ist dieser Einwand natürlich längst überholt.

** Was die weitere Forschungsgeschichte zu den Felsbildern im Gilf-Kebir- und Uwenat-Gebiet betrifft, ist nicht viel zu berichten. Nach Hans Rhotert, der schon mit Leo Frobenius hierhergekommen war und 1952 sein bis heute als Standardwerk unersetzliches Buch herausgebracht hatte (siehe Bibliographie), kümmerten sich jahrelang keine oder nur wenige Forscher um die urgeschichtlichen Fundstätten in diesem Teil der Sahara, der wegen seiner heiklen Lage im Grenzgebiet von Ägypten, Libyen und dem Sudan stets schwer zugänglich war. 1969 konnte eine belgische Expedition von neuen Forschungen berichten (siehe Bibliographie). – Angeregt durch Rhotert, der begeistert von seiner Expedition mit Ladislaus Almásy berichtete, wandte sich später Rudolf Kuper der östlichen Sahara zu. Er ist Direktor des Heinrich-Barth-Institutes in Köln und unternahm seit den achtziger Jahren – häufig zusammen mit dem Geologen Stefan Kröpelin – eine Reihe von Forschungsreisen in jenes Gebiet, wo es für die Wissenschaftler seit 1997 in der Oase Dachla einen von der deutschen Bundesregierung finanzierten Forschungsstützpunkt gibt. Die Übersetzung des bisher nur in ungarischer Sprache vorliegenden Almásy-Kapitels über die urzeitlichen Felsbilder verblüffte Kuper, da Almásys Theorien von späteren Forschungsergebnissen und Folgerungen bis in Einzelheiten bestätigt werden.
Als Ergänzung der Bibliographie (Seite 27) sei auf Kupers Aufsätze zur Besiedlungsgeschichte der östlichen Sahara (in den Beiträgen zur Allgemeinen und Vergleichenden Archäologie *3/1981, S. 215-275, und im* Archäologischen Korrespondenzblatt *18/1988, S. 127-142) und auf Kröpelins Arbeit* Zur Rekonstruktion der spätquartären Umwelt am Unteren Wadi Howar *in den* Berliner Geographischen Abhandlungen *54/1993, S 1-293, hingewiesen.*

Operation Salam

Tagebuch des Geheimkommandos
von 1942

Vorbemerkung

Kurz nachdem Almásy sein Buch *Unbekannte Sahara* 1939 auf deutsch geschrieben hatte, kehrte er nach Nordafrika zurück. Diesmal allerdings nicht als Forscher, sondern als Angehöriger der Deutschen Abwehr. Almásy war als ungarischer Staatsbürger Reserveoffizier der ungarischen Armee. Ungarn wiederum war mit Deutschland verbündet. Und dort war man auf den Wüstenexperten aufmerksam geworden. Als es um die Durchführung von Geheimoperationen im Zuge von Rommels Afrikafeldzug ging, forderte man ihn vom Verbündeten an, ernannte ihn zum Hauptmann der Luftwaffe und zum Chef eines Unternehmens, das Nachrichten aus Kairo und die Zusammenarbeit mit Gegnern Englands in der ägyptischen Armee sichern sollte.

Nachdem der ursprüngliche Plan gescheitert war, zwei Agenten per Flugzeug hinter die englischen Linien zu bringen und in der Nähe von Kairo abzusetzen, wollte Almásy dasselbe auf dem Landweg versuchen. Die beiden zum Einsatz in Ägypten ausersehenen Agenten Eppler und Sandstede waren beides Auslandsdeutsche und sprachen fließend Arabisch. Eppler hatte eine ägyptische Mutter und konnte am Nil als Einheimischer durchgehen.

Nach intensiven Vorarbeiten begann das Unternehmen „Salam" am 29. April 1942. Von der italienisch besetzten Oase Jalo (it. Gialo) aus schlug Almásy zunächst den direkten Weg durch die „Große Sandsee" ein, doch kam er bald zur Einsicht, daß ein Durchkommen hier nicht möglich war. Außerdem dezimierten Krankheitsfälle die aus Mitgliedern des „Lehrregiments Brandenburg z.B.V. 800" zusammengesetzte Mannschaft. Es hieß also, mit verkleinerter Mannschaft und auf längerer Strecke das Ziel zu erreichen. Almásy wollte nun an Kufra vorbei das ihm vertraute Gebiet des Gilf Kebir erreichen und über die Oase Charga nach Assiut am Nil gelangen (siehe Karte auf Seite 36). Von hier aus sollten die beiden Agenten mit der Eisenbahn nach Kairo fahren, während er den Rückweg antreten würde.

An diesem Punkt der Überlegungen beginnt jener Teil von Almásys Tagebuch über diesen Geheimeinsatz, der auf nicht bekannte Weise in den Besitz der englischen Spezialeinheit „Long Range Desert Group" gelangte. Die Übersetzung liegt heute zusammen mit anderen von den Engländern erbeuteten und übersetzten Dokumenten aus Almásys Besitz – allerdings unter anderer Signatur – im Britischen Kriegsmuseum. Während die anderen Geheimpapiere laut Begleitnotiz am 29. Mai im Bir-Hakim-Gebiet konfisziert wurden, müssen Almásys

Aufzeichnungen über die Fahrt von Jalo nach Assiut und zurück zu einem späteren Zeitpunkt in die Hände der Engländer gelangt sein, da sie erst mit der Rückkehr an eben diesem 29. Mai schließen (geschrieben in Jalo, das ca. 320 Luftkilometer von Bir Hakim entfernt ist!) und außerdem eine Notiz „mit roter Tinte" über eine Nachricht enthalten, die Almásy – wie es heißt – „später" von Patrik Clayton über die Verminung des Aqaba-Passes erhalten hat.*

Dieser interessante Archivfund, den wir Major General D. L. Lloyd Owen als Chairman der Long Range Desert Group Association zu verdanken haben, erlaubt erstmals eine Darstellung dieser abenteuerlichen Fahrt durch die von den Gegnern beherrschte Wüste aus unmittelbarer Perspektive des Kommandanten.

Nach Beendigung der „Operation Salam" hätte das „Unternehmen Condor" beginnen sollen, das heißt die Tätigkeit der beiden deutschen Agenten in Kairo. Dabei lief jedoch einiges schief, und schließlich wurden beide verhaftet.

---

* „Ladislaus Eduard de Almásy", Imp. War Museum, Arch.-Nr. LRDG (= Long Range Desert Group) 11/1" – Die übrigen Papiere (im folgenden Abdruck die ersten drei Seiten): „WBK's Papers concerning the Almasy Commando", Imp. War Museum, Arch. Nr. LRGD 4/5

GEHEIM

DAS ALMASY-KOMMANDO

(basierend auf Informationen aus konfiszierten Unterlagen)*

1. Am 29.5.42 wurden ein Notizbuch, zwei kurze Briefe und ein Funkplan im BIR HAKIM-Gebiet konfisziert. Die genauen Details und Umstände der Konfiszierung sind noch nicht bekannt.

2. Aus diesen Dokumenten kann man ersehen, daß das ALMASY KOMMANDO sechs Codenamen hat. Es erscheint daher möglich, daß es sechs Abteilungen oder Einheiten gibt, von denen jede einen Funksender hat.

3. Die Kommandobasis oder das Hauptquartier scheint in GIALO zu sein und Reisen von 16-24 Tagen sind geplant. Es wird definitiv erklärt, daß „Reisetage" von dem Zeitpunkt an, zu dem eine Einheit GIALO verläßt, gerechnet werden, und dieser Ort wird auch an anderer Stelle zweimal in Zusammenhängen erwähnt, so daß angenommen werden kann, daß dies wirklich die Basis der Einheit ist.

4. Summen in Englischen Pfund Sterling, die sich in einem Fall auf 540,-, in einem anderen auf 140,- belaufen, werden in dem Notizbuch erwähnt. Die Dinge, auf die sich diese Summen beziehen, scheinen verschlüsselt erwähnt zu sein.

5. Eigenartige Bemerkungen in Englisch und Spanisch sind aufgeschrieben, erstere in englischer Langschrift.

6. Der deutsche Konsul in TRIPOLI, SEPPEL v. WALTHER, ist der Verfasser von zwei Briefen, die an einen v. NEURATH für ALMASY weitergeleitet wurden. Von NEURATH sollte sie durch Funk (?) an ALMASY über den „Geheimdienst" (Ic) wahrscheinlich an das Panzerarmee Hauptquartier übermitteln.

7. Die beschlagnahmten Dokumente gehörten zu der SCHILDE-KROETE (Codename)-Einheit**, und aufgrund der mit ihrer Kon-

fiszierung in Zusammenhang stehenden Umstände können sie möglicherweise mit den Abwehrleuten des LEHRREGIMENTES BRANDENBURG in Verbindung gebracht werden.

P.S. Weitere Informationen in den beiliegenden Notizen.

G.S.I. (s) 8 Armee

5. Juni 1942

Kopien an

G.S.I. (a) G.H.Q.
G.S.I. (a) 8 Armee
W.D.L. 0 8 Armee

---

* Alle runden Klammern im Original des Dokuments

** Unter dem Decknamen „Schildkröte" operierte die Funkgegenstelle der Operation „Condor" (Funker Abele und Weber). Sie wurde am 27.5.42 von einem englischen Kommando ausgehoben. Man fand dort auch das Buch „Rebecca" von D. de Maurier, das den Funkcode enthielt.

Notizen zu den vom ALMASY KOMMANDO beschlagnahmten Dokumenten

1. Beschlagnahmtes Notizbuch

(a) Ein Dienstplan für Funküberwachung verzeichnet folgendes:
HEPPERLE
HADAPP
RAUELFF
HEZIN (?)

(b) Auf zwei getrennten Seiten sind Beträge englischen Geldes eingetragen im Gegenzug zu verschiedenen Dingen wie Seife und Kognakflaschen. Angesichts der hohen Summen, die im Spiel sind und der geringen Anzahl an Seifenstücken usw., wird es für möglich gehalten, daß dies Codeeinträge sind.

(c) Der Großteil des Materials in diesem Notizbuch ist chiffriert, in deutscher Handschrift geschrieben, aber auf einer Seite ist eine Bemerkung in Englisch „for afternoon; daily QRX 1 800" und außerdem in englischer Handschrift. Ein oder zwei Bemerkungen in Deutsch scheinen von derselben Hand geschrieben zu sein.

(d) Folgende Codenamen werden aufgezählt:
WIDA(O)*
SALAM
KONDOR
SCHILDEKROETE
OTTER**
ADOLF**

(e) Auf zwei Seiten scheint der Text der deutschen Nachricht allerdings hauptsächlich unleserlich transkribiert zu sein.

(f) Eine halbe Seite Spanisch, großteils nicht zu entziffern.

----
* *„Wido" war ein Sonderkommando in Nalut nahe der tunesischen Grenze*
** *Wohl Funkcodenamen während der Trainingsphase des Sonderkommandos Almásy*

(g) Im hinteren Teil des Buches sind mehrere Nachrichten unter der Bezeichnung „IN", die auf die Routine der Funkkontakte bezugnehmen; drei davon sind unterzeichnet mit „SANDY" und an „VON KONDOR" gerichtet. Die schlüssigste und interessanteste von ihnen lautet: „Start heute Mittag. Ich werde mich erst über Funk melden, wenn ich das Ziel erreicht habe. Wünscht mir Glück." Unterschrift: SANDY.

(h) Es gibt auch eine Reihe von Nachrichten unter dem Titel „OUT", die Routine der Funkkontakte betreffend, und da sie alle mit dem Codenamen SCHILDEKROETE unterzeichnet sind, ist die Vermutung nicht von der Hand zu weisen, daß diese Einheit oder Kolonne Besitzerin dieses Buches ist.

(i) Auf der letzten Seite ist der erste Reisetag mit 12/V/42 angegeben, gefolgt von Routine-Funkkontakten für 24 Tage.

2. Briefe, die lose im Notizbuch gefunden wurden

Zwei kurze, maschinengeschriebene Briefe wurden in dem Buch gefunden, und sind nachfolgend wiedergegeben.

Nr. 25

14.5.42. Tripoli.
Via Bln.

Für v. Neurath.

Bitte geben Sie die folgende Nachricht an Almásy weiter. Unhold* ist nicht in der Lage zu reisen, aber auch nicht schwer krank.

Ein mit Bleistift zum Anfang der Nachricht beigefügter Zusatz lautet:

„An SALAM. Nachricht von WALTHER für ALMASY".

---

* *Richtig: Entholt, Unterarzt der Truppe, der wegen eines Wüstenkollers heimgeschickt wurde.*

Der zweite Brief.

Nr. 26

Tri(poli) 20.5.42.

Für ALMASY.

ENTHOLT und VON STEFFENS sind nach Deutschland abgefahren. Ich habe Gänge und Getriebe (?) überprüfen lassen. Es wird in den nächsten paar Tagen mit der Truppe nebst Batterie GIALO losgehen.

unterzeichnet: v. WALTHER

NB. Diese Nachricht ist in sehr schlechtem Telegraphenstil geschrieben, deshalb ist die volle Bedeutung nicht klar.

Zusatz mit Bleistift:
„An OTTER und SALAM. Der Konsul in Tripoli sagt, daß ....."

3. Funkprotokoll

(a) Aus dieser Aufzeichnung sind die Anzahl und die Art der Funk-Aktivitäten ersichtlich.

(b) Es gilt Tripoli-Zeit.

(c) Im Verteiler für das Dokument sind die Codenamen in Absatz 1(d)

(d) Das Dokument ist unterschrieben: ALMASY Oberleutnant des Luftwaffenkommandos und trägt den Stempel STRENG GEHEIM.

(e) Die Aktivitäten sind für eine Zeit von 16 Tagen durchzuführen.

(f) Die Adresse der ausstellenden Behörde wird mit O.U.* angegeben, dessen Bedeutung nicht klar ist.

(g) Im Anhang gibt es genaue Anweisungen zu einer Chiffre, die

---

* „O.U." („Ort ungenannt") stand als Absendeort auf allen geheimen Schreiben.

sich auf ein gewöhnliches Buch beziehen, ein Roman oder ein Geschichtsbuch, aber Genaueres über das Buch wird nicht mitgeteilt.*

(h) Der erste „Reisetag" ist der Tag, an dem GIALO verlassen wurde.

Allgemeine Bemerkung

Zu beachten ist, daß die in dem Notizbuch und zu einem geringeren Teil im Funkplan enthaltenen Informationen nach bestem Wissen und Gewissen vor Verwechslung mit Einheiten oder Personen geschützt sind, und nur die Sicherheit der beiden Briefe ist relativ fraglich.

---

* *Es war der Roman* Rebecca *von D. de Maurier. Siehe auch Anmerkung auf Seite 341.*

[ALMÁSYS TAGEBUCH ab*:] Routenänderung

15. Mai 1942   Flugplatz Campo 4 (km 276 der Palificata** Gialo-Kufra)

Nachts alles neu berechnet und die Fahrt neu geplant.*** Wir müssen Kufra passieren. Ein Umweg von 500 km auf dem Hin- und Rückweg, d.h. zusätzlich Gepäck für 1 000 km. Statt der ursprünglich berechneten 2 000 km sind es jetzt 4 200 km.

Zuerst sah es aus, als ob in den Autos niemals Platz für genügend Benzin und Vorräte wäre, aber irgendwie mußte es dann doch gehen. Ich fahre mit zwei Ford-Station-Wagons („Inspektor" und „Präsident") und zwei Ford-Commercials („Maria" und „Purzel").**** Die beiden letzten müssen wir opfern. „Purzel" muß 800 km weit kommen, „Maria" weitere 500. Die letzten 200 km bis zum Ziel muß ich mit einem Fahrzeug auskommen. Hin und zurück 400 km, ist das zu schaffen?

---

* Die ersten Seiten des Fahrtenbuches fehlen. Das in dem oben bezeichneten Akt erhaltene Dokument beginnt mit der Überschrift „Routenänderung"

** Von italienisch „palo" = Pfahl, Stange, Mast – durch Stangen markierte Piste

*** Diese Bemerkung bezieht sich auf den mißglückten Versuch Almásys, von Gialo aus direkt nach Osten, quer durch die „Große Sandsee" nach Ägypten zu fahren. Die Geländeschwierigkeiten hatten sich als unüberwindbar erwiesen. Außerdem hatte der Arzt der Gruppe, Dr. Strungmann, einen Wüstenkoller bekommen und Wachtmeister von Steffens Probleme mit dem Herz; auch der Unteroffizier Beilharz war krank. Ein Fahrzeug mußte in den Dünen zurückgelassen werden.

**** „Inspektor" und „Präsident" waren fünfsitzige Ford-Kombiwagen (auch De-Luxe-PKW genannt). Die Ford-Klein-LKW „Maria" und „Purzel" werden im folgenden auch als „Flitzer" bezeichnet.

Die Autos waren von den Deutschen eigens für dieses Unternehmen nach Tripolis eingeflogene englische Beutefahrzeuge kanadischer Produktion. Damit wollte man den Feind täuschen, sie hatten aber das für deutsche Militärfahrzeuge übliche Balkenkreuz und Symbole der Einheit an den Seiten (wenn auch teilweise verwischt bzw. mit Sand überspritzt, sodaß sie nicht sofort kenntlich waren). Auch bei der Bekleidung tat man dem Völkerrecht genüge und fuhr in deutschen Uniformen, um im Fall der Gefangennahme nicht als Spione zu gelten und womöglich standrechtlich erschossen zu werden.

Wir mußten unsere Gruppe verkleinern. Ich werde begleitet von Korporal MUNZ, Obergefreiter KOERPER, Offizier WOERMANN als Funker und PIT und PAN *. Für diese paar Leute werden die Benzin- und Wasserreserven reichen.

Ich kann es verantworten, [Unter]offizier Beilharz und Unterarzt Dr. Strungmann mit nur einem Fahrzeug („Habuba") nach Gialo zurückzuschicken. Ich habe an „Otter" gefunkt; wenn das Auto morgen abend noch nicht angekommen ist, soll ihnen ein italienisches Flugzeug übermorgen entlang der Palificata Beistand leisten.

Beilharz muß für mich Benzin und Wasser für die Rückreise nach Campo 5 bringen (316 km entfernt von Gialo). Sollte es ganz schlimm kommen, werde ich dem Luftkommando funken, daß man mir einige Kanister Benzin am Fuß des Gilf Kebir, irgendwo bei den „Drei Burgen" abwerfen soll.

Pit und Pan sind nicht übermäßig begeistert von der Aussicht, durch Kufra zu fahren. Sie fürchten, daß wir auf den Feind stoßen könnten. Dem Lufterkundungsdienst zufolge wird der britische Posten nahe dem Bir Bu Zerreigh vermutet, beim Kilometerstein 426 der „Palificata". Ich werde versuchen, vorher nach Süden abzuzweigen. Jedenfalls verläuft genau zwischen km 400 und km 425 die Palificata auf einem Kurs von 210°, d.h. parallel zu den Dünen.

Ich habe die ganze Nacht Berechnungen angestellt und die entsprechenden Eintragungen vorgenommen. Habe nur zwei Stunden geschlafen. Die Vorräte mußten nochmals verteilt und die Wagenladungen neu aufgeteilt werden. Abfahrt schließlich um 08.30 Uhr. Um dieselbe Zeit fuhr Beilharz mit dem Doktor zurück nach Norden.

Bei km 410 der Palificata keine feindlichen Spuren, aber der Dünensee im Süden sieht irgendwie offener aus. Kurs 160 für 10 km, dann 118 und zwischen den Dünen auf 75°. Nach etwa 25 km kreuze ich die Spuren (4 oder 5 Tage alt) von 3 feindlichen Fahrzeugen von Bir Bu Zerreigh – Bir Dakkar, die in beide Richtungen verlaufen. Dann in südöstlicher Richtung von den Dünen weg. Wir sind aus der Gefahrenzone draußen, durch die ich absichtlich um die Mittagszeit fuhr, da schlafen auch die Tommies. Um 3.00 Uhr sitzt Pan komplett fest. Die Männer haben 2 Stunden Arbeit, bis die „Maria" wieder frei ist. Ungefähr um 4.00 Uhr erreichen wir den Gebel el Gardaba in den Hawaisch-Hügeln. Selten haben wir mit etwas Glück festen Boden unter den Füßen. Ich finde die Spuren der alten „Trucchi-Piste" der Jahre 1932-1935. Zu jener Zeit existierte die Palificata noch nicht,

----

* *Hans Gerd Sandstede und Hans „John" Eppler*

347

und die schweren Dieselmaschinen gruben sich mit ihren doppelspurigen Reifen einen Weg zwischen den Hügeln hindurch.

Es ist leicht, auf der Piste zu fahren. Wir schlugen unsere Zelte um 19.00 Uhr am Fuß eines Qara auf. Tagesbilanz: 210 km. Ich lasse den Benzinvorrat für den Rückweg auf einen Qara [„Felshügel"] tragen und zwischen den Felsen verstecken: 4 Kanister Benzin, 2 Kanister Wasser, Depot Nr. I.

16. Mai 1942   Lager bei Depot Nr. I auf der Trucchi-Piste

Abfahrt um 06.00 Uhr. Weg leicht zu befahren, aber der Boden ist felsig. Ich versuche nach 60 km den Kurs auf einen Längengrad von 142 zu ändern. Kehre reuig aus der unbezwingbaren Mondlandschaft wieder auf die Piste zurück. Weitere [unleserlich] km auf der Piste. Allah sei gepriesen, daß es die „Trucchi-Piste" gibt, den echten „Schmugglerweg" um die Gefahrenzone herum. Die Piste taucht aus den Hügeln auf und führt über die vor uns liegenden Dünen. Natürlich auf unsichtbaren Wegen. Über die Dünen zu fahren, ist sehr schwierig; beide PKWs bleiben stecken. Schließlich, südlich der Dünen, weitere 80 km. Nördlich von Kufra. Eine dicke Schabura („Sandwolke") macht feindliche Luftaufklärung unmöglich. Ich verlasse die Piste auf Kurs 125 durch das offenere Qara-Meer. Es fährt sich besser. Ich fahre quer durch und erkenne noch die alte Route nach Tedian el Chadem, die später der östlichste Teil der Vegetationszone von Kufra war. Hie und da ziemlich alte Tommy-Spuren. Ihre Trupps haben das Gelände nach NO und O erkundet, aber sie haben die Trucchi-Piste nicht gefunden. Östlich von Ain el Gedid treffe ich auf die Spur, welche vom italienischen Major Rolle im März 1934 und seinen Leuten stammt, als er von unserem Treffpunkt im italienisch-ägyptischen Triangulationssystem zurückkam. Ich erkenne mit hundertprozentiger Sicherheit Rolles Alamat (Wegzeichen); er hatte die Gewohnheit, Palmstämmchen in die Steinpyramiden zu stecken.

Am Nachmittag wandelt sich das Qara-Gebiet in einen offenen Serir („sandige Ebene") mit vereinzelten hohen Qaras.

Die große Überraschung: auf dem Weg nach Osten von Giof (Hauptort von Kufra) tauchen 104 *frische* Reifenspuren auf! Ich hatte keine Ahnung, daß feindliche Einheiten aus östlicher Richtung auf Kufra zuhielten. Die müssen ja dann direkt vom Gilf Kebir kommen? Also ändern wir unseren Kurs und folgen den Spuren nach Osten. Dünensand, Vorankommen schwierig, die Tommies sind auch tief eingesunken und oft steckengeblieben. Schließlich kann ich aus

Geheimunternehmen Salam 1942: Vor der Abfahrt der deutschen Spezialeinheit und der beiden Agenten in der von den Italienern besetzten Oase Jalo (auch Djalo geschrieben oder italienisch Gialo).

Probleme im Sand. Almásy (links bei der Positionsbestimmung) konnte deshalb nicht den direkten Weg durch die Dünen nach Ägypten einschlagen, sondern mußte den Umweg über das Gilf Kebir wagen.

einer Reversierspur erkennen, daß die Hälfte der Einheit auf Kufra zugefahren ist und die andere Hälfte von Kufra weg. Die wegführenden Spuren sind zweifellos von diesem Morgen, die ersteren ungefähr zwei Tage alt.

Gegen Abend bleibt Pan wieder stecken. Nachdem wir das Fahrzeug befreit haben, verlasse ich die Spur und fahre Richtung Süden auf einen großen zweihügeligen Qara zu. Aber bevor wir ihn erreichen, treffen wir auf einige hundert ziemlich alte Spuren, die parallel zu den gerade verlassenen verlaufen.

Um 18.30 Uhr schlagen wir das Lager in der Senke zwischen den zwei Hügeln auf. Tagesbilanz: 250 km. Auf dem Qara deponieren wir das Vorratslager II: 6 Kanister Benzin, 1 Kanister Wasser, 1 Kanister mit Eßrationen. Ich versuche, das Auffinden von feindlichen Einheiten weiterzufunken, aber Woermann kann weder „Otter" noch „Schildkröte" verstehen.

17. Mai 1942   Lager bei Depot II

Abfahrt: 06.40 Uhr. Kurs 122 mit dem Ziel, auf meine altbekannte Gilf-Kufra-Route zu treffen. Im Osten eine große Gruppe schwarzer Qaras, die in der italienischen Karte nicht eingezeichnet sind. Es gab hier, abgesehen von der Senke und Gebel Kufra keine kartographische Erfassung mehr. Was haben die bloß zwischen 1931 und 1939 gemacht?

Ich muß bald wegen der Qara-Formationen nach Süden abzweigen. Hier gibt es auch Hunderte von älteren Spuren in Richtung Gilf-Kufra. Zwei verlassene feindliche Fahrzeuge, Marke Chevrolet mit 4-Rad-Antrieb, 3-Tonner, neuestes Modell, aber mit Hochdruckreifen. Der Kilometerzähler zeigt 435 Meilen an. Die Lösung des Geheimnisses: die Autos sind aus Wadi Halfa gekommen. Also ist die bisher gehegte Vermutung, daß Kufra von dem im Süden liegenden französischen Gebiet aus versorgt wird, nicht richtig. Wadi Halfa, Kopfbahnhof der Sudanesischen Eisenbahngesellschaft und Endstation der Nil-Dampfboote, die von Schellal kommen, ist der Stützpunkt. Die LKWs tragen die Erkennungsmarken der Sudanesischen Verteidigungskräfte.

Aufgrund von Entholts Abwesenheit muß ich zusehen, daß Woermann die laufenden Eintragungen ins Fahrtenbuch macht. Er hat keine Initiative, und ich muß ihn ständig dazu auffordern und ihm Befehle geben. Die Männer können eben noch immer nicht verstehen, daß trotz aller Erfahrung im Umgang mit dem Sandmeer eine

Langstreckenexpedition durch diesen Todesstreifen nicht anderes als eine Flucht aus der Wüste selbst ist.

Das Terrain ist schrecklich. Von Rissen durchfurchte Plateaus, weicher, angewehter Sand, die Sicheldünen der Qaras, die ständigen Kurskorrekturen und das Überprüfen des Kompaßkurses, um neue fahrbare Wege zu finden.

Da Woermann nicht in der Lage ist, Kurs und Distanz für mich zu berechnen, bin ich ständig gezwungen stehenzubleiben und die Routen auf der nutzlosen italienischen Karte zu prüfen. Der Entfernung in Kilometern nach zu schätzen, müßten wir bereits auf dem offenen Serir („Ebene") sein, mit dem ich vertraut bin, aber da tauchen plötzlich Dünen vor uns auf. Bei einer früheren Fahrt habe ich diese noch nicht nördlich meiner Route gesehen. Sie sind mit den überladenen Fahrzeugen unpassierbar, also müssen wir ausscheren und nach Norden gehen, um wieder auf die Trasse des feindlichen Konvoys zu stoßen. Ein Umweg von 100 km. Schlimm. Ich bin jedoch neugierig darauf zu sehen, wo die Tommies meine alte Spur entlang des Westhanges am Gilf gekreuzt haben.

Zu Mittag haben wir schlicßlich die Spur der Tommies erreicht. Sehr schwieriges Terrain, die Spuren sind alle alt, es ist zu erkennen, daß der Konvoy weiter nach Norden hielt. Ich denke jedoch nicht daran, weitere Umwege zu machen, wir folgen dem alten Weg, Kurs auf Osten, auf das Gilf Kebir zu. Einige gefährliche Stellen, weicher Sand und Sicheldünen, wo die Tommies auch stark eingesunken sind, aber schließlich ist es geschafft: Dort, wo ich ein dem Gilf Kebir vorgelagertes Labyrinth von zerklüfteten Hügeln jenseits der Grenze des italienischen Territoriums vermutet hatte, liegt ein niedriges Steinplateau. Flach wie ein Tisch mit kleinen felsigen Kuppen. Schwarze Schieferoberfläche. Der Weg folgt noch einige Kilometer der alten Tommy-Spur und schwenkt dann in die frischen Reifenspuren der 104 Fahrzeuge ein, die wir gestern entdeckt haben.

Auf der steinigen Oberfläche bilden die zusammenlaufenden Spuren eine regelrechte Straße. Es gibt sogar mehrere solcher Straßen, die sich gelb leuchtend über die schwarze Ebene ziehen. „Reichsautobahn" sagen die Männer.

In der dicken Staubschicht gibt es ganz neue Abdrücke. Nach einigen Kilometern wird mir klar, daß sie in unsere Richtung, d.h. auf das Gilf zu führen. Ich zähle sieben Fahrzeuge. Vorsicht ist geboten.

Da, Staubwolken vor uns! Ich halte an und führe unsere Gruppe hinter eine kleine Felsgruppe. Ich steige hinauf und sehe durch das Fernglas fünf Wolken. Und ich sehe noch etwas: Am östlichen Horizont zeichnet sich der majestätische Steilhang des Gilf Kebir ab und – gar nicht so weit in südöstlicher Richtung – der hohe rechteckige Felsturm, Punkt 1020 meiner trigonometrischen Messungen. Ich befinde mich auf vertrautem Boden und nach ein paar Kilometern sogar innerhalb des auf meiner Karte festgehaltenen Gebietes. Allahu akbar.

Wir müssen vorsichtig fahren, um den Tommy-Zug nicht unabsichtlich zu überholen. Der große feindliche Konvoy läuft tatsächlich mit meiner früheren Spur zusammen. Nach kurzer Zeit fahren wir auf dem einzigen für Fahrzeuge möglichen Weg, den ich hier von früher kenne, einem schmalen Durchgang zwischen den beiden runden weißen Felsblöcken, die ich damals „El Bab el Masr" (Das Tor zu Ägypten) genannt habe. Die Grenze ist passiert.

Nun ist mir alles vertraut, die Täler mit dem roten Sandboden, die mächtige Felswand auf der Linken, das Gewirr der Ausläufer auf der Rechten, nur eines ist neu: die vorgespurte Piste, die vielen hundert Reifenspuren, die jeden Talboden bis an die Seiten durchziehen. Im Mai 1932 entdeckte ich dieses riesige Plateau, ich war der erste, der hier entlangfuhr, mich orientieren mußte und herumgesucht habe; der Krieg hat seine Spuren mit gewaltigen Klauen in diese verborgene Welt gehauen.

Schließlich umrunden wir den SW-Vorsprung des Gilfs und erreichen so die Ebene. Sobald sich die Möglichkeit ergibt, verlasse ich die Hauptlinie der feindlichen Reifenspuren und fahre fast über die zerklüfteten Ausläufer der Felswand. Am Ausgang zur Ebene weitere vier verlassene feindliche Fahrzeuge. Eines davon, ein alter Fiat, wurde wahrscheinlich in Kufra beschlagnahmt.

Von der Einheit vor uns ist nichts mehr zu sehen. Mit Sicherheit verlaufen hier längs der zerklüfteten Felsausläufer einige Fahrspuren, aber ich weiß, daß die Trasse der feindlichen Einheit weiter draußen über den Serir führt.

In einer tiefen Felsöffnung unweit vom Wadi Anag suche ich uns ein Versteck. Eine richtige Räuberhöhle. Auch wenn man hineinfährt, sieht man uns nicht, bevor man um die letzte Ecke vor uns herumgefahren ist. Wir machen Halt um 18.30 Uhr. Tagesbilanz: 240 km. 100 davon umsonst. „Purzel" wird hier geparkt und Depot Nr. III mit 6 Kanistern Benzin, 3 Kanistern Wasser und 1 Tagesration für 4 Männer wird in einer Felsspalte angelegt. Ich lasse die Erkennungsmarken des Fahrzeugs übermalen, entferne daraus alles, was darauf hindeuten könnte, daß wir es benützt haben, fahre es so tief wie möglich in eine Felsspalte hinein und befestige folgende Nachricht innen an der Windschutzscheibe: „Cette voiture n'est pas abandonnée. Elle rentrera

à Coufra. Défense d'enlever aucune pièce." („Dieses Fahrzeug ist Privateigentum. Es wird nach Kufra zurückgefahren werden. Bitte nichts entfernen.")
Die Tommies sollen glauben, daß das Fahrzeug ihren Degaullisten-Verbündeten gehört. Die Karten und Fahrtenbücher, die bisher benutzt wurden, werden versteckt. Wenn sie uns gefangennehmen, können sie sich das Hirn darüber zermartern, woher wir gekommen sind.

18. Mai 1942 „Räuberlager", Depot Nr. III

Wir starten um 09.25 Uhr, weil wir umladen mußten, jetzt mit nur 3 Fahrzeugen. Ich fahre nahe am Fuß des Hügels bis WADI SORA. Dort zeige ich den Männern die Höhlen mit den prähistorischen Felsmalereien, die ich 1933 entdeckt habe. Einer der Männer hebt einen Radiergummi der deutschen Marke „Reform" auf. Frau Pauli aus meiner Reisegruppe hat ihn hier verloren, als sie die Felsmalereien abzeichnete.

Weiter zu den „Drei Burgen". Auch da, im hügeligen Land zwischen der Felswand und den drei Kuppen, die ein deutliches Stück entfernt davon stehen, sind viele feindliche Reifenspuren, aber es ist erkennbar, daß der Feind es immer vorgezogen hat, durch den Serir südlich der „Drei Burgen" zu fahren.

Oben angekommen, nahe den drei Qaras, fahre ich mein Auto vorsichtig über den Kamm – da: unten in der Ebene, wo ich früher den Landeplatz hatte, genau 4 km in südlicher Richtung, eine Gruppe von feindlichen Fahrzeugen. Ich schaue lange durch mein Fernglas. Keine Bewegung. Aber die Fahrzeuge sehen auch nicht aus, als ob sie beschädigt liegengelassen worden wären. Einmal hatte ich hier – auf einem Drittel des Weges zwischen Wadi Halfa und Kufra – ein Benzindepot! Könnte es ein feindliches Benzindepot sein?

Zuerst gehe ich in die Höhle der östlichen „Burg", um nach meinem alten Wasservorrat zu sehen. Den hatte ich 1932 angelegt und 1933 aufgefüllt. Acht gelötete „Shell"-Kanister mit Wasser aus Kairo. Dieser Vorrat hat Major Bagnold und seinem Begleiter 1935 das Leben gerettet, als sie nur 24 km von hier einen Achsbruch an ihrem einzigen Fahrzeug hatten. Einige Kanister sind durchgerostet und leer, aber vier davon sind noch voll; ich öffne einen vorsichtig, um das Wasser nicht zu verschütten. Wir gießen es in einen Kochtopf, es ist klar und geruchlos. Jeder von uns nimmt einen Schluck von dem 1933er Jahrgang, und wir finden das Wasser ausgezeichnet.

Ich lasse ein Fahrzeug auf der Südseite der östlichen „Burg" und gebe Weisung, daß es unverzüglich zu der mittleren „Burg" zu fahren sei, sobald eine Bewegung in der Ebene zu beobachten wäre. Dies sollte mir als Warnsignal dienen, während ich über den „toten Boden" zur Gruppe feindlicher Fahrzeuge hinüberfuhr. Munz begleitete mich. Wir finden 6 der neuen 5-Tonnen-Modelle, beladen mit schwarzen Eisentonnen. Auf den Tonnen der Schriftzug „M.T. Benzine 70 C", also französischen Ursprungs. Inhalt ungefähr 50 Liter, aber leider ganz leer. Die Fahrzeuge sind nicht zurückgelassen, sondern geparkt worden. Auf einem stehen die Worte: „Aufgetankt für die Rückfahrt". Ich nehme eine Dachseitenstütze, öffne den rechten Tank des Fahrzeugs und tauche die Stange in den Benzintank: voll! Beim linken Tank genauso. Dann beim nächsten Fahrzeug und beim dritten und bei allen sechs, das macht 12 volle Benzintanks. Mit dem Maßband messe ich Länge, Breite und Tiefe der Tanks, kurz überschlagen: 500 Liter Benzin. Das ändert meine gesamten Pläne. Ich kann die Fahrt zu meinem Ziel mit beiden Fahrzeugen durchführen und wahrscheinlich sogar den einen Lastwagen mit nach Hause nehmen. Munz sichtet durch das Fernglas das Auto, das als Warnsignal bei den „Drei Burgen" abgestellt ist. Es hat seine Position nicht verändert, die Luft ist rein.

Wieder zurück bei unseren Gefährten. Das Auto wird sofort entladen, wir lassen das Warnsignal aufrecht und fahren schnellstens zu den Tommy-Fahrzeugen zurück. Im Nu ist eine leere Tonne unter jedem Tank, wir lockern die Verschlußschrauben, und aus allen Tanks fließt die kostbare Beute in die Tonnen. Nur am zwölften Tank gelingt es uns nicht, den Verschluß zu öffnen. Ärgerlich, denn das wird dem Feind verraten, daß das Benzin nicht „verdunstet" ist.

Einige von uns untersuchen nun die Tonnenladung genauer und stellen triumphierend fest, daß noch eine volle Tonne darunter ist. Ich durchsuche die Autos. Die Tachometer zeigen genau die Entfernung von Wadi Halfa nach hierher an. Langsam verstehe ich die Zusammenhänge: Die feindliche Einheit legt von Wadi Halfa aus das erste Drittel der Entfernung zurück – ungefähr bis zur Prinzendüne – und läßt dort eine bestimmte Zahl Autos zurück, die bis zu diesem Punkt die ganze Einheit mit Benzin versorgt haben. Dann geht die Reise bis hierher weiter, das zweite Drittel der Entfernung, und hier werden die sechs Lastwagen mit den leeren Benzinkanistern stehengelassen. Wenn die Einheit von Kufra zurückkehrt, fährt sie zu diesen Lastwagen, daher sind ihre Tanks voll. Die Batterien sind alle herausgenommen, werden wahrscheinlich auf dem Rückweg wieder eingesetzt. Gekennzeichnet sind sie mit dem Zeichen der sudanesischen Verteidigungskräfte: grün, rot und weiß mit der Silhouette eines Kamelreiters.

Spione (in der Mitte Almásy) stellen sich zum Gruppenphoto. Das Bild ist im Wadi Sura nahe der „Höhle der Schwimmer" aufgenommen.

Linke Seite:
Lager am Fuß der Felsen des Gilf Kebir und Weiterfahrt in Richtung der ägyptischen Oasen. Obwohl getarnt, sind das deutsche Balkenkreuz und andere Symbole an den Türen der Autos zu erkennen.

Das Benzin ist abgeronnen, die zwölf Tonnen werden auf unseren Lastwagen verladen. Nur unter Schwierigkeiten können wir ihn vom Treibsand befreien, der sich rund um die Reifen häuft. Während dieser Wagen zu den „Drei Burgen" zurückrollt, wo unser drittes Auto noch immer geduldig wartet, gehe ich nochmals die sechs feindlichen Autos eins nach dem anderen ab. Die werden nicht mehr gegen uns verwendet werden können: weg mit der Kappe des Ölbehälters und einige Handvoll feiner Wüstensand hineingeworfen. Ganz vorsichtig und sauber, daß man nichts merkt. Auch soll nicht in jedem Behälter dieselbe Menge an Sand sein, ein Auto soll noch 10 bis 15 km laufen, ein anderes 30 bis 35 km, bevor der Motor streikt. Dann wird es eben der üble Wüstensturm „Ghibli" gewesen sein.

Und jetzt so schnell wie möglich fort mit unserem Fang. Ich fahre mit allen Fahrzeugen nach NO ins Hügelland hinein, auf El Aqaba zu. Nach etwa 20 km bietet ein spitzer Hügel und eine vom Wind gefräste Felsspalte ein gutes Versteck. Die Benzinkanister werden so geschickt zwischen den schwarzen Felsen verteilt, daß sie nicht einmal von Fahrzeugen aus, die unseren Spuren folgen, zu sehen sind. Dann fahre ich zu „Drei Burgen" zurück und hole die Ladung unseres Kleinlastwagens, die wir dort gelassen haben.

In der Zwischenzeit ist der Abend vorangeschritten. Die heutige Tagesbilanz ist gering: nur 120 km, wovon etwa 30 km auf das Hin- und Zurückfahren auf derselben Strecke entfallen. Aber es hat sich ausgezahlt: Unsere Rückreise ist gesichert.

Heute ist es Woermann endlich gelungen, „Schildkröte" zu kontaktieren und seinen Bericht weiterzufunken.

19. Mai 1942   Beutelager

Abfahrt um 07.15 Uhr. Ein schlechter Tag: Ich habe den Eingang zu El Aqaba nicht gefunden.

Am Morgen fuhr ich in Richtung der großen Spalte im Gilf Kebir, wo das Wadi von El Aqaba seinen Ursprung nimmt. Ich stieß bald auf ziemlich alte feindliche Spuren und war überzeugt, daß sie aus dem Paß herausführten. Ich habe gegen eine Grundverhaltensregel in der Wüste verstoßen, die lautet, daß man niemals feindlichen Spuren folgen soll, wenn man nicht sicher ist, woher sie kommen!

Wir fuhren am Fuß des Gilf Kebir, weit entfernt von Aqaba, in östlicher Richtung und wieder zurück und näher am Steilhang entlang in mehrere Wadi-Eingänge hinein, wobei ich jeden für den Eingang von El Aqaba hielt. Überall unzählige britische Reifenspuren, die kreuz und quer über die Geröllfelder verlaufen, als ob auch der Feind den Weg zum Paß hinauf gesucht hätte. Früher einmal war es einfach, da gab es nur einen Ost-West-Weg entlang des Steilhanges und meine Spur vom Paß herunter. Mit den zahlreichen Spuren und vielleicht durch die starken Regenfälle von 1935 sieht jetzt alles verändert aus.

Es hatte keinen Sinn. Ich mußte zu unserem Ausgangspunkt zurückkehren, um von dort auf den beiden Felsausläufern und von den „Drei Burgen" aus zu messen, um erstens meine Position und zweitens die Position des Wadi El Aqaba zu bestimmen. Wir hätten noch Zeit für einen zweiten Start gehabt, aber an meinem Wagen war in dem Geröllfeld eine Feder gebrochen, und Munz und Koerper mußten eine Ersatzfeder montieren. Gedrückte Stimmung in unserem Camp. Tagesbilanz: ungefähr 80 km.

20. Mai 1942   *Beutelager*

Abfahrt: 06.45 Uhr. Ich fahre an der Spitze unserer Kolonne den Hügel hinauf. Schreckliche Fahrbedingungen über großbrockige Geröllhalden. Die Autos müssen buchstäblich geschoben werden. Ohne weiteres finde ich jetzt den Eingang zum Wadi aufgrund der gestrigen Kursberechnung. Im Flußbett selbst befinden sich nur meine eigenen alten Spuren. Der Feind hat zweifellos Aqaba gesucht, aber nicht gefunden. Einen Moment lang befällt mich Angst: Vielleicht haben sie den Weg zum Paß hinauf vermint oder den Übergang an der engsten Stelle gesprengt. 1937 gab es Gespräche darüber, ich sollte sogar meine Meinung über die Machbarkeit abgeben.

Ich fahre voraus und halte nach Minen Ausschau. Als wir den Gipfel erreichen, finde ich des Rätsels Lösung. Eine Reihe feindlicher Fahrzeuge hat tatsächlich etwa vor einem Jahr den großen Graben im Gilf Kebir durchquert, aber die Auffahrt zum Paß nicht einmal von oben gefunden und ist durch „Penderel's Wadi", das im Osten von El Aqaba liegt, wieder in die Ebene zurückgekehrt. Penderel's Wadi kann von unten aus nicht befahren werden, es ist eine steile Schlucht mit vielen Kehren und feinem Treibsand. Ich kann mir die lautstarken Flüche der Briten lebhaft vorstellen!*

Mit Vollgas fahren wir nach Norden durch die „Große Schlucht".

---

* Anmerkung mit roter Tinte: Ich erfuhr später von Clayton, daß er diesen Paß verminte, ohne auf mich Rücksicht nehmen zu können. [= *Anmerkung im Original]*

Meine alten Spuren sind oft sichtbar. Dummerweise versuche ich Claytons Spur dort zu folgen, wo er einen kurzen Einschnitt auf dem kleinen östlichen Plateau entdeckt hat. Mit unseren überladenen Fahrzeugen ist das jedoch nicht möglich, wir verlieren nur kostbare Zeit. Dann weiter durch den nördlichen Punkt des Plateaus nach SO. Vor sieben Jahren habe ich diesen Durchgang entdeckt, das geheime Tor nach Ägypten, der „verbotene Weg" im wahrsten Sinne des Wortes.

Ich mache mir ziemliche Sorgen darüber, wie wir den schwierigsten Teil meiner früheren Einfahrt in das Gilf bewältigen werden, aber meine alten Spuren – denen übrigens auch der britische Trupp gefolgt ist – sind ein sicherer Führer. Das Dünenende, welches uns den Weg versperrt, wird mit größter Vorsicht behandelt. Zuerst überzeuge ich die Männer davon, hinaufzusteigen und den einzig möglichen Weg für die Fahrzeuge zu Fuß zurückzulegen. Alle drei Fahrzeuge rollen dann leicht darüber hinweg. Vorher habe ich noch dafür Sorge getragen, daß ein Fahrkanal, wo der Sand nicht aufgewühlt werden darf, für den Rückweg freibleibt. Pit fährt wie gewöhnlich wie ein Wilder; anstatt meiner Bahn zu folgen, lenkt er den „Präsident" mehr schlecht als recht über den abschüssigen Teil des Dünenendes. Ein Wunder, daß das Fahrzeug nicht umkippt. Ergebnis: die Spurstange des Stoßdämpfers ist gebrochen. Alles in allem: außer Munz haben die Männer kein Fahrtalent, nur Koerper stellt sich etwas geschickter an. Was für ein Unterschied zu meinen Sudanesen!

Wir machen Halt nahe den „Zwei Brüsten" in der Ebene am östlichen Abhang des Gilf Kebir. Tagesbilanz: 200 km. 60 km davon in dem überflüssigen Bemühen, die Strecke „abzukürzen". 3 Kanister Benzin und 2 Kanister Wasser werden deponiert. Funken ist nicht möglich, anscheinend ist der Transformator beschädigt!

21. Mai 1942   „Zwei Brüste"

Ich möchte heute bis südlich der Oase Dachla kommen, und da ich seit einigen Tagen an Schlaflosigkeit leide, setze ich Wecken für 4 Uhr morgens an. Um 6.30 Uhr kommen wir dann weg. Ich kann nicht ostwärts weiter oder meine Hauptroute auf 60 Grad benützen, weil dort östlich der „Beiden Brüste" ein breites Dünenende liegt. Das letzte Mal fuhr ich von Abu Ballas kommend durch die Berge nördlich von hier, also in nördlicher Richtung. Genau hinter dem ersten Berg können wir um das Dünenende herum- und auf unserem Kurs weiterfahren.

Der härteste Tag bisher, was die Bodenverhältnisse betrifft. Niedrige Plateaus, und immer wieder kleine Hügel mit Dünenanhäufungen, die soviel Ärger bringen, weite Ebenen mit streckenweise Schiefergestein und nur ab und zu ein Stück offener Serir. Den Fahrzeugen tut dieser Untergrund gar nicht gut, den Fahrern hinter mir wahrscheinlich auch nicht. Ständig muß ich stehenbleiben und die Route auf der Karte einzeichnen. Dieses Mal kann ich die zurückgelegte Strecke nicht mit einem Strich einzeichnen, sondern nur mit einem scharf zugespitzten Bleistift kleine Punkte in die Karte setzen: Sollten wir gefangengenommen werden, wird kein Landvermesser auf der ganzen Welt in der Lage sein, unserer Route zu folgen.

Ich habe einen Kurs nördlich des ausgedehnten Dünengürtels, den ich letztens vom Flugzeug aus gesehen habe, gewählt. Aber ich weiß nicht, wie weit in den Norden die Dünen reichen. Es wäre klüger gewesen, meinem alten Weg Richtung Abu Ballas zu folgen, denn auf dieser Strecke hier ist wegen der ständigen Umwege keine Kilometerersparnis zu erzielen.

Mit der Düne haben wir Glück gehabt, denn wir sind genau auf die Bergkette gestoßen, wo sie beginnt, und wir werden am Fuß der Berge relativ leicht daran vorbeikommen. Um etwa 11 Uhr sichten wir eine hohe Bergspitze am fernen Horizont. Gerade wie ein Strich vor dem Kühler. Ich wollte es zuerst nicht glauben, daß ich trotz der beängstigenden Umwege den „Berg mit den zwei Spitzen" vor mir hatte. Ein Vergleich mit dem Kompaß des Navigators zeigte eine kleine Abweichung um 9 Grad nach Süden. Der Berg scheint unerreichbar. Eine Stunde lang fuhr ich auf ihn zu, und noch immer ist er weit weg. Ein guter Wegweiser, schon aus 50 km Entfernung zu sehen.

Wir kommen in der Mittagshitze bei ihm an. Ein „Flitzer" wird hier zurückgelassen. Ab jetzt haben wir nur mehr 2 Autos. Das Umladen ist schnell erledigt. Ich lasse 4 Kanister Benzin und 3 Kanister Wasser zurück. Der „Flitzer" hat auch noch einen vollen Tank.

Die auf der Karte eingetragene Route Bagnolds liegt nicht weit von hier. Nach knapp 20 km treffen wir auf die alte Spur. Der Boden wird besser befahrbar. Ziemlich große Sandflächen mit vereinzelten Hügeln, die gute Orientierungshilfen darstellen. Ich fahre so weit wie möglich auf diese Orientierungspunkte zu, nachdem ich die Position der Hügel gemessen habe, weil meine Augen von dem ewigen Nach-Kompaß-Fahren schon ziemlich schmerzen. Ich muß heute etwas früher als sonst unser Camp aufschlagen, damit mir die Männer nicht schlapp machen. Um 18 Uhr treffen wir auf geeigneten Lagerboden am Fuß eines der vielen einzelnen Felsen. Die heute bewältigte Strecke beträgt 230 km.

Die Funkverbindung ist wieder zusammengebrochen. Woermann berichtet, daß der Transformator nicht funktioniert. Die Männer beschäftigen sich damit eine Stunde lang, kommen schließlich unverrichteter Dinge damit zurück und widmen sich unserem Eintopf-Nachtmahl. Drei Funktechniker und ein Mechaniker sind nicht in der Lage, den Fehler herauszufinden! Alles muß ich immer selber machen bei diesem Unternehmen. Pit und Pan, die im Funkauto fahren, sind die unordentlichsten Kerle, die ich jemals in meinem Trupp hatte. Das Innere des Funkautos sieht fürchterlich aus – Transportgut, persönliche Dinge, Waffen und Proviant, alles durcheinander. Da kenne ich keine Gnade, ich lasse alles herauswerfen und habe innerhalb von ein paar Minuten die Ursache gefunden: das Eingangskabel zum Tansformator wurde von irgendeinem spitzen Gegenstand durchgetrennt. Als ich Woermann anweise, ein neues Kabel anzuschließen, meldet er mir, daß er das nicht kann, weil er keine technische Ausbildung erhalten habe! Also bin wieder ich an der Reihe, am Ende funktioniert der Transformator aber immer noch nicht. Eine neuerliche Suche mit einer Fackel bringt es an den Tag: das Verbindungskabel ist auch heraußen! Endlich läuft der Transformator wieder, aber wir bekommen keinen Kontakt. Der Fehler muß in dem Gerät selbst liegen! Ich bin kein Funktechniker und kann nichts mehr tun. Pit muß es morgen mit seinem Gerät versuchen.

22. Mai 1942   Lager 8

Von jetzt an haben die Lager im Fahrtenbuch keine Namen mehr, es soll für niemanden nachvollziehbar sein, von wo wir gekommen sind. Aufbruch um 7.30 Uhr.

Etwas besseres Terrain, lange Strecken mit guten Orientierungspunkten, an die man sich halten kann. Probleme mit einigen Felsplateaus, die man um- oder überfahren muß. Stellenweise taucht immer wieder die Spur Bagnolds von 1934 auf. Ich muß 80 km weiter als gestern kommen, bevor ich das letzte Depot anlegen kann. Eine abschüssige „Windscharte" zwischen zwei kleinen Qaras, die etwa 10 km weit neben unserer Fahrstrecke liegen, scheint mir geeignet. Genau genommen ist es bedenklich, ein Depot an einem Ort ohne unverwechselbares, von weitem zu sehendes Merkmal einzurichten, so daß man auf dem Rückweg gezwungen ist, seinen eigenen Spuren nachzugehen. Aber hier gibt es keine eindeutigen Merkmale, und ich muß das Depot südlich von Dachla anlegen, so daß ich dort beim Rückweg nötigenfalls abzweigen kann. 4 Kanister Benzin und 2 Kanister Wasser sowie die bis jetzt benutzten Karten werden in einem Felsspalt zurückgelassen.

Ich erzähle meinen Männern, wie im Jahre 1931 etwas weiter östlich von hier die Kufra-Flüchtlinge unter großen Strapazen in Richtung Dachla gezogen sind und der tapfere Mamur von Dachla, Abd er Rachman Zoher, mit seinen beiden alten Fords bis zu 300 km in die Wüste hinausgeprescht ist, um so vielen wie möglich das Leben zu retten. Er versorgte 340 Männer, Frauen und Kinder, die sich bereits aufgegeben hatten, mit Wasser und beförderte die Kranken und Sterbenden in seinen primitiven Autos nach Dachla. Sechs Tage lang fuhr dieser ungerühmte Held der Wüste immer wieder mit seinen Untergebenen in die unbekannte Todeszone hinaus, um die verstreuten Grüppchen von Flüchtlingen einzusammeln. Er fand mehr als 100 Tote, und von denen, die er nach Dachla gebracht hatte, starben später mehr als 40 Frauen und Kinder. Ein Jahr danach traf ich weiter nördlich auf Spuren dieser größten Tragödie in der Libyschen Wüste und bestattete die Leichen eines Mädchens und eines kleinen Jungen, die schon mumifiziert waren, nach islamischer Sitte. Nur wenige Kilometer vom Depot entfernt wurde meine Geschichte auf traurige Weise bestätigt. Die Skelette einiger Kamele, ein ausgebleichter menschlicher Schädel von schneeweißer Farbe und ... tatsächlich: der Abdruck der Hochdruckreifen von Mamurs zwei engspurigen Fords.

Am Nachmittag wird der Boden immer schlechter. Ich halte intensiv Ausschau nach irgendwelchen Spuren auf der Route Charga – Bir Messaha, aber zu meinem Erstaunen kommen wir nur über einige alte Reifenspuren, viele davon zweifellos von mir selbst.

Ich würde gerne das Kriegsgrab der beiden Flieger wiederfinden, das auf unserem Weg liegt und an dem ich 1932 vorbeigefahren bin. Zwar finde ich auf der früheren Bir-Messaha-Strecke ein großes Hinweisschild, hölzerne Tafeln auf einem Pfosten, aber weder das Grab noch – entgegen meiner Erwartung – eine frische Spur zur Messaha-Quelle.

Gegen Abend schließlich fahre ich auf der Abu-Moharig-Düne nordwärts so schnell es der schlechte Boden erlaubt, um die Charga-Dachla-Straße noch zu erreichen, bevor es dunkel wird. Natürlich gelingt es mir nicht. Ich muß etwas weiter südlich als beabsichtigt zur Düne gekommen sein, und nun liegt die Straße nördlich von uns. Die Dunkelheit bricht herein, und wir lassen uns in einer kaum Schutz bietenden welligen Sandebene nieder, möglicherweise sind es nur einige hundert Meter bis zur Straße. Aber ich wage es nicht, die Straße im Dunkeln zu überqueren oder sie bei Scheinwerferlicht zu suchen. Das Wichtigste ist für uns jetzt der Funkkontakt. Pits Gerät funktioniert gut, und er sendet sein Rufsignal zum Sternenhimmel hinauf. Wir versammeln uns um ihn, schauen ihm mit angehaltenem Atem zu und horchen auf das Pfeifen aus seinem Kopfhörer. „Schildkröte" antwortet nicht.

Ich habe kaum genug Benzin für die Rückfahrt. Alles war genauestens abgesprochen, ich sollte nur über Funk Bescheid geben, dann würde man Benzin, Wasser und Nahrung, auf welchem Planquadrat ich es auch wünschte, abwerfen. Nun ist das Gerät, das auf unsere Startposition eingestellt ist, ausgefallen, und auf dem anderen Gerät meldet sich die gerufene Station nicht! Vielleicht ist es dort gerade „sandstürmisch". Dabei hatte ich dringend gebeten, „Schildkröte" auf einem bestimmten Punkt eingestellt zu lassen.

Ich entferne mich von der besorgten Gruppe und denke unwillkürlich an die Männer der Nobile-Expedition. Sie werden wohl auch mit ähnlich betretenem und gespanntem Blick das mysteriöse Gerät angesehen haben, das Kontakt mit der Welt, das Beistand und Hilfe bedeutet.

Ich rechne nochmals nach, wieviel Benzin wir noch haben und im Durchschnitt verbrauchen. Wenn ich morgen auf der Straße nach Charga fahre, anstatt unbeobachtet durch die Dünen, werde ich es knapp schaffen. Im schlimmsten Fall werde ich eben mit List oder Gewalt Benzin beschaffen müssen. Meine Entscheidung steht fest: um Benzin zu sparen, werde ich auf der Straße bleiben. Wir haben heute 280 km über äußerst schwieriges Terrain zurückgelegt und lagern in unmittelbarer Nähe der Oase Charga.

23. Mai 1942   Lager 9

Wir haben heute einen schweren Tag vor uns. Ich bin dazu entschlossen, das Ziel zu erreichen und nach Möglichkeit einen großen Teil der Rückfahrt zu bewältigen. Zum ersten Mal seit Beginn des Unternehmens teile ich Pervitin an alle aus, denn die Müdigkeit vom Vortag ist immer noch zu spüren.

Wir fahren im ersten Morgengrauen nach Norden los und erreichen bald darauf, etwa 15 km vor der Oase, die Dachla-Charga-Straße. Auf der schönen Straße machen wir keinen Halt. Hier ist mir alles vertraut, die vereinzelten Barchane der Abu-Moharig-Düne, durch die sich der Weg in meisterhafter Weise schlängelt, die Eisenschienen der aufgelassenen Eisenbahnlinie, die einmal nach Dachla hätte führen sollen, auf der linken Seite Gebel Ter und am östlichen Horizont im zarten Rot des sinkenden Tages die mächtige Wand des ägyptischen Kalksteinplateaus.

Nach 5 km bleibe ich stehen und schärfe den Männern im hinteren Wagen – das sind Munz, Woermann und Pan – nochmals ein, daß sie unter keinen Umständen zurückbleiben dürfen, daß sie anhalten sollen, wenn ich anhalte und losfahren, wenn ich das tue. Die Maschinenpistolen sind im Anschlag, aber sie sollen nur benutzt werden, wenn ich damit beginne.

Wir fahren an der Eisenbahnstation vorbei. Da rührt sich jetzt nichts, dann scharf links durch eine neu belegte breite Straße zum Markaz (Verwaltungssitz). Diese neue Straße gefällt mir nicht. Sie hat zu meiner Zeit noch nicht existiert, und nun wird auch die Straße, die nach Moharig abzweigt, so schön ausgebaut werden müssen.

Auf dem kleinen runden Platz, von dem der Weg zum Markaz abgeht, stehen zwei ägyptische Chaffire (Nachtwächter), nur einer von ihnen trägt eine Pistole. Beide stehen auf dem Weg, und ich bleibe gelassen stehen. Einer von ihnen grüßt mich respektvoll auf arabisch, weist auf seinen Mund und sagt: „No inglisi". Ich grüße zurück und sage ihm, daß ich Arabisch spreche. Der Mann ist erfreut und erzählt mir, daß die Autos zum Markaz fahren müssen, da alle Durchreisenden dem Muhafiz (Oberkommandierenden) Bericht zu erstatten haben. Ich antworte, daß der Bimbaschi (Major) natürlich einen Bericht geben wird, daß ich aber nur das Gepäck des Bimbaschi fahre und daher schnell zum Bahnhof müsse.

„Wo ist der Bimbaschi?"

„Im vierten Wagen."

Der Mann blickt überrascht in die Richtung, aus der wir gekommen sind. Ich frage ihn: „Wie viele Autos sind hinter mir?"

„Nur eines."

„Gut." Ich zeige auf den einen der Chaffire. „Du bleibst hier und wartest auf die anderen beiden Autos. Der Bimbaschi fährt im vierten Wagen. Du wirst ihm den Weg zum Markaz zeigen." Dann wende ich mich an den anderen: „Und du steig schnell ein und zeig mir die Abzweigung nach Moharig."

„Hadr Effendi."

Alles, was ich möchte, ist, diese beiden auseinanderzubringen, bevor sie Zeit haben, darüber nachzudenken, ob sie so früh am Morgen zwei Autos passieren lassen sollen. Nach ein paar hundert Metern erreichen wir die Hauptstraße, die nach Moharig, also zu unserem Ziel führt. Ich halte an, lasse den Mann aussteigen, danke ihm und fahre sofort weiter. Ich sehe im Rückspiegel das zweite Auto direkt hinter mir.

Im Schein der aufgehenden Sonne fahren wir durch die schönste aller Oasen. Zu unserer Rechten der Ibis-Tempel, dann auf der Linken die frühchristliche Totenstadt, die römische Zitadelle und die kleinen Wachttürme und dazwischen die bezauberndsten Stellen der Oase mit ihren leuchtenden grünen Feldern, den großen schattenspendenden Lebah-Bäumen und den zahllosen Palmen. Die Straße ist ausgezeichnet. Sie verläuft den Eisenbahnwall entlang und kreuzt diesen, wo die alte Straße früher vom Markaz nach Moharig führte. Ich halte Ausschau nach einem Esbah (Bauernhof) direkt an der Straße, damit ich am Rückweg ohne großen Zeitverlust Wasser nachfüllen kann. Bei Kilometerstein 35 befindet sich ein solcher mit einer Quelle, kaum hundert Schritt rechts von der Straße.

Die aufgelassenen ehemaligen Gefangenenlager von Moharig liegen mit ihren halb zerstörten Gebäuden unverändert da. Ich mache einige Aufnahmen, und wir fahren mit gleicher Geschwindigkeit weiter.

Schließlich sind wir – nach 50 Kilometern – am Yaboa Paß. Im kühlen Morgenwind fahren die Autos ohne Probleme die unglaublich steile römische Straße empor. Am Gipfel entfernen wir die Warntafel und fahren dann ohne weiteren Halt auf unser Ziel zu. Ich sehe zu meiner Freude, daß die Straßenqualität sich optimal auf den Benzinverbrauch ausgewirkt hat. Die Straße scheint wenig befahren zu sein. Nur dort, wo die erst vor kurzem neu belegte Dachla-Straße einmündet, sind die Spuren zahlreicher und frischer, aber leider hat die Straße selbst „Wellblechqualität".

Die nächsten Stunden unserer Fahrt sind monoton und vergehen ohne Zwischenfälle. Schließlich will ich bei Kilometerstein 30 vor unserem Ziel den zweiten Wagen irgendwo am Rande des Weges parken, aber es gibt keine geschützte Stelle. Bei Kilometerstein 29 befindet sich ein kleiner Kalksteinhügel auf der Rechten, zu welchem ich hinfahre. Ich schärfe Koerper und Woermann ein, daß sie hier 3 Stunden, d.h. bis 17 Uhr, warten sollen. Wenn ich bis zu dem Zeitpunkt nicht zurück bin, sollen sie vorsichtig entlang unserer Spur zurückfahren. Die beiden haben genügend Benzin, Wasser und Nahrung, um zum letzten Depot zurückzukommen, auch einzeln. Natürlich würden sie, ab Kilometerstein 15 auf der Dachla-Straße, genauestens den Spuren folgen müssen, die wir bei der Hinfahrt hinterlassen haben, sonst würden sie niemals zurückfinden. (Notiz mit Bleistift: Wie hätten sie wohl durch Charga kommen sollen?)

Ich fahre mit Munz, Pit und Pan dem Kompaß folgend nach Osten, um die alte Kamelstraße zu suchen, die östlich der Fahrstraße liegt. Ich habe mich vor Jahren in dieser Gegend verirrt und bin auf ganz schlechtes Terrain ins „Hiraschif" (zerklüftetes Erosionsgebiet) des Kalksteinplateaus gekommen. Ich lenke mein Fahrzeug mit äußerster Vorsicht und genauestens nach den Angaben in der ausgezeichneten Spezialkarte. Dafür werde ich auch belohnt und finde die Kamelroute genau dort, wo sie laut Karte sein sollte. Nun ist alles vergleichsweise einfach. Um 14 Uhr kommen wir an den Rand des Plateaus. Kaum vier Kilometer unter uns liegt das tiefe grüne Tal und der silbern glänzende Fluß, die große weiße Stadt, die zahllosen Esbahs und Landhäuser.

Viel wird nicht gesprochen, ein paar Hände werden geschüttelt, ein letztes Photo, ein kurzes Lebwohl, und dann fahre ich mit Munz auf unserer eigenen Spur zurück. Beim wartenden Fahrzeug angekommen, verlieren wir keine Zeit, bald sind wir wieder unterwegs, vor uns liegt nochmals die Strecke von 2 200 Kilometern, die wir gerade hinter uns gebracht haben.

Wir erreichen den Yaboa-Paß erst nach dem Dunkelwerden. Kurzentschlossen lasse ich die Tarnfarbe von den Scheinwerfern entfernen, und wir fahren die steile Serpentinenstraße mit voller Beleuchtung hinunter. Ich beschließe, die Nacht in jener Esbah bei Kilometerstein 35 zu verbringen, auf die meine Wahl am Vormittag gefallen ist. Von dort kann ich die Oase morgen möglichst früh durchqueren.

Im bleichen Mondlicht gehe ich durch eine Palmenzeile zu der Esbah. Das Japsen eines jungen Hundes und der traditionell langgezogene Warnschrei: „Miiin?" Ein Gruß wird ausgetauscht mit dem Besitzer, dessen kleiner Sohn uns sofort einen Krug köstlich frischer Milch als Diafa (Gastgeschenk) bringt. Meine Männer haben das Camp aufgebaut, und ich lade die fünf Leute, die in der Esbah leben, zum Tee ein. Ich drücke mein Bedauern darüber aus, daß wir keinen Zucker haben und entschuldige mich beim Pater familias mit der Erklärung, daß „unser Gepäck falsch verteilt war", so daß sich der Zucker in den anderen Autos befindet, die später nachkommen. Er läßt sofort Zucker aus dem Haus kommen. Ich nütze die Gelegenheit und kaufe ihm ein Paket für 20 Piaster ab.

Die guten Leute geben mir auf alles, was ich wissen will, Antwort und füllen meine Wasserkanister mit bestem süßem Trinkwasser. Ich hätte mich liebend gerne noch stundenlang unterhalten, aber wir

Almásy nahe Assiut am Nil, wo die beiden Spione abgesetzt wurden. Des Abenteuers zweiter Teil beginnt.

Auf der Rückfahrt geht es wieder durch die Enge des Aqaba-Passes. Am Heck des Autos ist deutlich das Wort „PASS" zu erkennen. Die Deutschen hatten von einem englischen Gefangenen erfahren, daß Offiziersautos mit diesem Schild ohne anzuhalten durch jede Kontrolle fahren durften.

müssen morgen vor Tagesanbruch weiter, um unbehelligt durch die Oase fahren zu können. Ich vereinbare mit dem Familienoberhaupt, daß er die Kühe eine Stunde vor Sonnenaufgang melken und uns die frische Milch zum Frühstück bringen wird. Ich bin heute 240 km gefahren, und auch meine Männer sind sehr müde.

24. Mai 1942 *Charga*

Der Mann hat sein Wort gehalten, die frische Milch hat herrlich geschmeckt, dann fahren wir in die Morgendämmerung hinaus. Ein einsamer Wachposten steht auf dem runden Platz beim Verwaltungsgebäude. Wir fahren daran vorbei, ohne zu halten, und ich sehe den Mann im Rückspiegel hinter dem Auto herlaufen. Bei der Bahnstation halte ich kurz an und mache eine Aufnahme von den Kornsäcken, die dort zum Verladen stehen. Ein dicker Eisenbahnangestellter im Morgenrock taucht auf und grüßt uns freundlich.

Nach dem, was ich gestern von den Bauern gelernt habe, scheint es mir nicht notwendig, schnell in der Wüste zu verschwinden. Ich kann mir ein gutes Stück schlechten Weges ersparen, wenn ich einfach auf der Charga-Dachla-Straße weiterfahre und vor Dachla nach Süden in die unendliche Weite abzweige. Das einzige Problem ist die Frage, ob ich unsere Fahrspuren der Hinfahrt wiederfinde. Nach einer vergleichsweise leichten Fahrt in südwestlicher Richtung versuche ich den Schnittpunkt der Wege auf der Karte zu finden und auf dem Kilometerzähler herauszufinden, wo wir auf die Spur von gestern treffen müßten. Ich habe mich nur um 500 m geirrt!

Am Anfang ist es leicht, der Spur zu folgen, aber je näher wir dem Depot kommen, desto schwerer wird es. Bei diesen Bodenverhältnissen gibt es Treibsand meistens nur ganz obenauf, und der scheint in der Nacht hergedriftet zu sein. Wir verlieren die Spur mehrmals und müssen aussteigen, um danach zu suchen, da ich es mir nicht leisten kann, unser unentbehrliches Benzindepot zu verpassen. Die Spur verliert sich auf den letzten Kilometern vor dem Depot schließlich ganz. Erst jetzt sehe ich unter bitteren Selbstvorwürfen die Folgen meiner Gedankenlosigkeit, das Benzin nicht bei einem unverkennbaren landschaftlichen Merkmal, sondern einfach an irgendeiner Stelle deponiert zu haben. Aber dann erkenne ich den steilen Grat, über den wir gestern gerutscht sind und fahre instinktiv zu der Felsengruppe – eine von Tausenden –, in deren Rissen die Kanister verborgen liegen. Meine Männer erklären mir, daß das Depot nicht hier sein kann, aber da liegen sie schon in der Felsspalte, die für uns so wertvollen schwarzen Kanister. Eine große Schlange hat durch die kleine Felsöffnung oberhalb des Verstecks hierhergefunden und schaut uns mit ihren glühenden smaragdgrünen Augen entgegen. Munz macht Anstalten, sie zu töten, aber ich sage ihm, daß sie der Djinn (Geist) unseres Verstecks und auch unserer Rückfahrt ist, was die Männer sichtlich beeindruckt.

Als wir auf ebeneres Terrain kommen, fahren wir unbeirrbar westwärts. Zu Mittag passieren wir bereits den Lagerplatz von vorgestern, am späten Nachmittag erreichen wir den Berg mit den zwei Gipfeln, der auch von Osten über mehr als 50 km weit sichtbar ist, und nachdem „Flitzer", den wir dort geparkt haben, in wenigen Minuten wieder flott gemacht ist, fahre ich weiter nach Westen bis zu den großen Barchanen, und wir errichten unser Camp im Windschatten einer der größten von ihnen. Zurückgelegte Kilometer: 410, nicht schlecht angesichts der Tatsache, daß wir den Weg suchen mußten, über schlechten Boden gefahren sind und beim Depot und dem Parkplatz des „Flitzers" Halt gemacht haben.

25. Mai 1942 Lager an der Barchan-Düne

Ich habe den Männern heute etwas Ruhe gegönnt, und wir haben unser Camp erst um 9.30 Uhr abgebrochen. Wie wir am Weg hierher gesehen haben, geht die direkte Route zu den „Zwei Brüsten" durch ziemlich schlechtes Terrain. Ich fahre erst einmal nach Westen, um auf meine frühere Strecke Abu Ballas – Gilf Kebir zu kommen. Auch dieses Mal stimmt meine Wegberechnung präzise; ich finde meine Spur von 1933 genau an der Stelle, die ich errechnet habe. Der Spur ist unglaublich leicht zu folgen, und da ich auch das letzte Mal mit Kompaß gefahren bin, werde ich mich an diesen Kurs halten, wenn die Spur aufhört. Die Männer sind erstaunt, daß wir immer wieder auf die alte Spur treffen oder sie oft direkt unter den Reifen „spüren".

Letztes Mal fand ich den Weg zum Gilf Kebir mit Hilfe eines Aufklärungsfluges, dieses Mal muß ich den Kurs zu den „Zwei Brüsten" ausrechnen, um das dort deponierte Benzin abzuholen. Vom Depot aus folgen wir den Spuren der Herfahrt, und auch dieses Mal gelingt es uns, an der tückischen Dünenanhäufung vorbeizukommen ohne steckenzubleiben. Gut, daß ich auf der Herfahrt eine fahrbare Passage freigelassen habe.

Ich berechne den Weg zu meinem Vermessungscamp von 1933, um mich an der großen dreieckigen Pyramide, die wir damals auf dem

Plateau errichtet haben, zu orientieren und so unsere genaue Position und den Stand des Kilometerzählers zu überprüfen.

Wir fahren ohne Zwischenfälle durch die „Große Schlucht". Als wir auf die Spuren einer riesigen Schlange vom Durchmesser eines menschlichen Armes treffen, die quer durch das Tal geht, will Munz ihr gleich nachfahren, um sie zu töten, aber dies, sage ich, ist der Djinn des Gilf Kebir, und nach dem, was die Karawanenführer glauben, werden wir erst sicher heimkehren, wenn wir noch einem dritten Djinn begegnen. Wir lagern an einer idyllischen Stelle in der „Großen Schlucht" und wollen morgen vor dem Aufbruch in einem vorteilhaften Licht Aufnahmen von der großen Düne machen, die in das Gilf hinausragt.

Zurückgelegter Weg trotz gebirgiger Gegend: 250 km.

26. Mai 1942   Lager in der „Großen Schlucht"

Wir konnten nicht photographieren, der Himmel ist in dichte Wolken gehüllt, und es weht ein starker Nordwind.

Die Fahrt nach Aqaba ist nichts als eine Geduldprobe. Bei unserer Ankunft dort lasse ich zwei Autos am Eingang zum Paß stehen und fahre mit Munz zurück zu der großen roten Sandebene, um dort einen Landeplatz zu markieren. Ich lege das Flugfeld genau nach den vier Ecken des Kompasses aus, fahre die vier je einen Kilometer langen Seiten des Quadrats entlang und hinterlasse einen tiefen Kreis in jeder Ecke sowie auch in der Mitte: „Campo A" ist fertig. Es soll bei einer gegen den Ausgangspunkt der feindlichen Versorgungslinie gerichteten Operation benützt werden. Wir rollen vom Paß hinunter zu der Stelle, wo das tief eingeschnittene Tal in den abfallenden Schotterhang mündet. Hier werden die britischen Benzintonnen, die wir zu diesem Zweck mitgenommen haben, in der Mitte des Weges aufgestapelt und der Taleingang auf beiden Seiten blockiert, wie es die Karawanenführer mit großen Steinblöcken machen. Auf die Tonnen schreibe ich in großen Lettern:

„Dies ist *nicht* El Aqaba. Der Paß liegt 2,3 Meilen weiter ostwärts. Nicht betreten. Weiter oben kaum Wendemöglichkeit für Autos!"

Wenn wieder eine Tommy-Patrouille auf der Suche nach dem Paß vorbeikommt, werden die Männer für diese „präzise" Information dankbar sein.

Unterwegs zum Depot mit dem erbeuteten Benzin sah ich neben einer feindlichen Patrouillenspur ein kleines Faß und daneben eine große Dose. Das Faß trug die Aufschrift „Wasser für den Notfall", und die Dose enthielt 6 Konserven mit Corned-Beef und ein Päckchen Kekse. Eine willkommene Bereicherung für unsere Vorräte, die zu diesem Zeitpunkt ziemlich reduziert waren.

Wir brauchten einige Zeit, bis das Benzin in die Tanks gefüllt war. Jetzt hätte ich gerne den Tank des einen der sechs geparkten Autos geleert, den wir auf dem Hinweg nicht aufgebracht haben. Also fuhren wir zu den „Drei Burgen", ich lenkte den Wagen vorsichtig über den Hügel und – da lagerte eine feindliche Einheit mit 28 Fahrzeugen etwa 2 km östlich der geparkten Lastwagen!

Im Bruchteil einer Sekunde verschwand ich wieder hinter dem Hügel, und dann kletterten wir alle mit Fernglässern auf die „Burg"-Felsen. Etwa 5 km östlich von der ersten feindlichen Einheit entdecken wir eine andere mit etwa 30 Fahrzeugen. Weit draußen in der Ebene, und immer noch auf meiner alten Spur, ist eine dritte, deren Stärke wir wegen der stark flimmernden Luft nicht erkennen können, und am südlichen Horizont erheben sich die Staubwolken einer vierten Einheit, die ebenfalls in Richtung der „Drei Burgen" zieht. Das bedeutet: Die Finger weg von den 45 Litern Benzin, die ich mir noch holen wollte! Wir müssen zusehen, daß wir unser Versteck tief im Wadi Anag erreichen, um – wenn möglich – noch *vor* diesen Einheiten die Berge durch den Bab-el-Masr-Paß zu verlassen. Im Zustand der Alarmbereitschaft, mit dem Finger am Abzug der MGs fuhren wir, vom Kompaß geführt, in Richtung Wadi Anag. Noch bevor wir in die schützende Engstelle einfahren, tauchen schon die ersten Fahrzeuge der Engländer kaum 4 km hinter uns auf dem Hügel auf. Haben sie uns gesehen?

Ich kann den geparkten „Flitzer" jetzt nicht mitnehmen. Wir können im Moment überhaupt nicht weiter, nur 4 Männer für 4 Autos. Zumindest für ein MG braucht es einen Mann. Außerdem brauchen wir die 45 Liter Benzin, die ich abzapfen wollte. Vor allem bemerken wir, daß die Wasserpumpe eines der zeitweilig geparkten Autos hätte ausgebaut werden müssen. Schnell gebe ich meine Anordnungen: die beiden besten Reifen des Autos abmontieren und unsere defekten Reifen statt ihrer anbringen, leere Kanister in einer hoch liegenden Felsöffnung verstauen, die Spuren vorsichtig verwischen. Wir müssen schauen, daß alles erledigt ist, bevor die feindliche Kolonne uns überholt. Wir werden am Fuß des Berges ein Stück Weg abkürzen können, vielleicht bringt uns das einen Vorsprung von einigen Kilometern.

Während die Männer arbeiten, gehe ich zum Eingang der Schlucht und beobachte den Feind durch mein Fernglas. Das Fahrzeug an der Spitze – ein offener Tourenwagen – ist genau gegenüber dem Eingang zur Schlucht in einer Entfernung von zwei Kilometern stehengeblieben und wartet auf die anderen, die einzeln nachrücken. Ich messe die Geschwindigkeit der verschiedenen Autos mit Hilfe des Quadratrasters und der Uhr – etwa 20 km/h.

Jetzt sind es 15, dann 20, später 26 und schließlich kommen die letzten Autos nach. Ich sehe, wie die Insassen Fracht entladen und sie auf eine Reihe etwas abseits stehender Fahrzeuge hinrollen. Die Arbeit scheint leicht zu sein, und ich sehe bald, daß sie leere Benzinbehälter beförderten. Also hinterläßt diese Einheit sechs Fahrzeuge mit leeren Kanistern, um diese auf dem Rückweg von Kufra wieder mitzunehmen! Vielleicht kann ich noch mehr Benzin erbeuten?

Viele der Männer knien im Sand nieder und verharren in dieser Position einige Minuten. Es ist Mittag, und sie beten: Angehörige des Sudanesischen Militärs.

Meine Männer sind mit dem Umladen und Abmontieren der Reifen noch nicht fertig. Wir könnten zwar leicht, aber nicht unbeobachtet von hier wegfahren. Nun sind die Soldaten der feindlichen Einheit angetreten, es ist schwer für uns, ihre Zahl durch die flimmernde Luft zu erkennen, etwa 65 Männer. Ich kehre von meinem Beobachtungsposten zum Versteck zurück. Endlich können wir losfahren.

Bevor wir aber den Schutz der Engstelle verlassen, bleibe ich nochmals für einen letzten Blick auf den Gegner stehen: Er ist in den letzten 5 Minuten aufgebrochen. Uns ist der Weg abgeschnitten! Wie ich vorausgesehen hatte, wurden sechs Fahrzeuge zurückgelassen, aber diesmal bewacht. Vielleicht hatte man entdeckt, daß bei der anderen Einheit Benzin gestohlen worden war?

Was soll ich jetzt tun? Auf der engen Bergstrecke zwischen hier und Bab el Masr können wir nicht entkommen. Die Entfernung bis dorthin ist genau 20 km, und jetzt ist es 15 Uhr. Die Kolonne wird bestimmt bis mindestens 17 Uhr, d.h. weiter als bis nach Bab el Masr fahren. Angesichts ihrer geringen Geschwindigkeit gebe ich ihnen 45 Minuten Vorsprung, dann fahre ich vorsichtig hinter ihnen nach. Auf der anderen Seite von Bab el Masr werde ich nach Süden oder Norden verschwinden.

Während wir warten, gibt es etwas zu essen; die ganze Zeit über behalte ich die Ebene Richtung „Drei Burgen" im Auge, von wo die nächste Abteilung wohl bald auftauchen wird. Tatsächlich ist exakt nach 45 Minuten das erste Fahrzeug am Horizont zu erkennen. Wir sind zwischen die feindlichen Einheiten geraten, und das ausgerechnet an der Stelle, wo es nur einen passierbaren Weg durch die Berge gibt.

Wir verlassen das Wadi Anag und folgen einer tiefen Regenrinne in Richtung auf die Fahrspur. Ich glaube nicht, daß die Wache bei den sechs Fahrzeugen, die hinter uns fuhren, unsere drei Autos gesehen hat. Nach einigen Minuten fahren wir auf der Spur, die die Kolonne vor uns hinterließ. Ich behalte das MG im Inneren des Wagens, damit es uns nicht verrät. Wir legen schweigend Kilometer um Kilometer zurück.

Bald kann ich die große runde Talsohle sehen, an deren jenseitigem Rand der enge Eingang von Bab el Masr liegt. Die feindliche Einheit biwakiert genau davor! Ich halte nur einen Moment an und winke Munz in seinem Wagen und Koerper mit dem „Flitzer" heran. „Schließt alle Fenster und fahrt ganz knapp und still hinter mir nach. Schießen verboten, höchstens zum Gruß!" Sie grinsen beide übers ganze Gesicht: „Yes, Sir!" Ich gebe Woermann die Leica: „Mach im Vorbeifahren ein Photo. Ich werde mich zurücklehnen, damit du die Aufnahme machen kannst."

Es sind ebenfalls schöne Chevrolet-Lastwagen. Die Männer bereiten das Nachtlager vor, einige liegen im Schatten unter den Autos. Ein paar stehen herum, ich fahre links von ihnen vorbei, die Sonne steht schon tief zu meiner Linken, so daß sie die Zeichen auf unseren Fahrzeugen kaum erkennen können. Ich salutiere mit erhobener Hand, die Sudanesen stehen auf, den Gruß zu erwidern. Es sind große, dünne Schwarze vom Weißen Nil. Wir müssen des steinigen Bodens wegen ganz langsam fahren, und Woermann macht sechs Aufnahmen. Ich versuche zu erspähen, womit die Autos beladen sind und fahre nahe an einem Wagen vorbei, dessen Verdeck zurückgeschlagen ist. Die Ladung besteht aus Gitterkörben, nicht sehr hoch gestapelt, das bedeutet Schwergewicht, vielleicht Munition.

Diese reizende Begegnung war in ein paar Sekunden vorüber, wir fuhren durch den schmalen Eingang von Bab el Masr, auf einer ziemlich schlechten Spur zu dem niedrigen Plateau. Die Fahrspuren der anderen Einheit vor uns ließen erkennen, daß sie erst kürzlich hier vorbeigekommen war, vielleicht in der Mittagszeit, bevor wir bei den Drei Burgen angekommen waren. 12 km vor Bab el Masr hatte der linke Hinterreifen einen Platten. Wie gut, daß uns das nicht in der Nähe der feindlichen Einheit passiert ist! Auf der Ebene angekommen, zählte ich die Spuren vor uns: 22 Lastkraftwagen und 5 große Fahrzeuge, mit viel größerer Reifenbreite.

Das Fahren der sinkenden Sonne entgegen wurde immer unerträglicher. Ich fuhr eine halbe Stunde lang auf die blind machende Scheibe zu, dann gab ich auf. Da war ein kleiner Qara südlich der Autospuren, ich schlug ein, und bald war ein gut getarntes Lager errichtet. Unser schwierigstes Problem für morgen ist, zu unserem Depot Nr. 2 zu finden. Auf dem Hinweg sind wir eine andere Strecke gefahren, und nun muß ich diesen Qara wiederfinden, durch präzise Fahrweise und gute Zielberechnung; er schien – als wir von Westen kamen – allein zu stehen, nun aber, von Osten betrachtet, einer jener zahlreichen Erhebungen zu sein, die zwischen unserem Camp und dem westlichen Horizont liegen. Wir sind heute nicht viele Kilometer gefahren, ungefähr 210, aber der Tag war schließlich abenteuerlich genug.

27. Mai 1942   Lager 13, Qara der feindlichen Einheit

Ich wollte heute zu besonders früher Stunde losfahren, da ich – einerseits – den durch die Suche nach unserem Depot Nr. 2 eingetretenen Zeitverlust wettmachen mußte und es andererseits notwendig war, so schnell wie möglich von der Piste der feindlichen Einheiten zu verschwinden. Ich hatte fast verschlafen und fuhr – verdattert – erst um 5 Uhr früh von meinem Feldbett auf. Die Männer, bei denen man langsam Ermüdungserscheinungen bemerkt, lagen in tiefem Schlaf. Um Koerper mache ich mir besonders Sorgen; er sieht ganz schlecht aus, wie sein eigener Schatten. Obwohl wir verspätet aufstehen, sind wir um 5.45 schon auf der Straße.

Die feindliche Einheit zog durch ein Gebiet, das mir unbekannt ist. Zuerst ging es über eine angenehm zu befahrene sandige Ebene mit vielen großen Qara-Gruppen im Norden und Süden – die italienische Karte hat hier eine weiße Stelle, wie einträglich wäre es gewesen, diese Berggruppen zu vermessen –, dann kamen wir an einigen niedrigen Felsplateaus vorbei, und man konnte erkennen, wie die feindlichen Autos immer wieder versuchten, besseren Boden für ihre Route zu finden.

Die gestern vor uns gefahren waren, bogen vor einem besonders abschreckendem Plateau nach Süden ab. An der Art, wie diese Einheit geführt wurde, hatte ich schon erkannt, daß ein Wüstenkenner an ihrer Spitze war. Daher folgte ich seiner ganz frischen Spur trotz der fünf verdächtig breiten Abdrücke, die an bewaffnete Aufklärungsfahrzeuge denken ließen. Wie ich erwartet hatte, führte die Spur in meisterhafter Weise um das Plateau herum und schwenkte auf der offenen Serir-Ebene in ältere Fahrspuren ein, wo auch zehn ungewöhnlich breite Reifenspuren zu sehen waren. Vielleicht hat der Führer der Einheit schon öfter diese Route genommen und weiß, wo der Boden sich am besten eignet.

Um 8 Uhr sichtete ich verdächtige Punkte am Horizont und sah durch mein Fernglas mehrere Autos, deren Kühlerhauben in unsere Richtung wiesen, es waren also leere Fahrzeuge auf dem Rückweg von Kufra nach Wadi Halfa. Ich wandte mich nach Norden und fuhr nahe genug an der stillstehenden Einheit vorbei, um die Zahl der Fahrzeuge erkennen zu können: 22 Last- und 1 Personenwagen. Vielleicht war es die Kolonne, zu der die sechs geparkten Autos gehörten, an denen ich vor einigen Tagen mit Sand herumgedoktert hatte.

Allmählich kamen wir aus der Hügelgruppe heraus, und ich hielt an, um meine Zielberechnung auf der Karte zu verzeichnen. Demnach müßte der außergewöhnliche doppelte Qara, der nur ein paar Grad nördlich unserer Strecke liegt, unser Depot Nr. 2 sein. Meine Männer sind nicht davon überzeugt, und Woermann ist wie üblich besonders pessimistisch. Ich fuhr die 12 km zu dem Qara hin, der mir jetzt – von Osten aus gesehen – ganz unbekannt erschien, aber kaum war ich am Fuß des Berges angelangt, entdeckte ich unsere Spuren von der Hinfahrt, und einige Minuten danach blieben wir lachend bei unserem Depot stehen. Ich hatte nicht gedacht, daß es so leicht sein würde. Der Vergleich mit meiner Zielberechnung zeigte kaum 600 m Abweichung auf einer Strecke von 300 km.

Ich versuchte nun, nordseitig der Spur unserer Feinde die Stelle zu finden, wo wir – am 16. – die erste überraschende Entdeckung der 104 frischen Spuren gemacht hatten, aber Woermann war nicht in der Lage, mir die entsprechenden Entfernungen zu berechnen, und als ich – etwas verärgert – anhielt, waren wir an jener Stelle bereits 11 km weit vorbeigefahren. Daher verließ ich die breite Trasse der feindlichen Einheit und kehrte auf einen Kompaßkurs zurück.

Die nächste Sorge war die Durchfahrt durch die schmalen Dünen am Fuß der Kufra-Berge, aber wir mußten noch fünf Stunden fahren, bevor wir dort anlangten.

Die Fahrt per Kompaß verlief reibungslos, und genau an der vorausberechneten Stelle kreuzten wir die alte Strecke von Major Rollo. Diesmal hatte ich auch noch das Glück, an einem der von ihm gesetzten und in der Karte verzeichneten Vermessungspunkte vorbeizukommen.

Bei den Dünen lasse ich mich dieses Mal auf kein Abenteuer ein. Wir sind nur zu viert und viel zu müde, um im Sand steckende Autos auszugraben. Ich bleibe am Fuß der Dünen stehen und gehe zu Fuß weiter, um den besten Durchgang zu suchen und ihn mit Steinhäufchen zu markieren. Auf diese Weise gelangen wir in drei Etappen ohne weitere Schwierigkeiten über dieses unangenehme Hindernis.

Von weitem schon kann ich die Wegmarkierungen der alten „Trucchi-Piste" sehen.

Stundenlang geht unser Weg durch die wild-zerklüfteten Hauwaischen Berge, den gesegneten „Schmugglerweg" entlang. Ich denke dauernd darüber nach, warum diese Berge wohl den Namen „Wildes Biest" erhalten haben. Dem Ägypter Hassan'ein Bey, der als erster Forscher mit seiner Karawane hier durchgezogen war (1920), hatten die Beduinen einmal erklärt, daß der Name „Hauwaisch" so viel wie Geister, Djinns und Affari bedeutete; diese leben in Form von Schlangen auf den Hügeln. Als ich Woermann dies erzählte, kreuzten wir gerade wieder die Spur einer gewaltigen Schlange, die noch größer war als jene im Gilf Kebir. Ich erinnerte mich an die Prophezeiung von den drei beschützenden Djinns, und Munz und Koerper blieben ebenfalls neben mir stehen und riefen: „Nun werden wir sicher heimkehren!"

Noch bei Tageslicht erreichten wir unser Depot Nr. 1 mit dem ersten Benzinlager. Meine Berechnung ließ auf die erlösende Tatsache schließen, daß wir – wenn nichts Unvorhergesehenes passiert – leicht mit allen drei Autos Lager 4 auf der Palificata erreichen würden. Wir konnten mit der bewältigten Tagesleistung zufrieden sein: 340 km.

28. Mai 1942   Lager an der „Trucchi-Piste"

Wir fuhren vor 5 Uhr morgens los, da wir die heimliche Hoffnung hegten, Gialo noch am selben Tag zu erreichen. Ich folgte der Trucchi-Route in Richtung der Zighen-Dünen so weit wie möglich, ein gutes Stück von der Stelle entfernt, wo wir die Route auf der Herfahrt gefunden hatten. Dann passierte – wie auf diesem Kontinent üblich – das Unvorhergesehene. Ich hatte nicht auf die Karte geschaut, bevor wir in die Dünenregion kamen, Woermann hatte mir nicht den Kurs des Hinweges mitgeteilt, so daß wir uns plötzlich mitten in einem Dünengebiet mit weichen Sandverwehungen befanden und mit immer größerer Geschwindigkeit über Dünenkämme und -täler auf ungewissem Kurs nach Norden fuhren; sicherheitshalber korrigierte ich den Kurs bei jeder Düne, an der wir vorbeifuhren, wieder auf Nordost. Nach einer Stunde hatten wir uns zwischen den Dünen vollkommen verirrt. Mein Auto steckte bis zu den Trittbrettern im Sand und schob einen 50 m hohen Sandhaufen vor sich her, und nur mit knapper Not durch Handzeichen und Zurufe konnte ich die anderen zwei Fahrzeuge auf halbwegs festem Grund zum Halten bringen. Es wird nicht einfach sein, aus der Wüste herauszukommen! Das übliche Graben und Arbeiten mit Strickleitern, das Berechnen des zurückgelegten Weges, infolge dessen wir schon längst die Palificata hätten erreicht haben sollen, die bohrende Unsicherheit, ob wir die Route auf dieser verrückten Dünenfahrt womöglich bereits gekreuzt hätten, ohne die Pali [Stangen] gesichtet zu haben, und schließlich die bittere Entscheidung, auf unserer eigenen Spur dorthin zurückzukehren, wo wir die letzte Wegmarke auf der Trucchi-Route gesehen haben.

Erst dort wurde mir beim Blick auf die Karte klar, daß ich südwestlich und westlich hätte fahren müssen, aber die Reue kam nun zu spät, wir waren mehr als 100 km gefahren, hatten unser wertvolles Benzin verbraucht und steckten noch immer in den Dünen fest. Ich wage keine weitere Durchfahrt, so daß uns nichts anderes übrigbleibt, als nach Süden, in Richtung Kufra zu fahren, um die „Pista palificata" südlich von Bir Zighen zu erreichen. Das bedeutet allerdings, daß wir an dem feindlichen Vorposten bei Bir Abu Zereigh vorbei müssen.

Nach einer längeren Fahrt nach Süden taucht schließlich am Horizont ein „Palo" der gesuchten Palificata auf, das ist bei Kilometer 445 von Gialo, d.h. 20 km südlich von Bir Abu Zereigh und etwa 39 km von der Stelle entfernt, wo ich die Palificata auf dem Hinweg verlassen habe. „Alarm" rufen und die Waffen klarmachen war das einzige, was ich tun konnte. Auf der Palificata selbst waren relativ wenig feindliche Spuren, aber man konnte sehen, daß die Strecke zwischen Kufra und Zighen alle paar Tage befahren wird.

Bir Abu Zereigh liegt nahe Kilometer 425, dort macht die Palificata einen scharfen Knick nach Nordosten. In der flimmernden Mittagshitze kann es leicht passieren, daß man die nächste Markierungsstange übersieht, die einen Richtungswechsel angibt, doch dürfen wir in der Nähe von Bir Abu Zereigh nicht anhalten noch die Umgebung durch Kreuz- und Querfahren danach absuchen.

Jetzt haben wir die entscheidende Kilometerstange erreicht, ein Zeichen weist nach links zur Quelle, wo der feindliche Vorposten errichtet ist. Die endlose Reihe hoher Eisenmasten, die in 1 km-Entfernungen den Verlauf der Strecke anzeigen, biegt dann in einem weiten Bogen nach Nordosten. Die Oberfläche ist weich, richtiger Dünenuntergrund. Ich kann nicht anhalten, um auf die Karte zu schauen, und Woermann ist als „Navigator" nicht zu gebrauchen. Nach einer Weile bemerke ich, daß die Stangen nicht die schrägen dünnen Täfelchen tragen, die auf der Palificata die Kilometerzahl angeben, sondern kleine Blechaufsätze, wie wir sie nur auf der „Trucchi-Piste" ab und zu gesehen haben.

Also sind wir hier auch wieder falsch. Der Kompaß zeigt wenige

Grad Nord-Ost, ich bringe Woermann dazu, mir die Karte vor das Gesicht zu halten, und ich sehe, daß die Palificata hier 30° verlaufen müßte. Da sehe ich plötzlich drei ganz frische Spuren von links kommend auf diesen mysteriösen Weg treffen. Eine feindliche Patrouille, die hier irgendwo knapp vor uns unterwegs ist und unweigerlich früher oder später nach Bir Abu Zereigh zurückkehren wird. Es ist nicht möglich, ihr nach rechts auszuweichen, d.h. in Richtung auf die richtige Palificata zu, denn hier sind überall hohe, unbefahrbare Dünen. Mit dieser verfluchten Karte bleibt einem aber auch gar nichts erspart! Wir fahren auf einer „Pista Fustificata", auf der es zwar Wegmarken gibt, doch dies ist nicht die auf der Karte eingezeichnete Verbindung Kufra-Gialo.

Die feindliche Patrouille muß genau vor uns sein, ich bin über ihre Spur gefahren und versuche durch einen Schwenk nach Westen auszuweichen, aber nach nur einigen hundert Metern entdecke ich die ebenfalls frische Spur einer zweiten Patrouille. An Anhalten ist nicht zu denken, wir rollen über die flachen Rückseiten der Dünen hinauf und hinunter und warten beim Hinauffahren auf eine steile Sandbank jeden Moment darauf, den zurückkehrenden feindlichen Fahrzeugen Aug in Aug gegenüberzustehen. Da! Die Spuren zu unserer Rechten biegen scharf nach rechts. Da wird mir klar, daß diese Patrouille nach Bir Dakkar fährt. Also werden wir auf dieser „falschen", nicht eingezeichneten Strecke weiterfahren. Nach und nach beginnt es mir zu dämmern, daß diese Piste vielleicht vor einiger Zeit von den Trucchi-Männern markiert wurde und nach „Posto Trucchi" führt, dem alten Camp mit den zwei Steingebäuden, die ich kürzlich auf einem Aufklärungsflug gesehen habe. Ich weiß, daß die richtige Palificata 12 km östlich von hier verläuft. Sobald wir an den Dünen vorbei sind, werde ich per Kompaß eine östliche Richtung einschlagen.

Am linken Rand meines Gesichtkreises flimmert etwas, eine Bewegung, welche bei den durch den blind machenden Sand erschwerten Sichtverhältnissen und bei dieser Berg- und Talfahrt schwierig zu erkennen ist, eine Auf- und Abbewegung, je nachdem, ob unsere Fahrzeuge einen Dünenrücken hinauffahren oder in ein rieselndes Tal hinabtauchen, ein, zwei, drei Punkte, schwarze Flecken – Autos – die feindliche Patrouille. Ich kann jetzt nicht nach rechts ausweichen, für einige Minuten herrscht nervliche Höchstspannung, dann erscheint mir das Dünental breit genug, und wir fahren mit Vollgas ostwärts.

Nach kaum 10 km ist es geschafft, die „Pali" der richtigen Palificata tauchen am Horizont auf, und nach einigen Minuten erreichen wir lachend die gut erhaltenen Spuren der Hinfahrt. Wir müssen versuchen, den Flugplatz Campo 4 nahe Kilometer 275 vor Einbruch der Nacht zu erreichen. Vielleicht verwirren unsere frischen Spuren die feindliche Patrouille, und sie folgt uns, aber ich denke, sie werden sich selbst dann nicht über Campo 5 hinauswagen.

Wir erreichen unser Ziel vor Sonnenuntergang und erleben dann die letzte bittere Enttäuschung – der erwartete Benzinvorrat ist noch nicht angelegt worden. Ich muß also den „Flitzer" zurücklassen, und Allah allein weiß, ob wir Gialo morgen mit den beiden Kombiwagen erreichen werden? Die Tagesstrecke beträgt 370 km.

29. Mai 1942   Campo 4, 270 km von Gialo entfernt

Am Morgen ließen wir uns Zeit für Rasieren und Waschen, soweit dies möglich war. Unser Wasservorrat reichte auf der ganzen Fahrt. In der Nähe des Lagers an der „Trucchi-Piste" hatte ich sieben volle Kanister gut versteckt zurückgelassen, und der durchschnittliche Wasserverbrauch meiner Männer, mit 5 Litern täglich für jeden angesetzt, da sie Wüstenneulinge waren, sank im Lauf der zwei Wochen von diesen anfänglichen 5 Litern pro Tag auf zuletzt 3 Liter pro Mann und Tag.

Der „Flitzer" wurde am äußersten Ende des Flugfeldes abgestellt, dann fuhren wir die Palificata entlang nach Norden, dem Ausgangspunkt und Ziel unseres Unternehmens zu. Die einzige neuere Spur auf dieser einst so befahrenen Verkehrsader ist jene unseres „Flitzers", der vor zwei Wochen von Beilharz und dem Unterarzt nach Gialo zurückgefahren wurde.

Ich beobachtete die Benzinanzeige mit wachsender Besorgnis, langsam wurde es zur Gewißheit, daß wir Gialo nicht mit beiden verbliebenen Autos erreichen würden; in Campo 1 mußte ich – als Vorsichtsmaßnahme – den Tank des „Präsident" leeren, um Gialo zumindest mit meinem „Inspektor" zu erreichen. So fuhren wir die letzten 75 km alle vier in einem Auto. Übermorgen, wenn der „Flitzer" wieder in Gialo ist, werde ich mit ihm und einem der Autos zu Campo 4 fahren. Von dort werden wir die 80 km in die „Große Sandsee" hineinfahren, um den „Konsul", der dort geblieben ist, zu reparieren, und zwei Tage danach werden alle meine Autos zusammen in Gialo sein, bis auf den „Flitzer", der am Gilf Kebir geparkt ist.

Genau zu Mittag fuhren wir die ersten Kilometer auf der südlichen Seite des Gialo-Flugplatzes entlang. Während Munz die vorbereiteten drei weißen Leuchtkugeln abfeuerte, hißten wir auf der Antenne des Autos die Trikolore, unter deren Schutzherrschaft wir unsere Reise begonnen und erfolgreich zu Ende gebracht haben.

Almásy schildert im oben angedruckten Bericht eine Spionagefahrt im Dienste Rommels, eine Randepisode im Großen Wüstenkrieg.

Eine literarische Verarbeitung seiner traumatischen Erlebnisse in Nordafrika während des Zweiten Weltkriegs bietet ein in Italien lange Zeit umstrittener, weil allzu wenig patriotischer Roman:

Mario Tobino
DIE ITALIENISCHE WÜSTE

Aus dem Italienischen von Miriam Houtermans und Andreas F. Müller. Mit einem Nachwort von Fabrizia Ramondino. 13 x 21 cm, Hardcover mit Schutzumschlag, 224 Seiten

Der italienische Libyenfeldzug 1940 – 1943: Menschliches Leid und Delirien vor der Kulisse öder Wüstenoasen, archaische Erbarmungslosigkeit und Würde einer Welt arabisch-islamischer Kultur, die Überheblichkeit und Kläglichkeit des italienischen Hurra-Faschismus.

„Mit seinem knappen ökonomischen Stil erweist sich Tobino als virtuoser Erzähler, der die Lesenden unweigerlich in den Bann zieht." *(Der Kleine Bund)*

„Seine (Tobinos) Nüchternheit und seine Menschlichkeit, sein unbestechlicher Blick und sein mitfühlendes Herz erlauben ihm, was Fernsehbilder, Frontberichte und Heldenepen nicht liefern und leisten können: das unvorstellbare Grauen, das die Tötung eines einzigen jungen Menschen heraufbeschwören muß."
(Frankfurter Allgemeine Zeitung)

„Die Entdeckung dieses Romans für den deutschsprachigen Leser ist ein Glücksfall in diesen Zeiten der Dürre und der politischen Verblüffung über Italien..." *(Neue Zürcher Zeitung)*

haymonverlag

Raoul Schrott im dtv

»Hochintellektuell und sinnlich zugleich.«
Charitas Jenny-Ebeling, ›Neue Zürcher Zeitung‹

Finis Terrae. Ein Nachlaß
dtv 12352

»Mit ›Finis Terrae‹ hat Raoul Schrott einen Entdecker-Roman im vielfältigsten Wortsinn geschrieben, eine Geschichte über Männer, die die wilde Sehnsucht nach einem Welt- und Lebensmodell umtreibt… Der Skandal unseres flüchtigen Daseins bestimmt Rhythmus und Ton dieses großen Buches, das Universen zum Klingen bringt und trotzdem ein Augenschein bleibt. Mit voller, selbstbewußter Stimme wird hier der Wind eingefangen und das Meer. In ›Finis Terrae‹ leuchtet das mediterrane Licht, tropft die Dämmerung über den Rand der Erde, singen die Vokale.« (Nina Toepfer, ›Die Weltwoche‹)

Hotels
dtv 12585

»Gedichte wider die Flüchtigkeit. Mit den titelgebenden Hotels, die Schrott als die ›eigentlichen Tempel unseres Jahrhunderts‹ faszinieren, ist unsere Zeit mit ihren Formen des Reisens und Wohnens, der Erfahrung und Entfremdung präsent; zugleich aber erkundet der Autor, der in tunesischen, italienischen oder griechischen Hotels seine Wahrnehmungsexerzitien zu Papier bringt, die uralten Mythen des Mittelmeerraumes. Die Reise durch die Hotels verschiedener Länder führt somit durch unsere Gegenwart und zurück in die Antike, zu den Wurzeln der europäischen Dichtkunst.« (Karl-Markus Gauss, ›Neue Zürcher Zeitung‹)

dtv